金融學

主　編　王恒、鄭曉燕、曾凡銓
副主編　陳靚秋、徐若瑜

財經錢線

前 言

金融學是經濟學類的核心課程，也是金融專業的主幹課程。本書是基於原貨幣銀行學課程而編寫的教材，主要適用於應用型高等院校經濟金融類專業及相關專業的專業基礎理論課學習。

隨著金融在國民經濟中的地位與作用日益提高，這些變化給金融學高等教育帶來了重大而深遠的影響，也使得金融學的學習和教學內容處於不斷更新和變化中。為了適應新形勢下金融業的發展對金融教學的需要，我們編寫了這本《金融學》教材。

本教材在框架與結構上的安排力求能適應現代金融發展對人才知識結構的要求，並在編寫的過程中力爭從以下幾個方面突出自身特色：

（1）與時俱進，突出實踐性。本教材盡可能地反應國內外金融理論和金融實踐的最新發展成果，使教學內容緊跟時代步伐，通過補充附錄的形式將最新的研究成果和金融實踐介紹給學生。同時，本教材注重介紹中國的實際國情和現實情況，有利於學生更好地理解金融實踐，增強實踐性。

（2）系統精煉。本教材立足於金融學的基礎性內容，強調對金融基本知識、基本理論和基本技能的掌握，注重內容體系的精煉概括，做到簡明扼要、重點突出。

（3）針對性強。本教材將金融理論教學、資料介紹和案例分析有機結合，促使學生在掌握金融理論的基礎上強化其分析問題和解決問題的能力，適應應用型高等院校人才培養目標的要求。

本教材共十三章，具體內容如下：
第一章 貨幣與貨幣制度；
第二章 信用與利息；
第三章 金融市場；
第四章 金融機構體系；
第五章 商業銀行；
第六章 中央銀行；
第七章 其他金融機構；
第八章 外匯、匯率與國際收支；
第九章 貨幣供求及其均衡；
第十章 通貨膨脹與通貨緊縮；
第十一章 貨幣政策調控；
第十二章 金融發展與金融改革；

第十三章 金融創新與金融監管。

　　本教材由王恒擬訂編寫大綱，並與參編人員共同討論后修改完善。本教材撰寫分工如下：第一、二、三、五章，王恒；第四章，陳靚秋；第六、八章，曾凡詮；第七、九、十章，鄭曉燕；第十一、十二、十三章，徐若瑜。全書最後由王恒修改定稿。

　　在本書的編寫過程中，雖然花了較多的時間和精力，但是由於編者水平所限，難免有紕漏和不足之處，還望廣大讀者和專家不吝指正。

王恒

目 錄

第一章　貨幣與貨幣制度 …………………………………………………… (1)

第一節　貨幣的產生與發展 ………………………………………………… (1)
　　一、貨幣的起源 ………………………………………………………… (1)
　　二、貨幣的本質 ………………………………………………………… (2)
　　三、貨幣形式的演進 …………………………………………………… (4)

第二節　貨幣的職能 ………………………………………………………… (6)
　　一、價值尺度 …………………………………………………………… (6)
　　二、流通手段 …………………………………………………………… (7)
　　三、貯藏手段 …………………………………………………………… (8)
　　四、支付手段 …………………………………………………………… (8)
　　五、世界貨幣 …………………………………………………………… (9)

第三節　貨幣制度的形成及構成要素 ……………………………………… (10)
　　一、貨幣制度的概念及其形成 ………………………………………… (10)
　　二、貨幣制度的構成要素 ……………………………………………… (11)

第四節　貨幣制度的演變 ………………………………………………… (13)
　　一、銀本位制 …………………………………………………………… (13)
　　二、金銀復本位制 ……………………………………………………… (14)
　　三、金本位制 …………………………………………………………… (15)
　　四、不兌現的信用貨幣制度 …………………………………………… (16)
　　五、中國的貨幣制度 …………………………………………………… (17)

第五節　當代信用貨幣的層次劃分 ……………………………………… (18)
　　一、信用貨幣層次劃分的意義和依據 ………………………………… (18)
　　二、國際貨幣基金組織關於貨幣層次的劃分 ………………………… (18)
　　三、中國貨幣層次的劃分 ……………………………………………… (19)
　　四、貨幣的計量 ………………………………………………………… (19)

1

第二章 信用與利息 (24)

第一節 信用的產生與發展 (24)
一、信用的含義與特徵 (24)
二、信用的產生與發展 (25)

第二節 信用制度及其主要形式 (26)
一、信用制度概述 (26)
二、信用形式 (27)

第三節 信用工具 (30)
一、信用工具的特徵 (31)
二、信用工具的分類 (32)

第四節 利息與利息率 (34)
一、利息的含義及其來源 (34)
二、利息率及其計算 (34)
三、決定和影響利率水平的因素 (35)
四、利率的種類 (36)
五、利率變動對經濟的影響 (38)
六、利率發揮作用的渠道 (39)

第五節 中國的利率市場化改革 (40)
一、利率市場化的含義 (40)
二、利率市場化的作用 (40)
三、中國利率市場化的進程 (40)
四、當前中國利率市場化的制約因素 (43)
五、當前推進中國利率市場化的主要思路 (44)

第三章 金融市場 (47)

第一節 金融市場概述 (47)
一、金融市場的概念與特性 (47)

二、金融市場的分類……………………………………………(48)
　　三、金融市場的構成要素………………………………………(49)
　　四、金融市場的功能……………………………………………(51)
　　五、現代金融市場的特點………………………………………(51)
　第二節　貨幣市場…………………………………………………(52)
　　一、同業拆借市場………………………………………………(53)
　　二、短期借貸市場………………………………………………(55)
　　三、商業票據市場………………………………………………(56)
　　四、可轉讓大額定期存單市場…………………………………(56)
　　五、國庫券市場…………………………………………………(57)
　　六、債券回購市場………………………………………………(57)
　第三節　資本市場…………………………………………………(58)
　　一、股票市場……………………………………………………(58)
　　二、長期債券市場………………………………………………(62)
　第四節　金融衍生工具市場………………………………………(65)
　　一、衍生金融市場概述…………………………………………(65)
　　二、衍生金融市場的功能………………………………………(66)
　　三、金融遠期市場………………………………………………(67)
　　四、金融期貨市場………………………………………………(69)
　　五、金融期權市場………………………………………………(70)
　　六、金融互換市場………………………………………………(72)

第四章　金融機構體系……………………………………………(77)
　第一節　國際金融機構體系概述…………………………………(77)
　　一、國際貨幣基金組織…………………………………………(77)
　　二、世界銀行集團………………………………………………(79)
　　三、國際清算銀行………………………………………………(82)
　　四、區域性金融機構……………………………………………(83)

第二節 中國金融機構體系的建立及發展 ………………………………… (84)
 一、中國歷史上的金融機構體系 ………………………………… (84)
 二、新中國金融機構體系的建立與發展 ………………………… (85)
第三節 中國現行金融機構體系 …………………………………………… (87)
 一、中國人民銀行 ………………………………………………… (87)
 二、商業銀行體系 ………………………………………………… (88)
 三、政策性銀行 …………………………………………………… (88)
 四、非銀行金融機構 ……………………………………………… (89)
 五、外資金融機構 ………………………………………………… (92)
 六、臺灣地區和香港地區的金融機構 …………………………… (92)

第五章 商業銀行 ……………………………………………………… (100)
第一節 商業銀行概述 ……………………………………………………… (100)
 一、商業銀行的起源與發展 ……………………………………… (100)
 二、商業銀行的概念 ……………………………………………… (101)
 三、商業銀行的特殊性 …………………………………………… (102)
 四、商業銀行的職能 ……………………………………………… (103)
 五、商業銀行的類型 ……………………………………………… (104)
 六、商業銀行的經營體制 ………………………………………… (104)
第二節 商業銀行的主要業務 ……………………………………………… (105)
 一、負債業務 ……………………………………………………… (106)
 二、資產業務 ……………………………………………………… (108)
 三、中間業務 ……………………………………………………… (109)
 四、表外業務 ……………………………………………………… (111)
第三節 商業銀行的經營與管理 …………………………………………… (112)
 一、商業銀行經營管理的原則 …………………………………… (112)
 二、商業銀行資產負債管理的基本原理 ………………………… (115)
 三、資產負債管理的主要內容 …………………………………… (116)

第六章　中央銀行 ……………………………………………… (123)

第一節　中央銀行的產生與發展 ………………………………… (123)
一、中央銀行的產生 ……………………………………… (123)
二、中央銀行的發展 ……………………………………… (124)
三、中國中央銀行的產生和發展 ………………………… (125)

第二節　中央銀行的性質與職能 ………………………………… (126)
一、中央銀行的性質 ……………………………………… (126)
二、中央銀行的職能 ……………………………………… (127)
三、中央銀行的獨立性 …………………………………… (129)
四、中國中央銀行的性質與職能 ………………………… (131)
五、中央銀行的類型 ……………………………………… (132)

第三節　中央銀行的主要業務 …………………………………… (134)
一、中央銀行的負債業務 ………………………………… (134)
二、中央銀行的資產業務 ………………………………… (135)
三、中央銀行的清算業務 ………………………………… (136)

第四節　中央銀行與金融監管 …………………………………… (138)
一、金融監管及監管體系 ………………………………… (138)
二、中國金融分業監管的現狀 …………………………… (141)
三、中國現行金融分業監管體制的發展前景 …………… (144)

第七章　其他主要金融機構 …………………………………… (147)

第一節　政策性金融機構 ………………………………………… (147)
一、政策性金融機構的主要特點 ………………………… (147)
二、政策性金融機構的主要類型 ………………………… (148)
三、政策性金融機構的性質 ……………………………… (149)
四、政策性金融機構的特殊職能 ………………………… (150)

第二節　投資銀行 ………………………………………………… (151)
一、證券承銷業務 ………………………………………… (152)

二、證券交易業務 …………………………………………… (152)

　　三、公司併購業務 …………………………………………… (153)

　　四、項目融資業務 …………………………………………… (153)

　　五、風險資本投資 …………………………………………… (154)

第三節　保險公司 ……………………………………………… (155)

　　一、財產保險 ………………………………………………… (156)

　　二、責任保險 ………………………………………………… (156)

　　三、保證保險 ………………………………………………… (156)

　　四、人身保險 ………………………………………………… (156)

第四節　投資基金 ……………………………………………… (156)

　　一、投資基金的類型 ………………………………………… (157)

　　二、投資基金的特點 ………………………………………… (158)

　　三、投資基金的交易 ………………………………………… (158)

第五節　信託基金與養老基金 ………………………………… (159)

　　一、信託基金 ………………………………………………… (159)

　　二、養老或退休基金 ………………………………………… (159)

第八章　外匯、匯率與國際收支 …………………………… (162)

第一節　外匯與匯率概述 ……………………………………… (162)

　　一、外匯及其種類 …………………………………………… (162)

　　二、匯率 ……………………………………………………… (162)

第二節　匯率的決定因素與影響 ……………………………… (164)

　　一、匯率的決定因素 ………………………………………… (164)

　　二、外匯的作用與影響 ……………………………………… (165)

第三節　國際收支及國際收支平衡表 ………………………… (166)

　　一、國際收支 ………………………………………………… (166)

　　二、國際收支平衡表 ………………………………………… (167)

　　三、國際收支的失衡與調節 ………………………………… (169)

第四節　國際儲備 ·· (170)
　　　一、國際儲備的概念 ·· (170)
　　　二、國際儲備的構成 ·· (170)
　　　三、國際儲備的作用 ·· (171)
　　　四、國際儲備的管理 ·· (172)

第九章　貨幣供求及其均衡 ·· (180)
　　第一節　貨幣需求概述及其理論 ······································ (180)
　　　一、貨幣需求的概念 ·· (180)
　　　二、貨幣需求量 ·· (180)
　　　三、貨幣需求的主要決定因素 ······································ (181)
　　　四、西方貨幣需求理論 ·· (182)
　　第二節　貨幣供給概述及其理論 ······································ (192)
　　　一、貨幣供給的概念 ·· (192)
　　　二、貨幣供給量 ·· (192)
　　　三、商業銀行的存款貨幣創造 ······································ (192)
　　　四、基礎貨幣與貨幣乘數 ·· (194)
　　　五、貨幣供給的外生性和內生性 ······································ (196)
　　第三節　貨幣供求均衡 ·· (197)
　　　一、貨幣供求均衡的概念 ·· (197)
　　　二、貨幣供求均衡的實現機制 ······································ (197)
　　　三、貨幣供求均衡與社會總供求平衡 ································ (198)
　　　四、貨幣供求失衡 ·· (202)

第十章　通貨膨脹與通貨緊縮 ·· (208)
　　第一節　通貨膨脹概述 ·· (208)
　　　一、通貨膨脹的概念 ·· (208)
　　　二、通貨膨脹的類型 ·· (210)

7

三、通貨膨脹的度量 ……………………………………………………… (211)

　第二節　通貨膨脹的成因及其對經濟的影響 ……………………………… (212)

　　一、通貨膨脹的成因 ……………………………………………………… (212)

　　二、通貨膨脹對經濟運行的影響 ………………………………………… (214)

　第三節　通貨膨脹的治理 …………………………………………………… (216)

　　一、控製貨幣供應量 ……………………………………………………… (216)

　　二、運用宏觀經濟政策調節和控製社會總需求 ………………………… (217)

　　三、調整經濟結構，增加商品的有效供給 ……………………………… (218)

　　四、其他政策 ……………………………………………………………… (218)

　第四節　通貨緊縮概述 ……………………………………………………… (219)

　　一、通貨緊縮的概念 ……………………………………………………… (219)

　　二、通貨緊縮的類型 ……………………………………………………… (221)

　　三、通貨緊縮的度量 ……………………………………………………… (222)

　第五節　通貨緊縮的成因及其對經濟的影響 ……………………………… (222)

　　一、通貨緊縮的成因 ……………………………………………………… (222)

　　二、通貨緊縮對經濟運行的影響 ………………………………………… (225)

　第六節　通貨緊縮的治理 …………………………………………………… (226)

　　一、調整宏觀經濟政策 …………………………………………………… (226)

　　二、擴大有效需求 ………………………………………………………… (228)

　　三、調整和改善供給結構 ………………………………………………… (228)

第十一章　貨幣政策調控 ……………………………………………………… (232)

　第一節　貨幣政策的目標 …………………………………………………… (232)

　　一、貨幣政策（Monetary Policy）與貨幣政策目標的內涵 …………… (232)

　　二、貨幣政策的最終目標 ………………………………………………… (232)

　　三、貨幣政策的仲介目標 ………………………………………………… (237)

　第二節　貨幣政策工具 ……………………………………………………… (239)

　　一、一般性貨幣政策工具 ………………………………………………… (239)

二、選擇性貨幣政策工具 …………………………………………… (243)
　　三、其他補充性貨幣政策工具 ……………………………………… (244)
　第三節　貨幣政策傳導機制 …………………………………………… (245)
　　一、貨幣政策傳導機制的兩種理論 ………………………………… (245)
　　二、貨幣政策傳導機制的一般運轉過程 …………………………… (247)
　第四節　貨幣政策效應 ………………………………………………… (249)
　　一、西方對貨幣政策總體效應理論評價的演變 …………………… (249)
　　二、影響貨幣政策效應的主要因素 ………………………………… (252)
　　三、貨幣政策效應的衡量 …………………………………………… (253)
　第五節　貨幣政策與財政政策的配合 ………………………………… (254)
　　一、貨幣政策與財政政策的關係 …………………………………… (254)
　　二、貨幣政策與財政政策配合的必要性 …………………………… (255)
　　三、貨幣政策與財政政策的配合 …………………………………… (255)

第十二章　金融發展與金融改革 ………………………………………… (261)
　第一節　金融發展理論 ………………………………………………… (261)
　　一、金融發展與經濟發展 …………………………………………… (261)
　　二、金融結構與經濟發展 …………………………………………… (263)
　　三、金融發展理論 …………………………………………………… (265)
　第二節　中國的金融改革 ……………………………………………… (266)
　　一、金融初始化改革（1979—1984 年） …………………………… (266)
　　二、發展金融和整體推進金融改革（1985—1993 年） …………… (268)
　　三、完善金融和全面深化金融改革（1994—1998 年） …………… (269)
　　四、現代金融制度建設時期（1999 年至今） ……………………… (271)

第十三章　金融創新與金融監管 ………………………………………… (276)
　第一節　金融創新 ……………………………………………………… (276)
　　一、金融創新的概念 ………………………………………………… (276)

9

二、金融創新的分類 …………………………………………（277）
第二節　金融創新與金融監管的關係 ……………………………（277）
　　一、金融監管的概念 …………………………………………（277）
　　二、金融創新與金融監管的關係 ……………………………（277）

第一章 貨幣與貨幣制度

第一節 貨幣的產生與發展

學習金融，首先必須從學習貨幣開始。在人類歷史上，貨幣已有幾千年的歷史。現代社會的發展離不開貨幣，經濟的運行必須依靠貨幣。但是，並不是每個人都能正確地認識貨幣的本質。對貨幣本質的認識，實際上就是解決「什麼是貨幣」的問題。

一、貨幣的起源

貨幣自問世以來，已有幾千年的歷史。中國古代的先王製幣說、交換起源說，西方國家的創造發明說、便於交換說、保存財富說等，或認為貨幣是聖賢的創造，或認為貨幣是保存財富的手段，許多法學家甚至說貨幣是法律的產物。雖然從特定的歷史背景下看，多數學說都存在一定的合理成分，但是無一能透過現象看本質，科學地揭示貨幣的起源。馬克思從辯證唯物主義和歷史唯物主義的觀點出發，採用歷史和邏輯相統一的方法觀察問題，科學地揭示了貨幣的起源與本質，破解了貨幣之謎。

馬克思認為，貨幣是交換發展和與之伴隨的價值形態發展的必然產物。從歷史角度看，交換發展的過程可以濃縮為價值形態的演化過程。價值形式經歷了「簡單的價值形式—擴大的價值形式——般價值形式—貨幣形式」這樣一個歷史沿革。

（一）簡單的或偶然的價值形式

這是與人類社會最初的商品交換相對應的，是價值形式發展過程中的原始階段。當時只是偶爾會有剩餘產品，還沒有專門的商品生產，交換帶有偶然性質。商品的價值只是偶然地通過另一種商品表現出來，所以稱為簡單的或偶然的價值形式。例如，1只綿羊＝10千克茶葉。這裡1只綿羊處於相對價值形式，10千克茶葉處於等價形式，它們既相互對立又互為條件。10千克茶葉只是1只綿羊的個別等價物，故其價值表現是不充分的。所以說，這種價值形式還只是一種不充分的胚胎形式。

（二）總和的或擴大的價值形式

隨著社會分工的發展和生產力的提高，人們的剩餘產品越來越多，商品交換的需求也逐漸增加，交換已不是偶然發生的而是經常的。價值的表現鏈不斷拉長，處在相對價值形式上的商品的價值不僅表現在某一種商品上，而且表現在一系列其他商品上。舉例如下：

$$1\text{ 只綿羊} = \begin{cases} \text{或 10 千克茶葉} \\ \text{或 15 尺布} \\ \text{或 20 千克米} \\ \text{或 10 捆菸葉} \\ \text{或其他商品} \end{cases}$$

顯然，上式比簡單、偶然的價值形式要有所進步。因為處於等價形式上的各種商品的使用價值不同，但是都用來實現綿羊的價值，成了綿羊的等價物。同時，交換已不再是偶然的，而是經常發生的。

但是，總和的或擴大的價值形式仍然是不完全的。這是因為：每一種商品都有許多種商品共同表現其價值，各種商品的價值表現又都不一樣；商品世界還沒有一個統一的價值表現形式，交換過程迂迴複雜。還沒有一種統一的價值表現形式能夠順利地成為商品交換的媒介，因此必須向一般價值形式過渡。

（三）一般價值形式

一般價值形式，即一切商品的價值共同表現在某一種從商品世界中分離出來而充當一般等價物的商品上。舉例如下：

$$\begin{rcases} \text{或 10 千克茶葉} \\ \text{或 15 尺布} \\ \text{或 20 千克米} \\ \text{或 10 捆菸葉} \\ \text{或其他商品} \end{rcases} = 1\text{ 只綿羊}$$

從上式看，與擴大的價值形式相比，似乎只是一個簡單換位，但是實際上已發生了質的變化。一是擴大價值形式是一種商品的價值由一系列商品表現，而一般價值形式是一種商品的價值統一地由同一種商品表現；二是擴大的價值形式表現的商品交換是商品與商品直接交換，而一般價值形式表現的商品交換是通過一般等價物媒介的間接交換，即綿羊已不再是普通商品而是媒介商品交換的特殊商品了。

一般價值形式促進了商品交換的發展，克服了物物直接交換的種種困難，但是一般等價形式中交換的媒介物並沒有完全固定在某一種商品上，這樣妨礙了商品交換的發展。因此，有必要向貨幣價值形式過渡。

（四）貨幣價值形式

價值表現形式的最高階段為一切商品的價值固定地由一種特殊商品來表現，即一般等價物被固定於某種特殊商品上。在長期的演變過程中，黃金、白銀取得了這個一般等價物的獨占權，故貨幣價值形式與一般價值形式無本質區別。

二、貨幣的本質

研究貨幣的本質是個艱難複雜的過程。在馬克思以前，有許多人研究過貨幣，但是由於歷史的局限性，往往陷入了混亂之中。亞里士多德把貨幣看作「仲介貨物」，古典經濟學家亞當·斯密認為貨幣是「為了克服交換的不靈敏」，還有人認為貨幣是「商

品貨幣對等的比例」、「天生的」和「法律制定的」等。近代一些西方學者認為，如果一個物件事實上在支付中被普遍接受並普遍被用作支付仲介，則不管它的法律地位如何，它就是貨幣。米爾頓‧弗里德曼在他的《自由選擇》一書中寫道：貨幣是「一個共同的普遍接受的交換媒介」。薩繆爾森斷言：「在一萬個人中，只有一個人懂得貨幣問題。」

馬克思在批判和繼承資產階級古典政治經濟學有關貨幣理論的基礎上，運用歷史的和邏輯的方法，以科學的勞動價值理論闡明了貨幣產生的客觀必然性。馬克思認為貨幣本身是一種商品，而且這種商品是其他一切商品的價值表現形式。在人類社會的發展初期，沒有商品交換，當然也不存在貨幣。貨幣是商品經濟發展的產物，隨著商品經濟的發展，才逐步產生了交換，貨幣正是從商品世界中分離出的一種商品，固定地作為商品交換的媒介。因此，貨幣是商品生產和商品交換發展的產物。

(一) 貨幣是一般等價物

貨幣是從商品世界中分離出來的、起一般等價物作用的商品。貨幣出現以後，商品界就分裂為對立的兩極：商品和貨幣。一切普通商品直接代表各種不同的使用價值，而貨幣則成為價值的直接體現者。貨幣充當一般等價物有以下兩個基本特徵：

1. 貨幣是表現一切商品價值的工具

貨幣出現以後，商品的價值不再直接地由另一種商品表現出來，而是通過商品和貨幣的交換表現出來。任何一種商品，只要能夠交換到貨幣，該種商品的價值就能得到表現，生產這種商品的私人勞動就得到了社會承認，屬於社會勞動的一部分。所以說，貨幣是表現、衡量一切商品價值的工具。

2. 貨幣具有直接同一切商品交換的能力

貨幣雖來自商品，但是貨幣與普通商品有明顯的不同之處。普通商品以特定的使用價值去滿足人們的某種需要，因而不可能同其他一切商品直接交換。而作為價值直接體現者和社會財富直接代表的貨幣，具有直接地同一切商品交換的能力，因而也成了每個商品生產者所追求的對象。

總之，貨幣作為一般等價物，是表現、衡量和實現商品價值的工具。貨幣作為一般等價物的這個特徵，是不同社會形態所共有的。

對於貨幣性質的理解，馬克思強調經濟範疇只不過是生產方面社會關係的理論表現，即其抽象。貨幣代表著一種社會生產關係，卻又採取了具有一定屬性的自然物的形式。可見，貨幣作為一般等價物，是不同社會形態下貨幣的共性。貨幣在歷史發展的不同階段體現了不同的生產關係，這是一定社會形態下貨幣所具有的特性。

(二) 貨幣的根源在於商品本身

在遠古的原始共同體中，勞動產品歸整個共同體所有，由共同體統一分配，所以既不存在商品，也不存在貨幣。隨著社會分工和私有制的出現，不同的生產者分別從事不同產品的生產，從而產生了相互交換勞動產品的需求。由此，也產生出由各種不同具體勞動構成整個社會分工體系，而每個生產者所從事的特定具體勞動則成為整個社會分工體系的一個組成部分。從這一意義上說，社會分工條件下生產者的勞動是具

有社會意義的勞動，稱之為社會勞動。

由於私有制的產生，一方面，勞動成了每個勞動者的私事，生產什麼、生產多少和怎樣生產都由他自己決定；另一方面，勞動產品歸私人所佔有。從這一意義上說，社會分工條件下私人生產者的勞動稱為私人勞動。這樣就產生了社會勞動與私人勞動的矛盾。交換成為解決這一矛盾的唯一途徑。因為存在社會分工，就會存在不同的勞動產品，就會產生互通有無的要求，即產生商品交換的必然。

上述兩種分析方法，科學地揭示了貨幣的本質。從中可以得知：貨幣是在商品交換過程中，為了適應交換的需要而自發地從一般商品中分離出來的。商品變成貨幣是商品經濟的內在矛盾——私人勞動與社會勞動之間的矛盾發展的產物，交換成為解決這一矛盾的唯一途徑，而貨幣正是適應商品經濟發展的需要而自發地產生的。商品變成貨幣經歷了上述四種價值形態的演變，是一個由低級向高級的發展過程。總之，貨幣是商品經濟發展的必然產物，它根源於商品，並伴隨著商品經濟的發展而自發地產生。

三、貨幣形式的演進

貨幣隨著商品生產和商品交換的發展而發展，在人類發展史上貨幣形態十分龐雜。在古代，作為貨幣的有牲畜、鹽、茶葉、皮革、酒等。在歷史博物館裡，常看到用銅、鐵、貝殼、銀、金等作為貨幣。到現代社會，貨幣形態為紙幣、輔幣、銀行存款和信用卡等。可見，貨幣是由最早的實物形態，慢慢發展為它的替代物，然後發展到現代的信用貨幣。我們將貨幣形態的類型分成以下三種：

（一）實物貨幣

實物貨幣是以自然界存在的某種物品或人們生產的某種物品來充當貨幣。人類社會最早的商品貿易是「以物易物」。當這種形式無法滿足擴大了的商品交換時，人們便選擇了價值穩定且具有通用性的商品作為「核心物品」，以與多種商品交換。當這種「核心物品」可交換的商品種類越來越多的時候，它便從普通商品中超脫出來，成為最早的實物貨幣。

在人類歷史上，有許多商品充當過貨幣。古代歐洲有用牛、羊作為貨幣的記載，貝幣是中國最早的貨幣之一。但是由於這些實物貨幣具有笨重、攜帶運送不便、不能分割、質地不一、易遭損失等缺點，很難作為理想的交易媒介。人們在長期的交換活動中，逐漸運用具有下述條件和特徵的實物充當貨幣，即普遍接受性、價值穩定、價值均質可分性、輕便和易攜帶性。據此條件和特徵，金屬貨幣最為適宜。因此，在近代的貨幣史中，各國通常把貴金屬定為法定貨幣。

（二）金屬貨幣

金屬貨幣是指以銅、銀、金等作為幣材的貨幣。初期的金屬貨幣以條塊形狀出現，稱為稱量貨幣。近代的金屬貨幣則將金屬按一定的成色重量鑄成一定的形狀使用，稱為鑄幣。金、銀、銅、鐵等金屬材料都作過幣材，這些材料價值相對穩定、易分割、便於儲藏，更適宜於充當貨幣。中國是最早使用金屬貨幣的國家，從殷商時代開始，

金屬貨幣就成為中國貨幣的主要形式。但是在中國歷史上，流通中的鑄幣主要是由鐵、銅等賤金屬鑄造的，金、銀等貴金屬主要是作為衡量價值和貯藏財富的工具。

　　金屬貨幣的演化沿著兩個方向進行：一方面，隨著交易規模的不斷擴大，經歷了由賤金屬到貴金屬的演變。貨幣金屬最初是賤金屬，多數國家和地區使用的是銅。隨著生產力的提高，交換的商品數量不斷增加，需要價值含量大的貴金屬充當貨幣，這是因為金銀所具有的天然屬性最適宜於充當貨幣商品。貴金屬質地均勻，其表現價值的尺度很容易統一；貴金屬可按不同比例任意分割，分割後還可冶煉還原，最適合充當交換媒介；貴金屬體積小、價值高、耐腐蝕、便於攜帶，也符合越來越發展的商品和勞務交易的需要。在足值貨幣時代，貴金屬還不是生產過程所必需的原材料，充當貨幣商品也不影響經濟的發展。另一方面，金屬貨幣經歷了從稱量貨幣到鑄幣的演變。金屬貨幣最初是以塊狀流通的，交易時要稱其重量，估其成色，這時的貨幣稱為稱量貨幣。稱量貨幣在交易中很不方便，難以適應商品生產和交換發展的需要。隨著社會第三次大分工——商人階級的出現，一些富裕的、有信譽的商人就在貨幣金屬塊上打上印記，標明其重量和成色，自己對其負責，便於流通，於是出現了最初的鑄幣。當商品交換進一步發展並突破區域市場的範圍後，金屬塊的重量和成色就要求更具權威性的證明，后來就是由國家製造鑄幣。

（三）紙制貨幣

　　紙制貨幣簡稱紙幣，包括銀行券、輔幣等執行貨幣基本職能的貨幣形態。中國是世界上最早使用紙幣的國家。公元 10 世紀，北宋就開始使用紙幣——交子。

　　銀行券隨著資本主義銀行的發展而首先在歐洲出現，有以下三個特徵：

　　第一，銀行券是由銀行發行的可以隨時兌現的代用貨幣，是作為代替貴金屬貨幣流通與支付的信用工具。

　　第二，銀行券的發行必須具有發行保證，一般分為黃金保證和信用保證。黃金保證體現為銀行的金準備，信用保證則體現發行銀行保證兌現的信用度。歷史上銀行券發行制度曾經有過三種發行準備，即發行額直接限制制度、發行額間接限制制度、最高發行額直接限制制度等。由於銀行券有嚴格的發行準備制度，保證隨時兌現，因此具有較好的穩定性。

　　第三，早期銀行券由商業銀行分散發行，自中央銀行誕生以後，商業銀行失去了發行權，銀行券的發行成為中央銀行的基本職能之一。

　　銀行券是由足值貨幣向現代信用貨幣發展的一種仲介性、過渡性的貨幣形態。一方面，銀行券完全建立在足值貨幣的基礎上，代表足值貨幣行使貨幣的基本職能，並能等價兌換成足值貨幣，因而明顯具有貨幣的烙印；另一方面，銀行券作為不具有十足價值的價值符號，之所以能像足值貨幣一樣發揮貨幣職能，顯然體現了一定的信用關係，具有信用貨幣的特徵。但是由於這種貨幣要以黃金作為保證和準備，跟不上日益擴大的商品生產和商品交換發展的需要。銀行券最終演變為完全脫離金屬貨幣的不可兌現的信用貨幣。

（四）信用貨幣

信用貨幣是由國家和銀行提供信用保證的流通手段。信用貨幣的本身價值遠遠低於其貨幣價值，而且與代用貨幣不同，不再代表任何貴金屬。信用貨幣是貨幣形式進一步發展的產物，是金屬貨幣制度崩潰的直接后果。20世紀30年代世界性的經濟危機引發了經濟恐慌和金融混亂，迫使主要資本主義國家先后脫離金本位和銀本位。國家發行的紙幣不能再兌換金屬貨幣，信用貨幣應運而生。當今世界各國幾乎都採用這一貨幣形態。信用貨幣通常由一國政府或金融管理當局發行，其發行量要求控製在經濟發展的需要之內。

信用貨幣存在的形態主要有以下幾種：

一是輔幣。輔幣多用賤金屬製造，目前世界上幾乎都由政府獨占發行，由專門的鑄幣廠鑄造。其主要功能是擔任小額或零星交易的媒介手段。

二是現鈔。大多數現鈔是由一國中央銀行印製發行，其主要功能是作為人們購買日常生活用品的媒介。

三是銀行存款。存款是存款人對銀行的債權，對銀行來說，這種貨幣又是債務貨幣。銀行存款的形式很多，作為支付手段，最重要的存款形式是可用於轉帳結算的活期存款。

四是電子貨幣。電子貨幣是以計算機及其網絡為基礎、以信息技術為手段、採用電子數據形式實現流通手段和支付手段功能的貨幣形式。由於科技飛速發展和電子計算機技術的運用，貨幣的結算和支付方式進入了一個嶄新的階段。電子貨幣是信用貨幣的延伸，是信用貨幣發展信息時代高級階段的產物。

總之，貨幣形態的演變依據於信用關係的不斷拓展，貨幣的外在形式也不斷地脫離具體物質形態的束縛，逐步抽象化和虛擬化。

第二節　貨幣的職能

貨幣的職能是貨幣本質的具體體現。貨幣的職能是在商品交換過程中逐漸形成的，具體的有價值尺度、流通手段、貯藏手段、支付手段和世界貨幣這五種職能。其中，價值尺度職能和流通手段職能是貨幣的最基本的職能。

一、價值尺度

貨幣在表現商品的價值並衡量商品價值量的大小時，執行價值尺度的職能。這是貨幣最基本、最重要的職能。作為價值尺度，貨幣把一切商品的價值表現為同名的量，使它們在質上相同，在量上可以比較。貨幣之所以執行這種職能，是因為貨幣本身也是商品，也具有價值。

貨幣發揮價值尺度的職能具有如下特點：

一是貨幣將商品的內在價值尺度即勞動時間外在地表現出來。商品價值的大小是

由凝結在該商品中的勞動時間來決定的。因此，勞動時間是商品的內在價值尺度。但是商品價值不可能由各單個商品生產者耗費的勞動時間來表現，只能借助於貨幣外化出來，因此貨幣是商品的外在價值尺度。

二是貨幣可以是觀念上的貨幣，但是必須具有十足的價值。因為貨幣執行價值尺度即商品生產者在給商品規定價格時，只要是想像中的或者是觀念上的貨幣就行了，並不需要有現實的貨幣，所以貨幣作為價值尺度是抽象的或觀念上的。但是在抽象的或觀念上的價值尺度背後，執行價值尺度的貨幣本身必須具有十足的價值。如果貨幣沒有價值，就不可能用來衡量價值，這就像本身沒有重量的東西不可能用來衡量重量一樣。

三是貨幣具有完全的排他性、獨占性。因為充當價值尺度的只能是一種商品，只有這樣商品價值才能得以真正統一的表現。

四是貨幣執行價值尺度職能要通過價格標準這個中間環節來完成。因為不同的商品有不同的價值量，這就要求借助於價格標準來表現數量不等的單位貨幣。

價格標準是指包含一定重量的貴金屬的貨幣單位。價格是商品價值的貨幣表現，價值量不同的商品，其價格也就表現為不同的貨幣量，這就要求貨幣本身的計量單位在技術上必須首先予以確定。在歷史上，價格標準和貨幣單位曾是一致的，如中國過去長期使用「兩」（十六兩為一斤）為價格標準，即貨幣單位；英國以「鎊」作為價格標準，也是貨幣單位。隨著社會財富的增長、幣材的改變、外國貨幣的輸入及國家鑄造重量不足的貨幣，貨幣單位名稱和貨幣本身重量單位名稱逐漸分離開來了。由於價格標準的存在，價值的體現就有了統一的計量尺度，不同種類和不同數量的商品的價值就很容易進行衡量和比較。貨幣作為價值尺度可以是觀念上的貨幣，因為貨幣表現商品的價值只是給商品標價，只要想像中的或者觀念上的貨幣就行了，並不需要有現實的貨幣。同時，貨幣在執行價值尺度職能時，具有完全的排他性，因為充當價值尺度職能的只能是一種商品，只有這樣商品價值才能得以真正統一的表現。

二、流通手段

貨幣在商品交換過程中發揮媒介作用時，執行流通手段的職能。貨幣作為價值尺度，證明商品有沒有價值、有多大的價值；作為流通手段，貨幣實現這種價值。與物物交換不同，商品生產者先將自己的商品換成貨幣，然后再以貨幣換得自己所需要的商品。每一次交換都通過這種商品—貨幣—商品（即 W—G—W）的形式，這就是商品的流通。商品流通是個系列過程：一種商品形態變化的過程，是第一種商品形態變化的結束，又是第二種商品形態變化的開始。貨幣不斷地在這種交換中起媒介作用，這種作用就是流通手段。W—G 是商品轉化為貨幣，而 G—W 在市場經濟條件下一般是容易實現的。

貨幣執行流通手段職能，具有以下特點：

第一，必須是現實的貨幣。因為商品生產者出賣商品所得到的貨幣是現實的貨幣，才證明他的私人勞動獲得社會承認，成為社會勞動的一部分。這裡貨幣充當商品交換的媒介不能是觀念上的，必須是現實的貨幣。

第二，不需要有足值的貨幣，可以用貨幣符號來代替。

第三，貨幣包含有危機的可能性。在貨幣發揮流通手段職能的條件下，交換過程分裂為兩個內部相互聯繫而外部又相互獨立的行為，即買和賣。於是這兩個過程在時間上和空間上分開了。

作為流通手段的貨幣，最初是金屬條塊，但是每次流通都需要鑑別真假，測其成色，進行分割。由此，貨幣從金銀條塊發展到鑄幣。鑄幣就是國家按照一定成色、重量和形狀鑄造的貨幣，它的出現使得商品流通更加便利。但是因鑄幣會在流通過程中不斷地磨損，使其實際價值低於名義價值，而仍然按照其名義價值流通，這就意味著在貨幣流通中隱藏著這種可能性，可以用其他材料作為價值符號象徵其來代替金屬貨幣執行鑄幣的職能。於是，沒有價值的貨幣符號——紙幣就出現了。可見，作為流通手段的貨幣的幣材形式的變化，主要是由貨幣作為流通手段，幣材形式只是一種媒介的特徵所決定的。

中國人民幣具有流通手段職能。人民幣是中國唯一合法的通貨，代表一定的價值量與各種商品相交換，使各種商品的價值得以實現。人民幣的流通具有普遍的接受性、壟斷性和獨占性。隨著信用制度的發展，貨幣執行流通手段職能的一些領域逐漸被支付手段所代替。

三、貯藏手段

當貨幣由於各種原因退出流通界，被持有者當作獨立的價值形態和社會財富的絕對化身而保存起來時，貨幣就停止流通，發揮貯藏手段職能。

執行貯藏手段的貨幣，必須既是現實的貨幣，又是足值的貨幣。在金屬貨幣發揮貯藏手段職能時可起到自發的調節貨幣流通量的作用。當流通中需要更多的貨幣時，貯藏中的貨幣會重新進入流通領域；當流通中的貨幣量過多時，多餘的金屬貨幣會退出流通領域成為貯藏貨幣。價值貯藏對貨幣流通起著「蓄水池」的作用，自發調節著流通中的貨幣量。因此，在金屬貨幣流通的條件下，貨幣流通基本上能夠保持正常和穩定。

現代經濟中紙幣成為價值符號，本身沒有內在價值，也不能兌現金銀，因此不具有典型意義上的貯藏手段的職能。當強制流通的紙幣投入流通後，就滯留在流通中，不能完全退出流通。貨幣所有者把現鈔暫時沉澱在手中，是潛在的購買手段或待實現的購買力；把現鈔存在銀行，則又通過銀行的信貸活動投入生產和流通。在紙幣所代表的價值基本上能保持穩定的前提下，貨幣所有者無論是手持沉澱現鈔，還是把它存入銀行變成存款，都發揮了累積或儲蓄手段的作用。

四、支付手段

當貨幣作為價值運動的獨立形式進行單方面轉移時，貨幣執行了支付手段職能。例如，貨幣用於償還債務、繳納稅金、支付工資、支付租金等所執行的職能，即為支付手段職能。

由於商品經濟的發展，商品出現了賒銷和延期支付的情況，這就使得商品使用價

值的讓渡與商品價值的實現在時間上分離開來了。賣者成了債權人，而買者則成了債務人，貨幣則作為獨立的價值形式進行單方面轉移支付，以清償債務，結束信用交易行為。這時商品流通早已結束，只剩下單獨的貨幣流通，因此貨幣不是執行流通手段職能，而是執行支付手段職能。執行支付手段職能的貨幣同執行流通手段職能的貨幣一樣，都是處於流通過程中的現實貨幣。隨著經濟的不斷發展，貨幣作為支付手段，不僅在商品賒銷、預付貨款、清償債務方面，而且還在銀行信貸、財政收支、工薪租金、消費信用、國際收支等領域，發揮著越來越大的作用。支付手段的形式也越來越多樣化，有現金、存款、各類票據、各種結算憑證以及信用卡、電子貨幣等。可以認為，作為信用經濟的現代經濟，就建立在支付手段的基礎上。

在中國，人民幣執行支付手段職能，在範疇和數量上都大大超過了貨幣作為流通手段的職能。人民幣的支付手段職能，絕大部分是通過銀行的非現金實現的，表現為存款貨幣的流通是以銀行為中心的貨幣循環。這種循環既反應了銀行與各單位信用關係的消長，同時也反應了一些單位利用銀行的貸款或存款來向另一些單位購買商品或勞務，即貨幣發揮支付手段職能。因此，存款貨幣的流通具有二重性，既是貨幣流通的過程，又是信用活動的過程。現實生活中，這兩個過程又是交織在一起的，發揮支付手段職能的貨幣同發揮流通手段職能的貨幣一樣，也是處於流通過程中的現實的貨幣，所謂流通中的貨幣指的就是這兩者的總體。

五、世界貨幣

隨著國家貿易的發展，貨幣超越了國界，在世界市場上作為一般等價物發揮作用時，就執行著世界貨幣的職能。按照馬克思對典型金本位條件下世界貨幣的科學論述，貨幣充當世界貨幣，就必須脫掉自己的「民族服裝」，還原成金銀的本來面目。

商品流通決定貨幣流通。隨著商品流通越出國界，擴大到世界範圍，貨幣的職能也隨之發展，超越了國內的流通領域，在國際市場上執行世界貨幣的職能。貨幣發揮世界貨幣的職能，主要表現在以下三個方面：一是作為國際間的支付手段，用來支付國際收支的差額，這是世界貨幣的主要作用；二是作為國際間的購買手段，用來購買國外商品；三是作為國際間資本和一般財富轉移的手段，用於投資、對外援助、戰爭賠款等。

在當代，由於世界各國普遍採用了不兌現的信用貨幣制度，世界貨幣不再由貴金屬壟斷充當，一些經濟發達國家的紙幣由於可以自由兌換、幣值較穩定，在國際經濟交往中又被人們樂於接受，就替代黃金來執行世界貨幣的職能。目前，能夠充當世界貨幣、實現貨幣自由兌換的只有少數國家的貨幣或區域性貨幣，如美元、歐元和日元等，在國際間發揮著作為國際貨幣的職能。此外，國際貨幣基金組織分配的特別提款權、在國際貨幣基金組織的儲備頭寸以及外匯憑證如票據、銀行存款憑證、國際信用卡等，作為國際間可接受的流動資產，在不同範圍和不同條件下，也執行著世界貨幣的職能。

第三節　貨幣制度的形成及構成要素

一、貨幣制度的概念及其形成

貨幣制度簡稱幣制，是一個國家以法律形式確定的該國貨幣流通的結構、體系與組織形式。其目的是保證貨幣和貨幣流通的穩定，使之能夠正常地發揮各種職能。貨幣制度主要包括貨幣金屬、貨幣單位以及貨幣的鑄造、發行和流通程序與準備制度等。一個國家或地區為了保持其貨幣流通的正常和穩定，通常要對貨幣制度制定、頒布一系列的法律和規定。

（一）鑄幣流通

在前資本主義社會，世界各國先後出現了鑄幣流通。所謂鑄幣，是指國家鑄造的具有一定形狀、重量和成色（即貴金屬的含量），並標明面值的金屬貨幣。最初的金屬貨幣是以條塊形狀流通的，每次交換都必須鑒定成色，權衡重量，然後按交易額的大小來進行分割。這樣十分不便，一是金屬貨幣的原始狀態攜帶不便，二是由於分割困難往往引起交易糾紛。在這種情況下，一些富商大賈在自己鑄造的金屬條塊上加蓋自己的印戳並標明重量和成色，於是這塊金屬貨幣就成為以該富商大賈以信譽為保證的鑄幣。這種以個人信譽為保證的鑄幣在流通過程中受到各方面因素的制約，帶有很大的局限性。因此，以後又逐步演變為由國家來鑄造鑄幣。為了規範管理和促進經濟的發展，國家對流通中的金屬貨幣作出強制規定，形成了各國的貨幣制度。

貨幣制度是伴隨著金屬鑄幣的出現而開始形成的。早期鑄幣具有以下特點：第一，鑄幣材料價值較低。這種狀況與前資本主義社會商品經濟不夠發達有關。在中國的封建社會中，曾經廣泛使用銅錢，而銀基本上是以塊狀按其重量流通使用的。歐洲在封建社會主要是用銀作為貨幣材料，也使用銅幣，或用銅摻和銀鑄成不同成色的合金幣。第二，鑄幣的鑄造分散，流通混亂。人類使用金屬鑄幣大約有3000多年的歷史。歐洲在封建社會沒有統一的民族國家，各個封建主統治著所屬的獨立的城堡，各自有自己獨立的管理機構，並以此分別鑄造貨幣，在各自獨立的城邦流通著不同的鑄幣。中國雖然自秦以來就形成了統一的多民族國家，但是也未形成現代社會那種統一的貨幣制度，鑄幣的鑄造極其分散，造成名目繁多、形式雜亂、成色重量不一等情況。第三，鑄幣不斷變質，即重量減輕，成色降低。在封建割據的條件下，封建諸侯為了擴張自己的權力，掠奪他人的財富，必然不斷進行戰爭，這就需要增加軍費支出。同時，統治者為了滿足自己奢華的生活需要以及對內維護自己的統治，也要增加財政支出。由於鑄幣鑄造權屬於封建統治者，通過降低鑄幣成色、減低鑄幣重量的方式實行鑄幣變質，就成為統治者解決財政困難的一種手段。

隨著資本主義生產的發展和商品流通的擴大，分散和紊亂的貨幣流通越來越成為資本主義經濟和信用發展的障礙。因此，當資產階級在各國取得政權後，隨著資本主義經濟的發展，必然需要一個統一的、穩定的貨幣制度。

(二) 貨幣制度的形成

貨幣制度的一些要素在前資本主義社會就陸續產生了。但是系統的貨幣制度是在資本主義經濟制度產生之后才形成的。這些規定包括以下幾個方面的內容：一是建立以中央銀行為唯一發行機構的統一和集中的貨幣發行體系，壟斷貨幣發行；二是就相對穩定的貨幣單位做出相應的規定，以保證貨幣制度的穩定；三是就貴金屬充當幣材並能自發調節流通中的貨幣量做出規定。西方國家政府在資本主義上升時期為克服貨幣流通混亂的狀況，將已頒布的本位貨幣金屬、貨幣單位以及貨幣鑄造、發行和流通程序與發行準備等法令和條例集中起來制度化的過程，就是資本主義貨幣制度的形成過程。

二、貨幣制度的構成要素

在前資本主義時期，金屬貨幣流通在相當長一段時期內佔有重要地位，但是當時貨幣流通極其混亂，不利於資本主義生產和流通的發展。為了清除這種障礙，資產階級在取得政權后先后頒布了有關貨幣流通的法令和規定，改變了貨幣流通的混亂的狀況，在實施各種法令和法規的過程中逐步建立了統一的、完整的資本主義貨幣制度。貨幣制度一般由以下四個要素構成：

(一) 確定貨幣材料

貨幣材料簡稱幣材，是指用來充當貨幣的物質。規定貨幣材料是貨幣制度最基本的內容。在金屬貨幣流通條件下，貨幣金屬是整個貨幣制度的基礎，確定不同的金屬作為貨幣材料，就構成不同的貨幣本位。如確定以白銀作為幣材，就是銀本位制；確定以黃金作為幣材，就是金本位制；確定以黃金和白銀同時作為幣材，就是金銀復本位制。一個國家在一定時期內選擇哪種幣材是由國家規定的，但是這種選擇受客觀經濟條件的制約。目前世界各國都已實行不兌現的信用貨幣制度，因此各國貨幣制度也不再對幣材做出具體規定。

(二) 規定貨幣單位

規定貨幣單位即規定貨幣單位的名稱和每一貨幣單位所包含的「值」。例如，英國的貨幣單位定名為「鎊」，根據 1816 年 5 月的金幣本位法案的規定，1 英鎊含成色 11/12 的黃金 123.274,47 格令（合 7.97 克）。美國的貨幣單位定名為「元」，根據 1934 年 1 月的法令的規定，1 美元含純金 13.714 格令（合 0.888,671 克）。當今世界範圍流通的都是信用貨幣，貨幣不再規定含金量，貨幣單位與其價格標準逐漸融為一體。

(三) 規定貨幣的鑄造、發行和流通程序

一國的通貨通常分為主幣和輔幣，主幣即本位幣。主幣和輔幣各有不同的鑄造、發行和流通程序。

1. 本位幣

本位幣是一國的基本通貨。在金屬貨幣流通的條件下，本位幣是指用貨幣金屬按照國家規定的貨幣單位所鑄成的鑄幣。本位幣是一種足值的鑄幣，具有無限法償能力。

本位幣有其獨特的鑄造、發行與流通程序，其特點如下：

（1）自由鑄造。在金屬貨幣流通的條件下，本位幣可以自由鑄造。所謂的自由鑄造有兩方面的含義：一方面，每個公民都有權把貨幣金屬送到國家造幣廠請求鑄成本位幣；另一方面，造幣廠代公民鑄造本位幣，不收費用或只收很低的造幣費。本位幣的自由鑄造具有十分重要的經濟意義。首先，自由鑄造可以使鑄幣的名義價值和實際價值保持一致。鑄幣的實際價值是指鑄幣本身的金屬價值。由於公民可以隨時把貨幣金屬送到國家造幣廠請求鑄成鑄幣，所以鑄幣的名義價值就不能高於其實際價值，否則就必須用法律手段來規定其名義價值。又由於持有鑄幣的人可以隨時將它熔化為金屬塊，鑄幣的名義價值就不能低於鑄幣的實際價值，否則人們就會將鑄幣熔毀，退出流通領域。其次，本位幣的自由鑄造可以自發地調節貨幣流通量，使流通中的貨幣量與貨幣需要量保持一致。當流通中的貨幣量不足時，公民會把所持有的金屬塊送往造幣廠鑄成鑄幣，投入流通；當流通中的貨幣量過多時公民又會自發地將鑄幣熔化成金屬塊，退出流通。

（2）無限法償。本位幣具有無限的法定支付能力，即無限法償。本位幣是法定作為價格標準的基本通貨。根據法律規定，在貨幣收付中無論每次支付的金額多大，用本位幣支付時，收款人不得拒絕接受，故稱為無限法償幣。

2. 輔幣

輔幣是本位幣以下的小額貨幣，供日常零星交易和找零之用。輔幣在鑄造、發行與流通程序上具有以下特點：

（1）輔幣用較賤的金屬鑄造。因為輔幣的面額較小，因此使用賤金屬鑄造輔幣，可以節省流通費用。

（2）輔幣是不足值的鑄幣。

（3）輔幣可以與本位幣自由兌換。輔幣的實際價值雖然低於名義價值，但法律規定，輔幣可以按固定比例與本位幣兌換，這樣就保證了輔幣可以按名目價值流通。

（4）輔幣實行限制鑄造。所謂限制鑄造，即只能由國家來鑄造。由於輔幣的實際價值低於其名義價值，鑄造輔幣就會得到一部分鑄造收入，所以鑄造權由國家壟斷，其收入歸國家所有。同時，因為輔幣是不足值的，限制鑄造也可以防止輔幣排擠本位幣。

（5）輔幣是有限法償貨幣。國家對輔幣規定了有限的支付能力，即在每一次支付行為中使用輔幣的數量受到限制，超過限額的部分，收款人可以拒絕接受。例如，美國規定，10分以上的銀輔幣每次支付限額為10元；銅鎳所鑄造的分幣，每次支付限額為25分。但是向國家納稅或向銀行兌換時不受數量的限制。

（四）確定發行準備制度

貨幣發行的準備制度是指貨幣發行者在發行貨幣時須以某種金屬或某幾種形式的資產作為發行貨幣的準備，從而使貨幣的發行與某種金屬或某些資產建立起聯繫和制約關係。這是貨幣制度的一項重要內容，是一國貨幣穩定的堅實基礎。在金屬貨幣流通條件下，準備制度主要是建立國家的黃金儲備，這種黃金儲備保存在中央銀行或國

庫。其用途有三個：第一，作為國際支付的準備金；第二，作為擴大和收縮國內金屬流通的準備金；第三，作為支付存款和兌換銀行券的準備金。當今世界各國均實現不兌現的信用貨幣流通制度，金銀已退出貨幣流通領域，黃金準備的后兩個作用已經消失。黃金作為國際支付準備金的作用依然存在，形式卻發生了變化，當一個國家出現國際收支逆差時，可以在國際市場上拋售黃金，換取自由外匯，以平衡國際收支。

目前，各國中央銀行發行的信用貨幣雖然不能再兌換黃金，但仍然保留著發行準備制度。各國準備制度不同，但是歸納起來，作為發行準備金的有黃金、國家債券、商業票據、外匯等。

第四節　貨幣制度的演變

從貨幣制度的發展歷史來看，早期的貨幣制度比較雜亂，且各國的差異也較大。資本主義產生以后，貨幣制度才逐步得以完善和規範，從其存在的具體形式看，主要經歷了銀本位制、金銀復本位制、金本位制、不兌現的信用貨幣制度四大類型。

一、銀本位制

銀本位制就是以白銀作為本位貨幣的一種金屬貨幣制度。銀本位制又分為銀兩本位和銀幣本位。銀兩本位是以白銀的重量單位作為價格標準，實行銀塊流通的貨幣制度。銀幣本位則是以一定重量和成色的白銀，鑄成一定形狀的本位幣，實行銀幣流通的貨幣制度。在銀本位制度下，銀幣可以自由鑄造和自由融化，並具有無限法償的效力，白銀或銀幣可以自由輸出、輸入。

銀本位制是最早實行的貨幣制度之一。在紀元前及紀元初期，歐洲許多國家如英國、法國、義大利等，均曾有銀幣流通。16～19世紀，銀本位制在世界許多國家盛行。中國也是最早實行銀本位制的國家，但是主要是實行銀兩本位，而由國家法律確認實行銀幣本位，即清朝宣統二年（1910年）頒布的《幣制條例》。該條例規定了以圓為單位，重七錢二分，定銀圓為國幣，並確定成色，禁止各省自由鑄造，將鑄造權統歸中央。但是當時實質上是銀圓與銀兩混用。直到1933年4月，國民黨政府才「廢兩改圓」，公布《銀本位幣鑄造條例》，將銀圓的重量減少、成色降低，改為1圓銀幣重26.6971克，每圓含純銀23.493,448克。這種銀圓可以自由鑄造，無限制使用。這時，銀圓才成為真正的本位貨幣。同年11月實行的「法幣改革」，廢止了銀本位制。

19世紀后期，世界白銀產量猛增，使白銀的市場價格發生強烈波動，呈長期下跌趨勢。白銀價格的起伏不穩，既不利於國內貨幣流通，也不利於國際收支，影響一國經濟的發展，加之銀幣體重價低不適合巨額支付，從而導致許多實行銀本位制的國家都先后放棄了這種貨幣制度。例如，在中國，1935年11月4日國民黨政府實行「法幣改革」，宣布禁止使用銀圓，從銀本位制改行金匯兌本位制。

二、金銀復本位制

金銀復本位制是由國家法律規定的以金幣和銀幣同時作為本位幣，均可自由鑄造、自由輸出、輸入，同為無限法償的貨幣制度。金銀復本位制是資本主義發展初期最典型的貨幣制度。在這一時期，商品生產和流通進一步擴大，對金和銀的需求量都大幅增加。

金銀復本位制按金銀兩種金屬的不同關係又可分為平行本位制、雙本位制和跛行本位制。

（一）平行本位制

平行本位制是金幣和銀幣按其實際價值流通，其兌換比率完全由市場比價決定，國家不規定金幣和銀幣之間的法定比價。由於金幣和銀幣的市場比價經常變動，這就使得不同貨幣表示的商品價格也隨之經常發生變化。貨幣作為價值尺度，要求本身價值穩定，本身價值不穩定的貨幣商品充當價值尺度，會造成交易紊亂，因此使得這種平行本位制極不穩定。

（二）雙本位制

為了克服金幣與銀幣比價的頻繁波動的缺陷，一些國家以法律形式規定了金銀的比價，即實行雙本位制。雙本位制是金銀復本位制的主要形式。但是，用法律規定金銀比價，這與價值規律的自發調節作用相矛盾，於是就出現了「劣幣驅逐良幣」的現象。所謂「劣幣驅逐良幣」，這一規律又稱「格雷欣法則」，就是當金幣與銀幣的實際價值與名義價值相背離時，實際價值高於名義價值的貨幣（即良幣）被收藏、熔化而退出流通領域，而實際價值低於名義價值的貨幣（即劣幣）則充斥市場。「劣幣驅逐良幣」一語出自16世紀英國政治家與理財家湯姆斯·格雷欣給英國女王的改鑄鑄幣的建議，后來被英國經濟學家麥克勞德在其著作《經濟學綱要》中加以引用，並命名為「格雷欣法則」。

為什麼在金銀復本位制下，會發生「劣幣驅逐良幣」現象呢？我們知道，貨幣按其本性來說是具有排他性、獨占性的。法律有關金銀兩種金屬同時作為貨幣金屬的規定是與貨幣的本性相矛盾的。在金銀兩種貨幣各按其本身所包含的價值同時流通（平行本位制）的條件下，市場上的每一種商品都必然會出現兩種價格，一種是金幣價格，另一種是銀幣價格。這兩種價格的對比關係又必然會隨著金銀市場比價的變化而變化。這樣，就必然使市場上的各種交換處於非常混亂和困難的境地。為了克服這種困難，資本主義國家用法律規定了金銀的比價（雙本位制）。但是，這種規定又與價值規律的自發作用發生矛盾，因而不可避免地出現「劣幣驅逐良幣」的現象。

「劣幣驅逐良幣」規律曾在美國貨幣史上有所表現。美國於1791年建立金銀復本位制，以美元作為貨幣單位，規定金幣和銀幣的比價為1：15，但當時法國等幾個實行復本位制的國家規定金銀的比價為1：15.5，也就是說，在美國金對銀的法定比價低於國際市場的比價。這樣人們可以在美國取得一盎司黃金，把它輸送到法國去換取15.5盎司的白銀，然后又將15盎司的白銀運回美國，在美國購買1盎司黃金，剩下半盎司

的白銀，除了彌補運輸費用以外，還可以得到一筆利潤。於是黃金很快就在美國的流通界消失了，金銀復本位制實際上變成了銀本位制。1834 年，美國重建金銀復本位制，金銀的法定比價重新定位 1：16，而當時法國和其他實行復本位制的國家規定的金銀比價仍然是 1：15.5，這時就出現了相反的情況。由於美國銀對金的法定比價定得比國際市場的低，因此金幣充斥美國市場，銀幣卻被驅逐出流通領域，金銀復本位制實際上又變成了金本位制。

(三) 跛行本位制

在金銀復本位制向金本位制過渡時，曾出現過一種跛行本位制，在這種制度下，法律規定金幣和銀幣都可以成為本位幣，兩者之間有兌換比率，但是金幣可以自由鑄造，而銀幣卻不能自由鑄造。實際上，銀幣已經降到了金幣附屬的地位。由於銀幣實行限制鑄造，使銀幣的實際價值與其名義價值無法保持一致，銀幣的名義價值唯有取決於銀幣和金幣的法定兌換比率。事實上，跛行本位制只是由金銀復本位制向金本位制過渡時期的一種特殊的貨幣制度。

三、金本位制

金本位制是指以黃金作為本位貨幣的一種制度。其形式有以下三種：

(一) 金幣本位制

金幣本位制是典型的金本位制。在這種制度下，國家法律規定以黃金作為貨幣金屬，即以一定重量和成色的金鑄幣充當本位幣。在金幣本位制條件下，金鑄幣具有無限法償能力。其主要特點有三個：一是金幣可以自由鑄造和自由熔化，具有無限法償能力。二是價值符號包括輔幣和銀行券可以自由兌換為金幣，使各種價值符號能夠代表一定數量的黃金進行流通，以避免出現通貨膨脹現象。三是黃金可以自由地輸出、輸入國境。由於黃金可以在各國之間自由轉移，從而保證了世界市場的統一和外匯匯率的相對穩定。

金本位制是資本主義自由經濟發展階段的一種貨幣制度。最早從金銀復本位制過渡到金幣本位制的是英國。英國政府於 1816 年頒布法令，正式採用金幣本位制。金幣本位制是一種相對穩定的貨幣制度，這種貨幣制度使得貨幣的國內價值與國際價值相一致，外匯行市相對穩定，不會發生貨幣貶值現象，因此對資本主義國家經濟發展和對外貿易的擴大起到了積極的促進作用。但是隨著資本主義經濟的發展，資本主義國家之間矛盾的加劇，這種貨幣制度的穩定性日益受到削弱並最終終結。首先，由於資本主義各國發展不平衡性的加劇，引起世界黃金存量的分配極其不平衡，到 1913 年年末，美、英、法、德、俄 5 國佔有世界貨幣黃金存量的 2/3。黃金存量的絕大部分集中在少數強國手裡，削弱了其他國家金鑄幣流通的基礎。其次，因為少數強國為了準備進行帝國主義瓜分殖民地的戰爭，一方面用黃金購買軍火，另一方面大量發行紙幣以彌補財政赤字，這就不能保證價值符號的自由兌現。因此削弱了價值符號對金幣自由兌換的基礎。最后，一些國家從本國的利益出發，用關稅壁壘限制貿易往來，影響了黃金在國際間的流通。限制了黃金在國際間的自由輸出入。第一次世界大戰后，金幣

本位制遭到破壞，導致許多國家放棄了金本位制。

(二) 金塊本位制

金塊本位制也稱「生金本位制」，是在一國內不準鑄造、不準流通金幣，只發行代表一定金量的銀行券（或紙幣）來流通的制度。金塊本位制雖然沒有金幣流通，但是在名義上仍然為金本位制，並對貨幣規定含金量。例如，法國1928年的《貨幣法》規定，法郎的含金量為0.065克純金，並規定有官價。實行金塊本位制的國家雖然不允許自由鑄造金幣，但是允許黃金自由輸出、輸入，或外匯自由交易。銀行券是流通界的主要通貨，但是不能直接兌換金幣，只能有限度地兌換金塊。例如，英國在1925年規定，銀行券每次兌換金塊的最低數量為1700英鎊；法國1928年規定必須至少有21.5萬法郎才能兌換黃金，從而限制了黃金的兌換範圍。

金塊本位制實行的條件是保持國際收支平衡和擁有大量用來平衡國際收支的黃金儲備。一旦國際收支失衡，大量黃金外流或黃金儲備不足支付時，這種虛弱的黃金本位制就難以維持。1930年以後，英、法、比利時、荷蘭、瑞士等國在世界性經濟危機襲擊下，先後放棄了這一制度。

(三) 金匯兌本位制

金匯兌本位制又稱「虛金本位制」。在這種制度下，國家並不鑄造金鑄幣，也不允許公民自由鑄造金鑄幣。流通界沒有金幣流通，只有銀行券在流通，銀行券可以兌換外匯，外匯可以兌換黃金。

這種制度在名義上仍為金本位制，與金塊本位制有相同點。第一，本國貨幣規定有含金量。第二，本國貨幣與某一實行金幣本位制或金塊本位制國家的貨幣保持一定的固定比價，並將黃金、外匯存放在這個國家作為外匯基金，通過市場買賣維持固定比例。第三，銀行券是流通中的主要通貨，可以兌換外匯，其外匯可以在掛勾國家兌換黃金。金匯兌本位制實際上是一種附庸性質的貨幣制度。

早在19世紀末，帝國主義國家的殖民地就實行過這種貨幣制度。例如，印度在1893年、菲律賓在1903年先后實行金匯兌本位制。第一次世界大戰結束後，德國、義大利等戰敗國為整頓幣制，把向別國借來的貸款作為外匯基金，把本國貨幣與英鎊、美元等掛勾，保持固定比價，即實行金匯兌本位制。

金匯兌本位制和金塊本位制都是一種殘缺不全的本位制，實行的時間不長，終於在1929—1933年世界性經濟危機的衝擊下崩潰了。從此，除個別國家外，資本主義世界各國與金本位制告別，實行不兌現的信用貨幣制度。

四、不兌現的信用貨幣制度

不兌現的信用貨幣制度是20世紀70年代中期以來各國實行的貨幣制度，是指以不兌換黃金的紙幣或銀行券為本位的貨幣制度。不兌現的信用貨幣制度的特點有：第一，不兌現的信用貨幣一般是由中央銀行發行的，並由國家法律賦予無限法償的能力。第二，貨幣不與任何金屬保持等價關係，也不能兌換黃金，貨幣發行一般不以金銀為保證，也不受金銀數量的限制。第三，貨幣通過信用程序投入流通領域。貨幣流通是通

過銀行的信用活動進行調節，而不像金屬貨幣制度那樣由鑄幣自身進行自發的調節。銀行信用的擴張，意味著貨幣流通量增加；銀行信用的緊縮，意味著貨幣流通量的減少。第四，這種貨幣制度是一種管理貨幣制度。一國中央銀行或貨幣管理當局通過公開市場政策、存款準備金率、貼現政策等手段，調節貨幣供應量，以保持貨幣穩定；通過公開買賣黃金、外匯，設置外匯平準基金，管理外匯市場等手段，保持匯率的穩定。第五，貨幣流通的調節構成了國家對宏觀經濟進行控制的一個重要手段，但是流通界究竟能夠容納多少貨幣量，則取決於貨幣流通規律。當國家通過信用程序所投放的貨幣超過了貨幣需要量，就會引起通貨膨脹，這是不兌現的信用貨幣流通所特有的經濟現象。第六，流通中的貨幣不僅指現鈔，銀行存款也是通貨。隨著銀行轉帳結算制度的發展，存款通貨的數量越來越大，現鈔流通的數量越來越小。

五、中國的貨幣制度

(一) 人民幣制度的建立

人民幣發行以前，在當時的中國有兩種貨幣制度，一種是國民黨政府的貨幣制度，一種是共產黨領導的革命根據地的貨幣制度。1948年12月1日，中國人民銀行成立並於當日發行人民幣。新中國成立後，為了保證人民幣占領全國市場，採取了一系列措施。第一，政府對金圓券採取了「禁止流通、規定比價、限期兌現、堅決排擠」的方針。由於金圓券貶值很快，人民幣很快取代了金圓券的流通。第二，禁止外幣在中國市場的流通。第三，禁止金銀計價流通和私下買賣，由國家統一管理金銀購銷。

(二) 人民幣制度的基本內容

1. 人民幣是中國的法定貨幣

人民幣是由中國人民銀行發行的信用貨幣，具有無限法償能力。人民幣是代表一定價值的符號，是不兌現的信用貨幣。人民幣不與任何金屬掛鉤，不規定含金量，也不能自由兌換黃金。人民幣的單位是元，本位幣是元，輔幣名稱是角。

2. 人民幣是中國內地唯一的法定貨幣

國家規定了人民幣限額出入境的制度，金銀和外匯不得在國內商品市場計價結算和流通。

3. 人民幣的發行權集中於中央

人民幣發行權掌握在國家手裡，國家授權中國人民銀行從事貨幣發行的業務。中國人民銀行是貨幣的唯一發行機關。中國人民銀行根據經濟發展的需要，在國務院批准的額度內，組織年度的貨幣發行和貨幣回籠。

4. 人民幣是一種管理通貨，實行嚴格的管理制度

作為中國市場經濟體制組成內容的貨幣體制，貨幣發行、貨幣流通、外匯價格都是有管理的。

自從1997年香港迴歸祖國、1999年澳門迴歸祖國后，中國開始實行「一國四幣」的特殊貨幣制度。規定四種貨幣各為不同地區的法定貨幣：人民幣是中國內地的法定貨幣；港元是中國香港特別行政區的法定貨幣；澳門元是中國澳門特別行政區的法定

貨幣；臺幣是臺灣地區的法定貨幣。四種貨幣各限於本區域內流通，人民幣與港元、澳門元之間按以市場供求為基礎決定的匯率進行兌換，澳門元與港元直接掛勾。

第五節　當代信用貨幣的層次劃分

一、信用貨幣層次劃分的意義和依據

當代信用貨幣是由現金和銀行存款組成。現金包括了中央銀行發行的現鈔與金屬硬幣，而現金的使用量在整個社會的交易額中所占的比重很小。存款貨幣是指能夠發揮貨幣交易媒介功能的銀行存款，既包括能夠進行轉帳支付的活期存款、企業定期存款，也包括居民的儲蓄存款等。雖然各種存款都代表了一定的社會購買力，但是它們在購買能力上是有區別的。現金和活期存款可以直接用於交易支付，其他存款要變成購買能力必須經過一些手續，而且中央銀行對現金和各項存款的控制能力是不同的。中央銀行在進行貨幣量統計時，既要考察貨幣量統計的全面性和準確性，又要兼顧中央銀行調控貨幣量的需要。因此，對貨幣進行層次劃分具有一定的現實意義。

當前各國劃分貨幣層次的標準和依據是貨幣的流動性。流動性是指金融資產在不損失價值或損失很少的情況下變現的能力。根據貨幣流動性由強到弱的變化，貨幣的範圍也由小到大，不同貨幣被劃分為不同的層次。但是由於金融創新，信用工具層出不窮，各種信用工具的流動性在不斷地變化，因此貨幣層次的劃分只能相對準確。金融制度越發達，金融產品越豐富，貨幣層次越多，金融創新速度越快，貨幣層次修訂的速度也就越快。

二、國際貨幣基金組織關於貨幣層次的劃分

按照國際貨幣基金組織的統計口徑，貨幣層次劃分如下：

（一）M0（現鈔）

M0是指流通於銀行體系以外的現鈔和鑄幣，即居民手中的現鈔和單位的備用金，不包括商業銀行的庫存現金。本層次貨幣可以隨時作為流通手段和支付手段，購買力最強。

（二）M1（狹義貨幣）

M1＝M0＋銀行的活期存款

由於銀行的活期存款隨時可以成為支付手段，因此同現鈔一樣具有很強的流動性。M1作為現實的購買力，對社會經濟生活影響巨大，因此許多國家都把控製貨幣供應量的主要措施放在這一層次，使之成為國家宏觀調控的主要對象。

（三）M2（廣義貨幣）

M2＝M1＋準貨幣

準貨幣指銀行存款中的定期存款、儲蓄存款以及各種短期信用工具（如銀行承兌

匯票、國庫券等）。準貨幣雖然不是真正意義上的貨幣，但是準貨幣經過一定手續后，能夠轉化為現實的貨幣，從而加大貨幣的供應量。M2 的出現，使貨幣範圍更加擴大，對金融制度和貨幣流通也產生了較大影響。特別是近些年來，隨著金融創新的不斷深化，一些金融發達國家出現了把貨幣供應量調控的重點從 M1 向 M2 轉移的趨勢。

三、中國貨幣層次的劃分

中國中央銀行從 1994 年開始對貨幣層次進行劃分，並按照貨幣層次對貨幣量進行統計。目前中國貨幣劃分為以下三個層次：

M0＝流通中的現金

M1＝M0+可開支票的活期存款

M2＝M1+企業單位的定期存款+城鄉居民的儲蓄存款+證券公司的客戶保證金存款+其他存款

四、貨幣的計量

對貨幣量的統計和分析可以從不同的角度進行。

（一）狹義貨幣量和廣義貨幣量

狹義貨幣量是指貨幣層次中的現金和銀行活期存款。狹義貨幣量反應了社會最直接的購買力，是中央銀行在制定和實施貨幣政策時監測和調控的主要指標。廣義貨幣量是指狹義貨幣量加準貨幣。廣義貨幣量反應了社會的潛在購買能力，廣義貨幣量所統計的貨幣範圍要大於狹義貨幣量。運用這兩個指標可以從貨幣結構的角度分析貨幣流通狀況。

（二）貨幣流量和貨幣存量

貨幣流量指一國在某一時期內各經濟主體所持有的現金和存款貨幣的總量，表現為一定時期內（通常為一年）的貨幣流通速度與現金、存款貨幣的乘積。貨幣存量指一國在某一時點上各經濟主體所持有的現金和存款貨幣的總量。這兩個指標可以反應不同時段的貨幣流通狀況。

（三）貨幣總量與貨幣增量

貨幣總量指貨幣數量的總額。貨幣總量可以是某一時點上的貨幣存量，也可以是某一時期內的貨幣流量。貨幣增量指不同時點上的貨幣存量的差額，通常是指今年與上年相比的增加額。這兩個指標可以反應貨幣量的變化幅度，綜合運用這些指標可以比較全面地考察貨幣的流通狀況。

本章小結

1. 關於貨幣的起源，國內外有不同的學說。馬克思用勞動價值理論科學地闡述了

貨幣產生的客觀必然性。馬克思認為，貨幣是交換發展和與之伴隨的價值形態發展的必然產物，是商品經濟內在矛盾發展的必然產物，是價值形式的必然產物。

2. 貨幣是商品，貨幣的根源在於商品本身，這是為價值形式發展的歷史所證實的結論。但是貨幣不是普通的商品，而是固定地充當一般等價物的特殊商品，並體現一定的社會生產關係。這就是貨幣的本質規定。

3. 貨幣是價值尺度和流通手段的統一，是從商品中分離出來的固定的充當商品交換媒介的一般等價物，是伴隨著商品經濟的生產和發展逐漸產生和演變到現在的狀態的。

4. 貨幣制度是一個國家關於貨幣發行、流通和組織程序的立法。經歷了銀本位、金銀復本位、金本位和信用貨幣制度四種，信用貨幣制度是發展的最高形態。貨幣制度的構成要素是：規定貨幣材料，規定貨幣單位，規定貨幣的鑄造、發行和流通程序以及確定準備制度等。

5. 所謂貨幣層次的劃分，是把流通中的貨幣量主要按照其流動性的大小進行相應排列、分成若干層次並用符號代表的一種方法。貨幣量層次劃分的目的是為了把握流通中各類貨幣的特定性質、運動規律以及它們在整個貨幣體系中的地位，進而探索貨幣流通和商品流通在結構上的依存關係和適應程度，以使中央銀行擬定有效的貨幣政策。各國對貨幣量層次的劃分以及每一個貨幣層次包含的內容都不盡相同，而且還隨著時間的推移進行相應調整。

復習思考題

1. 為什麼說貨幣的本質是一般等價物？
2. 簡述貨幣制度的含義及其構成要素？
3. 典型的金本位制具有哪些特點？它在歷史上對資本主義的發展起了什麼作用？
4. 你認為人民幣是否具有貯藏手段的職能？
5. 什麼是紙幣本位制？有何特點？應如何理解中國的「一國四幣」制度？
6. 貨幣層次劃分的依據是什麼？

附錄一　地區貨幣和跨國貨幣制度

一、「一國兩制」下的地區貨幣制度

根據《中華人民共和國中國人民銀行法》第十六條的規定和《中華人民共和國人民幣管理條例》第三條的規定，中華人民共和國的法定貨幣是人民幣。香港和澳門雖然已經迴歸祖國，但是根據《中華人民共和國香港特別行政區基本法》和《中華人民共和國澳門特別行政區基本法》的規定，港元和澳門元分別是香港特別行政區和澳門特別行政區的法定貨幣。人民幣和港元、澳門元的關係，是在一個國家的不同社會經濟制度區域內的流通的三種貨幣，隸屬於貨幣管理當局各自按自己的貨幣管理方法發行和管理貨幣。

1. 香港的貨幣制度

1997年7月1日，中國政府恢復了對香港行使主權，香港特別行政區成立。中國的貨幣制度改為實行一個主權國家兩種社會制度下的兩種貨幣、兩種貨幣制度並存的

貨幣制度。在內地仍然實行人民幣制度，在香港實行獨立的港幣制度，在貨幣發行、流通與管理等方面分別自成體系，人民幣和港幣分別作為內地和香港的法定貨幣在兩地流通。由於香港仍然實行資本主義制度，因此按照中國目前的外匯管理規定，港幣仍然視同於外匯，港幣在內地以外幣對待，同樣人民幣在香港也以外幣對待的。

根據《中華人民共和國香港特別行政區基本法》的規定，港元為香港的法定貨幣，港幣的發行權屬於香港特別行政區政府，中國銀行、匯豐銀行、渣打銀行為港幣發行的指定銀行，港幣的發行必須有百分之百的準備金。

香港於 1935 年設立了外匯基金，作為法定貨幣的保證，並負責管理紙幣的發行事宜。銀行首先要向外匯基金購買負債證明書，然后才獲授權去發行港元紙幣。從 1983 年 10 月 17 日開始，外匯基金實行了一些發行紙幣的新措施，規定港元與美元掛鈎，以 1 美元兌換 7.8 港元的固定匯率進行交換，該匯率稱為聯繫匯率，而三家發行紙幣的銀行必須以美元根據上述匯率向外匯基金購入負債證明書，然后才可以發行證明書上所列明的等值的港元。

在現行的港元發行制度下，香港發行紙幣是有 100% 同等幣值的美元儲備作為支持的，這些儲備存放在外匯基金內。因此，如果發行紙幣的銀行要增加紙幣的流通數量，銀行會向外匯基金繳納同等幣值的美元；相反，如果銀行要減少港元紙幣的流通數量，外匯基金同樣會將同等價值的美元支付給銀行。

2. 澳門的貨幣制度

1999 年 12 月 20 日，中國恢復了對澳門行使主權，澳門特別行政區成立。由於澳門仍然實行資本主義制度，因此按照中國目前的外匯管理規定，澳門貨幣仍然視同於外匯，澳門貨幣在內地以外幣對待，同樣人民幣在澳門也以外幣對待。

澳門元為澳門特別行政區的法定貨幣。澳門貨幣發行權屬於澳門特別行政區政府，中國銀行、大西洋銀行為澳元發行的指定銀行。澳門貨幣的發行必須有百分之百的準備金，澳門貨幣的發行制度和準備金制度由法律規定。澳門特別行政區政府可授權指定銀行行使或繼續行使發行澳門貨幣的代理職能。澳門特別行政區不實行外匯管制政策，澳門元自由兌換。澳門特別行政區的外匯儲備由澳門特別行政區政府依法管理和支配。澳門特別行政區政府保障資金的流動和進出自由。

澳門元目前採用與港元掛鈎的辦法來衡量其幣值，實行與港元掛鈎並間接與美元掛鈎的固定匯率制，從而使其幣值保持穩定。為了維護及提高澳門貨幣的信用地位和可兌換性，澳門元實行完全的儲備基礎，這是澳門貨幣制度的重要內容。這一制度在維護澳門經濟金融穩定發展中發揮了積極作用。

二、跨國貨幣制度

人類社會進入 20 世紀末 21 世紀初，隨著經濟和金融全球一體化的發展，地區性貨幣一體化十分引人注目，超國家主權的跨國貨幣制度開始誕生，歐元是典型代表。

1998 年 5 月 3 日，歐盟特別首腦會議在布魯塞爾閉幕。會議最終確認了歐盟 11 個成員國成為歐元創始國，這 11 個國家是比利時、德國、西班牙、法國、愛爾蘭、義大利、盧森堡、荷蘭、奧地利、葡萄牙和芬蘭。為了保證單一貨幣的順利實施，歐洲中央銀行也於 1998 年 7 月 1 日正式成立，歐洲中央銀行同意發行歐元，制定和執行統一

的貨幣政策和匯率政策,並依據《穩定和增長條約》對各成員國的金融管理進行監管。1999年1月1日,歐元正式啓動,標誌著歐洲貨幣一體化質的飛躍。歐元從問世到最終取代上述各國貨幣,經歷了三個階段:第一個階段,1999年1月1日歐元成為會計或電子交易單位。11國貨幣與歐元的比價不可撤銷地確定下來。第二階段,2002年1月1日歐元紙幣和硬幣開始流通。歐元同成員國貨幣同時流通。第三階段,2002年7月1日歐元正式成為歐盟11國唯一的法定貨幣,成員國貨幣停止流通。

歐元的誕生對歐洲和世界經濟產生了深遠的影響,對加快世界經濟一體化和貨幣一體化進程起到了積極的作用。但是歐元作為人類歷史上跨國貨幣制度的創新,在單一貨幣和新匯率制度運行、跨國中央銀行的運作等方面還存在著不少困難和障礙,有待在實踐中逐步加以克服。

在歐元的啓發下,世界各大洲都出現了建立跨國貨幣制度的動向。在南美洲,秘魯和厄瓜多爾試圖實行以美元為基礎的經濟;被譽為「歐元之父」的羅伯特·蒙代爾在2000年4~5月的巡迴演講中,大力倡導巴西、阿根廷、烏拉圭和巴拉圭建立南美共同貨幣。在非洲,西非經濟共同體6國領導人於2000年4月21日簽署協議,準備建立統一貨幣。在亞洲,經歷1997年亞洲金融危機之後,為了穩定亞洲的貨幣環境,一些國家和地區也提出建立「亞元」的構想等。但是跨國的貨幣制度必須建立在各國經濟、政治制度接近,生產力發展水平相近,各國貨幣政策、經濟政策和價值觀念趨同的基礎上,因此需要一個較長的發展和磨合過程。可以預見,一個主權國家內部的貨幣制度發展成為跨國的貨幣制度,地區性的跨國貨幣制度發展成為全球性的跨國貨幣制度將是貨幣制度發展的趨勢。

附錄二　戰俘營裡的貨幣

第二次世界大戰期間,在納粹的戰俘集中營中流通著一種特殊的商品——香菸。當時的紅十字會設法向戰俘營提供了各種人道主義援助物品,如食物、衣服、香菸。由於數量有限,這些物品只能根據平均主義的原則在戰俘之間進行平均分配,無法顧及到每個戰俘的特定偏好。但是人與人之間的偏好顯然是有所不同的,有人喜歡巧克力,有人喜歡奶酪,還有人則可能更想得到一包香菸。因此,這種平均分配顯然是缺乏效率的,戰俘有進行交換的需要。

但是即便在戰俘營這樣一個狹小的範圍內,物物交換也顯然非常的不方便,因為這要求交換雙方恰巧都想要對方的東西,也就是所謂的需求的雙重巧合。為了使交換能夠更加順利地進行,需要有一種充當交易媒介的商品,即貨幣。那麼在戰俘營中,究竟哪一種物品適合充當交易媒介呢?許多戰俘都不約而同地選擇香菸來扮演這一角色。戰俘們用香菸來計價和交易,如1根香腸值10支香菸,1件襯衣值80支香菸,替別人洗1件衣服則可以換得2支香菸。有了這樣一種計帳單位和交易媒介之後,戰俘之間的交換就方便多了。

香菸之所以會成為戰俘營中流行的「貨幣」,是與香菸自身的特點分不開的。香菸容易標準化,而且具有可分性,同時也不易變質。這些正與貨幣的要求相一致的。當然,並不是所有的戰俘都吸菸,但是只要香菸成了通用的交易媒介,用香菸可以換到

自己想要的東西，自己吸不吸菸又有什麼關係呢？我們現在願意接受別人付給我們的鈔票，並不是因為我們對這些鈔票本身有什麼偏好，而僅僅是因為我們相信，當我們用鈔票來買東西時，別人也願意接受。

第二章　信用與利息

第一節　信用的產生與發展

信用和貨幣一樣，是個古老的經濟範疇。信用是商品經濟發展到一定階段的產物。信用制度的產生和深入發展促進了商品經濟的飛速發展，並使現代商品經濟進入到以多種信用參與者、信用形式和信用工具為紐帶而連接在一起的信用經濟階段。

一、信用的含義與特徵

（一）信用的含義

信用一詞源於拉丁文「Credo」，意思為信任、相信、聲譽等。信用在英語中是「Credit」，意思為信任、賒帳、信貸等。漢語中的信用的意思為履行承諾而取信於人。日常生活中信用主要是指誠實守信、遵守諾言的意思。

經濟學中，信用是與商品生產和貨幣經濟相聯繫的範疇，是一種體現特定經濟關係的借貸行為。從某種意義上講，這個信用也包含了相信、信任，表示的是債權人對債務人償還能力的信任。

信用的產生同商品生產、貨幣經濟，特別是貨幣的支付手段職能有著密切的關係。信用是商品貨幣經濟發展到一定階段的產物。當商品交換出現延期支付和貨幣執行支付手段職能時，信用就產生了。

（二）信用的特徵

信用作為商品貨幣經濟的範疇，不論其形式如何，都具有以下共同特徵：

1. 信用是有條件的借貸行為

信用資金的借貸不是無償的，而是以還本付息為條件的。信用關係一旦建立，債務人將承擔按期還本付息的義務，債權人將擁有按期收回本息的權利。利息額的多少與本金額大小及信用期限的長短密切相關。一般來講，本金越大，信用期限越長，需要支付的利息就越多。

2. 信用是價值運動的特殊形式

價值運動的一般形式是通過商品的直接買賣關係來實現的。在傳統的商品交換關係中，一手交錢，一手交貨，雙方是對等的交換。當交易結束後，買賣雙方便沒有任何的經濟關係。在信用活動中，只有商品或貨幣的使用權讓渡，沒有改變所有權。只有當債務方還本付息以後，信用關係才結束。因此，信用是價值的單方面的轉移，是

價值運動的特殊形式。

3. 信用關係是債權債務關係

從本質上說，信用關係是債權債務關係，信用行為就是借貸行為。在信用行為中，商品和貨幣的所有者因為讓渡商品或貨幣的使用權而成為債權人，商品或貨幣的需要者成為債務人。

二、信用的產生與發展

信用作為一種借貸行為，其產生、發展同商品貨幣經濟緊密相連。商品貨幣經濟的發展，特別是貨幣支付手段職能的發展是信用賴以存在和發展的堅實基礎。

(一) 信用的產生

從歷史上看，原始社會的末期就產生了信用活動。當時由於社會生產力的發展，原始社會出現了兩次社會大分工。這兩次社會大分工使得當時人們的勞動生產率有了顯著的提高，於是就產生了剩餘產品，從而使得交換日益頻繁。社會分工的發展和商品交換的擴大加速了原始社會私有制的產生。

隨著生產力的不斷發展，商品貨幣關係也日益發展起來。商品貨幣關係的發展，產生了貨幣的支付手段職能。商品的買賣關係能夠做到賒購賒銷，因此形成了商品賣出者的債權和商品買入者的債務，信用也就由此而產生。

(二) 信用的發展

自原始社會末期，信用經歷了高利貸信用、資本主義信用和社會主義信用三種形式。前兩種信用均屬於生產資料私有制占統治地位的信用。高利貸信用是原始的、古老的信用形態，借貸資本是現代資本運動形態。社會主義信用是以銀行信用為主體的全社會信用資金的運動形式。

1. 高利貸信用

高利貸是以極高的利率為特徵的借貸活動，最早產生於原始社會末期。在奴隸社會和封建社會得到了廣泛發展，成為占統治地位的信用形態。

原始公社末期已經出現了私有制和貧富分化的現象，富裕家庭佔有大量財富，貧困家庭為了維持生活和生產的需要，不得不向富裕家庭借債，並被迫接受支付高額利息的要求，這就給高利貸的產生和發展創造了條件。高利貸最初是部分地以實物形式出現，隨著商品貨幣關係的發展，貨幣借貸才逐漸成為高利貸的主要形式，並出現了專門從事貨幣貸放的高利貸者。

高利貸在奴隸社會和封建社會得到廣泛的發展。這是因為高利貸作為生息資本的特殊形式，是同小生產即自耕農和小手工業者占優勢的情況相適應的。小生產者擁有少量的財產作為借款的保證，同時他們的經濟基礎又十分薄弱，遇到天災人禍就無法維持生計。小生產者的廣泛存在是高利貸信用存在和發展的經濟基礎。舊中國的高利貸十分活躍、名目繁多，華北地區盛行「驢打滾」，江浙一帶有「印子錢」。

雖然高利貸阻礙、破壞了生產力的發展，使得再生產難以發展，但是高利貸也有其積極的歷史作用。首先，高利貸的高額利息使得無數小生產者被剝削殆盡，只有靠

出賣勞動力維持生活；其次，高利貸者累積了大量的資本，為資本的累積和轉化為生產資本創造了條件。然而高利貸雖然對資本主義生產方式的形成提供了有利條件，但是高利貸對它賴以生存的基礎——小生產占優勢的舊生產方式竭力給予維護。高利貸的這種保守作用必然阻礙高利貸資本向生產資本轉化，而且高利貸的高額利息使得資本家無利可圖，成了資本主義發展的障礙。新興資產階級與高利貸者展開了激烈的鬥爭。隨著資本主義信用組織的出現以及資本主義銀行的產生，資本主義信用才代替了高利貸信用。

2. 資本主義信用

資本主義信用主要是指借貸資本的運動。借貸資本的形成與資本主義生產過程有著密切的聯繫。在產業資本的循環過程中，由於種種原因會產生一部分閒置的資本，而同時也會有資本家需要補充貨幣資本，這樣就形成了對借貸資本的需求，閒置資本就變成了借貸資本。

借貸資本與高利貸都是生息資本，但是它們之間有很大的區別。借貸資本主要來源於資本家，還包括社會各階層的部分貨幣收入。借貸資本主要用於生產領域，生產更多的剩餘價值；高利貸資本主要是奴隸主和封建主用於維持自己的消費。

資本主義信用加速了資本的週轉，同時也促進了資本主義經濟的迅速發展。由於資本主義信用使得社會財富越來越被少數資本資本家掌握，加深了資本主義生產方式所固有的矛盾，為社會主義生產方式取代資本主義生產方式創造了物質條件。

3. 社會主義信用

社會主義信用體現著社會主義的生產關係，摒棄了資本主義的剝削性質。就信用的本質來看，社會主義信用仍然是一種借貸關係，是以償還為條件的價值運動形式。因此，社會主義信用的運動形式與借貸資本的運動形式是完全相同的。

信用作為商品經濟的重要組成部分，總是受到特定生產方式的制約，同時又反應著一定的生產關係並為其服務。在當今發達的商品經濟中，信用發揮的作用越來越大。信用雖產生於商品經濟，但其本身從屬於分配範疇，信用造成了價值的單方面轉移，是價值量的再分配。信用能夠使有限的資金投入到效益好、發展快、對國民經濟促進作用大的產業中去。同時，國家也可以通過對銀行信用的控製調節貨幣的投放量，實現宏觀經濟的協調穩定發展。

第二節　信用制度及其主要形式

一、信用制度概述

自信用產生以來，各個國家都制定了有關信用問題的各種法律法規，且這些法律法規隨信用的發展而日趨完善。國家信用制度健全與否對整個社會的信用發展好壞乃至經濟秩序的穩定與否至關重要。所謂信用制度，即為約束信用主體行為的一系列規範與準則及其產權結構的合約性安排。因此建立一個穩定有序、能為經濟發展提供有

利條件的信用制度環境，是各國共同追求的目標。

二、信用形式

隨著商品貨幣關係的發展，信用形式也不斷發展和完善。現代信用形式的種類繁多。如果按信用主體劃分，有商業信用、銀行信用、國家信用、消費信用以及其他信用（民間信用、租賃信用、國際信用）等具體形式。

（一）商業信用

商業信用是企業之間相互提供的、與商品交易相聯繫的信用活動。其具體形式有賒購賒銷、分期付款、預付貨款等。

1. 商業信用的特點

第一，商業信用的借貸雙方都是企業，反應的是不同的商品生產企業或商品流通企業之間因商品交易而形成的債權債務關係。

第二，商品信用是以商品形態提供的信用，其貸出的資本是企業再生產過程中的商品資本，而不是從生產過程中遊離出來的暫時閒置的貨幣資本。

第三，商品信用的動態與產業資本的動態相一致。經濟繁榮時期，商業信用會隨著生產和流通的發展以及產業資本的擴大而擴展；經濟危機階段，商業信用又會隨著生產和流通的縮減以及產業資本的縮小而萎縮。

第四，商業信用是一種直接信用，資金供求雙方直接達成協議建立信用關係，無須信用仲介機構介入。

2. 商業信用的局限性

商業信用直接與商品生產和流通過程相聯繫，為商品買賣融通資金，對於加速資本的循環和週轉，保證再生產過程順利進行起了積極的作用。但是由於商業信用受其自身特點的影響，因而又具有一定的局限性。

第一，信用規模上的局限性。商業信用的規模受到提供信用的企業所擁有的商品數額的限制，企業能賒銷的商品只能是商品資本的一部分。

第二，信用方向上的局限性。商業信用受商品流向的限制，只能向需要該種商品的企業提供，也只能從擁有該種商品的廠商那裡獲得信用。

第三，信用範圍上的局限性。商業信用是直接信用，借貸雙方只有在相互瞭解對方的信譽和償還能力的基礎上才可能確立商業信用關係。相互不瞭解信用能力的企業之間不易發生商業信用。

第四，信用期限上的局限性。商業信用所提供的資本是處於再生產過程中最後一個階段的商業資本，是產業資本的一部分。這就決定了這部分資本只能用於短期性生產或流通，而不能用於長期性投資。

3. 商業信用的管理

商業信用是在企業間分散、自發進行的，帶有一定的盲目性。同時，由於商業信用錢貨脫節，容易掩蓋企業經營管理上的問題，一旦債務企業資金週轉不順暢，發生償債困難時會對債權企業產生連鎖影響，甚至可能使一系列企業陷入債務危機之中。

因此，在發展商業信用的同時，應加強對商業信用的管理。

中國商業信用的發展經歷了比較曲折的過程。新中國成立初期，為適應當時多種經濟成分並存的現狀，商業信用活動曾經比較活躍。進入大規模經濟建設時期後，實行高度集中統一的管理體制，中國明令取消商業信用。1979 年，中國進行經濟體制改革，為適應由計劃經濟體制向市場經濟體制的轉軌，商業信用逐漸開放，但是商業信用仍然不規範，大多採用「掛帳」這種古老而落後的辦法。由於商業信用形式的落後，又由於廣大企業資金普遍緊張，商業信用拖欠和一般交易拖欠成為中國經濟生活中的普遍現象，形成一種普遍而規模巨大的「三角債」。為了消除拖欠和實行規範化的商業信用制度，國家從以下幾方面入手解決：

一是根據市場經濟的要求，劃定商業信用開放的範圍，在國家政策允許的範圍內有控製的開放利用。

二是實行商業信用票據化，把債權債務關係和經濟責任等用法律形式確立下來，便於管理和監督。

三是由銀行承辦票據的承兌、抵押和貼現，利用銀行資金支持商業信用的發展，把商業信用納入銀行信用的管理軌道。

1995 年 5 月，第八屆全國人民代表大會常務委員會第十三次會議通過了《中華人民共和國票據法》。2004 年 8 月 28 日，根據第十屆全國人民代表大會常務委員會第十一次會議《關於修改〈中華人民共和國票據法〉的決定》，從而使該法更加完善，把中國商業信用活動納入了法制化、票據化、規範化的軌道。

(二) 銀行信用

銀行信用是銀行及其他金融機構以貨幣形式提供的信用。銀行信用的基本形式是吸收存款和發放貸款。銀行信用是在商業信用的基礎上產生的一種信用形式，具有以下特點：

1. 銀行信用是以貨幣形態提供的信用

銀行一方面以信用形式集中社會各方的閒置資金，形成巨額的借貸資本，從而克服了商業信用在規模上和數量上的局限性；另一方面銀行信用是以貨幣形態提供的，可以不受商品流轉方向的限制，從而克服了商品信用方向上的局限性。

2. 銀行信用是一種間接信用

銀行作為信用仲介機構，在存款業務中，銀行是債務人，儲戶是債權人；在貸款業務中，銀行是債權人，借款方是債務人。

3. 銀行信用期限靈活

銀行吸收的各項存款存取時間不一致，存取交錯在一起形成銀行帳戶上穩定的余額，為銀行發放長期貸款提供了資金來源，因而銀行既可以提供短期信用，也可以提供長期信用。

4. 銀行信用作用範圍不斷擴大

由於銀行實力強、信譽高、安全穩定，能與社會各方面發生比較廣泛的信用關係，從而克服了商業信用在作用範圍上的局限性。

銀行信用一直是中國最基本的信用形式。銀行信用在信用規模、方向、期限、範圍等方面都優於商業信用，更能適應現代社會化大生產和商品經濟發展的需要。隨著近年來中國經濟體制和金融體制的改革，銀行信用逐步與多種信用形式有機結合，為社會主義市場經濟的建立和完善提供了有效的服務。

(三) 國家信用

國家信用是指以國家或政府為主體的借貸活動，包括國家籌資信用和國家投資信用。國家籌資信用是國家以債務人身分向社會籌集資金，主要形式有發行政府債券（如國庫券、公債券）和向銀行借款或透支等；國家投資信用是國家以債權人身分向社會提供資金，主要是財政基本建設投資、財政週轉金、援外貸款等。現代社會中，國家信用主要表現為以國家作為債權人的信用，其具有以下特點：

第一，國家信用的債務人是國家，債權人是銀行、企業事業單位或個人。

第二，國家信用的安全性高，政府債券備受投資者青睞。

第三，國家信用的目的是為了彌補財政赤字和籌集重點建設項目的資金。

第四，國家信用與銀行信用具有相同的資金來源，兩者在社會閒散資金總量一定的條件下，存在此消彼長的關係。

第五，國家信用是調節經濟、實現宏觀調控的重要槓桿。國家通過發行債券可以廣泛動員社會各方面的資金，引導社會資金的流向，促進國民經濟結構更加合理化。此外，中央銀行通過公開市場業務、買賣政府債券，可以調節金融市場的資金供求和貨幣流通。

(四) 消費信用

消費信用是企業、銀行或其他金融機構以商品、貨幣或勞務的形式向消費者個人提供的信用。其主要形式如下：

1. 消費貸款

消費貸款是由銀行或其他金融機構向購買耐用消費品的個人發放的貸款，分為信用貸款和抵押貸款兩種。信用貸款僅憑藉款人的信譽進行貸款，不必提供抵押品；抵押貸款則要求借款人以固定資產、金融資產或其他財產作為貸款抵押。

2. 分期付款

分期付款主要用於購買耐用消費品，如汽車、房屋等，屬中期信用。採用分期付款方式購買消費品的人，除第一次按規定的比例支付一定的現款外，其餘貨款按簽訂的合同分期加息償還。

3. 商品賒銷

商品賒銷主要用於日常零星購買，屬於短期信用，一般採用允許有一個透支限額的消費信用卡方式進行。

消費信用的存在和發展，有利於企業擴大商品銷售，對企業的生產和流通有一定的積極作用，同時也可以適當緩和有限的購買力與現代生活需求之間的矛盾，更好地滿足消費者的需要。但是消費信用發展過快，易導致超前消費，助長信用膨脹，形成市場的虛假繁榮，對經濟產生消極影響。因此，應根據宏觀經濟形勢有管理地運用消

費信用形式。隨著中國經濟的不斷發展和經濟體制改革的進一步深入，為刺激內需，滿足人們不斷發展的消費需要，國家在政策上鼓勵消費信用的發展，居民住房貸款、汽車貸款、助學貸款、房屋裝修貸款、旅遊消費貸款等消費信用方式開始發展和日臻完善，並取得了良好的效果。

(五) 其他信用

除上述四種主要的信用形式外，隨著中國信用制度的完善和金融市場的發展，民間信用、租賃信用、國際信用等其他信用形式也有不同程度的發展。

1. 民間信用

民間信用是民間個人之間的借貸活動。其存在的經濟基礎是個體經濟和多種經營方式的存在。借貸形式有直接的貨幣借貸或實物借貸，也有通過自發組織的合作協會、互助儲金會等進行的借貸，還有由仲介人擔保的借貸。中國長期以來都存在民間信用。近年來，隨著鄉鎮企業和個體經濟的發展，民間信用也有較大的發展。民間信用方便靈活，對於搞活城鄉經濟和疏通資金渠道有一定的作用，尤其是在彌補國家銀行和合作銀行信貸資金的不足，支持鄉鎮企業和私營經濟的生產發展方面起了積極的作用。但是民間信用具有自發性、盲目性的特點，一般利率高、風險大，容易發生違約糾紛，可能破壞國家的金融秩序和社會秩序。因此，民間信用需要國家銀行加以業務引導和監管，趨利避害，防止出現高利貸。

2. 租賃信用

租賃信用是以出租物品，收取租金的形式提供的信用。在租賃期間，物品的所有權仍屬出租人，承租人只有使用權。租賃期滿，承租人可歸還所租物品，也可以作價承購，取得物品的所有權。租賃信用是在第二次世界大戰后在資本主義國家發展起來的，是一種融資與融物相結合的信用形式。對於出租人來說，以實物形式提供信用，有利於降低信貸風險；對於承租人來說，可以節省資金的投入，加速設備更新。租賃業在中國出現並得到發展是從20世紀80年代初開始的，目前中國租賃機構迅速增加，成交額迅速增長，業務經營範圍和對象也不斷擴大，對經濟發展起到了積極的促進作用。特別是國際租賃的開展，有助於中國引進外資和先進技術設備。

3. 國際信用

國際信用是不同國家或地區間發生的借貸關係。隨著國際貿易和世界市場的發展，各國之間的經濟交往日益頻繁，各國經濟日益具有世界性。國際信用是各國利用外資和國外的先進技術，加速本國經濟、技術發展步伐的有效手段。國際信用的主要形式有來料加工、補償貿易、出口信貸、進口信貸、政府間信貸、國際金融機構貸款等。中國自經濟體制改革以來，充分利用國際信用，積極引進外資，引進國外先進的技術、設備和先進的管理方法，緩解了國內建設資金的不足，極大地促進了中國經濟的發展。

第三節　信用工具

信用工具也稱金融工具，是以書面形式發行和流通、借以保證債權人或投資人權

利的憑證。信用工具是資金或資本的載體，借助這個運載工具實現資金或資本由供給者轉移到需求者。信用工具是重要的金融資產，是金融市場上的重要交易對象。

一、信用工具的特徵

信用工具種類繁多，但是各種信用工具一般都具有以下四個特徵：

（一）償還性

償還性是指信用工具的債務人按期還本付息的特徵。信用工具一般都載明期限，債務人到期必須償還信用憑證上記載的債務。但是也存在例外，如股票雖然沒有償還期限，股票持有者可以通過股票市場轉讓股票收回投資；封閉式基金在運行期間要分紅派息，運行期滿要進行清算；開放式基金要隨時允許持有者按淨值贖回。

（二）流動性

流動性是指金融工具在金融市場上迅速變為現金而不致遭受損失的能力。一般來說，金融工具的流動性與償還期限成反比，償還期越短，流動性越強；償還期越長，流動性越差。但是一個國家的金融市場如果比較發達，一些盈利水平高的金融工具即使償還期比較長，往往也具有很強的流動性，很容易在金融市場出售。另外，金融工具的流動性與發行者的資信程度成正比，發行者信譽越高，流動性越強；反之，流動性越差。

（三）收益性

收益性是指信用工具定期或不定期給投資者帶來收益的能力，這是信用的目的。信用工具的收益有兩種：一種是固定收益，如利息、股息等；另一種是即期收益，即利用市場價格的變動出售信用工具獲得的收益。實際收益是指名義收益或當期收益扣除因物價變動而引起的貨幣購買力下降后的真實收益。各種收益工具的收益率不同，一般情況下，期限短、流動性強、風險小的信用工具收益率相對較低；而期限長、流動性差、風險較大的信用工具收益率相對較高。

（四）風險性

風險性是指投入的本金和預期收益遭受損失的可能性。為了獲得收益提供信用，同時必須承擔風險。風險主要有違約風險、市場風險、政治風險以及流動性風險。違約風險一般稱為信用風險，是指信用工具發行者不按合同履約或公司破產等因素造成信用工具持有者遭受損失的可能性。市場風險是指由於市場各種經濟因素發生變化，如市場利率變動、匯率變動、物價波動等各種情況造成信用工具價格下跌，從而遭受損失的可能性。政治風險是指由於政策變化、戰爭、社會環境變化等各種政治情況直接或間接引起的信用工具遭受損失的可能性。

信用工具多種多樣，有不同的劃分標準。按期限的長短劃分，可分為短期信用工具和長期信用工具；按發行者的性質劃分，可分為直接金融工具和間接金融工具；按是否與實際信用活動直接相關，可分為基礎性金融工具和衍生金融工具。

二、信用工具的分類

經濟生活中，信用工具的形式多種多樣，也有多種分類方法，最常見的是按時間長短分為短期信用工具和長期信用工具。

（一）短期信用工具

短期信用工具是指期限在一年或一年以下的票據和信用證等信用工具。主要有以下幾種：

1. 商業票據

商業票據是在商業信用基礎上產生的，用來證明交易雙方債權債務關係的書面憑證，包括商業匯票和商業本票兩種。

（1）商業匯票。商業匯票是由債權人簽發的要求債務人按約定的期限向指定的收款人或持票人無條件支付一定款項的命令書。由於商業匯票是債權人簽發的，必須經過債務人承兌後才能生效。經過承兌的匯票，稱為承兌匯票。凡由債務人承兌的商業匯票稱為商業承兌匯票；由銀行受債務人委託承兌的匯票，稱為銀行承兌匯票。

（2）商業本票。商業本票又稱期票，是債務人向債權人簽發的，承諾在約定的期限內無條件支付一定款項的債務憑證。商業本票是由債務人簽發的，因而無須承兌。

商業票據在流通轉讓時，轉讓人需要在票據背後簽字，即「背書」。背書人與出票人同樣對票據有支付責任。同時，企業還可以將未到期的票據貼現給銀行，從而取得現款。

2. 銀行票據

銀行票據是在銀行信用的基礎上，由銀行簽發的或由銀行承擔付款義務的信用憑證。銀行票據包括銀行匯票、銀行本票和銀行支票。

（1）銀行匯票。銀行匯票是匯款人將款項交存銀行后由銀行簽發給匯款人持往異地支取現金或辦理轉帳的匯款憑證。

（2）銀行本票。銀行本票是由銀行簽發的，承諾銀行在見票時無條件支付確定的金額給收款人或持票人的票據。銀行本票可以代替現金流通，具有見票即付的功能。銀行本票分為定額本票和不定額本票兩種。

（3）銀行支票。銀行支票是銀行的存款人簽發的，要求銀行從其活期存款帳戶上支付一定金額給持票人或指定人的票據。支票一般有現金支票、轉帳支票、普通支票和劃線支票。支票是在銀行信用基礎上產生的，見票即付。簽發支票金額以存款為限，禁止簽發空頭支票。

3. 信用證

信用證是銀行根據其存款客戶的請求，對第三者發出的，授權第三者簽發以銀行或存款人為付款人的匯票。信用證包括商業信用證和旅行信用證兩類。

（1）商業信用證。商業信用證是在商業交易中銀行受客戶的委託開出的證明客戶有支付能力並保證付款的信用憑證。商業信用證是建立在銀行信用基礎上的一種支付方式，常用於國際貿易貨款的結算。

（2）旅行信用證。旅行信用證是銀行為方便旅行者出國旅行在國外支取款項所發行的信用憑證。旅行者在出國前將款項交存銀行，並留下印鑒或簽字，由銀行開給旅行信用證，旅行者在旅行途中憑信用證向指定銀行支取款項。

4. 信用卡

信用卡是銀行發行的，憑以向特約單位購物、消費和向銀行支取現金且具有消費信用的特製載體卡片。信用卡涉及發卡銀行、特約單位、持卡人三方。持卡人憑卡可在本地或異地特約單位購買商品和支付費用，還可以憑卡向發卡銀行或代理機構透支現金。接受信用卡的特約單位每天營業終了向發卡銀行索償款項，發卡銀行定期與持卡人進行清算。

5. 國庫券

國庫券也叫短期政府債券，在西方國家是指國家財政當局為彌補國庫短期收支差額而發行的一種短期債務憑證。國庫券一般償還期在一年以內，以年度內的預算收入作為還本付息的擔保，採取無記名形式發行，無須經過背書就可以轉讓流通。由於國庫券期限短、信譽好、流動性強，在金融市場上頗受投資者青睞。

（二）長期信用工具

長期信用工具是指期限在一年以上的信用工具。長期信用工具主要包括股票、債券和基金券，也稱為有價證券，即具有一定的票面金額，代表財產所有權或債權，並能取得一定收入的憑證。

1. 股票

股票是股份公司發給股東證明其投資入股並憑以領取股息的憑證。股票是資本市場上借以實現長期投資的工具。股票投資者即為股份公司的股東，在法律上參與企業管理，分享公司的利益，同時也要分擔公司的責任和風險。投資者購買股票后不能退股，但是可以通過股票市場轉讓股權，收回股本。

股票的種類很多，按股東權益的不同，可分為普通股和優先股；按股票是否記名，可分為記名股票和無記名股票；按股票上是否標明金額，可分為有票面金額股票和無票面金額股票；按股票投資主體的不同，可分為國家股、法人股、個人股和外資股等。

股票是代表財產所有權的有價證券，能給持有者帶來股息、紅利等收益。股票的市場價格也稱股票行市，從理論上講主要取決於兩個因素：一個因素是預期股利收益，它與股票行市成正比；另一個因素是市場利率，它與股票行市成反比。當然，這只是決定行市的一般規律，實際的股票價格很不穩定，具有極高的靈敏性，除了公司本身的經營狀況外，其他諸如股票的供求關係、國家的政治局勢、政府的經濟政策、投資者的心理狀態等多種因素均可影響股票行市。

2. 債券

債券是債務人向債權人出具的，承諾在一定時期支付約定利息和到期償還本金的債務憑證。債券按不同的方式可以劃分為不同的種類。按發行主體的不同，可分為政府債券、公司債券和金融債券。

（1）政府債券。政府債券是政府為籌措資金而發行的債務憑證。政府債券信譽高、

安全性強、風險小,通常被稱為「金邊債券」,是資本市場的重要金融工具。

(2) 公司債券。公司債券是企業按照法律程序發行的,約定在一定期限還本付息的債務憑證。企業債券的風險較大,因此其利率要略高於其他債券。為保證投資人權益,各國對公司債券的發行和流通都有具體的規定。

(3) 金融債券。金融債券是銀行或其他金融機構為籌集中長期資金而向社會發行的債務憑證。金融債券具體的種類有固定利率債券、浮動利率債券、貼水債券、累進利息債券等。

(三) 基金券

基金券是一種性質介於股票和債券之間的收益憑證。基金券是證券基金組織向社會公開發行的,證明持有人按其持有份額享有資產所有權、收益分配權、剩餘財產分配權的證券憑證。作為長期信用工具的基金券主要有兩種形式:一種形式是開放式投資基金,也稱變動式投資基金。基金證券數量從而基金資本可因發行新的基金證券或投資者贖回本金而變動。這種基金的組織者可根據市場變化、資本價值變化、投資者要求等因素,發行新的基金證券,使基金規模擴大;基金持有人也可根據市場狀況、自己的投資取向變化等,要求基金管理機構將證券贖回。另一種形式是封閉式投資基金,又稱固定式投資基金。基金證券投資的數量一旦發行完畢,在規定的時間內(即封閉期),基金資本規模就不再擴大或縮小。在公募的條件下,封閉式基金的證券一般可以在交易市場掛牌交易,投資者若想將所持有的基金證券變現,可將基金券賣出。

第四節　利息與利息率

一、利息的含義及其來源

利息是與信用相伴隨的一個經濟範疇,是信用關係中債務人支付給債權人的報酬。利息隨著信用行為的產生而產生,信用關係中借款者除要按規定的時間償還本金外,還要為使用資金支付一定的代價,即利息。

馬克思認為,利息來源於剩餘產品或利潤的一部分,是剩餘價值的特殊轉化形式。這說明利息是由勞動者創造的價值的一部分。利息與利潤之間有一定的量的關係。由於利息是利潤的一部分,所以利潤就成為利息的最高界限。對全社會而言,平均利潤就是利息的最高界限。由於利息與利潤之間存在量的關係,利息也就成為反應使用借貸資金投資效率高低和貨幣資金使用是否合理的一個標誌。

二、利息率及其計算

利息率是借貸期限內所形成的利息額對本金的比率。利息率是計量借貸資本增值程度的數量指標,通常用百分比來表示。

利息率的計算公式為:

$$利息率 = \frac{利息額}{借貸資金額} \times 100\%$$

(一) 按照表示方法不同，利息率可以分為年利率、月利率與日利率

年利率、月利率和日利率，也稱年息、月息和日息。習慣上我們用百分比來表示年利率，用千分比來表示月利率，用萬分比來表示日利率。年利率與月利率及日利率之間的換算公式為：

年利率＝月利率×12＝日利率×360

(二) 按照計算方法不同，利息率可以分為單利和複利

在計算利息額時，有兩種方法：一種是單利法；另一種是複利法。

按單利法計算利息時，不論借貸期限長短，僅按本金計算利息，上期本金新生利息不作為計算下期利息的依據。單利法的計算公式為：

$I = P \cdot r \cdot n$

$S = P(1 + n \cdot r)$

按複利法計算利息時，可將上一期本金所生利息計入本金，一併計算下一期利息，即每期都是按上期本利和來計息，逐期滾算，俗稱「利滾利」。複利法的計算公式為：

$I = P[(1+r)^n - 1]$

$S = P(1+r)^n$

其中：I 為利息額；P 為本金；r 為利息率；n 為借貸期限或計息次數；S 為本金與利息之和，又稱本利和。

例如，一筆期限為 3 年、年利率為 6% 的 100 萬元的貸款。

按單利法計算，利息總額和本利和分別為：

$I = 1,000,000 \times 6\% \times 3 = 180,000$（元）

$S = 1,000,000 \times (1 + 3 \times 6\%) = 1,180,000$（元）

按複利法計算，利息總額和本利和分別為：

$S = 1,000,000 \times (1 + 6\%)^3 = 1,191,016$（元）

$I = 1,191,016 - 100,000 = 191,016$（元）

從上述結果可以看出，在利率相同的情況下，按複利計息，可多得利息 11,016 元。

三、決定和影響利率水平的因素

(一) 平均利潤率是決定利率的基本因素

由於利息是利潤的一部分，因此利潤率是決定利率的首要因素。根據市場法則，等額資本要獲得等量利潤，通過競爭和資源的流動，一個經濟社會在一定時期內會形成一個平均利潤率。這一平均利潤率是確定各種利率的首要依據，是利率的最高界限，否則借款人會因無利可圖而不願意借用貨幣資金。當然，在一般情況下，利率也不會低於零，否則貸款人會因無利可圖而不願意讓渡資金的使用權。因此，利率通常在平

均利率和零之間波動。

(二) 影響利率變化的因素

　　1. 借貸資金的供求關係

　　雖然從理論上講，利率既不會高於平均利潤率，也不會低於零，但是實際上決定某一時期某一市場上利率水平高低的是借貸資金市場上的供求關係，即利率是由借貸資金供求雙方按市場供求狀況來協商確定的。當借貸資金供大於求時，利率水平就會下降；當借貸資金供不應求時，利率水平就會提高，甚至高於平均利潤率。

　　2. 預期通貨膨脹率

　　在信用貨幣流通條件下，通貨膨脹是一種經常的現象。通貨膨脹使借貸資金本金貶值，會給借貸資金所有者帶來損失。為了彌補這種損失，債權人往往會在一定的預期通貨膨脹率基礎上來確定利率，以保證本金和實際利息額不受到損失。當預期通貨膨脹率提高時，債權人會要求提高貸款利率；當預期通貨膨脹率下降時，利率一般也會相應下調。

　　3. 中央銀行貨幣政策

　　自從20世紀30年代凱恩斯主義問世以來，各國政府都加強了對宏觀經濟的干預。政府干預經濟最常用的手段是中央銀行的貨幣政策。中央銀行採用緊縮政策時，往往會提高再貼現率或其他由中央銀行所控制的基準利率；而當中央銀行實行擴張政策時，又會降低再貼現率或其他基準利率，從而引起借貸資金市場利率跟著進行相應調整，進而影響整個市場利率水平。

　　4. 國際收支狀況

　　一國的國際收支狀況對該國的利率水平也有重要影響。當一國國際收支平衡時，一般不會變動利率。當一國國際收支出現持續大量逆差時，為了彌補國際收支逆差，需要利用資本項目大量引進外資，金融管理當局就會提高利率。當一國國際收支出現持續大量順差時，為了控制順差，減少通貨膨脹的壓力，金融管理當局就可能會降低利率，減少資本項目的外匯流入。當然也會使本國的借貸資金利率水平發生變化。

　　除了以上因素外，決定一國在一定時期內利率水平的因素還有很多。例如，在經濟高漲時期，管理當局大多會提高利率；在經濟衰退時期，管理當局又大多會降低利率。一國的利率水平還與該國貨幣的匯率有關，當本幣貶值時，會導致國內利率上升。此外，借貸期限長短、借貸風險大小、國際利率水平高低、一國經濟開放程度等，都會對一國國內利率產生重要影響。因此，對利率水平的變動必須綜合分析各種因素，才能找出利率水平變動的主要原因。

四、利率的種類

(一) 根據利率形成的方式不同，可以分為市場利率、官方利率與公定利率

　　市場利率是指由市場供求關係和風險收益等因素決定的利率。一般來說，當資金供給大於需求時，市場利率會下降；當資金供給小於需求時，市場利率會上升。並且當資金運用的收益較高，資金運用的風險也較大時，市場利率也會上升；反之則會降

低。因此，市場利率能夠較真實地反應市場資金供求與運用的狀況。

官方利率是指由一國貨幣管理當局或中央銀行所確定的利率。官方利率是由貨幣管理當局根據宏觀經濟的運行狀況和國際收支狀況及其他狀況來決定的，可用作調節宏觀經濟的手段。因此，官方利率往往在利率體系中發揮著指導性作用。

公定利率是指由非政府部門的金融機構或行業協會等按協商的辦法所確定的利率，如香港銀行公會定期公布並要求會員銀行執行的存貸款利率等。公定利率只對參加該協會的金融機構有約束作用，而對其他金融機構沒有約束作用。

(二) 根據利率在借貸期內是否調整，可以分為固定利率與浮動利率

固定利率是指在整個借貸期限內，利率水平保持不變的利率。在物價穩定的條件下，固定利率具有簡便易行、便於借貸雙方進行成本收益核算的優點。固定利率適合於短期資金借貸，如果借貸期限較長，市場變化難以預測，使用固定利率就會使借貸雙方承擔利率變化的風險。當未來利率上升時，債權人要承擔利率損失的風險；當未來利率下降時，債務人則要承擔利息成本較高的風險。

浮動利率是指在借貸關係存續期內，利率水平可隨市場變化而定期變動的利率。浮動利率水平變動的依據和變動的時間長短都由借貸雙方在建立借貸關係時設定。在國際金融市場上，多數浮動利率都以倫敦銀行間同業拆借利率（LIBOR）為參照規定其上下浮動的幅度。這種浮動幅度是按若干個基點來計算的，通常每隔3個月或6個月調整一次。實行浮動幅度對借貸雙方來說，計算成本、收益的難度要大些，並且對借貸雙方利率管理的技術要求也比較高。但是實行浮動利率的借貸雙方所承擔的利率風險也比較小。浮動利率適合於在市場變動較大，而借貸期限又較長的融資活動中實行。

(三) 根據是否剔除通貨膨脹的因素，可以分為名義利率與實際利率

名義利率是指沒有剔除通貨膨脹因素的利率，實際利率是指剔除通貨膨脹因素的利率，因此實際利率又可理解為是在物價不變、貨幣購買力也不變的條件下的利率。

如果以 r 代表實際利率，i 代表名義利率，p 代表通貨膨脹率，則實際利率的計算有以下兩種方式：

$$r = \frac{1+i}{1+p} - 1$$

$$r = i - p$$

前一種計算方式比較精確，多用於核算實際成本和實際收益；后一種計算方式比較直觀，多用於估算成本、收益及理論闡述之中。運用這兩種計算方式的結果有一定的差異。

例如，如果某銀行發放一筆為期1年的貸款，其利率為9%，當年的國內通貨膨脹率為4%，按前一種方式計算，實際利率為4.808%，而按后一種方式計算，實際利率為5%，兩者相差0.192%。如果貸款金額較大，則按兩種方式計算的實際成本和實際收益就有較大的差異——如果該貸款金額為1000萬元，則差額為1.92萬元。

(四) 根據金融機構對同類存貸款利率制定不同，可以分為一般利率與優惠利率

優惠利率貸款的授予對象大多為國家政策扶持的項目，如重點發展行業、部門及對落后地區的開發項目等。在國際借貸市場上，低於倫敦銀行間同業拆借利率的貸款利率被稱為優惠利率。存款的優惠利率大多用於爭取目標資金來源。例如，中國曾經實行的僑匯外幣存款利率就高於普通居民外幣存款利率。此外，各銀行為了爭取大額穩定的資金來源，也會給某些大額存款戶以高於市場一般水平的利率。

(五) 按照借貸期限長短的不同，可以分為長期利率與短期利率

長期利率與短期利率的劃分，通常以 1 年為標準。凡是借貸期限滿 1 年的利率為長期利率，不滿 1 年的則為短期利率。

五、利率變動對經濟的影響

利率是貨幣當局調節宏觀經濟、實現貨幣政策目標的重要手段，利率變動對整個經濟運行有一定的影響。

(一) 利率變動對資金供求的影響

在市場經濟中，利率是一個重要的經濟槓桿，這種槓桿作用首先表現在對資金供求的影響上。利率對資金盈餘者持有資金的機會成本大小起決定性作用。當利率提高時，意味著人們持有資金的機會成本增大，資金盈餘者貸出資金的動力也增大。利率水平的變動對資金短缺者的借貸行為也有著重要影響。當利率提高時，意味著人們借貸的成本增大，資金短缺者借款的負擔也加重，他們的借款需求就會受到制約。當利率下降時，借款人的借款需求會擴大，但是資金盈餘者的資金供給卻會受到抑制。

(二) 利率變動對宏觀經濟的影響

從宏觀上看，居民的全部收入可分為儲蓄和消費兩個部分。儲蓄代表社會資金供給。在收入水平一定的情況下，儲蓄的多少取決於消費傾向。如果居民的消費傾向高，則收入中用於消費的部分大，儲蓄就少；如果居民的消費傾向低，則收入中用於消費的部分就少，儲蓄就多。居民的消費傾向除了與目前收入水平、未來收入預期、物價水平及消費觀念等有關外，還受到利率水平的影響。當利率下降時，有利於刺激消費增加，使人們的消費傾向增大；當利率上升時，會抑制人們的消費慾望。可見，利率變動會影響全社會的消費水平，進而影響全社會的儲蓄，即資金供給。

再從廠商投資來看，投資代表著社會資金需求。由於利率高低能直接影響廠商投資成本，降低利率可使廠商投資成本下降，提高利率則使廠商投資成本增加。因此，利率變動會影響全社會的投資即資金需求。

可見利率變動對宏觀經濟有著重要影響。至於是促進經濟增長還是造成經濟萎縮，則要具體分析，而不能簡單地認為提高或降低利率一定會促進經濟增長或一定會使經濟增長受到制約。因為經濟最終是否增長還要看影響經濟的各種因素綜合作用的結果，利率只是其中一個非常重要的作用變量，而不是全部作用變量。

(三) 利率變動對國際收支的影響

當一國國際收支出現嚴重不平衡時，即出現大量持續逆差或大量持續順差時，一國金融管理當局就有可能通過變動利率來調節國際收支，特別是當國際收支不平衡的原因主要在於資本項目時，中央銀行通過調整利率水平能取得明顯的效果。當發生嚴重逆差時，可將本國短期利率提高，以吸引外國的短期資本流入，減少或消除逆差；當發生過度順差時，可將本國利率水平降低，以限制外國資本流入，減少或消除順差。

國際收支出現嚴重不平衡會給一國經濟帶來不利影響。例如，長期的巨額逆差會使一國貨幣貶值，從而削弱一國對外國商品、勞務和技術等的購買力，進而影響國內經濟的發展；長期的巨額順差則會使本國面臨較大的通貨膨脹壓力，此外還可能給順差國帶來較大的外交壓力。因此，不管是發達國家或是發展中國家，當其面對國際收支巨額不平衡時，都會採取措施予以緩解經濟壓力，變動利率是一個有效的手段。

(四) 利率變動對穩定物價的影響

利息率的高低直接影響銀行的信貸總規模，而信貸規模又直接決定貨幣供給量。當流通中的貨幣量超過貨幣需要量時，調高利率可以收縮信貸規模，減少貨幣供給量，促使物價穩定。在商品經濟中，國民收入分配都是以貨幣形式進行的價值分配，客觀上存在著分配后形成的有支付能力的社會需求與商品供應量在總量和結構上不適應的可能性，潛藏著危及物價穩定的因素。利用利率槓桿可以把待實現的購買力以存款形式集中到銀行，並在總量和結構上進行調節，以實現供求平衡和物價穩定。

六、利率發揮作用的渠道

利率變動能夠對經濟產生影響。這種影響是通過利率變化進而影響整個國民經濟活動的。因此，中央銀行就可以根據宏觀經濟運行的狀況及其貨幣政策目標，通過採取一些措施影響利率水平，進而影響社會的投資與儲蓄總額。使人們的投資行為和儲蓄行為符合實現貨幣政策目標的要求。

中央銀行常會採取的措施有直接調整由中央銀行所控製的法定存款準備金率、調整再貼現率、進行公開市場業務操作等。

中央銀行可主動調高或降低再貼現率，以此來影響商業銀行和其他金融向中央銀行取得再貸款的成本。當中央銀行提高再貼現率時，會使商業銀行和其他金融機構的再貸款成本上升，金融機構為了實現其既定的利潤目標，就會相應提高貸款利率，從而使市場利率水平上升；反之，中央銀行降低再貼現率，則會使市場利率水平降低。此外，商業銀行和其他金融機構還可以根據中央銀行變動再貼現率這一舉措來預測市場資金供給狀況和中央銀行的貨幣政策趨向。一般來說，中央銀行提高在貼現率表明中央銀行要實行緊縮政策，或表明市場資金供應比較緊張，商業銀行就會收縮信貸，減少貸款供給。這又會導致市場利率進一步提高，從而抑制投資需求，刺激儲蓄增長。當中央銀行降低再貼現率時，商業銀行和其他金融機構則會擴大貸款。

中央銀行也可通過公開市場業務操作來影響利率水平。當中央銀行持續大量買進有價證券時，一方面會導致市場上對有價證券的需求增加，從而使有價證券的價格上

升；另一方面又會使商業銀行的超額準備增加，導致貸款擴大，從而使利率水平下降。當中央銀行大量賣出有價證券時，一方面導致有價證券價格下降，另一方面又會引起利率水平上升。

第五節　中國的利率市場化改革

一、利率市場化的含義

利率市場化是指通過市場和價值規律機制，在某一時點上由供求關係決定的利率運行機制，是價值規律作用的結果。利率市場化強調在利率決定中市場因素的主導作用，強調遵循價值規律，真實地反應資金成本與供求關係，靈活有效地發揮利率的經濟槓桿作用。

根據中國經濟發展的客觀要求，利率市場化已成為中國利率管理體制改革的中心內容。近年來，中國金融企業制度改革進展加快，如存款準備金制度的改革和完善、中央銀行管理體制的改革、全國同業拆借市場的建立、取消貸款利率浮動上限等。但是從總體來看，對國家控制的利率體系觸動較小。這是因為儘管利率市場化是中國利率管理體制改革的方向，有其必要性，但是同時利率市場化的改革存在一定的風險，必須具備一定的條件。

二、利率市場化的作用

（一）利率市場化是建立社會主義市場經濟的需要

在市場經濟條件下，價格隨供求變動，並通過後者調節資源配置和利益分配，是一種最一般、最基礎、最有效的安排。利率是資金的價格，自然也不能例外。

（二）利率市場化是優化資金配置的客觀要求

優化資金配置是利率主要的功能。過去由於中國實行嚴格的利率管制，使得利率不能很好地反應資金供求，利率喪失了價格信號的功能。利率市場化使利率真正成為信貸資金的價格，從而引導資金由效益低的部門流向效益高的部門，實現資金資源的合理配置，最終促進經濟的發展。

（三）利率市場化是中國金融業開放的客觀要求

中國金融與國際金融接軌的條件之一就是以利率和匯率為中心的金融商品價格形成市場化。由於中國金融機構缺乏管理利率波動帶來的市場風險的經驗，與外資機構普遍存在較大的差距。在開放的市場經濟條件下，逐步放鬆利率管制，將有利於完善金融機構自主經營機制，提高競爭力。

三、中國利率市場化的進程

中國利率市場化改革從目標的提出到逐步實施，大體上經過了以下幾個階段：

(一) 利率市場化改革目標提出和改革準備階段（1993年年底至1995年）

1993年11月，黨的十四屆三中全會通過的《關於建立社會主義市場經濟體制若干問題的決定》指出，中央銀行按照資金供求狀況及時調整基準利率，並允許商業銀行存貸利率在規定的幅度內自由浮動。1993年12月，《國務院關於金融體制改革的決定》又明確提出，中國人民銀行制定存、貸款利率上下限，並進一步理順存款利率、貸款利率和有價證券利率之間的關係；各類利率要反應期限、成本、風險的區別，保持合理利差，逐步形成以中央銀行利率為基礎的市場利率體系。由此可見，中國利率改革的方向是進一步加快利率市場化進程，改革利率管理體制，加大利率市場化部分，並逐步形成更多的市場利率行為主體，建立以資金供求為基礎，以中央銀行存、貸款利率為基準利率，以同業拆借利率為金融市場基礎利率，各種利率保持合理利差和分層次傳導的利率體系，並為逐步實現整個利率體系的市場化奠定基礎。

《國務院關於金融體制改革的決定》的發布是中國開始新一輪金融體制改革的標誌。利率市場化改革在這一輪改革中做出了規劃，但是並未在1994年年初的一系列配套改革措施中實施。因為對於利率市場化改革的步驟和風險各方面還存在著不同的判斷，利率市場化改革還處於準備階段。事實上，考慮到中國的具體國情，如金融市場發育程度、貨幣當局的監管能力、相關法規的建設等，中國的利率市場化改革選擇了漸進式的方式，即在放開政府利率管制上是漸進式的。

為推進市場化改革進程，在利率改革的外部環境方面，中國於1994年在金融、投資、財政、稅收、外匯五大領域的改革取得重大進展。新成立了三家政策性銀行，把專業銀行的政策性貸款同商業性貸款分離，促進了專業銀行向商業銀行的轉化。財稅改革使中國財政收入穩定增長，外匯改革使匯率成為宏觀經濟政策中的有效工具。1995年，《中華人民共和國中國人民銀行法》《中華人民共和國票據法》和《中華人民共和國商業銀行法》的頒布標誌著中國金融領域內的法制建設也取得了重大進展。這一段時期利率政策的變化是：1993年取消了8年期儲蓄存款利率檔次，規定了定活兩便存款利率，規範了存款利率的計息規則等。1994年中國人民銀行決定重新授予專業銀行和各金融機構利率浮動權，規定流動資金貸款利率上浮幅度為20%，下浮幅度為10%。1995年中央銀行首次調整利率時，主要通過啓動中央銀行基準利率關係，不同時調整再貸款利率和金融機構的存款利率，中央銀行利率起到調節商業銀行經營成本，進而影響信用擴大程度的作用。同時，把其他利率如同業拆借利率最高限和貸款利率與中央銀行基準利率掛勾，改善了中央銀行基準利率體系。

(二) 利率市場化改革推進階段（1996年年初至2000年9月）

1996年6月，中國人民銀行明確規定，銀行間同業拆借市場利率由拆借雙方根據市場資金供求自主確定，從而正式放開了銀行間同業拆借利率，為利率市場化邁出了具有開創性意義的一步。其後債券市場利率和銀行間市場國債、政策性金融債的發行利率也分別放開，中國利率市場化改革進入了實施階段。在此階段，利率市場化改革採取了以下措施：

1. 放開同業拆借市場利率

1996 年 1 月 3 日，15 家商業銀行總行之間的同業拆借市場開始試運行。1996 年 3 月 1 日之后，35 個城市的各家商業銀行分行及其他非銀行金融機構通過當地的融資中心參與全國同業拆借業務。於是兩級同業拆借市場的構架基本形成：一級網絡由 15 家商業銀行總行和 35 家融資中心組成，35 個城市的各商業銀行分行及其他非銀行金融機構參與二級網絡的交易。全國銀行同業拆借市場統一聯網運行，使資金在全國範圍內自由流動，在全國範圍內形成了一個統一的同業拆借利率。最初國家對同業拆借利率設定最高限，即以同檔次利率加 2.88%為最高限。1996 年 6 月 1 日，取消了該利率的最高限，其高低由拆借雙方根據市場資金供求狀況自主確定，中央銀行只間接調控市場利率。從同業拆借市場成立后一年裡同業拆借利率的運行情況看，放開同業拆借利率並沒有出現利率混亂，而是隨著兩次利率下調逐步降低。同業拆借利率按市場機制形成，表明利率市場化改革的第一步基本上是成功的。

2. 中央銀行公開市場操作的利率實現了市場化

1990 年 4 月 9 日，中國人民銀行首次向 14 家商業銀行總行買進 2.9 億元國債，表明了中國中央銀行的公開市場業務正式啓動。中央銀行的公開市場業務以回購為主要形式，其回購方式實行市場招標，利率由市場決定。雖然這一利率還不能像再貸款基準利率那樣引導市場利率變化，但是其形成是商業銀行根據資金供求自主決定的，能夠在一定程度上起到間接調節商業銀行對基礎貨幣需求的作用。這一利率形成機制是深化利率市場化改革的條件。

3. 國債發行利率市場化

1996 年，國債發行在 1995 年 8 月試驗的基礎上正式引入了價格競爭的招標方式，一年期以內的國債實行發行利率市場招標，改變了過去國債發行利率計劃制訂的局面，走出了國債發行利率市場化的第一步。但是還存在一些問題，主要是國債具有安全性最高、流動性最好的特點，其收益率應是最低的，但是 1996 年國債市場招標利率與同期銀行貸款利率相同，而且隨著利率下調其收益率不斷提高。儘管如此，國債發行利率市場化是利率市場化改革的重要方面。

在推進利率市場化改革的過程中，中央銀行還加大了用利率手段調控宏觀經濟的力度。從 1996 年 5 月到 1999 年，中央銀行頻繁運用利率手段，共進行了 7 次降低利率的調整，利率調整在發揮貨幣政策作用的同時，也提高了人們對利率變動的適應性與敏感性，這為今后利率市場化改革的深入做好了進一步的準備。

(三) 利率市場化改革實質性進展階段（2000 年 9 月以后）

1. 境內外幣利率管理體制的改革

2000 年 9 月 21 日，經國務院批准，中國人民銀行組織實施了境內外幣利率管理體制的改革。一是放開外幣貸款利率，各項外幣貸款利率及計算結息方式由金融機構根據國際市場的利率變動情況以及資金成本、風險差異等因素自行確定。二是放開大額外幣存款利率，300 萬（含 300 萬）以上美元或等額其他外幣的大額外幣存款利率由金融機構與客戶協商確定。

2002 年 3 月，中國人民銀行將境內外資金融機構對境內中國居民的小額外幣存款

統一納入境內小額外幣存款利率管理範圍。2003 年 7 月，境內英鎊、瑞士法郎、加拿大元的小額存款利率放開，由各商業銀行自行確定並公布。小額外幣存款利率由原來國家制定並公布 7 種減少到 4 種。

2003 年 11 月，小額外幣存款利率下限放開。商業銀行可根據國際金融市場利率變化，在不超過中國人民銀行公布的利率上限的前提下，自主確定小額外幣存款利率。賦予商業銀行小額外幣存款利率的下浮權，是推進存款利率市場化改革的有益探索。

2004 年 11 月，中國人民銀行在調整境內小額外幣存款利率的同時，決定放開 1 年期以上小額外幣存款利率，商業銀行擁有了更大的外幣利率決定權。

隨著境內外幣存、貸款利率逐步放開，中資商業銀行均制定了外幣存貸款利率管理辦法，建立了外幣利率定價機制。各行還根據自身的情況，完善了外幣貸款利率的分級授權管理制度，如在國際市場利率基礎上，各商業銀行總行規定了其分行的外幣貸款利率的最低加點幅度和浮動權限，做到了有章可循、運作規範。商業銀行的利率風險意識和利率風險管理能力得到不斷加強。

2. 人民幣貸款利率市場化邁出重要步伐

2003 年以來，中國人民銀行在推進貸款利率市場化方面邁出了重要的三步。

第一步：2003 年 8 月，中國人民銀行在推進農村信用社改革試點時，允許試點地區農村信用社的貸款利率上浮不超過貸款基準利率的 2 倍。

第二步：2004 年 1 月 1 日，中國人民銀行決定將商業銀行、城市信用社的貸款利率浮動區間上限擴大到貸款基準利率的 1.7 倍，農村信用社貸款利率的浮動區間上限擴大到貸款基準利率的 2 倍，金融機構貸款利率的浮動區間下限保持為貸款基準利率的 0.9 倍不變。同時，明確了貸款利率浮動區間不再根據企業所有制性質、規模大小分別制定。

第三步：2004 年 10 月 29 日，中國人民銀行報經國務院批准，決定不再設定金融機構（不含城鄉信用社）人民幣貸款利率上限。考慮到城鄉信用社競爭機制尚不完善，經營管理能力有待提高，容易出現貸款利率「一浮到頂」的情況，因此仍對城鄉信用社人民幣貸款利率實行上限管理，但是其貸款利率浮動上限擴大為基準利率的 2.3 倍。所有金融機構的人民幣貸款利率下浮幅度保持不變，下限仍為基準利率的 0.9 倍。至此，中國金融機構人民幣貸款利率已經基本過渡到上限放開，實行下限管理的階段。

與此同時，貸款利率浮動報備制度初步建立，各商業銀行和城鄉信用社通過報備系統，定期向人民銀行反饋貸款利率的浮動情況。利率浮動情況報備制度的建立，既有利於主管部門及時掌握全國範圍內的利率浮動情況，提高決策的科學性和準確性，也有利於金融機構建立集中統一的數據採集、分析系統，完善自身的利率管理體系，將貸款利率管理融入到經營管理的大局中去。

四、當前中國利率市場化的制約因素

(一) 微觀經濟主體缺乏利益的約束機制

一方面，國有企業仍然具有「預算軟約束」特徵，資金需求彈性很小，不怕利率

高，只怕借不到錢，國有企業往往連本金都可以不還，利息的約束自然就很小了。另一方面，中國利率市場化后，貸款利率必然有較大幅度上升，必然會有相當一部分國有企業出現虧損甚至破產，這使國家、銀行以及國有企業職工難以承受。

(二) 金融市場特別是貨幣市場發展不完善

金融市場的發展、金融體制的完善是進行利率改革的基礎。利率作為資金的價格，其高低變化反應著資金市場的供求情況。因此，沒有一個發達和完善的金融市場就不可能存在一個價格形成的市場機制，利率市場化就不可能真正實現。中國的金融市場雖然已經初步形成以同業拆借為主的短期資金市場和以各種有價證券發行和交易為主的長期資金市場，但是就總體而言，中國的資金市場還不夠統一和規範，貨幣市場發展相對滯后，各市場均處於起步階段，市場的效率和管理、經濟主體的行為、市場的規模等都有待進一步提高。這些都不利於市場利率的最終形成，同時還影響著利率調節的有效性和準確性。

(三) 金融機構對利率的調控、反應不靈敏

金融機構特別是國有商業銀行還不是真正自主經營、自擔風險、自負盈虧、自我約束的金融企業，對利率信號反應不靈敏，利率市場化缺乏一個良好的微觀金融制度基礎。

(四) 中央銀行宏觀調控手段不健全

中央銀行對經濟的宏觀調控應該通過間接的貨幣工具來進行，通常是以市場利率和貨幣供應量為中間目標，採取利率政策或公開市場業務操作實施對經濟的干預。而中國中央銀行過去主要運用直接的、行政的手段來進行宏觀調控，近年來逐漸摸索著使用間接的、經濟的宏觀調控手段，但是還不成熟。

五、當前推進中國利率市場化的主要思路

利率市場化最終要放開對普通存貸款利率的管制。西方發達國家實現利率市場化的一般步驟是：先實現貨幣市場利率的市場化，然后將已經完成利率市場化的貨幣市場與普通存貸款市場進行對接。由於中國目前貨幣市場發展尚不成熟，要按照這種一般模式可能需要很長一段時間。從目前中國利率管理體制和政策的實際情形看，應該按照以下思路去推進利率市場化：

第一，放鬆對商業銀行的利率管制與培育貨幣市場並舉，提高貨幣市場上形成的利率信號的導向作用；

第二，在放鬆商業銀行不同貨幣的利率管制中，應當先放鬆對外幣利率的管制，后放鬆對人民幣利率的管制；

第三，對商業銀行的不同業務品種，應當依據不同市場主體對於利率信號的敏感程度，遵循先批發、后零售的順序，先放開貸款、后放開存款；

第四，對於存款，先放開大額存款、后放開小額存款；

第五，在放鬆貸款利率管制的進程中，及時擴大利率浮動幅度、逐步簡化利率

種類；

第六，在貸款利率制定權安排方面，先由各商業銀行總行根據企業信用評級確定全行統一的利率標準，等條件成熟後，再將貸款利率制定權逐級下放；

第七，在銀行利率的安排上，先放開國有商業銀行以外的銀行的利率，再放開國有商業銀行的利率。

本章小結

1. 信用是指一種借貸行為，是以償還和付息為條件的特殊的價值運動形式，是從屬於商品貨幣關係的一個經濟範疇。信用關係的建立一般應具有三個基本構成要素：一是由借貸雙方構成的債權債務關係；二是價值作相向運動形成的時間差；三是保證債權債務關係確立的憑據——信用工具。信用的古老形式是高利貸，在資本主義制度建立後，高利貸被現代信用形式所取代。信用的職能主要有分配職能、調節職能、提供和創造貨幣的職能。

2. 現代信用形式的種類繁多。如果按信用的主體劃分，有商業信用、銀行信用、國家信用、消費信用、民間信用、租賃信用、國際信用等具體形式。商業信用是現代信用的基礎，銀行信用是現代信用的主要形式。

3. 信用工具也稱金融工具，是在信用活動中產生的，用以證明債權債務關係、資金所有權關係的具有法律效力的憑證。金融工具具有期限性、流動性、風險性、收益性的特點。金融工具的種類很多，本章主要介紹短期信用工具和長期信用工具。

4. 從債權人的角度來說，利息是資金所有者因讓渡貨幣的使用權而從借款人處取得的超過本金部分的一種報酬；從債務人的角度來說，利息是借款人獲得貨幣使用權的一種代價，我們通常稱之為借貸資金的「價格」。利率是借貸期限內所形成的利息額對本金的比率。利率有年利率、月利率和日利率。在計算利息額時，有兩種方法，即單利法和複利法。平均利潤率是決定利率的基本因素，影響利率變化的因素主要有借貸資金的供求關係、預期通貨膨脹率、中央銀行貨幣政策和國際收支狀況。金融市場中的利率有多種形式。利率在國民經濟中發揮著重要的作用。

5. 一國的利率體制即一國對利率的管理制度總和，包括利率政策、利率決定機制及利率變動幅度的有關規定。利率管理制度是否適當，直接關係到利率的槓桿作用是否得以充分發揮。一國採取什麼樣的利率體制，與該國的經濟發展狀況及歷史原因有關。目前，世界各國採取的利率體制主要有兩種類型：一種是利率管制；另一種是利率市場化。中國利率體制改革的方向是利率市場化。

6. 利率市場化是指通過市場和價值規律機制，在某一時點上由供求關係決定的利率運行機制，是價值規律作用的結果。利率市場化強調在利率決定中市場因素的主導作用，強調遵循價值規律，真實地反應資金成本與供求關係，靈活有效地發揮利率的經濟槓桿作用。

復習思考題

1. 什麼是信用？信用有哪些具體形式？
2. 什麼是利率？如何對利率進行分類？
3. 分析影響利率的主要因素有哪些？
4. 分析決定利率的主要理論和影響因素。
5. 請結合中國利率市場化改革的進程，分析說明中國利率市場化採取漸進式改革的必要性。

附錄　個人信用記錄——您的「經濟身分證」

身分證的使用越來越廣泛，出行、住宿、辦事都需要身分證提供身分證明，幫助您順利完成各種手續。如果沒有身分證的幫助，您會覺得諸事不便、寸步難行。現在，中國人民銀行組織商業銀行建立的全國集中統一的個人徵信系統已經正式運行，為5億多人建立了「經濟身分證」——個人信用記錄，它全面記錄個人的信用活動，客觀反應個人的信用狀況。

判斷一個人講不講信用要看其實際行動。行動需要客觀記錄，沒有記錄，人們就無從瞭解他的過去，也就無從判斷他的將來。在個人徵信系統裡，客觀記錄了一個人過去的信用活動，主要包括三類信息：第一類是基本信息，包括個人的信用活動信息、證件號碼、家庭住址、參加社會保險和公積金等信息；第二類是個人的信用活動，包括貸款、信用卡、擔保、電信繳費、公共事業繳費等信息；第三類是個人的公共信息，包括欠稅、法院判決等信息。

在信用體系發達的國家，個人信用記錄應用非常廣泛，在貸款、租房、買保險甚至求職時都會用到。一份良好的信用記錄會給個人帶來許多實惠，他可以享受到更低的貸款利率，獲得更高的信用額度，可以更加方便地辦理各種手續，由此信用也變成一筆切實的財富。

在中國，個人徵信系統已經覆蓋全國，當您去銀行申請貸款時，銀行的工作人員會在您的授權下查詢您的信用記錄。如果記錄顯示有借款未及時歸還或有費用沒有按時繳清，您申請新的貸款就會有麻煩。如果信用記錄良好，您就能夠更順利地獲得貸款，甚至還能獲得一些優惠。當然，對於銀行來說，信用記錄只是進行貸款審查與管理的重要參考，銀行還通過其他渠道對個人的信用狀況進行全面調查和核實。

資料來源：中國人民銀行. 金融知識國民讀本 [M]. 北京：中國金融出版社，2007.

第三章　金融市場

第一節　金融市場概述

一、金融市場的概念與特性

（一）金融市場的概念

金融市場就是通過各種交易方式，促使金融產品在供求雙方達成交易的場所，或者說是金融商品的供求雙方運用市場機制，通過交易進行融資活動的流通領域。

金融市場有廣義和狹義之分。廣義金融市場是指實現貨幣借貸、辦理票據及有價證券買賣的市場，包括存款、貸款、信託、租賃、保險、票據抵押與貼現、股票債券買賣等全部金融活動。狹義金融市場通常是指票據、有價證券發行和買賣的市場。

金融市場上資金的運動具有一定規律性，即資金總是從盈余的地區和部門流向短缺的地區和部門。

（二）金融市場的特性

與普通商品市場相比，金融市場有其自身的特性。

1. 交易對象具有特殊性

普通商品市場上的交易對象是具有各種使用價值的普通商品，而金融市場上的交易對象則是形形色色的金融資產。

2. 交易商品的使用價值具有同一性

普通商品市場上交易商品的使用價值是有千差萬別的，而金融市場上交易對象的使用價值則往往是相同的，即給金融工具的發行者帶來籌資的便利，給金融工具的投資者帶來投資收益。

3. 交易價格具有一致性

普通商品市場上的商品價格是五花八門的，而金融市場內部同一市場的價格有趨同的趨勢。

4. 交易活動具有仲介性

普通商品市場上的買賣雙方往往是直接見面，一般不需要借助仲介機構，而金融市場的融資活動大多要通過金融仲介來進行。

5. 交易雙方地位具有可變性

普通商品市場上的交易雙方的地位具有相對的固定性，如個人或家庭，通常是只

買不賣，商品生產經營者通常是以賣為主。金融市場上融資雙方的地位是可變的，此時可能因資金不足而成為資金需求者，彼時又可能因為資金有餘而成為資金供應者。

二、金融市場的分類

（一）按融資期限分類

按融資期限，金融市場可分為短期市場與長期市場。短期市場亦被稱作為貨幣市場，通常是指期限在一年以內的短期融資場所，其作用主要是調節臨時性、季節性、週轉性資金的供求，主要是由短期借貸市場、拆借市場、票據市場、國庫券市場、可轉讓大額定期存單市場、回購市場等構成。長期市場亦被稱作為資本市場，一般是指期限在一年以上的長期融資市場，其作用主要是調節季節性、營運性資金供求，主要由銀行中長期存貸款市場、長期債券市場和股票市場所構成。

（二）按融資方式分類

按融資方式，金融市場可分為直接金融市場與間接金融市場。直接金融市場是指不需要借助金融仲介而進行的融資市場。間接金融市場是指需要借助金融仲介來進行融資的市場。

（三）按交易層次分類

按交易層次，金融市場可分為一級市場與二級市場、初級市場與次級市場、發行市場與流通市場。一級市場、初級市場與發行市場是指通過發行新的融資工具以融資的市場。二級市場、次級市場與流通市場是指通過買賣現有的或已經發行的融資工具以實現流動性的交易市場。

（四）按交易對象分類

按交易對象，金融市場可分為資金市場、外匯市場、黃金市場、證券市場和保險市場。資金市場是指以本國貨幣表示的資金作為買賣對象的市場，存貸款市場是這類市場的典型代表；外匯市場是指以外國貨幣、外國有價證券、外國支付憑證等作為交易對象的市場；黃金市場是指以黃金作為交易對象的市場；證券市場是指以股票、債券等有價證券作為交易對象的市場；保險市場是指進行各種保險和再保險業務的市場。

（五）按交易方式分類

按交易方式，金融市場可分為現貨市場與期貨市場。現貨市場是指當期就發生款貨易手的市場，其重要特點是一手交錢一手交貨。期貨市場是指交易成立時不發生款貨易手，而是在交易成立后約定日期實行交割的市場，它把成交與分割分離開來，這就給投機者提供了方便。

（六）按交易場所分類

按交易場所，金融市場可分為有形市場與無形市場。有形市場也被稱為場內市場，是指有固定場所的市場，是有組織、制度化了的市場。無形市場也被稱為場外市場，是指沒有固定交易場所的市場，其交易大量是通過經紀人或交易商的電傳、電報、電

話、網絡等洽談成交的。

(七) 按功能分類

按功能，金融市場可分為綜合市場和單一市場。綜合市場是指功能比較齊全、完備的市場，既有貨幣市場，也有資本市場、外匯市場和黃金市場；既有現貨市場，也有期貨市場；既是國內市場，又是國際市場。這樣的市場一般只有在少數發達國家才能見到。單一市場是指僅有某些交易功能和交易對象的市場，其多存在於欠發達的國家和地區。

(八) 按區域分類

按區域，金融市場可分為國內市場和國外市場。在金融市場發育的早期，或許對於大多數欠發達國家來說，其金融市場多表現為國內市場，其交易以本國貨幣為主，參與者以本國居民為主。隨著國際交往的擴大，一些國家為了籌資和投資的需要，常常參與國外金融市場的交易。另外，一些國家的貨幣大量流向國外，在當地進行融資活動，形成了國外貨幣的金融市場，如歐洲貨幣市場、亞洲美元市場等離岸金融市場。

三、金融市場的構成要素

(一) 交易主體

金融市場的交易主體是指金融市場的參與者。按交易行為的性質，金融市場的交易主體可分為供應主體與需求主體。前者是資金盈餘者；后者是資金短缺者。按空間結構，金融市場的交易主體可分為居民主體與非居民主體。前者是來自於國內的融資主體，包括國內的政府、企業以及家庭或個人；后者是來自於國外的融資主體，具體可分為國外的政府、國外的企業以及國外的家庭或個人。按專業化程度，金融市場交易主體可分為專業主體與非專業主體。前者是專門從事金融活動的融資主體，如銀行、信託投資公司、保險公司、證券公司、財務公司、城鄉信用合作社等；后者是非專門從事金融活動的融資主體，如採用公司形式的經濟實體、追求消費最佳效果和投資收益最大化的家庭或個人、以籌集資金調節財政收支狀況為參與目的的政府及其行政機構等。

(二) 交易對象

金融市場的交易對象或交易載體是貨幣資金。但是在不同的場合，這種交易對象的表現是不同的。在信貸市場，貨幣資金作為交易對象是明顯的，它表現了借貸資金的交易和轉讓。在證券市場，直接交易的是股票或債券，交易對象似乎轉換了。但是從本質上講，交易的仍然是貨幣資金。因為有價證券是虛擬資本，本身不具有價值和使用價值，人們取得這些金融工具不具備實質性意義；只有貨幣才具有價值和一般的使用價值，人們通過交易取得貨幣才能投入再生產。所以通過有價證券的交易，從另一方面反應了貨幣資金的交易。

(三) 交易工具

貨幣資金的交易需要有一種憑證，以其為載體，才能推動資金安全運轉，以書面

形式發行和流通。交易工具是證明金融交易金額、期限、價格的書面文件，對債權債務雙方的權利和義務具有法律約束意義。金融工具一般具有廣泛的社會可接受性，隨時可以流通轉讓。不同的金融工具具有不同的特點，能分別滿足資金供需雙方在數量、期限和條件等方面的不同需要，在不同的市場上為不同的交易者服務。

（四）交易價格

由於融資場所和融資工具種類繁多，因此交易價格也就各異，比較有代表性的價格如下：

1. 資金價格

人們習慣於把利息視為資金的價格。這種認識有其合理之處：利息與普通商品一樣既具有價值，也具有使用價值，且使用價值的重要性是對他人的；普通商品的價值運動是相向運動，而資金的價值運動是價值單方面轉移；普通商品的使用價值是千差萬別的，而資金的使用價值是統一的；普通商品的使用價值會隨商品的消費而消失，而資金的使用價值不但會被保存下來，還會增加；普通商品價格圍繞價值波動，有一個軸心，而利息的波動則沒有這個軸心；普通商品遵循的是等價規律，而資金所遵循的是不等價規律。

2. 證券價格

證券價格主要包括股票價格和債券價格。從理論上看，股票價格主要由其本身帶來的收入和當時的市場利率這兩個因素所決定，和其本身所帶來的收入成正比，和市場利率成反比。用公式表示為：

股票價格＝預期股息收入/市場利率

債券價格確定的基礎是本金和利息。在此基礎上根據收益資本化理論和現值理論確定。但是由於受市場利率預期和還本付息方式的影響，債券價格的確定方法多種多樣。

3. 外匯價格

外匯價格是指一國貨幣兌換成別國貨幣的比率。有兩種表示方法：一種是直接標價法，又稱應付標價法，是指以一定單位的外國貨幣（1、100、10,000）兌換成若干本國貨幣的標價方法。目前包括中國在內的世界上大多數國家都採用這種方法。另一種是間接標價法，又稱應收標價法，是指以一定單位的本國貨幣（1、100、10,000）兌換成若干外國貨幣的標價方法。目前只有英、美兩國採用間接標價法。美元除對英鎊實行直接標價法外，對其他貨幣均實行間接標價法。

4. 黃金價格

由於黃金既具有普通商品的屬性，也具有特殊商品的屬性，因此黃金價格的確定既不完全等同於普通商品，也不完全等同於金融商品。黃金作為普通商品時，其價格主要取決於其內在價值；黃金作為特殊商品時，其價格主要取決於黃金貨幣化的程度。

四、金融市場的功能

(一) 資本累積的功能

在社會總儲蓄向總投資的轉化過程中，必須借助於金融市場這個仲介進行轉化。因為在社會資金的供給者與需求者之間，在資金供求的時間、數量和供求方式之間，往往難以取得一致。通過金融市場的介入，通過直接融資和間接融資方式，可以使社會資金流動成為可能。對於資金累積者，可以通過發行信用工具的辦法集中大量的資本；對於資金供給者，提供了有利的資金使用場所。因而金融市場既是投資的場所，又是融資的場所。這是因為金融市場創造了多樣的金融工具並賦予金融資產以流動性。法規齊全、功能完善的金融市場可以使資金的需求者方便經濟地獲得資金，使資金的供應者獲得滿意的投融資渠道。因而借助於金融市場，可達到社會儲蓄向社會投資轉化的目的。

(二) 資源配置的功能

在金融市場上，隨著金融工具的流動，相應地發生了價值和財富的再分配。金融是物資的先導，隨著金融資產的流動，帶動了社會物資資源的流動和再分配，將社會資源由低效部門向高效部門轉移。市場信息的變化和金融工具價格的漲跌，都給人以啟示，引導人們放棄一些金融資產而追求另外一些金融資產，使資源通過金融市場不斷進行新的配置。

(三) 調節經濟的功能

在經濟結構方面，人們對金融工具的選擇，實際上是對投融資方向的選擇，這種選擇的結果，必然發生優勝劣汰的效應，從而達到調節經濟結構的目的。在宏觀調控方面，政府實施貨幣政策和財政政策離不開金融市場。存款準備金、利率的調節要通過金融市場來進行，公開市場業務更是離不開金融市場。以增減國債方式實施的財政政策，同樣要通過金融市場來實現。

(四) 反應經濟的功能

金融市場是國民經濟的信號系統。金融市場反應著微觀經濟的運行狀況，同時金融市場也反應著宏觀經濟的運行狀況。國家的經濟政策，尤其是貨幣政策的實施情況、銀根的松緊、通貨膨脹的程度以及貨幣供應量的變化，均會反應在金融市場之中。由於金融機構有著廣泛而及時的信息收集、傳播網絡，國內金融市場同國際金融市場連為一體，可以及時瞭解世界經濟發展的動向。

五、現代金融市場的特點

(一) 金融市場全球化

隨著全球經濟一體化趨勢的日益增強，世界各國主要金融市場之間的相互聯繫、相互合作變得更加密切，並逐步形成了統一的全球性金融市場。金融市場全球化主要

體現在以下幾個方面：一是金融交易活動已突破地域範圍的限制，跨國、跨地區的金融交易日漸增多；二是全球晝夜 24 小時聯通交易已經實現；三是金融管制放寬。各國金融法令的制定也相互協調、趨於一致，從而使資金可以比較自由地在各國金融市場上流動。

（二）融資活動證券化

20 世紀 80 年代以前的金融市場活動以銀行信貸形式為主。自 20 世紀 80 年代以來，國際債務危機的發生導致銀行信貸日漸縮減，融資活動趨向證券化。證券融資方式與銀行信貸方式相比有著獨特的優點，如流動性強、變現能力強、程序規範程度高、風險可以通過套期保值等手段來規避等。證券化代表了融資方式的發展趨勢。

（三）金融創新多樣化

在現代金融市場中，金融創新產品應不再是大眾化的，而應是有針對性的。根據客戶的籌資期限、規模、可容忍的風險度等方面的不同要求來「量身定做」。這樣的創新產品更能滿足客戶的要求，提高產品的競爭力。這也是各大金融仲介機構適應競爭的一種重要手段。當前電子技術的迅猛發展和金融工程理論的日趨成熟促使金融創新活動更加蓬勃發展。

（四）金融業務多元化

面對客戶越來越高的要求和來自同行業的競爭壓力，各金融機構必須不斷突破原有的經營服務範圍和方式，開拓新型業務，提供創新服務，以滿足不同層次客戶的各種要求，從而使金融機構成為多元化經營的綜合性機構。這種金融業務多元化趨勢給現代金融市場增添了新的活力。

第二節　貨幣市場

貨幣市場也稱短期資金交易市場，是指以短期金融工具為媒介而進行的 1 年期以內的資金交易活動的總稱。貨幣市場與資本市場一起，共同構成完整的金融市場。

貨幣市場的主要功能是調劑暫時性的資金餘缺。另外，貨幣市場也是中央銀行進行公開操作，貫徹貨幣政策意圖的主要場所。其特點有：第一，融資期限短。最短的只有半天或一天，最長不超過 1 年。第二，融資目的是為了解決短期資金週轉的需要。資金需求一般用於滿足流動資金的臨時不足。第三，參與者主要主要是機構投資者。由於貨幣市場的融資期限短，交易額較大，一般個人投資者難以涉及。第四，金融工具具有較強的「準貨幣」性。該市場交易活動所使用的金融工具期限短，具有高度的流動性，風險小，故稱為貨幣市場。

貨幣市場按交易內容和方式，可分為同業拆借市場、短期借款市場、商業票據市場、可轉讓大額定期存單市場、國庫券市場、債券回購市場等子市場。

一、同業拆借市場

(一) 同業拆借市場的形成

同業拆借市場是指各類金融機構之間進行短期資金拆借活動所形成的市場。同業拆借市場的形成與中央銀行實行存款準備金制度有關。根據 1913 年美國政府制定的聯邦儲備金法的規定，作為聯邦儲備體系的會員銀行，必須按規定的比率向聯邦儲備銀行提交存款準備金，而不能將全部存款都用於放款、投資及其他盈利性業務。會員銀行在聯儲銀行帳戶上的存款，超過法定存款準備金后的部分，為會員銀行的超額存款準備金。如果會員銀行的庫存現金和在聯邦儲備銀行的存款沒有達到法定存款準備金比例或數額要求，聯邦儲備銀行將採取較嚴厲的措施予以懲罰或制裁。為此會員銀行都在中央銀行保持一部分超額存款準備金，以隨彌補法定存款準備金的不足。由於會員銀行的負債結構及余額每日都在發生變化，在同業資金清算過程中，會經常出現應收款大於應付款而形成資金寸頭的盈余，或者出現應收款小於應付款而形成資金頭寸的不足，表現在會員銀行在中央銀行的存款，有時不足以彌補法定存款準備金的不足形成缺口，有時則會大大超過法定存款準備金的要求形成過多的超額儲備存款。因此，各商業銀行都非常需要有一個能夠進行短期臨時性資金融通的市場，同業拆借市場也就由此應運而生。1921 年，紐約首先出現了會員銀行之間的儲備頭寸拆借市場。隨著存款準備金制度逐漸被其他國家所採用，以及這些國家的金融監管當局對商業銀行流動性管理的加強，使同業拆借市場在越來越多的國家得以形成和迅速發展。

(二) 同業拆借市場的特點

1. 進入市場的主體有嚴格的限制

必須是金融機構或指定的某類金融機構，非金融機構（包括工商企業、政府部門及個人）和非指定的金融機構均不能進入此市場。

2. 融資期限較短

多為 1 日或幾日的資金臨時調劑，是為解決頭寸臨時不足或頭寸臨時多余所進行的資金融通。

3. 交易手段比較先進

交易主要是採取電話洽談的方式進行，主體上是一種無形的市場。洽談達成協議后，就可以通過各自在中央銀行的存款帳戶自動劃帳清算，或向資金交易中心提出供求和進行報價，由資金交易中心進行撮合成交，並進行資金交割劃帳。因而同業拆借交易手續比較簡便，交易成交的時間較短。

4. 交易額較大

在同業拆借市場上進行資金借貸或融通沒有單位交易額限制，一般也不需要以擔保或抵押品作為借貸條件，完全是一種協議和信用交易關係，雙方都以自己的信用擔保，都嚴格遵守交易協議。

5. 利率由供求方議定

同業拆借市場上的利率可由雙方協商，討價還價，最后議價成交。因此，同業拆

借市場上的利率是一種市場利率，或者說是市場化程度較高的利率。

（三）同業拆借市場的參與者

一般來講，能夠進入市場的必須是金融機構，但各個國家以及各個國家在不同的歷史時期，對參與同業拆借市場的金融機構也有不同的限定。例如，有些國家允許所有金融機構進入同業拆借市場進行短期融資；有些國家則只允許吸收存款並向中央銀行交納存款準備金的金融機構進入同業拆借市場；有些國家只允許吸收存款、向中央銀行繳納存款準備金的商業銀行進入同業拆借市場。

1. 資金需求者

在同業拆借市場拆入資金的多為大的商業銀行，其原因是：一方面，商業銀行作為一國金融組織體系中的主體力量，承擔著重要的信用仲介和支付仲介職能，所需的資產流動性及支付準備金也比較多。同時，大的商業銀行是中央銀行金融宏觀調控的主要對象，其在營運過程中會經常出現準備金頭寸、清算頭寸及短期資金不足的情況。另一方面，商業銀行資金實力強、信譽高，因此可以在同業拆借市場上得到資金的融通，而在中國，政策性銀行、農業信用社、財務公司、信託投資公司、保險公司、證券公司以及基金公司、外資金融機構等都是同業拆借市場的參與者。

2. 資金供給者

在同業拆借市場上扮演資金供給者或拆出者角色的，主要是超額儲備的金融機構，包括大的商業銀行、地方中小商業銀行、非銀行金融機構、境外代理銀行以及境外銀行在境內的分支機構。另外，外國的中央銀行也經常成為拆借市場的資金供給者或拆出者。在中國，國有商業銀行與其他商業銀行（包括股份制商業銀行和城市商業銀行）是拆借資金的最大融出者。

3. 仲介機構

當供求雙方直接面議和交易的成本高於通過仲介，或當拆入方拆入資金數額較大，需要多個拆出方提供資金，或拆入、拆出雙方市場上的資金供求和信息及拆解行情不甚瞭解時，則需要通過仲介機構來介入供求雙方的交易，以提高交易的效率，降低交易的成本。同業拆借的仲介大體上分為兩類：一類是專門從事拆借市場仲介業務的機構，如融資公司、拆借經紀商或經營商等；另一類是兼營機構，多由大的商業銀行承擔。

（四）同業拆借市場利率

同業拆借市場利率是貨幣市場的核心利率，其確定和變化要受制於銀根鬆緊、中央銀行的貨幣政策意圖、貨幣市場其他金融工具的收益率水平、拆解期限、拆入方的資信程度等多方面因素。在一般情況下，同業拆借利率低於中央銀行的再貼現利率或再貸款利率。否則，資金需求者可向中央銀行申請貸款。當然也有例外，當中央銀行實行從緊的貨幣政策，金融機構向中央銀行申請貸款較為困難，只能從同業拆借資金以應急需要，會出現同業拆借利率高於再貼現率或再貸款利率的現象。

在國際貨幣市場上，銀行間同業拆借利率是一種重要的金融市場基準利率，很大程度上決定著商業銀行的存貸款利率。目前比較典型的、有代表性的同業拆借利率有

三種，即倫敦銀行同業拆借利率（LIBOR）、新加坡銀行同業拆借利率（SIBOR）和香港銀行同業拆借利率（HIBOR）。

（五）中國同業拆借市場的改革探索

近年來，中國同業拆借市場進行了一系列改革，並取得了如下成果：

一是統一了拆借場所。設立全國同業拆借交易中心，實行計算機聯網，把銀行和非銀行金融機構的同業拆借活動納入到統一的場所進行交易，以打破封閉分割的狀態，增強拆借市場的透明度，建立自我約束機制和違規防範體系，為中央銀行實施間接調控創造條件。

二是明確了拆借市場的交易主體。只有經中國人民銀行批准可參與拆借的銀行或銀行金融機構方有權參加拆借活動。

三是規範了進行拆借的條件。拆出行必須歸還中央銀行再貸款、留足備付金之後方可拆出，拆入行只能拆入資金用於匯差清算資金的不足、臨時頭寸調度的需要及短期借款的需要，不得將拆借資金用於房地產、固定資產及證券的投資或長期性的貸款。

四是限定了拆借的期限。拆解期最長不得超過4個月。

五是放開了拆借利率。拆借利率由交易雙方競價決定。

二、短期借貸市場

（一）短期借貸的種類

就銀行而言，短期借貸主要是流動資金貸款，占了銀行貸款的大部分。但是並非所有的流動資金都是1年期之內的短期貸款。過去，中國將流動資產期限限定在1年之內，而許多週轉期在1年以上的資金需求被人為地劃分為不良貸款。近年來，中國將流動資金貸款分為三類：3個月以內為臨時貸款；3個月以上至1年之內為季節性貸款；1年以上到3年以內為週轉貸款。此外，根據中國《貸款通則》的規定，票據貼現期限最長為6個月，當屬貨幣市場的範圍。1999年以來大力倡導的消費信貸，其中有一部分也屬1年期之內的貸款或短期透支。

（二）短期借款的期限

如果由於種種原因突破了短期流動性的特點，作為貨幣市場的交易對象就會發生質變，因而確定短期借款期限十分重要。

第一種方法是按定額流動資金的週轉期為歸還期。

本次貸款歸還期＝360÷（年計劃銷售收入額/流動資產平均占用額）

第二種方法是以貸款物資的消耗進度確定歸還期限。

本次貸款期限＝本次貸款金額/本次貸款物資平均日耗定額

第三種方法是按合同確定的交貨期限定歸還期限。以貸款產生或儲存的物資，當按合同進行銷售時，已具備還款能力，故應以交貨期為還款期。

第四種方法是確定貸款最高余額指標，進借銷還，週轉使用。這種辦法只適用於財務管理較好的企業，不確定具體歸還期，視資金週轉需要及時借貸。

(三) 短期貸款的風險

短期借貸的風險雖然低於長期借貸，但是也不可忽視其風險。當短期貸款變為逾期、呆滯、呆帳貸款時，就需要加強清理、加速回收。從 1998 年起，中國銀行貸款按照國際慣例進行貸款 5 級分類，將全部貸款按照風險程度分為正常、關注、次級、懷疑、損失 5 類，以利於區別對待、分類管理，並以此為據，提取相應比例的風險保證金。

三、商業票據市場

票據市場主要包括商業票據的承兌市場和貼現市場，也包括其他融資性票據市場。

(一) 商業票據承兌市場

匯票可以分為即期匯票和遠期匯票。只有遠期匯票才有承兌問題。票據承兌市場是指匯票到期前，匯票付款人或指定銀行確認票據證明事項，在票據上作出承兌付款的文字記載、簽章的一種手續。承兌后的匯票才是市場上合法的金融票據。在國外，票據承兌一般由商業銀行辦理，也有專門辦理承兌的金融機構，如英國的票據承兌所。

(二) 商業票據貼現市場

票據貼現是商業票據的持票人在需要資金時，將其持有的未到期商業票據轉給商業銀行，銀行扣除貼現利息后將余款付給持票人的行為。票據貼現具體包括三種方式：一是貼現，即企業以未到期的商業票據向貼現銀行融資，貼現銀行按市場利率扣取自貼現日至到期日的利息，將票面余額給持票人的一種行為。二是轉貼現，即貼現銀行在需要資金時，將已貼現的票據再向同業其他銀行辦理貼現的票據行為。轉貼現是銀行之間的資金融通，涉及的雙方當事人都是銀行。這種資金融通方式安全性高、期限短，為銀行的流動性管理提供了便利，因而得到商業銀行的普遍接受。三是再貼現。再貼現又稱重貼現，是指商業銀行將已貼現的未到期匯票再轉讓給中央銀行的票據轉讓行為。與貼現和轉貼現相比，再貼現具有更為重要的宏觀經濟意義。

票據的貼現率是票據貼現市場運作機制的一個重要環節，貼現率是指商業銀行辦理貼現時預扣的利息與票面金額的比率。票據價格是票據貼現時銀行付給貼現人的實付貼現金額。計算公式如下：

貼現利息＝票面金額×貼現天數×（月貼現率÷30）

票據貼現價格＝票面金額-貼現利息

其中，票據貼現天數是指辦理票據貼現日起至票據到期日止的時間。如果承兌匯票直接賣給交易商或投資者，則票據價格不再是依據票面計算的貼現價格，而是根據市場的匯票供求、匯票承兌人信譽高低而形成的買賣價格。

四、可轉讓大額定期存單市場

可轉讓大額定期存單是由商業銀行發行的，可以在市場上轉讓的存款憑證。可轉讓大額定期存單是由美國花旗銀行於 1961 年首先發行的，是銀行主動爭取存款的一種

新形式。

與一般定期存單相比，可轉讓大額定期存單具有以下特點：

第一，不記名。可以自由轉讓，持有者需要現款即可在市場上轉讓出售。

第二，金額固定，面額大。美國的可轉讓大額定期存單最低起價為 10 萬美元，通常為 10 萬美元的倍數，其中 50 萬美元的可轉讓大額定期存單最為常用。存單的期限通常不少於 2 周，大多為 3~6 個月，一般不超過 1 年。可轉讓大額定期存單的利率略高於同等期限的定期存款。

第三，允許買賣、轉讓，使可轉讓大額定期存單集中了活期存款和定期存款的優點。

中國第一張大額可轉讓存單面世於 1986 年，最初由交通銀行和中央銀行發行，主要面向個人和企業。1989 年經中央銀行審批其他的專業銀行也陸續開辦了此項業務。但是到 1996 年大額可轉讓存單在市場上基本消失。

五、國庫券市場

國庫券（Treasury Securities）是指國家財政當局為彌補國庫收支不平衡而發行的期限不超過 1 年的短期政府債券。通常包括 3 個月、6 個月和 12 個月三個品種。在大多數國家的貨幣市場上，國庫券都是第一大交易品種。

國庫券的債務人是國家，其還款保證是國家財政收入，因此國庫券幾乎不存在信用違約風險，是金融市場上風險最小的信用工具。國庫券的發行通常採用貼現方式，即發行價格低於國庫券面值，票面不記明利率，國庫券到期時，由財政按面值償還。發行價格採用招標方法，由投標者公開競價而定，故國庫券利率代表了合理的市場利率，反應出貨幣市場資金供求狀況。

國庫券在市場發行時，需要通過專門的機構進行，這些機構通常被稱為一級自營商。一級自營商往往由信譽卓著、實力雄厚的大型商業銀行或投資銀行組成。一級自營商的資格由政府認定。

國庫券的轉讓可以通過貼現或買賣方式進行。國庫券具有信譽好、期限短、利率優惠等優點，是短期資金市場中最受歡迎的金融工具之一，在二級市場能順利地轉讓流通，迅速變為現金。在國外，國庫券市場非常活躍，不僅是投資者的理想場所，還是政府調整國庫收支的重要基地，是中央銀行進行公開市場業務操作以調節貨幣信用的重要場所。

六、債券回購市場

債券回購交易（Repos）是指債券買賣雙方在成交的同時就約定於未來某一時間以約定價格再進行反向交易。回購交易是一種與同業拆借緊密關聯的短期資金融通形式，同貨幣市場上其他大多數融資工具一樣，是機構之間進行大規模資金拆借的批發市場。回購交易一般是市場參與者通過電話或電傳達成交易。

逆回購協議（Reverse Repurchase Agreement）實際上與回購協議是一個問題的兩個方面。逆回購協議是從資金供應者的角度出發。相對於回購協議而言，回購協議中，

賣出證券取得資金的一方同意按約定期限以約定價格購回所賣出證券。在逆回購協議中，買入證券的一方同意按約定期限以約定價格出售其所買入證券。從資金供應者的角度看，逆回購協議是回購協議的逆進行。

債券回購交易實質上一種以有價證券作為抵押品拆借資金的信用行為。債券的持有者（資金需求方、賣出回購方）以持有的債券作抵押，獲得一定期限內的資金使用權，期滿后償還所借用的資金，並支付一定的利息；資金供給方（買入返售方）則暫時放棄資金的使用權，從而獲得賣出回購方的債券抵押權，並於期滿后歸還對方抵押的債券，收回資金和利息。回購交易的利率與同業拆借利率緊密相關，但是由於回購交易採取了證券抵押的形式，因此回購交易利率一般較同業拆借利率低。

在美國，回購交易市場的參與者有商業銀行、證券商、工商企業、美聯儲、州和地方政府。其中，商業銀行和證券商是主要的資金需求者，而工商企業、州和地方政府是主要的資金供給者。

回購交易常常被中央銀行作為貨幣政策的工具。央行採取回購交易的形式同商業銀行和證券商進行交易，對銀根的松緊進行微調，以貫徹貨幣當局的政策意圖。

目前中國不僅在上海、深圳兩個交易所開展了回購交易，全國銀行間同業拆借市場也開展該項業務。中國已經推出的債券回購交易有質押式回購和買斷式回購，品種包括1天、7天、14天、21天、1個月、2個月和3個月債券回購交易，共7種。

第三節　資本市場

資本市場是指融資期限在1年以上的金融工具為媒介進行長期性資金交易活動的市場。資本市場主要包括股票市場、中長期債券市場和長期銀行信貸市場。資本市場工具的主要交易對象是股票和中長期債券。

一、股票市場

（一）股票發行市場

1. 股票發行審核制度

從世界範圍考察，股票發行審核制度主要有以下兩種模式：

（1）註冊制。註冊制是發行人在準備發行證券時，必須將依法公開的各種資料完全、準確地向證券主管機關呈報並申請註冊。證券主管機關的權利僅在於要求發行人提供的資料不包含任何不真實的陳述和事項，如果發行人未違反上述原則，證券主管機關應準予註冊。註冊制的理論依據是「太陽是最好的防腐劑」，因此註冊制並不禁止質量差、風險高的證券上市。註冊制能否很好地發揮作用，關鍵在於是不是所有的投資者在投資以前都能掌握發行人公布的所有信息，以及能否根據這些信息作出正確的投資決策。

（2）核准制。核准制是指發行人在發行證券時，不僅要以真實狀況的充分公開為

條件，而且必須符合有關法律和證券管理機關規定的必備條件，證券主管機關有權否決不符合規定條件的證券發行申請。核准制遵循實質管理原則，在信息公開的條件下，把一些不符合要求的低質量發行人拒之於證券市場之外。核准制比較適合於證券市場歷史不長、投資者素質不高的國家和地區。

2. 股票發行方式

在成熟市場上，股票發行大多採用競價的方式。在中國，股票發行方式則經歷了一個不斷探索的過程。1991年和1992年採用限量發售認購證方式，1993年開始採用無限量發售認購證方式及與儲蓄存款掛鉤方式，此后又採用過全額預繳款、上網競價、上網定價等方式。在總結經驗的基礎上，中國證監會規定目前國內股票的發行方式是網下向配售對象累計投標詢價與網上資金申購定價發行相結合的方式。

3. 股票發行價格

股票發行價格有以下三種確定方式：

（1）平價發行，也稱為等額發行或面額發行，是指發行人以票面金額作為發行價格。由於股票上市后的交易價格通常要高於面額，面額發行能使投資者得到交易價格高於發行價格所產生的額外收益，因此絕大多數投資者都樂於認購。

（2）溢價發行，即發行人按高於面額的價格發行股票。溢價發行可使公司用較少的股份籌集到較多的資金，並可降低籌資成本。溢價發行又可分為時價發行和中間價發行兩種方式。時價發行也稱市價發行，是指以同種或同類股票的流通價格為基準來確定股票發行價格。當一家公司首次發行股票時，通常都會根據同類公司（產業相同、經營狀況相似）股票在流通市場上的價格表現來確定自己的發行價格。當一家公司增發新股時，則會按已發行股票在流通市場上的價格水平來確定發行價格。中間價發行是指以介於面額和時價之間的價格來發行股票。中國股份公司對老股東配股時，基本上都採用中間價發行。

（3）折價發行，即以低於面額的價格出售新股，按面額打一定折扣后發行股票。折扣的大小主要取決於發行公司的業績和承銷商的能力。

目前，西方國家的股份公司很少有按折價發行股票的。在中國，根據《中華人民共和國公司法》的規定，股票發行價格可以按票面金額，也可以超過票面金額，但不得低於票面金額。

4. 影響股票發行價格的因素

影響股票發行價格的主要因素有以下幾點：

（1）淨資產。淨資產是決定股價的基石，每股淨資產增加，股價可能上升；反之，則有可能下降。

（2）盈利水平。每股稅后利潤越高，發行價格可能越高。

（3）發展潛力。其他因素存而不論，公司的發展潛力越大，發行價格可能越高。

（4）發行數量。若本次股票發行數量較大，為了能保證銷售期內順利地將股票全部出售，取得預定金額的資金，價格應適當定得低一些；反之，股票價格可定得高一些。

（5）行業特點。一般來說，朝陽產業的發行公司股票發行價格定得高一些，而夕

陽產業的發行公司股票發行價格定得低一些；特殊企業，如金融企業的股票發行價格定得高一些，而普通企業的股票發行價格定得低一些。

（6）股市狀態。若股市處於熊市，定價太高則無人問津；若股市處於牛市，股價即使定得高一些，也能推銷得出去。

（二）股票流通市場

1. 場外市場

場外交易是指在股票交易所交易大廳以外進行的各種股票交易活動的總稱。場外交易的英文是「Over The Counter（OTC）」，直譯為「店頭交易」或「櫃臺交易」等，場外交易是其意譯。場外市場包括：

（1）店頭市場。店頭市場亦稱櫃臺交易。這是場外交易最主要的和最典型的形式。店頭市場在證券商的營業點內，由購銷雙方當面議價進行交易。店頭市場上的交易對象，既有小公司的股票，也有大公司的股票；既有上市股票，也有非上市股票。店頭市場交易的參與者主要是證券商和客戶。

（2）第三市場。第三市場是在股票交易所外專門買賣上市股票的一種場外交易形式。第三市場出現於20世紀60年代的美國，近年來發展很快。原因主要是股票交易所不僅對參與者、上市股票有嚴格的要求，而且還有最低佣金比率限制，不允許隨意降低佣金，這就使大批量的股票交易代價非常昂貴。同樣的股票在第三市場交易的佣金要比在交易所交易便宜一半。因此，那些非交易所會員的證券商和大額投資者就在股票交易所之外買賣這些上市股票，以減輕大宗股票交易的費用負擔。

（3）第四市場。第四市場是指買賣雙方繞開證券經紀商，彼此間利用電信手段直接進行大宗股票交易的市場。參與該市場股票交易的都是一些大公司、大企業。在美國，第四市場主要是一個計算機網絡，想要參加第四市場交易的客戶可以租用或加入這個網絡，各大公司把股票的買進價和賣出價都輸入電子計算機系統。客戶在購買或出售股票時，可以通知計算機系統，計算機屏幕上即可顯示出各種股票的買進或賣出價格，一旦客戶對某種股票的價格滿意，就可以通過終端設備商談交易。近年來，隨著現代通信技術與電子計算機在證券交易機構的廣泛運用，櫃臺市場、第三市場與第四市場已逐漸合併為一個全國統一的場外交易體系，因而上述劃分方法已逐漸失去了原有的意義。

2. 場內市場

場內市場專指股票交易所。在證券交易所，除可設立「一板」以外，還可設立「二板」，旨在為那些不符合「一板」上市要求而具有高成長性的中小型企業和高科技企業等開闢直接融資渠道。其營業期限、股本大小、盈利能力、股權分散程度等上市條件與「一板」不同。一般來說，「二板」的上市要求比「一板」寬一些。場內交易的直接參與者必須是交易所的會員，既可以是經紀人，也可以是證券商。但股票的買賣雙方不能進入交易所，只能委託證券商或經紀人代為買賣。

股票在場內交易需要經過以下若干程序：

（1）選擇股票上市推薦人，上市推薦人可以是主承銷商，也可以是其他的證券商，

但必須是證券交易所的會員。

（2）在上市推薦人的協助下，製作股票上市所需的材料。

（3）向證券交易所提出申請，並提供有關材料。

（4）證券交易所的上市審查委員會對公司提出的申請及有關材料進行審查后，批准公司的上市申請。

（5）公司與證券交易所簽訂股票上市協議書，確定股票上市日期。

（6）公司發布股票上市公告書。

（7）公司向證券交易所繳納股票上市費。

（8）股票掛牌買賣。

股票在場內交易必須符合規定的條件。修訂后的《中華人民共和國公司法》和《中華人民共和國證券法》規定，股份有限公司申請其股票上市必須符合下列條件：

（1）股票經國務院證券管理部門批准已向社會公開發行；

（2）公司股本總額不少於人民幣 3000 萬元；

（3）具有持續盈利能力，財務狀況良好；

（4）持有股票面值達人民幣 1000 元以上的股東人數不少於 200 人；

（5）公司在最近 3 年內無重大違法行為，財務會計報告無虛假記載；

（6）國務院規定的其他條件。

股票在場內交易主要採用以下方式：

（1）現貨交易。現貨交易是指交易雙方在成交后立即交割，或在極短的期限內交割的交易方式。現貨交易是實物交易，買方交割時須支付現款，是買方的投資行為。

（2）期貨交易。期貨交易是指交易雙方在成交后按照期貨協議規定條件遠期交割的交易方式，其交易過程分為預約成交和定期交割兩個步驟。

（3）股指期貨交易。股指期貨交易是在股票期貨交易的基礎上派生出來的一種交易方式，其做法與股票期貨交易相似，不同的是股指期貨交易不是以單個股票價格作為交易的對象，而是以股票價格指數作為交易的對象。

（4）期權交易。期權交易又稱選擇權交易，是投資者在給付一定的期權費后，取得一種可按約定價格在規定期限內買進或賣出一定數量的金融資產或商品的權利，買賣這一權利的交易即為期權交易。期權交易中將期權劃分為買進期權（看漲期權）和賣出期權（看跌期權）兩種。

（5）信用交易。信用交易又稱墊頭交易，是指交易人憑自己的信譽，通過交納一定數額的保證金取得經紀人信任，進行債券買賣的交易方式。信用交易可分為保證金買長和保證金賣短兩種。保證金買長是指當某種證券行市看漲時交易人通過交納一定數額的保證金，由經紀人墊款代其購入證券的交易方式。保證金賣短是指當某種證券行市看跌時，交易人通過交納一定數額的保證金，由經紀人代其向市場拋售的交易方式。

場內市場股價波動受多種因素影響，主要影響因素如下：

（1）政治因素。從國際範圍來看，區域性或世界性的戰爭、國與國之間外交關係的突變，甚至某些重要國家執政黨的更迭等都有可能對國家股票價格的變動產生影響。

從國內情況來看，政府的某些政策措施，如政府對公共事業的規定、政府稅制、外援法案、預算開支、關稅變動、國會各種議案、一個國家的經濟發展計劃等，都會影響股票價格的變動。

（2）經濟週期。在正常情況下，經濟從蕭條到景氣的週期性循環將帶動股票價格週期性變動，並且股價的變動要先於經濟週期的變動。

（3）利率。股價變動要「看利率的臉色行事」，當市場利率上升時，股價往往下跌；反之，股價則會上漲。

（4）貨幣供給量。當貨幣供應量增加時，用於購買股票的資金相應增多，因而股票會上漲；反之，則會產生相反的結果。

（5）公司的盈利狀況。當公司盈利增加時公司會增加派息或者增加公積金，會提高投資者對該股票的需求量，從而推動股票價格上升。

（6）市場競爭與兼併。一個公司要達到支配另一個公司的目的，必須收購足以控制該公司的股份，這就會使該公司股票的需求明顯增加，從而使股票價格迅速上漲。有時候兼併與反兼併同時進行，股票價格會上漲到驚人的程度。

（7）股票的供求。當求大於供時，股票價格上升；反之，則股票價格下跌。

（8）操縱。在股票市場上，一些資金實力很強的投機者往往可以憑藉自己的資金實力，以人為的力量掀起股票的波動。

（9）市盈率。市盈率等於股價與每股稅后利潤的比值。通常情況下市盈率越高，股價上漲空間越小；市盈率越低，股票上漲空間越大。

（10）公眾心理。公眾的心理也會對股票價格產生影響，特別是中小投資者，其對信息的掌握不夠全面，因而缺乏預期判斷能力，心理波動很大，甚至某些傳聞或謠言也會使投資者盲目購進或拋售股票，引起股票的暴漲暴跌。

二、長期債券市場

（一）長期債券市場的品種結構

1. 長期政府債券

長期政府債券是中央政府和地方政府發行的長期債券的總稱。因其具有安全性高、稅賦優惠及流動性強等優點，使之獲得了「金邊債券」的美譽，並被社會各階層廣泛持有。因為發行主體的不同，長期政府債券具體分為以下兩種：

（1）長期中央政府債券。長期中央政府債券發行主體是中央政府，也正因為其發行主體是中央政府，所以也被稱為國債。1987年以來，中國中央政府發行過名目繁多的國債，如有國家重點建設債券、國家建設債券、財政債券、特種債券、保值債券、基本建設債券、轉換債券等。國債的名稱雖多，但都可以把它們歸納為憑證式國債和記帳式國債兩大類。目前，憑證式國債的發行量約占40%，記帳式國債發行量約占60%。

（2）長期地方政府債券。長期地方政府債券是地方政府根據本地區經濟發展和資金需要狀況，以承擔還本付息責任為前提，向社會籌集資金的債務憑證，簡稱地方債

券。按用途不同劃分，長期地方政府債券通常分為一般債券和專項債券。前者是指地方政府為緩解其資金緊張或解決臨時經營資金不足而發行的長期債券；后者是指為籌集資金建設某項具體工程而發行的長期債券。對於一般債券的償還，地方政府通常以本地區的財政收入作為擔保，而對於專項債券，地方政府往往以項目建成后取得的收入作為保證。在許多國家，長期地方政府債券不同程度地受到中央政府的限制，因此在一定程度上限制了其發行的自由度。

2. 長期公司債券

長期公司債券是公司對外借債而發行的期限在 1 年以上的債務憑證。由發行債券的公司對債券持有人作出承諾，在一定時間按票面載明的本金、利息予以償還。因其具有較高的收益性，且風險程度適中，因而成為以資金穩定增值為目標的各類長期性金融結構，如保險公司和各類基金的重要投資對象之一。

3. 長期金融債券

長期金融債券是金融機構為籌集期限在 1 年以上的資金而向社會發行的一種債務憑證。由於這類債券資信程度高於普通公司債券，具有較高的安全性和流動性，因而成為個人和機構投資的重要投資品種。中國目前的長期金融債券主要由政策性金融債券和金融次級債券組成，並主要通過全國銀行間債券市場發行。2005 年 6 月 1 日起施行的《全國銀行間債券市場金融發行管理辦法》，就政策性銀行、商業銀行、企業集團財務公司及其他金融機構等金融機構法人在全國銀行間債券市場發行金融債券的申請與核准、發行、登記、託管與兌付、信息披露、法律責任等方面提出了明確規定。

(二) 長期債券的發行

1. 長期債券的發行方式

長期債權可以採用集團認購、招標發行、非招標發行和私募發行四種方式。

集團認購是指有若干家銀行、證券公司或養老保險基金等組成承銷團包銷全部長期債券。德國和日本很長時間以來一直採取集團認購的方式發行長期國債。中國從 1991 年以來採取的承購包銷的國債發行方式也屬於集團認購。

招標發行是指發行者通過招標的方式來決定長期債券的投資者和債券的發行條件。其優點是發行人可以通過招標方式降低成本，承購人可以通過投標表示自己所能夠接受的條件。美國和大多數歐洲國家發行長期債券基本上都是採取招標的方式。目前各國採取的招標方式主要有三種做法：一是以價格競爭的常規招標方式。採用這種方式發行時，發行人預定息票利率，接受投標人提出買價投標，按投標人所報買價自高向低的順序中標，直至滿足預定發行額為止。二是以收益率競爭的荷蘭投標方式。採用這種方式招標時，發行人事先不通告票面利率，由投標人以收益率投標，按照投標人所報的收益率從低至高中標，直至滿足預定發行額為止。三是定率公募方式。這種方式是按已確定的票面利率及發行價格，以希望認購額投標，再按其比例將預定發行額分攤給各投標人。

非招標發行是指債券發行人與債券承銷商或投資銀行直接協商發行條件，以便尋求最適合發行人的需要和現行市場狀況。

私募發行是指向特定的少數投資者發行債券。

2. 影響長期債券發行價格的因素

長期債券發行價格，也就是長期債券的發行利率，其確定主要考慮的因素如下：

（1）市場利率。長期債權的發行價格與市場利率呈同方向變化，市場利率上升，長期債券發行人必須相應提高發行利率，才能如期完成債券發行計劃；反之，市場利率下降，長期債券發行人可以相應降低發行利率。

（2）市場供求關係。當長期債券市場供過於求時，債券發行價格下降；反之，債券發行價格上漲。

（3）社會經濟發展狀況。經濟高漲時期，債券發行人對資金的渴求增加，必然導致債券發行價格上升；反之，債券發行人對資金的需求減少，導致長期債券價格下降。

（4）財政收支狀況。財政資金緊張，政府會通過發行政府債券彌補財政赤字，這樣會帶動社會資金緊張，促使長期債券發行價格上升；反之，財政資金寬鬆，會推動長期債權發行價格下降。

（5）貨幣政策。如果中央銀行實施緊縮的貨幣政策，會導致資金偏緊、債券發行價格上升；反之，中央銀行實施寬鬆的貨幣政策，則會導致長期債券發行價格下降。

（6）國際間利差和匯率的影響。當本國貨幣升值時，國外資金會流入本國市場，會增加對本幣債券的需求；當本國貨幣貶值時，國內資金又會轉移至國外而減少對本幣債券的投資。同樣，投資者也對本國市場利率與外國市場利率加以比較，資金會流向利率高的國家或地區，導致國內債券市場供求關係的變化。

（三）長期債券的交易

1. 長期債券的交易方式

長期債券既可以在證券交易所交易，也可以在店頭市場、第三市場和第四市場等場外市場交易。如果在證券交易所交易，可採用現貨交易、期貨交易、期權交易和信用交易四種方式。另外，還有一種交易方式是在賣出（或買入）債券的時候，事先約定到一定期間後按規定的價格再買回（或賣出）同一名稱的債券，在美國稱回購協議交易，在日本稱現先交易，其實質與同業拆借一樣是一種短期資金的借貸交易，債券在此充當擔保。如果在場外交易，除可採取前述的現貨交易、回購交易等方式以外，還可採用遠期交易方式。債券遠期交易是指交易雙方約定在未來某一日期，以約定價格和數量買賣標的債券的行為。2005 年 6 月 15 日《全國銀行間債券市場債券遠期交易管理規定》開始生效，標誌著債券遠期交易正式在中國債券市場推出。

2. 長期債券轉讓價格的確定

長期債券的轉讓價格與股票一樣是長期債券未來收益的現值，受持有期、計息方式等條件的影響。長期債券的未來收益是其本息之和，由於一般情況下長期債券的面值、票面利率和期限都是發行時確定的，因此長期債券的期值是一個確定的量。長期債券的價格就是將其期值按一定條件折算成的現值，也就是投資者為得到未來收益而在今天願意付出的代價。長期債券的理論價格由三個主要變量決定：一是長期債券的期值。可根據票面金額、票面利率和期限計算。二是債券的待償期限。從債券發行日

或交易日至債券到期日的期限。三是市場收益率或稱市場利率。

(四) 長期債券的償還

1. 定期償還

定期償還是在經過一定期限后,每過半年或一年償還一定金額的本金,到期時還清余額的償還方式。這一般適用於發行數量巨大、償還期限長的債券。其具體方法有兩種,一種是以抽簽方式確定並按票面價格償還;另一種是從二級市場上以市場價格購回債券。為增加債券的信用和吸引力,有的公司還專門建立償還基金,用於債券的定期償還。

2. 任意償還

任意償還是債券發行一段時間(稱為保護期)以后,發行人可以任意償還債券的一部分或全部的償還方式。其具體操作可根據早贖或以新償舊條款,也可在二級市場上購回予以註銷(買入註銷)。投資銀行往往是具體償還方式的設計者和操作者,在債券償還的過程中,投資銀行有時也為發行者代理本金的償還。

第四節 金融衍生工具市場

20世紀90年代以來,全球幾乎每一場金融風暴都與金融衍生工具有關。2007年美國次貸危機正是由相關金融衍生品這一金融創新鏈條的過度膨脹而引發。基於1萬多億美元的次級貸款,美國衍生金融市場創造出了超過2萬億美元的次級債(MBS),並進一步衍生和創造出超萬億美元的擔保債務憑證和數十萬億美元的信用違約掉期,金融創新的規模呈幾何級數膨脹。由此,數量龐大的擔保債務憑證和信用違約掉期使房價處於極其敏感的臨界點上,一旦房價發生波動,就必然產生一系列連鎖和放大反應,從而給持有相關金融創新產品的金融機構造成巨大衝擊。由此可見,金融衍生品市場如果運用不當,很可能成為金融市場最大的風險之源。

一、衍生金融市場概述

(一) 衍生金融市場的含義

衍生是英文「derivatives」的中文意譯,其原意是派生的意思。金融衍生市場是一種以證券市場、貨幣市場、外匯市場為基礎派生出來的金融市場,是利用保證金交易的槓桿效應,以利率、匯率、股價的趨勢為對象設計出大量的金融產品進行交易,以支付少量保證金及簽訂遠期合同進行互換、掉期等金融派生產品的交易市場。由於許多金融衍生品交易在資產負債表上沒有相應科目,因而也被稱為資產負債表表外交易(簡稱表外交易)。

金融衍生產品的共同特徵是保證金交易,即只要支付一定比例的保證金就可以進行全額交易,不需要實際上的本金轉移,合約的了結一般也是採用現金差價結算的方式進行,只有在滿期日以實物交割方式履約的合約才需要買方交足貸款。因此,金融

衍生產品交易具有槓桿效應。保證金越低，槓桿效應越大，風險也就越大。

(二) 衍生金融工具的種類

1. 按照基礎工具種類的不同，金融衍生工具可以分為股權式衍生工具、貨幣衍生工具和利率衍生工具

股權式衍生工具是指以股票指數為基礎工具的金融衍生工具，主要包括股票期貨、股票期權、股票指數期貨、股票指數期權以及上述合約的混合交易合約。

貨幣衍生工具是指以各種貨幣作為基礎工具的金融衍生工具，主要包括遠期外匯合約、貨幣期貨、貨幣期權、貨幣互換以及上述合約的混合交易合約。

利率衍生工具是指以利率或利率的載體作為基礎工具的金融衍生工具，主要包括遠期利率協議、利率期貨、利率期權、利率互換以及上述合約的混合交易合約。

2. 按照交易場所的不同，金融衍生工具可以分為場內交易的工具和場外交易的工具

場內交易又稱交易所交易，指所有的供求方集中在交易所進行競價交易的交易方式。這種交易方式具有交易所向交易參與者收取保證金，同時負責進行清算和承擔履約擔保責任的特點。期貨交易和部分標準化期權合同交易都屬於這種交易方式。

場外交易又稱櫃臺交易，指交易雙方直接成為交易對手的交易方式。這種交易方式有許多形態，可以根據每個使用者的不用需求設計出不同內容的產品。掉期交易和遠期交易是具有代表性的櫃臺交易的衍生產品。

3. 按照產品形態的不同，金融衍生工具可以分為遠期、期貨、掉期和期權四大類

遠期合約和期貨合約都是交易雙方約定在未來某一特定時間，以某一特定價格買賣某一特定數量和質量資產的交易形式。遠期合約是根據買賣雙方的特殊需求由買賣雙方自行簽訂的合約。期貨合約是期貨交易所制定的標準或合約，對合約到期日及其買賣的資產的種類、數量、質量做出了統一規定。因此，期貨交易流動性較高，遠期交易流動性較低。

掉期合約是一種交易雙方簽訂的在未來某一時期相互交換某種資產的合約。或者說，掉期合約是當事人之間簽訂的在未來某一期間內相互交換他們認為具有相等經濟價值的現金流的合約。較為常見的是利率掉期合約和貨幣掉期合約。掉期合約中規定的交換貨幣是同種貨幣，為利率掉期；是異種貨幣，則為貨幣掉期。

期權交易是買賣權利的交易。期權合約規定了在某一特定時間，以某一特定價格買賣某一特定種類、數量、質量原生資產的權利。期權合同有在交易所上市的標準化合同，也有在櫃臺交易的非標準化合同。

二、衍生金融市場的功能

金融衍生工具是市場經濟和金融市場發展到相當程度的產物，集中體現了當代金融創新的理念和方法。無論是什麼樣的金融衍生產品，一誕生就很容易獲得很強的生命力，促進金融市場更有效率。其原因可以從衍生金融工具的其他功能上得以反應。

(一) 金融產品定價

在金融衍生工具交易中，市場主體根據市場信號和對金融資產的價格走勢進行預期，反覆進行金融衍生產品的交易，形成供求平衡，較為準確地揭示了作為衍生產品基礎的金融資產的價格。

(二) 風險管理

套期保值是衍生金融市場上的主要交易方式。交易主體通過衍生工具的交易實現對已持有資產頭寸的風險對沖，將風險轉移給願意且有能力承擔風險的投資者。

(三) 獲利手段

對於投機者和套利者而言，金融衍生工具的出現為其提供了更多的盈利機會。他們可以利用衍生產品交易的槓桿作用實現巨額投資回報。當然，這是建立在承擔巨大風險的基礎之上的。對於經紀商而言，複雜的產品、技術性很強的合約，使他們逐漸具備衍生金融市場的專業優勢，經紀人可借此為一般投資者提供諮詢、經紀服務，獲取手續費和佣金收入。

(四) 資源配置

金融衍生工具市場擴大了金融市場的廣度和深度，從而擴大了金融服務的範圍和基礎金融市場的資源配置作用。一方面，金融衍生工具市場以金融資金為標的物，達到了為金融資產避險增值的目的；另一方面，金融衍生工具市場是從基礎金融市場派生而來的，衍生工具的價格在很大程度上取決於對基礎金融資產價格的預期。這一功能客觀上有利於基礎金融工具市場價格的穩定，有利於增強基礎金融資產市場的流動性。

金融衍生工具的發展及其廣泛運用在帶來正面效應的同時，也不可避免地會產生負面影響。首先，金融衍生工具的全球市場應用加大了整個國際金融體系的系統風險。其次，金融衍生工具的應用效果之一雖然是增加了風險管理的手段，但是同時又加大了金融業的風險。最后，金融衍生工具的應用加大了金融監管的難度。1997 年的亞洲金融危機以及 2007 年爆發的由美國次級債引發的全球性金融危機中，金融衍生品市場都扮演了推波助瀾甚至是危機發源地的角色。

三、金融遠期市場

(一) 金融遠期市場的內涵

金融遠期合約是最基礎的金融衍生產品，是指合約雙方同意在未來日期按照固定價格交換金融資產，承諾以當前約定的條件在未來進行交易的合約，指明買賣的商品或金融工具種類、價格及交割結算的日期。遠期合約條件是為買賣雙方量身定制的，通過場外交易達成。遠期合約規定了將來交換的資產、交換的日期、交換的價格和數量，合約條款因合約雙方的需要不同而不同。買方為了防止利率或外匯、股票等金融資產價格上升，使持有金融資產成本提高，而與賣方簽訂遠期合約，固定金融資產價

格，若金融資產價格真的上升了，其差額由賣方補給買方，買方就鎖定了成本；反之賣方為了防止債務或外匯、股票等金融資產價格下降造成損失，與買方簽訂遠期合約，固定金融資產價格，若金融資產價格真的下降了，其差額由買方補給賣方，賣方就鎖定了成本。

遠期合約在簽署之前，雙方可以就交割地點、交割時間、交割價格、合約規模、標的物的品質等細節進行談判，以便盡量滿足雙方的需求，因此具有較大的靈活性，這是遠期合約的主要優點。但是遠期合約也有明顯的缺點：首先，由於遠期合約沒有固定的、集中的交易場所，不利於信息交流和傳遞，不利於形成統一的市場價格，市場效率較低。其次，由於每份遠期合約千差萬別，這就給遠期合約的流通造成了較大不便，因此遠期合約的流動性較差。最後，遠期合約的履約沒有保證，當價格變動對一方有利時，對方有可能無力或無誠意履行合約，因此遠期合約的違約風險較高。

(二) 金融遠期市場的分類

金融遠期合約按基礎資產的性質劃分，可分為遠期利率協議、遠期外匯合約和遠期股票合約。

1. 遠期利率協議

遠期利率協議是指交易雙方約定在未來某一日期，交換協議期間內一定名義本金基礎上分別以合同利率和參考利率的金融合約。在這種協議下，交易雙方約定從將來某一確定的日期開始在某一特定的時期內借貸一筆利率固定、數額確定、以具體貨幣表示的名義本金。遠期利率協議的買方是名義借款人，如果市場利率上升，其按協議上確定的利率支付利息，可避免利率風險；但是若市場利率下跌，仍然必須按協議利率支付利息，就會受到損失。遠期利率協議的賣方是名義貸款人，其按照協議確定的利率收取利息，若市場利率下跌，將會受益；若市場利率上升，則會受損。遠期利率協議的買方支付以合同利率計算的利息，賣方支付以參考利率計算的利息。

2. 遠期外匯合約

遠期外匯合約是指外匯買賣雙方在成交時先就交易的種類、數額及交割的期限等達成協議，並用合約的形式確定下來，在規定的交割日雙方再履行合約，辦理實際的收付結算。遠期外匯合約的主要目的是規避風險，不論是有收入的出口企業，還是有遠期外匯支出的進口企業，都可以簽立遠期外匯合約，按約定的價格在將來到期時進行交割，避免進口產品成本上升和出口減少的損失。

3. 遠期股票合約

遠期股票合約是指在將來某一特定日期按特定價格交付一定數量單只股票或股票組合的協議。有些公司非常看好本公司未來的股價走勢，因此在制定股票回購協議時就採用這種遠期股票合約的形式，即承諾在未來某個日期按某個協議價格（高於交易達成時的股票價格）買回本公司的股票，以此向市場傳達對本公司的信心。其中，有些公司對自身過度自信，沒有採取其他行動保護股價下跌可能帶來的后果，遠期股票合約到期時公司股價暴跌，而又不得不執行該回購協議，給公司造成了巨大的損失。

四、金融期貨市場

(一) 金融期貨市場的內涵

金融期貨市場是買賣金融期貨合約的場所。金融期貨合約是在交易所達成的標準化的、受法律約束並規定在將來某一特定地點和時間交收某一特定商品的合約。用於交易的金融商品合約的數量、質量、交貨時間和地點等都是既定的，唯一的變量是價格。期貨價格是在一個有組織的期貨交易所的交易廳內，通過類似於拍賣的交易形式產生的。由於期貨合約是標準合約，在市場上可多次轉讓，每次轉讓需議定價格，這就使得買賣雙方可以用一張合約去交換另一張合約，以對沖簽約者交割實際現貨的責任。在金融期貨市場中，買進（賣出）合約後又賣出（買進）等量同性的合約，稱平倉或了結。

(二) 金融期貨市場的分類

金融期貨市場種類很多，以期貨合約標的物為標準可分為利率期貨、貨幣期貨和股票指數期貨。

1. 利率期貨

利率期貨指以利率為標的物的期貨合約。利率期貨主要包括以長期國債為標的物的長期利率期貨和以兩個月短期存款利率為標的物的短期利率期貨。利率期貨價格與實際利率呈反方向變動，即利率越高，債券期貨價格越低；利率越低，債券期貨價格越高。

2. 貨幣期貨

貨幣期貨指以匯率為標的物的期貨合約。貨幣期貨是適應各國從事對外貿易和金融業務的需要而產生的，目的是借此規避匯率風險，1972年美國芝加哥商業交易所的國際貨幣市場推出第一張貨幣期貨合約並獲得成功。其后，英國、澳大利亞等國相繼建立貨幣期貨的交易市場，貨幣期貨交易成為一種世界性的交易品種。目前國際上貨幣期貨合約交易涉及的貨幣主要有英鎊、美元、日元、瑞士法郎、加拿大元、澳大利亞元以及歐元等。

3. 股票指數期貨

股票指數期貨指以股票指數為標的物的期貨合約。股票指數期貨是目前金融期貨市場最熱門和發展最快的期貨交易。股票指數期貨不涉及股票本身的交割，其價格根據股票指數計算，合約以現金清算形式進行交割。

股指期貨除具有金融期貨的一般特點外，還具有自身的特點。股指期貨合約的交易對象既不是具體的實物商品，也不是具體的金融工具，而是衡量各種股票平均價格變動水平的無形的指數。一般商品和其他金融期貨合約的價格是以合約自身價值為基礎形成的，而股指期貨合約的價格是股指點數乘以人為規定的每點價格形成的。股指期貨合約到期後，合約持有人只需交付或收取到期日股票指數與合約成交指數差額所對應的現金，即可了結交易。比如投資者在20,000點的點位買入1份恒生指數期貨合約後，一直將其持有到期。假設到期日恒生指數為21,000點。則投資者無須進行與股票相關的實物交割，而是採用收取5萬元現金[(21,000-20,000)×50]的方式了結交

易。這種現金交割方式也是股指期貨合約的一大特點。

(三) 金融期貨市場的經濟功能

金融期貨市場有多方面的經濟功能，其中最基本的功能是套期保值和發現價格。

1. 套期保值

套期保值是指投資者通過購買相關的金融期貨合約，在金融期貨市場上建立與其現貨市場相反的頭寸，並根據市場的不同情況採取在期貨合約到期前對沖平倉或到期履約交割的方式，實現其保值，規避風險的目的。

從整個金融期貨市場看，套期保值、規避風險功能之所以能夠實現，主要有三個原因：一是眾多的實物金融商品持有者面臨著不同的風險，可以通過達成對各自有利的交易來控製市場的總體風險。例如，進口商品擔心外匯匯率上升，而出口商擔心外匯匯率下跌，他們通過進行反向的外匯期貨交易，即可實現風險的對沖。二是金融商品的期貨價格與現貨價格一般呈同方向變動關係。投資者在金融期貨市場建立了與金融現貨市場相反的頭寸之後，金融商品的價格發生變動時，則必然在一個市場獲利，而在另一個市場受損，其盈虧可全部或部分抵消，從而達到保值、規避風險的目的。三是金融期貨市場通過規範化的場內交易，集中了眾多願意承擔風險而獲利的投機者。他們通過頻繁、迅速地買賣對沖，轉移了實物金融商品持有者的價格風險，從而使金融期貨市場的規避風險功能得以實現。

2. 發現價格

金融期貨市場的發現價格功能是指金融期貨市場能夠提供各種金融商品的有效價格信息。在金融期貨市場上，各種金融期貨合約都有著眾多的買者和賣者。他們通過類似於拍賣的方式來確定交易價格。這種情況接近於完全競爭市場，能夠在相當程度上反應出投資者對金融商品價格走勢的預期和金融商品的供求狀況。因此，某一金融期貨合約的成交價格，可以綜合地反應金融市場各種因素對合約標的商品的影響程度，有公開、透明的特徵。

五、金融期權市場

(一) 金融期權市場的內涵

金融期權市場是交易金融期權的場所。金融期權也稱金融選擇權，是以期權為基礎的金融衍生產品，是指以金融商品或金融期貨合約為標的物的期權交易。具體來說，金融期權是指購買者在向出售者支付一定費用後，就獲得了能在規定期限以內某一特定價格向出售者買進或賣出一定數量的某種金融商品或金融期貨合約的權利。金融期權是賦予其購買者在規定期限內按雙方約定的價格（簡稱協議價格或執行價格）購買或出售一定數量某種金融資產（稱為潛含金融資產或標的資產，如股票、外幣、短期和長期國庫券以及外幣期貨合約、股票指數期貨合約等）的權利的合約。

(二) 金融期權市場的分類

金融期權市場種類繁多，按不同的分類標準可以分為不同的期權市場。

1. 按期權權利性質劃分，期權可分為看漲期權和看跌期權

看漲期權是指賦予期權的買方在預先規定的時間以執行價格從期權賣方手中買入一定數量的金融工具權利的合同。為取得這種購買的權利，期權購買者需要在購買期權時支付給期權出售者一定的期權費。看跌期權是指期權購買者擁有的一種權利，在預先規定的時間以敲定價格向期權出售者賣出規定的金融工具。為取得這種賣的權利，期權購買者需要在購買期權時支付給期權出售者一定的期權費。

2. 按期權到期日劃分，期權可分為歐式期權和美式期權

歐式期權是指期權的持有者只有在期權到期日才能執行期權。美式期權則允許期權持有者在期權到期日前的任何時間執行期權。

3. 按敲定價格與標的資產市場價格的關係劃分，期權可分為價內期權、平價期權和價外期權

價內期權是指如果期權立即執行，買方具有正的現金流（這裡不考慮期權費因素），該期權具有內在價值。平價期權是指如果期權立即執行，買方的現金流為零。價外期權是指如果期權立即執行，買方具有負的現金流。

4. 按交易場所劃分，期權可分為交易所交易期權和場外交易期權

交易所交易期權是指標準化的期權合約，它有固定的數量，在交易所以正規的方式進行交易。場外期權也叫櫃臺式期權，是指期權的賣出者為滿足某一購買者特定的需求而產生的，他在買賣雙方之間直接以電話等方式達成交易。

5. 按基礎資產的性質劃分，期權可分為現貨期權和期貨期權

現貨期權是指以各種金融工具本身作為期權合約之標的物的期權。期貨期權是指以各種金融期貨合約作為期權合約之標的物的期權。

(三) 金融期權市場的功能

1. 保值避險功能

保值避險是期權的一項基本功能。現以外匯賣出保值看漲期權為例加以說明。假定美國 A 公司的帳戶上有一筆歐元的餘額，6 個月以內（即本會計年度期末），A 公司將把歐元兌成美元，即期匯率為 1 美元 = 0.9 歐元。A 公司為減少可能的損失，賣出 6 個月期歐元看漲期權，協定價為 1 美元 = 0.9 歐元，權利金為 2.5%。作為 A 公司的收益，若匯率不變或上漲，期權購買者必然放棄執行合約，權利金即為賣方的收入；若歐元匯率下跌，買方執行合約，期權賣方則必須以 1 美元兌 0.9 歐元的匯價賣出歐元，買入美元，從而出現匯兌損失，但是可由權利金的收入而抵消一部分損失，達到保值防險的目的。

2. 盈利功能

期權的盈利主要是期權的協定價和市價的不一致而帶來的收益。這種獨特的盈利功能是吸引眾多投資者的主要原因之一。例如，投資者 A 判定某種股票在 3 個月內價格上漲，如果每股現價 20 元，則買進 5000 股需要付款 100,000 元，但是投資者沒有足夠的資金或認為投資 100,000 元風險太大，於是採用購買看漲期權的方式，每股 3 個月的期權費只有 1 元，支付 5000 股的期權費為 5000 元，協定佣金為 1%，即 1000 元，投

資者共支付了 6000 元。如果 3 個月內股票下跌至 10 元，投資者最多損失 5000 元；如果 3 個月內股票上升至 30 元，可獲利 50,000 元，扣除 6000 元投資成本，淨盈餘 44,000元，這充分說明期權交易具有盈利功能。

3. 激勵功能

激勵功能是股份制公司利用期權的盈利功能而延伸出來的一項功能。一些公司所有者往往用股票期權作為激勵經營管理人員的工具，他們給予經營管理人員較長期限內的該公司的買入期權，合約規定的買入價與當時的股價比較接近。這樣公司經營管理人員只要努力工作使企業效益不斷提高，股票價格也會隨之上揚，股票買入期權的價格同樣會上升，經營管理人員便可從中獲利。因為規定的期限較長，所以這種激勵方式通常有較好的持久性，可防止經營管理人員的短期行為。

4. 投機功能

「騎牆套利」策略是外匯投機者經常使用的一種方法。所謂「騎牆套利」，是指同時買入協定價、金額和到期日都相同的看漲期權和看跌期權。但是這種策略是有限的 (即兩倍的權利金)，無論匯率向哪個方向變動，期權買方的淨收益一定是某種傾向匯率的差價減去兩倍的權利金。也就是說，只要匯率波動較大，即匯率差價大於投資成本，無論匯率波動的方向如何，期權買方即投資者均可受益。

六、金融互換市場

(一) 金融互換市場的內涵

金融互換市場是經濟主體進行金融互換交易的場所。金融互換是指兩個或兩個以上的經濟主體按共同商定的條件，在約定的時間內，交換一定的金融合約。金融互換市場交易的主體一般由互換經紀商、互換交易商和直接用戶構成，在互換中可以把仲介人去掉，交易仍然成立，而且雙方的收益更多，但是由於風險的存在，故需要仲介人。金融互換是一種按需定制的交易方式。互換的雙方既可以選擇交易額的大小，也可以選擇期限的長短。典型的金融互換交易合約上通常包括以下幾個方面的內容：交易雙方、合約名義金額、互換的貨幣、互換的利率、合約到期日、互換價格、權利義務、價差、仲介費用等。

(二) 金融互換市場的分類

金融互換市場依據互換金融工具的不同可分為利率互換市場、貨幣互換市場和股權互換市場，其中前兩種在金融互換市場中占主要地位。

1. 利率互換市場

利率互換也叫利率掉期，是一種互換合同，該合同雙方同意在未來的某一特定日期以未償還貸款本金為基礎，相互交換利息支付。利率互換的目的是減少融資成本。如一方可以得到優惠的固定利率貸款，但是希望以浮動利率籌集資金，而另一方可以得到浮動利率貸款，卻希望以固定利率籌集資金，通過互換交易，雙方均可獲得希望的融資形式。由於資金有不同的計算方式，所以即使是同種貨幣，也可以進行交換，而且正因為同種貨幣，本金的交換也就沒必要，只需進行利息部分的交換就可以。利

息也是同種貨幣，故連利息的金額交換也沒有必要，只需支付利息差額就可以。

2. 貨幣互換市場

貨幣互換是指以一種貨幣表示的一定數量的資金以及在此基礎上產生的利息支付義務，與另一種貨幣表示的相應的資本額以及在此基礎上產生的利息支付義務進行相互交換。因此，貨幣互換的前提是要存在兩個在期限與金額上利益相同，而對貨幣種類需要相反的交易夥伴，然後雙方按照預定的匯率進行資金互換，完成互換後，每年按照約定的利率和資本額進行利息支付互換，協議到期後，再按原約定匯率將原資金換回。這樣，通過貨幣互換，可以使得交易雙方達到降低融資成本，解決各自資產負債管理需求與資本市場需求之間的矛盾。

本章小結

1. 金融市場是資金融通的工具。其功能是多方面的，基本功能是滿足社會再生產中的投融資需求。

2. 金融市場的基本要素包括交易主體、交易客體、交易工具和交易價格。

3. 金融工具是能夠證明債權債務關係或所有權關係並據以進行貨幣資金交易的合法憑證。金融工具具有期限性、流動性、風險性、收益性。

4. 貨幣市場又稱為短期資金交易市場，主要是為了解決短期資金週轉的需要，包括幾個子市場。

5. 資本市場又稱長期資金融通市場，主要是為了解決長期的資本性資金的需求。資本市場可以按照不同的標準進行分類，其中股票市場與債券市場、發行市場與流通市場的分類方法最為重要。金融衍生品市場是一種以證券市場、貨幣市場、外匯市場為基礎派生出來的金融市場。金融遠期合約是最基礎的金融衍生產品，是指合約雙方同意在未來日期按照固定價格交換金融資產，承諾以當前約定的條件在未來進行交易的合約，指明買賣的商品或金融工具種類、價格及交割結算的日期。金融遠期合約按基礎資產的性質劃分，可分為遠期利率協議、遠期外匯合約和遠期股票合約。

6. 金融期貨市場是買賣金融期貨合約的場所。金融期貨合約是指交易雙方在金融市場上以約定的時間和價格，買賣某種金融工具的具有約束力的標準化合約。金融期貨市場種類很多，以期貨合約標的物為標準分為利率期貨、貨幣期貨和股票指數期貨。

7. 金融期權也稱金融選擇權，是指以金融商品或金融期貨合約為標的物的期權交易。金融期權按期權權力性質劃分，可分為看漲期權和看跌期權；按期權到期日劃分，可分為歐式期權和美式期權；按敲定價格與標的資產市場價格的關係不同，可分為價內期權、平價期權和價外期權；按交易場所劃分，可分為交易外交易期權和場所交易期權；按基礎資產的性質劃分，可以分為現貨期權和期貨期權。

8. 金融互換是指兩個或兩個以上的經濟主體按共同商定的條件，在約定的時間內交換一定金融工具的金融合約。金融互換市場依據互換金融工具的不同可分為利率互換市場、貨幣互換市場和期權互換市場。

復習思考題

1. 金融工具的基本特徵是什麼？其金融產品的發行價格如何確定？
2. 如何正確認識金融市場的地位與功能？
3. 如何對金融市場進行分類？
4. 同業拆借市場有哪些基本特徵？
5. 金融市場由哪些要素組成？其各自的特點如何？
6. 中國公司上市需要具備哪些條件？

附錄一　國資委：央企做金融衍生品虧損「實在令人痛心」

央企投資金融衍生品引起國資委的高度關注。國資委副主任李偉日前在「企業國有產權管理工作暨產權交易機構工作會議」上表示，根據初步統計，目前有28家中央企業在做各種金融衍生品業務，有盈有虧，虧損居多。

中航油是中國航空油料集團公司（簡稱中航油集團）的海外控股子公司，2001年中航油在新加坡交易所主板上市，淨資產增加到1.5億美元，成為新加坡股市的耀眼明星，被稱為中國國企「走出去」的模範。

2003年3月底，中航油開始從事投機性場外石油期權交易，基本上是購買「看漲期權」，出售「看跌期權」。2003年第四季度，中航油錯估石油價格趨勢，調整期權策略，賣出買權並買入賣權。這種組合策略是基於未來價格走勢下跌的判斷，一旦價格上升，會產生巨額虧損，風險極大。

2004年第一季度，國際油價飆升，中航油潛虧580萬美元，進行第一次挪盤。隨著油價的持續升高，潛虧繼續增加。6月、9月，中航油進行了第二次、第三次挪盤。到10月，公司帳面虧損已達1.8億美元，公司現金全部耗盡，也無銀行願為其提供備用信用證。處於困境的中航油只得於10月8日向中航油集團告知從事期權交易和發生虧損情況，並於10月9日書面請求母公司提供1.3億美元的支持。10月20日，中航油獲貸款1.08億美元，進行補倉。截至11月29日，中航油虧損總額高達5.54億美元，只得於次日向新加坡最高法院申請破產保護。

2006年，中國五礦、國儲銅也先後陷入衍生品泥潭。進入2008年，中國國航、東方航空、中信泰富與國際金融機構簽訂了多份遠期保值合同。目前，虧損最大的是中國國航，截至2008年年底，國航套期保值全年浮虧74.7億元人民幣，為其過去兩年利潤的總和。東方航空緊隨其後，套期保值浮虧62億元人民幣，為其2007年利潤的10倍。2008年12月初，中信泰富披露在過去兩年中分別與花旗集團、美洲銀行、摩根斯坦利和德意志銀行等13家金融機構共簽下24款外匯累計期權合約，因澳元兌美元大幅度下跌導致其澳元累計認購期權合約損失約186億港元。這些國企簽訂套期保值合約的動機一種是基於大宗商品價格的看漲，另一種是基於分散匯率或指數風險的期權合約。

國資委統計，因衍生品交易，23家央企虧損高達數百億元。

資料來源：邢飛. 國資委：央企做金融衍生品虧損「實在令人痛心」[N]. 北京晨報，2009-05-06.

附錄二　期權交易案例

這裡以外匯期權交易為例說明期權交易方式。某期權購買者支付保險金1萬美元，向期權出售者購買了一個「英鎊買入期權」。他得到了這樣一種權利：在未來3個月內任何時間，可以按1英鎊兌1.80美元的匯率，從期權出售手者手中買入100萬英鎊。在3個月內，可能過會有三種情況出現：

第一中情況是英鎊升值。假定英鎊匯率升到1英鎊兌1.85美元，這時期權購買者按照1英鎊兌1.80美元的協議價，用180萬美元從期權出售者手中買入100萬英鎊。加上1萬美元保證金，他購入100萬英鎊實際上花費了181萬美元。如果沒有購買「英鎊買入期權」，則要花費185萬美元。因此，期權購買者是有利可圖的。期權出售者呢？他只能執行義務，出售英鎊只能按1英鎊兌1.80美元的協議價，而不能按1英鎊兌1.85美元的市場價。因此，期權出售者除了從1萬美元的保險金中得到一定的補償外，仍然損失4萬美元。

第二種情況英鎊貶值。假定英鎊匯率跌到1英鎊兌1.75美元，這時期權購買者不執行期權合約，而直接從外匯市場上購買英鎊，他購買100萬英鎊花費175萬美元，雖然損失1萬美元的保險金，但是比按期權協議交易需花費的180萬美元還少花4萬美元。期權出售者也獲得了1萬美元保險金的好處。

第三種情況是英鎊兌美元的匯率不變。假定市場價還是1英鎊兌1.80美元，與協議價相同。這時期權購買者可執行期權合約，從期權出售者手中購買英鎊，也可以不執行期權合約，而直接從外匯市場上購買英鎊，因為價格都是一樣的。這樣期權購買者損失了保險金1萬美元，期權出售者則獲得了1萬美元保險金的收益。

總之，就是出現最不利的情況，期權購買者的最大損失也不超過購買保險金的費用。如果要進行外匯保值，那麼與匯率風險可能造成的損失相比，保值的代價（保險金的支出）是較小的。

附錄三　信用衍生品帶來的金融風險

信用衍生品是指用來分離和轉移信用風險的各種工具的技術的總稱。從狹義上而言，信用衍生品是一種用來交易信用風險的金融合約，當信用事件發生時，提供與信用有關的損失保險。

2000年，由於累積多年的互聯網泡沫破裂，美國經濟陷入衰退。為了拯救美國經濟，時任美聯儲主席格林斯番從2000年5月開始連續11次降息，將聯邦基準利率從6.5%下降至2003年6月的1%。但是隨著美聯儲大幅度降低利率，按揭貸款不斷上升，次級債規模不斷擴大，次級債的發行推動了金融機構的房地產按揭貸款規模。據統計，2006年，「ALT-A」和次級貸款產品總額超過4000億美元，約占美國房地產按揭貸款的40%以上。若從2003年算起，「ALT-A」和次級按揭貸款總額超過2萬億美元，這為次貸危機的爆發埋下了伏筆。

隨著按揭貸款規模的不斷擴大，房地產價格大幅度上升。2003—2006年4年間美國平均房價漲幅超過50%，1995—2006年房價翻了一番多。由於房地產市場泡沫過大，自2004年6月開始，美聯儲又連續加息17次，聯邦基金利率從1%提至5.25%。2006年6月以後，美國房地產價格出現負增長，抵押品價值下降，加重了購房者的還貸負擔，美國住房市場大幅降溫。截至2009年2月，美國標普房地產（S&P/Case-Shiller）住房價格指數10綜指和20綜指分別比最高值下跌31.6%和30.7%。

次級貸款及其金融衍生品的發展是建立在低利率和高房價這個外部大環境的基礎上的，然而一旦這個基礎發生了改變，抵押資產價值就會縮水，危機就會產生，而且會波及整個鏈條。由於資產支持證券的反覆衍生和槓桿交易，房地產市場的波動將使這些信用衍生品市場及相關的金融市場產生更為劇烈的波動，從而一級市場上的次級貸危機演變成了二級市場上的次級債危機。由於全球很多機構投資者持有美國次級債券，因此金融危機迅速波及全球股市，美國股市連續出現較大跌幅。

從危機發展到現在的情況來看，危機的涉及面已遠遠超過了銀行體系能夠控製的範圍。危機不斷擴散到不同金融主體和金融市場，從貸款機構到養老基金、投資銀行、保險公司、對沖基金，從銀行間貸款市場到股票市場，從美國國內市場危機到全球金融市場危機。根據國際貨幣基金組織（IMF）2009年4月發表的《全球金融穩定報告》估計，在這輪全球的金融危機中，全球各國折損預計將達到4.1萬億美元。其中，美國成為損失最大的國家，預計損失將超過2.7萬億美元。國際貨幣基金組織認為銀行將承擔所有損失的2/3，其余損失則由保險公司、養老保險基金、對沖基金等承擔。

此次金融危機以利率的不斷上升和房價持續下跌為導火索，其根源是由於相關衍生產品包裝過度以及金融機構財務槓桿過高，放大了金融市場風險。房價與利率的波動則產生一系列連鎖反應，造成市場的整體波動，演變為全球性危機。此外，在進行一系列金融創新的同時，美國金融監管體系缺位。美國的金融監管體制存在重大缺陷，沒有及時跟上金融形勢和金融創新的發展。

第四章 金融機構體系

第一節 國際金融機構體系概述

國際性金融機構主要包括兩大類,即全球性的金融機構和區域性的金融機構。

一、國際貨幣基金組織

(一) 組織概況

國際貨幣基金組織(International Monetary Fund,IMF)是根據1944年7月聯合國國際貨幣金融會議通過的《國際貨幣基金組織協定》建立的政府間的國際金融機構。國際貨幣基金組織於1945年12月31日正式成立,1947年3月正式營業,同年11月15日成為聯合國的一個專門機構。國際貨幣基金組織總部設在美國華盛頓。成立初期,國際貨幣基金組織的會員國只有39個,截至2006年年底,已增至184個。

(二) 政治宗旨

根據《國際貨幣基金組織協定》的規定,國際貨幣基金組織的宗旨如下:

(1) 建立一個永久性的國際貨幣機構,通過會員國在國際貨幣問題上的磋商和協作,促進國際貨幣合作;

(2) 促進國際貿易的擴大與平衡發展,以達到和維持高水平的就業和實際收入,並增加會員國的生產能力;

(3) 促進匯率穩定,維持會員國之間有秩序的外匯安排,避免競爭性的外匯貶值;

(4) 協助會員國之間建立經常性交易的多邊支付體系,取消妨礙國際貿易發展的外匯管制;

(5) 在具有充分保障的前提下,向會員國提供臨時性的融通資金,以增強其信心,協助其改善國際收支狀況,避免採取有損於本國和國際經濟繁榮的措施;

(6) 根據以上目標,縮短會員國國際收支平衡的時間,並減輕其程度。

(三) 組織機構

1. 理事會

理事會是國際貨幣基金組織的最高權力機構,由會員國各選派一名理事和一名副理事組成。理事通常由各國的財政部部長或中央銀行行長擔任,副理事多為各國外匯管理機構負責人。理事會通常每年召開一次年會。其主要職能是批准接納新會員、修

訂協定條款、調整基金份額、決定會員國退出國際貨幣基金組織，討論決定有關國際貨幣制度等重大問題。

2. 執行董事會

執行董事會是理事會下屬的負責處理日常業務的工作機構，由24人組成，其中6人由基金份額最多的會員國（美、英、德、法、日和沙特阿拉伯）指派，中國和俄羅斯分別作為單獨選區各指派執行董事1名，其餘16人由其他會員國按地區劃分為16個選區通過選舉產生。執行董事會推選總裁1人，作為國際貨幣基金組織的最高行政領導人，並兼任執行董事會主席。總裁可以出席理事會，但是無投票權。總裁任期5年，下設副總裁1人，協助總裁工作。

3. 臨時委員會

臨時委員會是國際貨幣基金組織的重要決策機構，於1974年10月成立，由執行董事相對應的會員國選派國際貨幣基金組織的理事或同等級別的人員組織。該委員會的主要職能是就一些全球經濟重大問題，如國際貨幣體系改革和世界開發援助等向理事會提出報告或建議。臨時委員會每年舉行兩次會議，在多數情況下，臨時委員會做出的決定就等於理事會的決定。

（四）資金來源

1. 會員國繳納的份額

會員國繳納的基金份額是國際貨幣基金組織最主要的資金來源。會員國繳納的份額性質上相當於股份公司的入股金，會員國一旦繳納即成為國際貨幣基金組織的財產。這些份額作為會員國的共同國際儲備資產，可用來解決其國際收支不平衡時的短期資金需要。會員國繳納份額的辦法是：份額的25%以黃金、外匯繳納，75%以會員國本國貨幣繳納，存放於本國中央銀行，在國際貨幣基金組織需要時可以隨時動用。

2. 借款

借款是國際貨幣基金組織的另一資金來源。《國際貨幣基金協定》授權國際貨幣基金組織，在其認為有必要時，可通過與會員國協商，向會員國借入資金，作為其補充資金。

3. 信託基金

國際貨幣基金組織於1976年1月決定，將其持有黃金的1/6（2500萬盎司）出售，以所獲得的溢價利潤和會員國捐款作為信託基金，向低收入的會員國提供優惠貸款。

（五）主要業務

除對會員國的匯率政策進行監督，與會員國就經濟、金融形勢進行磋商和協調外，國際貨幣基金組織的主要業務活動是向會員國提供貸款和各種培訓、諮詢業務。

國際貨幣基金組織的貸款與一般政府貸款或國際商業貸款有以下顯著的不同：

（1）貸款對象僅限於成員國政府；

（2）貸款的目的限於幫助會員國調節國際收支不平衡，用於貿易和非貿易的經常項目支付，但是近幾年也增設了一些用於經濟結構調整與經濟改革的貸款；

（3）貸款期限限於短期貸款，1~5年不等；
（4）貸款規模一般與成員國向國際貨幣基金組織繳納的份額成正比例關係；
（5）貸款利率按貸款期限和額度的累進遞增收取；
（6）計價貨幣是特別提款權，利息也用其支付。

二、世界銀行集團

世界銀行集團（Word Bank Group，WBG）是世界上最大的國際金融機構。世界銀行集團包括世界銀行、國際金融公司、國際開發協會、多邊投資擔保機構和國際投資爭端解決中心五個機構，主要致力於以貸款和投資的方式向其會員國尤其是發展中國家的經濟發展提供幫助。

（一）世界銀行（International Bank for Reconstruction and Development，IBRD）

1. 世界銀行的建立

世界銀行又稱國際復興與開發銀行，是根據1944年7月1日布雷頓森林會議上通過的《國際復興開發銀行協定》建立的政府間的國際金融機構。世界銀行於1945年12月正式成立，1946年6月開始營業，總部設在美國華盛頓，目前有會員國184個。世界銀行與國際貨幣基金組織是密切聯繫和相互配合的兩個國際金融機構，凡是參加世界銀行的國家，都必須參加國家貨幣基金組織，但是參加國際貨幣基金組織的國家不一定參加世界銀行。兩者都是聯合國的專門機構，每年這兩個機構的理事會都聯合召開年會。

2. 世界銀行的宗旨

根據《國際復興與開發銀行協定》第一條的規定，世界銀行的宗旨是：對用於生產目的的投資提供便利，以協助會員國的復興與開發，並鼓勵不發達國家的生產與資源開發；通過保證或參與私人貸款和私人投資的方式，促進國際貿易的長期平衡發展，維持國際收支的平衡；與其他方面的國際貸款配合，提供貸款保證等。總之，世界銀行的主要任務是通過向會員國提供中長期資金，解決會員國第二次世界大戰後恢復和發展經濟的部分資金需要，促進會員國的經濟復興和發展，並協助發展中國家發展生產、開發資源，從而起到配合國際貨幣基金組織貸款的作用。

3. 世界銀行的組織機構

世界銀行的組織機構與國際貨幣基金組織相似，也有理事會和執行董事會。

理事會是世界銀行的最高權利機構，其組成與基金組織理事會相同。理事會的主要職責是：批准接納新會員國；增加或減少世界銀行資本；停止會員國的資格；決定世界銀行淨利潤的分配以及其他重大問題。

執行董事會是負責辦理世界銀行日常業務的機構，行使由理事會授予的職權，其組成與國際貨幣基金組織執行董事會相同。執行董事會的主要職責是：調整世界銀行政策，以進一步適應不斷變化的客觀實際；決定行長提出的貸款建議；向理事會提出財務統計報告、行政預算、世界銀行業務和政策年報；向理事會提交需要審議的其他事項等。

世界銀行也是按股份公司的原則建立起來的金融機構。凡會員國都必須認購世界銀行的股份，權利的分配也按認股的多少來進行。每個會員國的投票權也是由基本投票權（250 票）和每認繳股金 10 萬美元加 1 票加總計算。美國持股最多，享有最大的表決權，目前美國擁有的投票權約占總數的 17%。

4. 世界銀行的資金來源

世界銀行的資金來源主要有四個：會員國實際繳納的股金；在國際金融市場上借款；利潤收入；債權出讓。

5. 世界銀行的主要業務活動

世界銀行的一項主要業務活動是向會員國提供貸款。截至 2002 年 6 月底，世界銀行累計提供貸款 4624 筆，金額為 3714.72 億美元。世界銀行的貸款政策如下：

（1）貸款對象限於會員國，而且只向會員國政府或由政府、中央銀行擔保的機構提供貸款。

（2）貸款國確實不能以合理條件從其他方面取得資金。

（3）只有當申請貸款的項目被世界銀行認為在經濟技術上可行，並且有助於借款國經濟發展時，貸款才會被批准。

（4）貸款只會給有償還能力的會員國。

（5）貸款必須專款專用。

（6）貸款使用不同的貨幣對外發放，但是以會員國用本幣繳納的股本發放貸款時，則必須徵得該會員國的同意。

世界銀行的另一項主要業務活動是向會員國提供技術援助，這種技術援助往往與世界銀行的貸款結合起來，幫助借款國進行項目的組織與管理，以提高資金使用效率。

（二）國際金融公司（International Finance Corporation，IFC）

1. 國際金融公司的建立

國際金融公司既是世界銀行的附屬機構，同時又是獨立的國際金融機構。由於世界銀行的貸款是以會員國政府為對象，對私人企業的貸款必須由政府擔保，而且世界銀行只能經營貸款業務，不能參與股份投資或為會員國的私人企業提供其他種類的有風險的投資，這在一定程度上限制了世界銀行業務的發展。為了擴大對私人企業的國際融資，美國在 1951 年提出在世界銀行下設立國際金融公司的建議。國際金融公司於 1956 年 7 月正式成立，總部設在美國華盛頓，目前有 175 個會員國。

2. 國際金融公司的宗旨

國際金融公司的宗旨是為會員國中的發展中國家的私人企業提供沒有政府擔保的各種投資，用於新建、改建或擴充原有企業的生產能力，以促進發展中國家經濟的發展；聯合國內外投資者與有經驗的管理專家，尋求和創造投資機會，努力促成良好的投資環境，促進外國私人資本在發展中國家的投資；推動發展中國家資本市場的發展。

3. 國際金融公司的組織機構

國際金融公司的組織機構和管理辦法與世界銀行相同。國際金融公司的正副理事、正副執行董事、總經理分別由世界銀行的正副理事、政府執行董事和行長兼任。根據

國際金融公司協定的規定，公司成員必須是世界銀行的成員，但是世界銀行成員不一定要參加國際金融公司。

4. 國際金融公司的資金來源

國際金融公司的資金主要來源於：會員國認繳的股金；從世界銀行借款；業務收益和收益留存。

5. 國際金融公司的主要業務

國際金融公司的主要業務是對會員國私營企業提供長期貸款。貸款對象主要是亞洲、非洲、拉丁美洲的發展中國家，資金投向主要是製造業、加工業、開採業、建材業、紡織業以及公用事業和旅遊業等。另外，國際金融公司還貸款給當地的開發金融機構，通過聯合投資活動，組織工業發達國家的資本輸出。除了貸款外，國際金融公司還可以提供其他各種金融工具和金融服務，包括股份投資、準股份投資、銀團貸款、風險管理和融資仲介等。

(三) 國際開發協會 (International Development Association, IDA)

1. 國際開發協會的建立

國際開發協會於 1960 年 9 月 24 日正式成立，同年 11 月開始營業，總部設在美國華盛頓。國際開發協會成立時有 68 個會員國，現已增加到 163 個成員國。國際開發協會和國際金融公司一樣，都是世界銀行的附屬機構，但是在法律上和財務上又是各自獨立的金融機構。

2. 國際開發協會的宗旨

國際開發協會的宗旨是：對落后國家給予條件較寬、期限較長、負擔較輕並可用部分當地貨幣償還的貸款，以促進經濟發展、生產和生活水平的提高。這種貸款具有援助的性質。

3. 國際開發協會的組織機構

國際開發協會的正副理事、正副執行董事以及辦事機構各部門的負責人都由世界銀行相應的負責人兼任，國際開發協會與世界銀行也是「一套人馬、兩塊牌子」。

4. 國際開發協會的資金來源

國際開發協會的資金來源包括：會員國認繳的資本；補充資金和特別基金捐款；世界銀行撥款；利潤。

5. 國際開發協會的貸款業務

(1) 貸款對象：主要為貧困的發展中國家。根據新的標準，只有人均國民生產總值在 885 美元以下的會員國才能獲得國際開發協會的貸款，而且一般只貸款給會員國政府。目前，有 79 個國家有資格獲得國際開發協會的貸款。

(2) 貸款用途：人力資源開發 (教育、供水、衛生、人口與營養)；農業和農村開發；電力、交通、運輸等開發。

(3) 貸款特點：期限長，可長達 35～40 年；不收利息，每年只收 0.75% 的手續費；有較長的寬限期，還款負擔輕；償還貸款時可以全部或一部分用於本國貨幣。由於國際開發協會的貸款條件特別優惠，故其貸款被稱為「軟貸款」，而世界銀行的貸款

一般稱為「硬貸款」。

(4) 貸款程序：國際開發協會貸款程序與世界銀行貸款程序相同。

(四) 多邊投資擔保機構（MIGA）

多邊投資擔保機構成立於1988年4月，截至2002年已有157個國家加入。多邊投資擔保機構的宗旨是：開展對外國私人投資在會員國的非商業風險的擔保；對有興趣的會員國提供有關投資的信息技術援助和諮詢服務，幫助會員國改善投資環境，提高對外來投資的吸引力，推動成員國相互間進行以生產為目的的投資，特別是向發展中國家的投資，以促進其經濟的增長。

多邊投資擔保機構主要對以下四類非商業風險提供擔保：

(1) 由於投資所在國政府對貨幣兌換和轉移的限制而造成的轉移風險；

(2) 由於投資所在國政府的法律或行動而造成投資者喪失其投資的所有權及控製權的風險；

(3) 投資者無法進入主管法庭或這類法庭不合理地拖延或無法實施已做出的對投資者有利的判決，或政府撤銷與投資者簽訂的合同而造成的風險；

(4) 武裝衝突和國內動亂而造成的風險。

自1990年開始，多邊投資擔保機構開始在中國開展業務，通過提供投資擔保及投資諮詢服務等方式，幫助中國改善投資環境，完善外國投資法規，促進外國投資流入中國。截至1997年5月底，該機構已為外商在中國投資項目簽署了22份擔保合同，提供了1.02億美元的非商業性風險擔保，直接帶動了近50億美元的外商對華投資。

(五) 國際投資爭端解決中心（ICSID）

國際投資爭端解決中心成立於1966年，目前有134個成員國。國際投資爭端解決中心成立的目的是通過為國際投資爭端提供一個協調和仲裁的國際機構，以促進東道國與外國投資者之間建立相互信任的關係，從而鼓勵國際投資。許多與國際投資有關的協議都規定以國際投資爭端解決中心作為仲裁機構。

三、國際清算銀行

國際清算銀行（The Bank for International Settlement）是根據1930年1月20日簽訂的「海牙國際協定」，由英、法、德、意、瑞士、比利時和日本等國的中央銀行以及代表美國銀行業利益的摩根銀行、紐約花旗銀行和芝加哥花旗銀行於同年5月17日在瑞士的巴塞爾聯合成立的。創建國際清算銀行的最初目的是為了解決第一次世界大戰所造成的國際債務的清算支付和資金轉移。第二次世界大戰後，國際清算銀行的職能開始演變，在國際清算中越來越多地充當受託人或代理人，為國際金融活動尤其是各國中央銀行的合作提供便利。

截至1995年5月25日，國際清算銀行正式成員有33家中央銀行，其中歐洲27家，其余6家是美國、日本、加拿大、南非、土耳其和澳大利亞中央銀行。但是事實上，世界上多數國家的中央銀行都與國際清算銀行建立了業務聯繫。中國人民銀行於1984年與國際清算銀行建立業務聯繫。此后，中國人民銀行每年都派代表團以客戶身

分參加國際清算銀行年會。1996 年 9 月，中國加入國際清算銀行。

四、區域性金融機構

(一) 亞洲開發銀行

亞洲開發銀行是西方國家與亞太地區發展中國家合辦的政府間的金融開發機構。亞洲開發銀行於 1966 年 11 月在日本東京成立，同年 12 月正式營業，總部設在菲律賓首都馬尼拉。亞洲開發銀行成立之初有 34 個國家和地區參加，1988 年年底增加到 57 個，其中亞太地區 41 個。亞洲開發銀行的管理機構由理事會、董事會和行長組成。理事會是亞洲開發銀行的最高權力機構，由各成員委派正、副理事各一名組成，負責接納新成員、變動股本、選舉董事和行長、修改章程等。董事會是亞洲開發銀行的執行機構，由理事會選出的 12 名董事組成，其中 8 名為亞太區域的代表，4 名為其他區域的代表。除日、美和中國董事外，其他董事均代表幾個國家或地區。行長必須是本地區成員國公民，由理事會選舉產生，任期 5 年。中國在 1986 年 2 月恢復在亞洲開發銀行的合法席位，1987 年被選為董事國。

亞洲開發銀行的宗旨是：通過集中亞太地區內外的金融和技術資源，向其成員提供貸款與技術援助，幫助協調成員在經濟、貿易和發展方面的政策，促進亞太地區的經濟發展。其主要業務是向亞太地區加盟銀行的成員的政府及其所屬機構、境內公私企業以及與發展本地區有關的國際性和地區性組織提供貸款。

亞洲開發銀行的資金來源主要是成員認繳的股本、借款、發行債券以及某些國家的捐款所設立的幾個特別基金和營業利潤。其貸款對象是亞太區域發展中成員，主要用於農業、能源、運輸、通信和供水等部門。貸款分為普通貸款和特別基金貸款兩種。前者主要提供給經濟較好的成員，貸款期為 10~25 年，年利率 7.5%；后者屬長期低利率優惠貸款，主要對象是較貧困的低收入成員，貸款期為 25~30 年，貸款不計利息，只收 1% 的手續費。

(二) 非洲開發銀行

非洲開發銀行是非洲國家政府合辦的互助性國際金融機構，成立於 1963 年 9 月，1966 年 7 月正式營業，總部設在科特迪瓦的阿比讓。截至 2001 年年底，非洲開發銀行共有 77 個成員國，其中本地區 53 個，外地區 24 個。

非洲開發銀行的宗旨是：向非洲會員國提供資金支持和技術援助，充分利用非洲大陸的人力和自然資源，為會員國的經濟和社會發展服務；協助非洲大陸制訂發展的總體規劃，協調各國的發展計劃，以期達到非洲經濟一體化的目標。非洲開發銀行的主要業務是向成員國提供普通貸款和特別貸款。普通貸款是該行用其普通股本資金提供的貸款和擔保償還的貸款，特別貸款是用該行規定專門用途的特別基金開展的優惠貸款，條件比較優惠，期限較長，最長可達 50 年，不計利息。

非洲開發銀行的資金來源主要是會員國認繳的股本，此外還有國際金融市場的貸款、發達國家的捐款以及銀行的經營利潤。

（三）泛美開發銀行

泛美開發銀行是由美洲及美洲以外的國家聯合建立的向拉丁美洲國家提供貸款的國際金融機構，成立於1959年12月，1960年10月1日正式營業，截至1987年年底有成員國45個。

泛美開發銀行的宗旨是：動員美洲內外資金，為拉丁美洲成員國經濟和社會的發展提供項目貸款和技術援助，以促進拉丁美洲經濟的發展和「泛美體系」的實現。該行的資金來源主要是成員國認繳的股本、通過發行債券在國際金融市場籌措的資金以及由幾個成員國存放在泛美開發銀行並由泛美開發銀行管理的社會進步信託基金。泛美開發銀行的資金主要用於成員國的項目貸款，期限一般為10~25年，利率為籌資成本加上0.5%的利差。特別業務基金用於成員國長期低息的項目貸款，期限20~40年，寬限期5~10年，利率為1%~4%。

（三）歐洲中央銀行

歐洲中央銀行是根據1992年《馬斯特里赫特條約》的規定於1998年7月1日正式成立的，其前身是設在德國法蘭克福的歐洲貨幣局。歐洲央行的職能是：維護貨幣的穩定，管理主導利率、貨幣的儲備和發行以及制定歐洲貨幣的政策。其職責和結構以德國聯邦銀行為模式，獨立於歐盟結構和各國政府之外。

歐洲中央銀行是世界上第一個管理超國家貨幣的中央銀行。獨立性是歐洲中央銀行的一個顯著特點，歐洲中央銀行不接受歐盟領導機構的指令，不受各國政府的監督。歐洲中央銀行是唯一有資格允許在歐盟內部發行歐元的機構，1999年1月1日歐元正式啟動后，12個歐元國政府便失去了制定貨幣政策的權利，而實行歐洲中央銀行制定的貨幣政策。

歐洲中央銀行的組織機構主要包括執行董事會、歐洲央行委員會和擴大委員會。執行董事會由行長、副行長和4名董事組成，負責歐洲央行的日常工作。由執行董事會12個歐元國的央行行長共同組成的歐洲央行委員會，是負責確定貨幣政策和保持歐元區內貨幣穩定的決定性機構。歐洲央行擴大委員會由央行行長、副行長以及歐盟15國的央行行長組成，其任務是保持歐盟中歐元國家與非歐元國家接觸。

歐洲央行委員會的決策採取簡單多數表決制，每個委員只有一票。制定貨幣政策的權力雖然集中了，但是具體執行仍由各歐元國央行負責。各歐元國央行仍保留自己的外匯儲備。歐洲央行只擁有500億歐元的儲備金，由各成員國央行根據本國在歐元區內的人口比例和國內生產總值的比例來提供。

第二節　中國金融機構體系的建立及發展

一、中國歷史上的金融機構體系

據史料記載，早在周朝時期中國就出現了從事貨幣信用業務的金融機構。唐朝時

期，金融業逐漸發展起來，出現了兼營銀錢的機構，如邸店、質庫等。后來又有了宋朝專營銀錢交易的錢館、錢鋪，明朝的錢莊、錢肆，清朝的票號和匯票莊等。這些金融機構雖然還不是真正意義上的銀行，但是已具備了銀行的一些性質。

中國出現真正意義上的銀行是在近代外國資本主義入侵之後。1845 年，英國麗如銀行（后改稱東方銀行）在香港、上海設立分行。隨後英、美、法、德、俄、日等許多國家爭相來華設立銀行，到 1935 年外國在華銀行已多達 53 家、153 個機構。但是，中國第一家民族資本銀行——中國通商銀行直至 1897 年才在上海設立。

國民黨統治時期，國民黨政府和四大家族的「四行二局一庫」在全國金融體系中佔據了壟斷地位。所謂「四行」，是指中央銀行、中國銀行、交通銀行和中國農業銀行；所謂「二局」，是指郵政儲金匯業局和中央信託局；所謂「一庫」，就是中央合作金庫。此外，還有不少地方政府辦的官僚資本銀行、民族資本銀行和其他非銀行金融機構，如錢莊、信託公司、保險公司、證券行、證券交易所和票據交換所等。

與此同時，中國共產黨領導下的革命根據地和解放區也先後建立了自己的銀行，發行了自己的貨幣。1931 年 11 月，中央蘇區在瑞金建立了最早的蘇維埃共和國國家銀行。抗日戰爭和解放戰爭時期，在各主要抗日根據地和解放區，相繼建立了陝甘寧邊區銀行、晉察冀邊區銀行、西北農民銀行、北海銀行、華北銀行、華中銀行、中州農民銀行、南方人民銀行、長城銀行、內蒙銀行、關東銀行、東北銀行等金融機構。

二、新中國金融機構體系的建立與發展

新中國金融機構體系的建立與發展大致經歷了以下幾個階段：

(一) 1948—1953 年，初步形成階段

1948 年 12 月 1 日，在原華北銀行、北海銀行和西北農民銀行的基礎上，合併建立了中國人民銀行，並發行了人民幣。隨後，原來各解放區的銀行逐步改組為中國人民銀行的分支機構，形成了大區分行體制，劃分為西北區行、東北區行、華東區行、華北區行、中南區行、西南區行六大區行。

新中國成立初期的中國金融機構體系是以中國人民銀行為核心，通過合併解放區銀行、沒收官僚資本銀行、改造私人銀行與錢莊以及建立農村信用社等途徑建立起來的。到 1953 年前後，中國已基本上建立了以中國人民銀行為核心和骨幹、少數專業銀行和其他金融機構為輔助與補充的新中國金融機構體系。這種體系適應了當時的革命和建設事業發展的需要。

(二) 1953—1978 年，「大一統」的金融體系

1953 年，中國開始實施經濟建設第一個五年計劃，參照蘇聯模式，逐步建立起了高度集中統一的計劃經濟體制，之後這種體制不斷強化。金融體系作為整個經濟體制的一個重要組成部分，在這期間也隨之走向高度集中統一。在這一時期，1955 年 3 月成立的中國農業銀行於 1957 年撤銷，1963 年 10 月再次成立，1965 年又合併於中國人民銀行。直至 20 世紀 70 年代末，在農村雖然建立了大量的信用合作社，但是后來演變成為中國人民銀行在農村的基層機構。1954 年 9 月，交通銀行改建為中國人民建設銀

行，其任務是在財政部領導下專門對基本建設的財政撥款進行管理和監督，實際上並不經營存、貸款業務，因而成為財政部下屬機構。1949年，中華人民共和國政府接管中國銀行，中國銀行只經辦中國人民銀行所劃出的範圍及其確定的對外業務。有一段時間中國銀行直接成為中國人民銀行辦理國際金融業務的一個部門。1949年成立的中國人民保險公司最初隸屬於中國人民銀行，1952年劃歸財政部，1959年又轉交中國人民銀行國外局，全面停辦國內業務，專營少量國外業務。

這樣，1953—1978年年末改革開放以前，全國金融機構一步一步地走向了中國人民銀行「大一統」的道路，中國人民銀行實際上成為中國唯一的銀行，壟斷了幾乎所有的金融業務。中國人民銀行的分支機構按行政區劃逐級遍布全國各地，各級分支機構按總行統一的計劃辦事；中國人民銀行既是金融行政管理機關，又是具體經營銀行業務的金融機構；中國人民銀行的信貸、結算、現金出納等業務活動的開展，全都服從於實現國家統一計劃的任務與目標。

（三）1979—1983年，金融機構改革初期

黨的十一屆三中全會以後，黨中央把全黨工作的重點轉移到經濟建設上來，開始對中國經濟體制進行了一系列改革。在金融機構改革中，打破長期存在的只有中國人民銀行一家金融機構的格局，先後恢復和建立了獨立經營的專業銀行，包括中國農業銀行、中國建設銀行、中國銀行，這些銀行與中國人民銀行一起構成了多元化銀行體系。在這種多元化銀行體系下，各家專業銀行有明確的分工，對促進經濟發展起到了一定的積極作用。但是當時對銀行增多以後，如何集中統一、加強宏觀控制注意不夠，整個金融領域缺乏一個統一的指導和調度，出現了「四龍治水，群龍無首」的問題。此外，中國人民銀行既經營信貸業務，又負責貨幣發行的「一身二任」的做法，不利於人民銀行發揮中央銀行的職責，對金融全局進行調控和履行金融行政管理的職責。因此，為了在搞活經濟的同時加強宏觀金融的控制，客觀上需要建立一個有權威性的中央銀行來專門管理全國金融活動，制定和推行貨幣政策。

（四）1983—1993年，金融機構體系初具規模

為加強銀行分設後的金融宏觀控制，完善已有的金融機構，中國從1983年起在金融機構方面進行了如下的改革：

第一，1983年9月，國家決定中國人民銀行專門行使中央銀行的職能，負責管理全國的金融事業。另外，1984年1月，中國專設中國工商銀行承辦原來由中國人民銀行負責的信貸及城鎮儲蓄業務。

第二，1986年以後，中國又增設了交通銀行、中信實業銀行這樣的綜合性銀行以及像廣東發展銀行、招商銀行、興業銀行這樣的區域性銀行。同時，中國還設立了一些非銀行金融機構，如中國人民保險公司、中國國際信託投資公司、城市信用社和農村信用社。經過幾年的改革，中國建立起了以中國人民銀行為核心、專業銀行為主體、其他金融機構並存的新的金融機構體系。

（五）1994年至今，新型金融機構體系的提出與建設

1994年，為適應建立社會主義市場經濟體制的需要，更好地發展金融在國民經濟

中宏觀調控和優化資源配置的作用，國務院決定改革現行金融體制。改革的目標是建立在中央銀行宏觀調控之下的政策性金融與商業性金融分離、以國有商業銀行為主、多種金融機構並存的金融機構體系。

第一，建立了國家開發銀行、中國農業發展銀行、中國進出口銀行三家政策性銀行，將各專業銀行原有的政策性業務與經營性業務分開。

第二，在政策性業務分離出去之後，原國家各專業銀行開始逐漸向國有商業銀行轉化，並以此為基礎，建立起中國的商業銀行體系。1994 年后，中國的商業銀行體系包括國有獨資商業銀行和其他商業銀行，如交通銀行、中信實業銀行、中國光大銀行、華夏銀行、招商銀行、上海浦東發展銀行、深圳發展銀行、廣東發展銀行、興業銀行、城市合作銀行等。進入 1998 年后，城市合作銀行陸續更名為城市商業銀行，如 1998 年 7 月，北京城市合作銀行更名為北京商業銀行，同年 10 月，原上海城市合作銀行更名為上海銀行。

第三，中國的非銀行金融機構發展迅猛，以農村信用社為代表的合作金融機構獲得了恢復和發展。1997 年以前，農村信用社由中國農業銀行管理，之后農村信用社從中國農業銀行獨立出來，朝農業合作銀行方向發展。1980 年，中國人民保險公司恢復國內保險業務。1988 年 3 月和 1991 年 4 月，中國平安保險公司和中國太平洋保險公司先后建立。1979 年 10 月，中國國際信託投資公司成立。1981 年 12 月，專營世界銀行等國際金融機構轉貸款業務的中國投資銀行成立。自 1983 年上海成立上海市投資信託公司開始，各省市相繼成立了一大批地方性的信託投資公司和國際信託投資公司。1990 年 12 月和 1991 年 7 月，上海和深圳證券交易所相繼建立，之後經營證券業的證券機構和基金組織不斷增加。1992 年 10 月，中國證券委員會和中國證券監督管理委員會成立。1998 年 11 月，中國保險監督管理委員會成立。2003 年 3 月，中國銀行業監督管理委員會成立。證券業、保險業和銀行業的監管職能相繼從人民銀行的職能中剝離出來。

第四，境外金融機構數量不斷增多。自 1979 年第一家海外銀行在北京開設辦事機構以來，中國的境外金融機構數量不斷增多，設立地點正從特區和沿海大中城市向內地大中城市擴散。1996 年，中國開始向外資銀行有限度地開放人民幣業務。同時，中國商業銀行和保險公司在境外設立的金融機構也不斷增加。

第三節　中國現行金融機構體系

目前，中國的金融機構體系是以中央銀行為核心、以商業銀行和政策性銀行為主體、多種金融機構並存、分業經營、相互協作的格局。

一、中國人民銀行

1983 年 9 月，中國人民銀行剝離商業銀行業務，專門行使中央銀行職能。1995 年 3 月，第八屆全國人民代表大會第三次會議通過《中華人民共和國中國人民銀行法》，

就中國人民銀行的設立、職能等以立法形式進行了界定。

中國人民銀行總行設在北京，並在全國設有眾多的分支機構。1997年以前，按照中央、省（市）、地（市）、縣（市）四級設置總分支，省市及以下分支行的管理實行條塊結合，地方政府干預較多。1997年下半年，中央銀行體制進行重大改革，撤銷省級分行、設置大區分行，實行總行、大區分行、中心支行和縣市支行四級管理體制。中國人民銀行現有總行1個，大區分行9個（天津分行，管轄天津、河北、山西、內蒙古；瀋陽分行，管轄遼寧、吉林、黑龍江；上海分行，管轄上海、浙江、福建；南京分行，管轄江蘇、安徽；濟南分行，管轄山東、河南；武漢分行，管轄江西、湖北、湖南；廣州分行，管轄廣東、廣西、海南；成都分行，管轄四川、貴州、雲南、西藏；西安分行，管轄陝西、甘肅、青海、寧夏、新疆），2個營業管理部（北京、重慶），326個中心支行，1827個縣（市）支行。

中國人民銀行分支機構的主要職責是按照總行的授權，負責本轄區的金融監管，不負責為地方經濟發展籌集資金。在總行和分支機構之間，銀行業務和人事幹部實行垂直領導、統一管理，地方政府需保證和監督中國人民銀行貫徹執行國家的方針政策，但是不能干預。國家外匯管理局是中國人民銀行代管的國務院直屬局，代表國家行使外匯管理職能，其分支機構與同級中國人民銀行合署辦公。

二、商業銀行體系

中國的商業銀行體系包括原有四大專業銀行——中國工商銀行、中國農業銀行、中國建設銀行、中國銀行以及1986年以後建立的交通銀行、中信實業銀行、招商銀行、華夏銀行、光大銀行、民生銀行、廣東發展銀行、興業銀行、深圳發展銀行、上海浦東發展銀行、菸臺住房儲蓄銀行、蚌埠住房儲蓄銀行。此外，還包括1998年以來由城市合作銀行改建的一大批城市商業銀行。眾多的外資銀行也是中國商業銀行體系的組成部分。

根據1995年頒布的《中華人民共和國商業銀行法》的規定，商業銀行在中國境內不得從事信託投資和股票業務，不得投資於非自用不動產，不得向非銀行金融機構和企業投資。這說明中國商業銀行業務與信託、證券等投資銀行業務必須實行分業經營，不能交叉。

三、政策性銀行

1994年，為適應建立社會主義市場經濟體制的需要，中國先後組建了國家開發銀行、中國進出口銀行和中國農業發展銀行三家政策性銀行。建立政策性銀行是國家專業銀行向國有商業銀行轉變的戰略性決策，其目的是實現政策性金融與商業性金融分離，以解決專業銀行身兼二職的問題，同時也是為了割斷政策性貸款與基礎貨幣的直接聯繫，確保中國人民銀行調控基礎貨幣的主動權。這三家政策性銀行將原來四大專業銀行的政策性業務承擔過來，一方面，便於原四大專業銀行盡快向商業銀行轉化；另一方面，可以在市場經濟條件下保證對投資期限長、收益低甚至無收益的國家基礎項目和重點項目在資金上予以傾斜。

三家政策性銀行均實行自主經營，企業化管理，保本微利。其資金來源主要有三個渠道：一是財政撥款，二是由原來的各專業銀行劃撥，三是各政策性銀行發行金融債券籌資。目前，國家開發銀行和中國進出口銀行90%的資金是在金融市場上發行債券籌措的，而且正在由過去的派購轉向市場化發行。

　　三家政策性銀行的分工是中國農業發展銀行主要辦理糧食、棉花等主要農副產品的國家專項儲備和收購貸款、扶貧貸款和農業綜合開發貸款以及國家確定的小型農、林、牧、水基本建設和技術改造貸款。中國進出口銀行主要為擴大中國機電產品和成套設備出口提供出口信貸和有關的各種貸款以及辦理出口信貸保險和擔保業務。國家開發銀行主要為國家重點項目、重點產品和基礎產業提供金融支持。1998年12月，經中國人民銀行批准，中國投資銀行並入國家開發銀行，其全部債權債務由國家開發銀行承擔，但是仍保留中國投資銀行這個名稱，並向中國證監會申領資本市場業務許可證，開展投資銀行業務，重組和優化存量資產，逐步實現國家重點行業和重大項目建設資金來源市場化。

四、非銀行金融機構

(一) 保險公司

　　1980年以後，中國人民保險公司逐步恢復了停辦多年的國內保險業務。1995年9月，國務院批復了中國人民銀行《關於中國人民保險公司體制改革的報告》，中國人民保險公司改建為中國人民保險集團公司，簡稱中保集團。中保集團直接對國務院負責，中國人民銀行負責對中保集團的業務領導、監督和管理。中保集團下設中保財產保險有限公司、中保人壽保險有限公司、中保再保險有限公司。中保集團及三個專業公司均為企業法人。1998年10月，中國人民保險集團公司宣告撤銷，其下屬的三個子公司成為三家獨立的國有保險公司——中國財產保險有限公司、中國人壽保險有限公司、中國再保險公司。此外，全國性保險公司還有中國太平洋保險公司、中國平安保險公司。1998年11月，中國保險監督管理委員會成立，與中國銀監會、中國證監會並列，分別對保險業、銀行業和證券業進行監管。

(二) 信託投資公司

　　信託投資公司是以受託人身分經營信託投資業務的金融機構。自從1979年中國國際信託投資公司成立以來，中國信託投資業的發展一直處於動盪之中。20世紀80年代中期，由於國家對信託投資機構的管理較鬆，信託投資業的發展出現了全社會一哄而上的混亂局面。到1988年，各類信託投資機構膨脹至800多家。由於信託投資機構發展太快，與改革遲緩的整個金融體制及資金安排發生矛盾，帶來了很大的金融風險。為了保證金融信託業的健康發展和規範經營，1988年8月中國人民銀行發出《關於暫停審批各類非銀行金融機構的緊急通知》，1989年9月中國人民銀行又發出《關於進一步清理整頓金融性公司的通知》，上收了對信託投資機構的審批權，並對已設立的信託投資機構進行了清理整頓。

　　目前，中國信託投資公司的業務主要有以下四類：

第一，信託投資業務。這類業務按資金來源，可分為自籌資金投資和委託資金投資。自籌資金投資是指信託投資公司運用自由資金和組織的信託存款以及發行公司股票、債券籌集的資金，直接向企業和項目進行投資。委託資金投資則是信託投資公司接受委託單位的資金，對投資項目的資金使用負責監督管理，辦理投資項目的收益處理等。

第二，代理業務。這類業務即代理保管、代理收托、代理有價證券的發行和買賣、信用擔保等。

第三，租賃業務。這類業務主要經營融資性租賃。

第四，諮詢業務。這類業務包括資信諮詢、項目可行性諮詢、投資諮詢和金融諮詢等。但是進入20世紀90年代之後，信託投資公司大多數集中力量開拓證券業務，與證券公司展開競爭。為規範信託投資業的發展方向，1998年11月中國人民銀行提出信託投資公司要按「信託為本、分業管理、規模經營、嚴格監督」的原則進行整頓，以解決信託投資公司的分散性和業務重心的證券化問題。因此，中國的信託投資公司還得在改革中求發展。

(三) 證券機構

證券機構是指從事證券業務的金融機構，包括證券公司、證券交易所、證券登記結算公司、證券投資諮詢公司、證券評估公司等。其中，證券公司和證券交易所是最主要的證券機構。

證券公司是專門從事有價證券發行和買賣等業務的金融機構。證券公司不僅受託辦理證券買賣業務，同時也從事有價證券的買賣經營。經過20余年的發展，特別是近年來通過增資擴股和重組，中國證券公司的整體實力已大大加強。

根據《中華人民共和國證券法》的規定，證券業和銀行業、信託業、保險業實行分業經營、分業管理，證券公司與銀行信託、保險業機構分別設立。目前證券業與銀行業已基本實現分離，但是信託投資公司和保險公司仍設有大量證券經營機構，而這些兼營機構的證券業務占全國證券業務的60%。因此，如何按照《中華人民共和國證券法》的要求實現證券業、信託業、保險業的分業經營是一個亟待解決的問題。

證券交易所是不以盈利為目的、為證券的集中和有組織的交易提供場所和設施、履行相關職責、實行自律性管理的會員制金融機構。中國目前有兩家證券交易所，即上海證券交易所和深圳證券交易所。其職能是：提供證券交易的場所和設施；制定證券交易所的業務規則；接受上市申請、安排證券上市；組織、監督證券交易；對會員和上市公司進行監管；設立證券登記結算公司；管理和公布市場信息及國家證監會許可的其他職能。

(四) 金融租賃公司

金融租賃公司是主要辦理租賃業務的專業金融機構。中國第一家金融租賃公司，即中國對外貿易租賃公司，成立於1986年11月。截至2000年年底，全國有金融租賃公司13家，帳面資產總計178億元人民幣，存款餘額68億元人民幣，貸款餘額88億元人民幣。

中國金融租賃公司的業務範圍為：

第一，融資租賃業務，包括承辦國內外各種機電設備、交通運輸工具、儀器儀表等動產及其附帶的先進技術的融資租賃業務、轉租業務以及對出租資產殘值的銷售處理業務；不動產租賃業務；國內服務類租賃業務；與租賃有關產品的進出口業務；擔任租賃業務的資信調查、諮詢服務；對所屬聯營公司、營業部、代理部進行經濟擔保等。

第二，吸收人民幣資金，包括財政部門委託投資、企業主管部門委託投資或貸款的信託資金；保險機構的勞保基金；科研單位的科研基金；各種學會、基金會的基金等。

第三，辦理經中國人民銀行批准的人民幣債券發行業務。

第四，辦理外匯業務，包括境內外外幣信託存款；境內外外幣借款；在國內外發行或代理發行有價證券、外匯擔保業務等。

第五，辦理經中國人民銀行、國家外匯管理局、商務部批准的其他業務。

(五) 企業集團財務公司

企業集團財務公司是由金融業與工商企業相互結合建立的金融股份有限公司。中國第一家企業集團財務公司於 1984 年在深圳經濟特區建立。財務公司主要由企業集團內部各成員單位入股成立，並向社會募集中長期資金。企業集團財務公司的宗旨和任務是為本企業集團內部各成員單位提供融資服務，以支持企業的技術進步與發展。財務公司一般不得在企業集團外部吸收存款，業務上受中國人民銀行領導和管理，行政上則隸屬於各企業集團。企業集團財務公司的主要業務有人民幣存貸款投資業務、信託和融資性租賃業務、發行和代理發行有價證券等。

(六) 農村信用合作社

農村信用合作社是中國歷史最長、規模最大、覆蓋面最廣的農村合作金融機構。截至 2000 年年底，全國農村信用社系統有法人機構 40,141 個，其中農村信用社 37,624 個，縣級聯社 2447 個，市（地）聯合社 66 個，省級聯合社 4 個，另有不獨立核算的信用分社和儲蓄所 63,148 個，形成了服務全國鄉村與城鎮的合作金融機構網絡。

(七) 投資基金

中國於 1991 年開始設立投資基金，截至 1998 年年底共批准設立 81 家。1994 年年末以前設立的 75 家投資基金中，有 4 家是中國人民銀行批准的，63 家是中國人民銀行各地分行批准的，3 家是地方政府批准的，批准發行規模 58.22 億元人民幣，實際募集 57.07 億元人民幣。在投資基金類型上，上述 75 家投資基金中有 72 家為封閉式契約型，有 3 家為封閉式公司型，沒有一家開放式基金。截至 1996 年年底，這 75 家投資基金中有 54 家已在證券交易所和證券交易中心上市流通，其餘 21 家可進行櫃臺交易。近年來，在基金規模快速增長的同時，基金品種創新也呈加速趨勢。一方面，開放式基金後來居上，逐漸成為基金設立的主流形式；另一方面，基金產品差異化日益明顯，

基金的投資風格也趨於多樣化。

（八）郵政儲蓄機構

1986年，中國重新恢復郵政儲蓄業務，同年3月18日成立郵政儲匯局，負責全國郵政儲蓄、匯兌等業務，下設儲蓄、匯兌、保險等6個工作部門。其主要職責是：組織實施郵電部與中國人民銀行簽訂的儲蓄與匯兌業務的有關協議；制定郵政儲蓄等業務的經營方針和規章制度；開展調查、分析、稽核工作，研究貨幣流向，保證儲匯資金安全。具體辦理城鄉居民個人人民幣儲蓄存款、匯兌、結算、代辦保險和代理發售國庫券等業務。吸收的存款全部上繳中國人民銀行使用，人民銀行按比例支付給郵局手續費。近年來，中國郵政儲蓄金融事業發展迅猛，根據國家郵政儲匯局統計數據，該局2004年新增儲蓄餘額1750億元，2003年為1496億元，也就是說能真正走上市場的郵政儲蓄資金為2000億元左右。中國郵政儲蓄系統擁有3.15萬家分支機構和2.5億儲戶。持有的存款已超過1萬億元人民幣，占儲蓄總額9%以上。

五、外資金融機構

1979年，中國拉開了銀行業對外開放的序幕，允許外資銀行在華設立代表處。1981年，允許外資銀行在深圳等5個經濟特區設立營業性機構，從事外匯、金融業務，並逐步擴大到沿海開放城市和所有中心城市。經過20多年的發展，在華外資金融機構的數量和業務規模不斷擴大，已成為中國金融體系的重要組成部分，外資金融機構在促進中國金融業改革與發展、支持中國經濟建設方面發揮了重要作用。

中國對外資金融機構的引進主要採取三種形式：一是允許其在中國設立代表機構；二是允許其設立業務分支機構；三是允許其與中國金融機構設立中外合資金融機構。

截至2003年年底，共有19個國家和地區的62家外資銀行在中國設立了91家營業機構和211家代表處。在華外資銀行總資產466億美元，占中國銀行業金融機構資產總額的1.4%。

六、臺灣地區和香港地區的金融機構

臺灣地區的金融體系包括正式的金融體系和民間借貸兩部分。正式的金融體系分為金融仲介機構和金融市場機構，有財政管理部門和銀行管理部門共同管理，其中金融仲介機構依據是否創造存款貨幣又分為存款貨幣機構和非貨幣機構。民間借貸範圍包括信用借貸、質押借貸、民間互助會、租賃公司、分期付款公司、投資公司等。

中國香港地區金融機構體系分為銀行與非銀行金融機構兩種。在商業銀行、保險公司、證券交易所等金融機構，銀行業是香港金融業的主體部分。香港金融機構體系的特點是沒有專門的中央銀行，中央銀行的職能由金管局、銀行同業公會和商業銀行分別承擔。實行銀行三級制或金融三級制，即將接受存款機構劃分為持牌銀行、有限持牌銀行和接受存款公司三類，統稱認可機構。2000年年底，香港共有持牌銀行154家，其分行為1568家；有限持牌銀行48家，接受存款公司61家。三類金融機構對客戶的存款負債總額為34,830億港元。

本章小結

1. 廣義的金融機構不僅包括所有從事金融活動的組織，而且包括金融市場的監管組織。上述的服務可概括為信用仲介、支付仲介、降低交易成本、提供金融服務便利並創造金融資產、改善信息不對稱並控製風險、調節經濟六大功能。

2. 按照不同的標準，金融機構可劃分為不同的類型，如金融監管機構與接受監管的金融企業、存款性金融機構與非存款性金融機構、政策性金融機構與非政策性金融機構、直接金融機構與間接金融機構、銀行與非銀行金融機構、本國金融機構、外國金融機構、國際金融機構。

3. 非銀行金融機構包括保險公司、信託公司、財務公司、證券公司、租賃公司、信用合作社、養老或退休基金、投資基金等。非銀行金融機構越來越成為金融機構體系中的重要組成部分。

4. 中國的金融體系在計劃經濟時期是「大一統」的國家銀行體系。改革開放後，經過一系列的改革，目前中國已形成了一個以中央銀行為核心，商業銀行主體，政策性銀行、非銀行金融機構、外資金融機構並存的合理分工、相互競爭的現代金融體系。

復習思考題

1. 簡述各國金融機構體系的一般構成。
2. 在市場經濟國家的金融體系中為什麼需要一個中央銀行？
3. 中央銀行的制度類型有哪些？
4. 商業銀行的職能及組織形式是什麼？
5. 簡述中國現行金融機構體系的基本情況。

附錄　美國金融監管體系改革中幾個重大理論問題

一、以金融監管體系重大改革來重建美國金融體系

美國金融危機讓美國以及全球進入嚴重的經濟衰退，而且這種經濟衰退儘管已經見底但在短期內要恢復是根本不可能的。那麼，這次金融危機為什麼會造成美國以及全球經濟的嚴重衰退呢？最根本的原因就是20多年來逐漸形成的美國金融體系突然崩潰，美國經濟的核心金融服務業出現了重大問題。美國金融體系突然崩潰，其中的原因很多，但是新的金融運作體系沒有相應的監管制度同樣是重要的原因之一。因此，為了幫助美國經濟重新站起來並得以復甦，就得對美國金融監管架構進行全面檢討與改革，以此來重塑美國的金融體系。

2009年6月17日，美國總統巴拉克·奧巴馬公布了美國聯邦政府制定的，由奧巴馬政府於2009年6月17日公布的名為《金融監管改革：新基礎》（*Financial Regulatory Reform: A New Foundation*，又稱《金融白皮書》）的改革藍圖。這份長達88頁的改革

方案從機構、市場、消費者保護和國際合作等多個角度，對美國金融監管體系做出了較為徹底的改革，其中包括將美聯儲打造成為「系統風險監管者」、設立全新的消費者金融保護機構監管金融消費產品以及對對沖基金和私募基金實施監管。6月15日，美國財政部長蓋特納和白宮國家經濟委員會主任薩默斯在《華盛頓郵報》上撰文指出，這次美國金融監管系統改革的主要目的就是要彌補舊金融體系的漏洞，並確保未來不會再次發生類似於當前的金融危機。奧巴馬也表示，美國金融監管體系就在於要改變當前這種監管體系的落後現狀，並修補引發本次大規模金融危機的體系漏洞。也就是說，每一次美國重大金融監管制度改革都是與金融危機的爆發相關聯。1929—1933年經濟大蕭條之後出抬的《格拉斯—斯蒂格爾法案》，奠定了美國金融業近70年來分業經營的基礎；2000年互聯網泡沫的破滅以及2001年安然與世通破產的會計醜聞，直接催生了重塑上市公司內部治理機制與證券市場監管體系的《薩班斯—奧克斯利法案》；2007年以來的美國金融危機的爆發也促使美國對金融監管體系改革與重建，奧巴馬政府公布金融監管制度改革的藍圖，就是希望重建未來若干年內美國金融市場乃至全球金融監管新框架。從《金融白皮書》所推出的金融改革藍圖來看，為了彌補舊監管體系的漏洞，並確保未來不會再次發生類似的金融危機，美國金融監管體系改革主要是從以下幾個方面入手：首先，銀行的資本、流動性以及槓桿率將受到嚴格監管，嚴格控製風險，防止經濟動盪。其次，對沖基金必須在政府處進行註冊，大型對沖基金將要受到聯邦政府的監管。最后，抵押貸款以及其他消費產品將被監管，有毒資產將受到全球透明性法規的監管。這次美國金融監管制度改革旨在從監管理念、監管機構、監管手段、監管體系內外協調等方面全面改革現有金融監管體系。也就是說，美國金融改革的藍圖將賦予美聯儲擁有更大的權力監管金融機構、金融產品以及金融市場交易，美聯儲也可能有權對大型金融機構設定資本以及流動性要求。對美聯儲來說，獲得上述監管權力意味著其成為改革后美國金融監管體系中的系統風險監管者。這也是美聯儲職權在過去幾十年中所經歷的最大變動。創立一個由美國財政部領導的金融服務監管委員會，幫助彌補在監管方面的空白，促進政策的協調以及識別新出現的風險。成立消費者金融保護局，目的是保護美國消費者和投資人免受信用卡公司、銀行和按揭市場不法行為的侵害。還希望其制定的許多新的標準能夠與海外國家的新政策相協調，以創立一個相容的監管架構，具體舉措包括制定相似的信用衍生產品監管規定，在對大型跨國金融機構進行監管方面簽署跨境協議，以及與海外監管機構進行更好的合作。

一般來說，任何制度的改革都是一種利益重新分配，特別是重大的制度改革更是重大的利益分配。為了保證金融監管制度重大改革的順利進行，就得協調好相關的利益關係，就得尋求其改革的理論基礎。

二、美國金融危機產生的根源與實質

對於美國金融危機產生的根源，最近討論的文獻很多，眾說紛紜。不過，最主要觀點可以歸結為幾個方面，如寬鬆的貨幣政策、通過信用消費為購房者提供過度的流動性、房地產泡沫破裂、金融衍生工具泛濫、金融監管不足、評級機構評級虛假性、人性貪婪、全球經濟失衡等。但是，美國金融危機應該從金融體系內在性的不穩定來

探討這種危機的根源。

　　從20世紀70、80年代開始，隨著全球不少國家金融管制的放鬆，以及金融技術及網絡技術的革命，全球金融體系發生了顯著的變化，特別是美國金融體系更是發生了一場巨大的革命。這場革命主要表現傳統銀行信貸方式向新的信貸方式轉變。因為從傳統的銀行信貸模式來看（範奧德，2007），商業銀行是利用債務（通常是存款）發放並持有貸款，關注的信用風險管理以及如何將異質性資產轉化為同質性債務等。美國這場金融革命后形成的新的信貸模式則是從證券化的市場獲得融資，即銀行資金不是來自個人存款而是直接來自證券市場。拉爾（Lall）等人（2006）對這次金融革命給出了一對更為學術化的概念，即高度關係型的金融交易及非關係型的金融交易。這次美國信貸市場的革命就是一場高度關係型金融交易向高度非關係性金融交易的轉變。這種非關係性金融交易不僅使得金融機構與金融組織出現根本性的變革，而且也讓整個金融交易方式與運作模式發生了很大的改變。它由傳統的零售並持有為主傳統的銀行模式改變為「創新產品並批發」為主導新的銀行信貸模式，或全球性信貸金融已經從傳統銀行主導的模式演變為隱藏在證券借貸背後類似為一個「影子銀行體系」的金融制度安排（格羅斯，2009）。這種信貸融資體系沒有傳統銀行的組織結構卻卻使著傳統銀行信貸運作的功能。可以說，這種金融交易方式的重大變化不僅改變個人與企業所面臨的借款與儲蓄的機會，也改變金融從業者的職業生態，改變了整個金融市場的信用基礎，從而形成一種與傳統完全不同的金融體系。因此，金融市場的系統性風險的形成與表現方式也就不一樣。但是當金融市場的行為方式及信貸基礎發生根本性的變化之後，如果沒有相應的監管制度安排，如果沒有一套適應於這種金融體系的法律及制度規則，也就無法形成一套如何來規避新金融風險的方式，金融危機爆發也就不可避免。可以說，這次美國金融危機就是在這樣的一個背景下爆發的。

　　影子銀行（Shadow Banking）就是把銀行貸款的證券化，通過證券市場獲得信貸資金或信貸擴張的一種融資方式（黃元山，2008）。這種新的融資方式把傳統銀行的信貸關係演變為隱藏在證券化中的信貸關係。這種信貸關係看上去像傳統銀行但僅是行使傳統銀行的功能而沒有傳統銀行的組織機構，即類似一個影子銀行體系存在。在影子銀行中，金融機構的融資來源主要是依靠金融市場的證券化，而不是如傳統銀行體系那樣，金融機構的作用主要是把儲蓄轉化為投資，融資的來源主要是存款。影子銀行的證券化最為主要的產品就是住房按揭貸款的證券化。它也包括了資產支持商業票據、結構化投資工具、拍賣利率優先證券、可選擇償還債券和活期可變利率票據等多樣化的金融產品與市場（克魯格曼，2009）。住房按揭貸款的證券化是影子銀行的核心所在。

　　影子銀行的實質就是以住房按揭貸款的證券化等方式行使著傳統銀行的功能，但是沒有傳統銀行的組織形式。這種證券化產品先有抵押支持債券（MBS），然後有CMO、CDO、CDS等一系列的證券化產品。這些產品的特徵是投資銀行將購自貸款銀行不同性質的按揭貸款放入一個資產池，再依據資產的收益與風險加以分類、切割、信用加強、重新包裝等程序，轉換成小單位證券賣給不同的投資者。在按揭貸款證券化后，由於銀行無須持有貸款至到期為止，這樣貸款銀行既可把貸款的各種風險轉移

出去而激勵貸款銀行的信貸規模快速擴張，也可以調整債權的期限結構使長期債權得以流動。同時，在基礎資產風險鎖定的情況下，證券化不僅使得借款人的借款成本降低，增加了借款人申請貸款的便利，也因為投資產品增加有助於分散投資者風險。但是從CMO出現開始，住房按揭證券化債券產品變得越來越複雜且越來越多。后來的CDO產品也就是在此基礎上形成了，並由此衍生出一系列的證券化金融衍生工具。

一般來說，無論是CMO還是CDO，其產品創新的重點是要讓這些產品的總價值高於尚未加以重組證券的市值，這是證券發行商的投資銀行獲利的空間。因此，投資銀行往往會以高薪聘請金融工程師來設計各種不同的證券化衍生產品來滿足不同的投資者需要。在設計這些金融衍生產品時，基本上假定金融風險是呈正態分佈的，這樣證券化產品就能夠通過複雜的金融數理模型來分散與管理風險。對於投資銀行來說，由於其瞭解產品特性，也瞭解交易部門市場的變化，因此其對風險與市場狀況十分敏感，但是對於投資者來說，則是處於嚴重的信息不對稱狀態。還有發行證券商在設計證券化產品時，為了增加利潤及提高槓桿率，往往會將這組按揭貸款資產抽離到一個特殊目的的法人主體（Special Purpose Entity, SPE），通過法人主體來運作證券化產品。這樣法人主體可以就利用短期融資購買中長期債券把金融槓桿不斷地放大，信用、流動性及利率等風險也就在這個過程中被無限放大。

由於此類證券化產品設計得十分複雜，由於這些產品存在嚴重的信息不對稱，投資銀行為了吸引投資者，希望通過信用內部增級與外部信用增級來增加證券化產品的信用度。比如請信用評級機構評級與保險公司給這些產品的風險擔保。由於這些產品新穎、複雜以及信用評級機構與保險公司在產品設計時就參與其事，由於相關的利益關係，從而在這些產品在評級時往往會偏離其應該扮演的中立裁判角色，從而讓這些嚴重證券化包裝的衍生產品賣給投資者。而法人主體的證券化產品通過信用內部增級（評級公司評級）和外部信用增級（保險公司擔保）之後，在投資銀行為中心的場外交易系統賣給各種不同投資者如對沖基金、保險公司、退休基金、銀行等。而這種投資銀行為中心的場外交易市場不僅槓桿率高，而且監管松散或無法受到證券交易規則監管，從而該證券化產品得到快速發展。影子銀行就是通過上述的途徑與方式讓資本市場上的傳統機構債券投資者及對沖基金的錢源源不斷地直接流入美國住房消費者手上。

影子銀行之所以能夠在短期內迅速發展，就在於影子銀行採取了一系列的所謂的金融創新突破了現有的銀行監管制度與體系，把金融衍生品的設計建立在不存在的假定之上，並形成一套高風險的運作方式。比如說，影子銀行中的證券化產品基本上都是通過高度數學化模型計算風險而設計出來的，即這些資產的品質如果能夠維持在模型的安全範圍內或房價在上升，那麼影子銀行不僅能夠有效運作，而且這種證券化按揭產品表面上也能夠分散風險，但是房價上漲假定不成立或房價下跌時，這種廣泛分散的風險則會把其中的風險無限放大。由於影子銀行大量採取的是以產品創新及批發的模式，即負債方由短期的商業票據來提供流動性資金並通過資產和負債的長短錯配來獲得利差收益，加之沒有謹慎監管的場外交易，就容易導致這類金融機構追求過高的槓桿率而形成巨大的潛在風險。

從上述影子銀行的內在性質來看，近 10 多年來，這種融資體系的變革，造就了美國經濟以及 2001 年之后樓市的虛假繁榮。在繁榮期間，買房人、貸款銀行或貸款仲介機構、各大投資銀行、對沖基金、評級機構等全部大賺特賺、皆大歡喜。在這種情況下，影子銀行的規模迅速擴大，其風險也就越積越多。由於影子銀行各種工具與產品都是依靠貨幣市場的短期票據來購買大量風險高而流動性較低的長期資產，並通過這種方式無限放大的信用擴張，這就使得影子銀行如傳統銀行擠兌時一樣不堪一擊。而在這種情況下，傳統銀行可以通過央行最后貸款人制度及存款保險等機制來降低這種風險，但是影子銀行則沒有這種保護機制。還有由於影子銀行在證券化的過程中每一步都存在著較大風險及信用喪失，因此隨著影子銀行擴張鏈條的無限延伸，其風險也在無限的放大。當影子銀行這種無限擴張鏈條某一個環節出現問題或風險暴露出來時，整個影子銀行體系就立即會土崩瓦解了。正如格羅斯所指出的那樣，影子銀行體系利用槓桿和金融創新，在 25 年來給全球經濟擴張注入了巨大能量，給全球金融市場給出了無節制的信貸擴張，但是正是影子銀行的運作風險的內在性也摧毀了美國金融體系，給美國以及全球經濟帶來嚴重的衰退。因此，美國金融監管體系的改革就是要重建美國的金融體系，把美國經濟帶出影子銀行的陰影。

三、金融監管的目的

一般來說，金融監管的目的就是要建立起公平公正的市場、保護投資者利益以及防範系統性的金融風險。不過從傳統的監管理念來看，這三個目標可歸結到一點，就是對單個的金融機構市場准入有最低資本要求。比如說，《巴塞爾協議》的第一支柱就是最低資本充足率的要求。資本要求是銀行監管的根基，而監管機構採取資本要求的根本原因就是維護單個被監管的金融機構的償付能力，保護債權人的利益。也就是說，在傳統的監管理論來看，在債權人與債務人的委託代理關係中，要保護債權人的利益，對代理人行為的限制主要是通過資本要求來現實的，因此資產風險的高低在於資本要求的規模大小。但是無論是「911事件」發生還是電子銀行的出現，特別是這次美國金融危機所引起的金融體系的動盪對傳統的金融監管理念提出了巨大的挑戰，即《巴塞爾協議》所提出的對監管的資本要求根本上無力應對這次美國金融危機。因為如果以單個金融機構的償付能力為基礎，也就無法確保整個金融體系穩定。

如果金融監管目的是為了確保金融體系的穩定，那麼以風險資本要求為基礎的傳統金融監管體系則無力實現這個目標（莫里斯，等，2009）。因為從金融市場的基本特性來看，任何一個單個金融機構（特別是大型的金融機構）所採取的行動都會產生巨大的溢出效應或存在經濟行為的外在性，這種外在性會影響其他金融機構的利益。在這種情況下，金融體系穩定性便具有公共產品的性質。與其他公共品一樣，當市場失靈時，往往會導致公共產品的供給缺乏效率。在這種情況下，每一個金融機構行為看上去是正常合理的，但是實際可能導致整個金融市場的無效率。這就如哈丁所指出的「公地悲劇」的問題。

哈丁指出，在一個公共產權的牧場放牛，每一個放牛者都會選擇過度放牧。因為在共有產權的牧場，放牧者可將放牧的收益歸自己而讓放牧的成本由全體放牛者來承擔。由於每一個放牧者都會過度放牧，這必然會導致整個牧場的資源很快就耗盡從而

導致「公地悲劇」。金融市場的穩定性同樣是一塊「公地」。它是無形資產，產權界定非常困難。如果沒有一個特定組織來制定游戲規則並保證這些游戲規則有效執行，那麼就必然產生金融市場的「公地悲劇」。因為金融市場的每一個當事人都有可能會過度地使用這個金融體系的資源，直至這個金融體系的資源耗盡為止。而金融監管的目的則是制止這種「公地悲劇」出現的一種方式。

從這次美國金融危機所發生的事件來看，傳統的違約風險管理機制都是針對特定交易對象而設立的，如果金融市場出現問題，就可用所要求的資本來應對。但是這次金融危機中華爾街五大投資銀行突然倒閉或被接管，並非是這些投資銀行的資本沒有達到所要求的標準，而是由於它的貸款人不再向它提供貸款，而讓這些投資銀行陷入流動性困境的。比如說，雷曼兄弟銀行倒閉引起了美國國際集團（AIG）陷入極度風險之中，這並不是因為美國國際集團在很多交易上是雷曼兄弟銀行交易對家，而是因為雷曼兄弟銀行倒閉令各種COS價格飆升，作為COS的大莊家的美國國際集團立即因無能力支付而處於巨大虧損之中。當兩大金融機構先後出事，整個市場立即認為所有金融機構都面臨問題，最終連貨幣市場也無人問津，金融市場流動性枯竭。資產市場的流動性消失之後，各金融機構套現出現重重困難，從而使得整個金融體系立即崩潰。這些就是整個金融市場系統性風險突然爆發的結果。

但是金融市場系統性風險為什麼會突然爆發？為什麼爆發之后會發展到如此不可收拾的地步？就如第二部分所做的詳細的分析，就是影子銀行的體系下金融交易過度、金融衍生工具過度盛行、金融槓桿率過高、金融創新過度、沒有受監管的對沖基金過度發展等過度使用金融體系的結果，就如「公地悲劇」一樣。因此，如何來減少以及避免「公地悲劇」的出現成了這次美國金融監管體系改革最為核心的問題。也就是說，這次美國金融監管體系最為重大的改革就是要改變傳統的監管理念，即金融監管的目的不僅是要確保單個金融機構的償付能力，更重要的是要確保金融體系的整體穩定，要加強流動性的監管，減少金融機構特別是特大金融機構對金融體系的過度使用。

因此，從《金融白皮書》的內容來看，美聯儲將被賦予權力來監管美國規模最大、最具系統關聯性的「一類金融控股公司」，而這些可能對整個系統構成威脅的機構本身也將因此在資本金和流動性方面面臨更高的要求。此外，美聯儲還首次肩負起對美國市場上對沖基金和私募基金實施監管的責任。美聯儲對金融市場的監管並非單個金融機構所面臨的風險實施監管，而對整個金融體系可能面臨的系統性風險進行監管。這些正好切中這次金融危機的要害。

因為我們可以看到，這次美國金融危機的根源就在於現有金融機構通過一系列的所謂金融創新從而形成了一個與傳統金融體系完全不同的影子銀行體系。其實，影子銀行盛行也是與1988年《巴塞爾協議》推出后的「監管套利」有關（巴茨，等，2008）。這種影子銀行的核心就是通過一系列的金融產品、金融工具、金融市場的創新來突破既有金融監管體系，以便在這種無監管的過度金融交易過程中利潤最大化。無論幾大投資銀行還是大量對沖基金湧出都是如此。可以說，無論是CDO還是CDS等金融產品的出現，還是大量場外交易存在；無論是國際大宗商品的炒作，還是國際原油價格坐過山車，基本上是與這些金融機構的出現和炒作有關。但是目前五大投資銀行

消失了，而大量的對沖基本則死灰復燃。最近無論是國際油價短期內快速飆升、國際金融市場匯率巨大的波動，還是大宗商品的價格突然上漲都是與這些對沖基金瘋狂的炒作有關。在美國，對沖基金具有絕對優勢，因此要保證美國以及國際金融市場的穩定並減少其風險，就得把對沖基金等金融機構納入金融監管的範圍內。正因為美國對沖基金強勢，奧巴馬的金融改革仍然阻力重重。

從改革藍圖可以看到，這次金融監管改革的目的就是要改變以風險導向的資本要求為基礎的傳統監管模式，而是要保證整個金融體系穩定。有針對性地對某種金融機構實施原始槓桿率限制，用流動性要求來限制資產組合的構成，而不是僅僅約束其規模大小。這些都是當前美國金融監管體系改革的核心，也是美國提振美國金融市場信心，保證美國金融市場體系穩定的關鍵所在。可以說，這次美國金融監管制度改革成敗就在於這種監管理念改變，就在於對這些大型對沖基金制定什麼樣的市場規則，讓這些對沖基金在什麼樣的範圍內運作。比如說，對金融機構管理層的薪酬標準的設定、對金融機構槓桿率設置上限的預防性規則的設定等都是這次金融監管制度改革的重要方面。但是把這些金融機構納入監管範圍或加強對這些金融機構的監管，也引起華爾街等相關利益者以金融市場的競爭力為幌子強烈反對這種改革。這種利益博弈的結果如何還得拭目以待。

當然，這裡還有一些重大理論問題，就是在美聯儲獲得上述巨大的監管權力成為金融監管體系中的系統風險監管者後，美聯儲將面臨著不少問題。儘管在改革藍圖中建議成立以財政部長牽頭的金融服務監管委員會形成制衡機制，但是學界對「超級監管者」權力過大的反對聲仍然很多。因此，美國國會在此問題上還沒有達成共識。這些都將是美國金融監管體系改革後面臨的新問題。

資料來源：易憲容．美國金融監管體系改革中幾個重大理論問題[J]．經濟學研究，2010（1）．

第五章 商業銀行

第一節 商業銀行概述

商業銀行是現代金融業的代表機構,也是現代金融機構體系中的主體。商業銀行是商品貨幣高度發展的產物,是從貨幣經營業發展而來的,商業銀行的演進經歷了從貨幣經營業到早期銀行、現代銀行的發展過程。

一、商業銀行的起源與發展

（一）商業銀行的起源

最早的現代商業銀行產生於英格蘭,因此我們就從英文中「銀行」（Bank）一詞說起。其實,英文中 Bank 來源於義大利語 Banca,原意是指商業交易所用的長凳子和桌子。英文 Bank 原意是指存放錢財的櫃子,後來就泛指專門從事貨幣存、貸和辦理匯兌、結算業務的金融機構。漢語中的「銀行」是指專門從事貨幣信用業務的機構。

近代銀行起源於文藝復興時期的義大利,當時的義大利處於歐洲各國國際貿易的中心地位。早在 1272 年,義大利的佛羅倫薩就出現了一個巴爾迪銀行。1310 年,佩魯齊銀行成立。1397 年,義大利又設立了麥迪西銀行,10 年後又出現了熱那亞喬治銀行。當時的這些銀行都是為了方便經商而設立的私人銀行,比較具有近代意義的銀行則是 1587 年設立的威尼斯銀行。

此後,世界商業中心由義大利移至荷蘭以及歐洲北部。1609 年,荷蘭成立阿姆斯特丹銀行。1621 年,德國成立紐倫堡銀行,1629 年又成立了漢堡銀行。這些銀行除了經營貨幣兌換、接受存款、劃撥款項等業務外,也發放貸款。這時所經營的貸款業務仍帶有高利貸性質,而且貸款對象主要是政府和擁有特權的企業,大多數商業資本家仍得不到信用支持。

與此同時,在英國出現了通過金匠業發展而來的銀行。1653 年,英國建立了資本主義制度,英國的工業、商業都迅速發展,需要有可以提供大量資金融通的專門機構與之相適應。金匠業以自己的信譽作擔保,開出代替金銀條塊的信用票據,並得到了人們的廣泛接受,具有流通價值,便產生了更具有現代意義的銀行。1694 年,英國政府為了同高利貸作鬥爭以維護新興資產階級發展工商業的需要,同時也是為了英法戰爭籌款的需要,設立了一家專門為戰爭籌款的機構,由 1286 名商人以股份制的形式籌集了 120 萬英鎊,成立了英格蘭銀行。英格蘭銀行成立以後就向工商企業發放低利率

的貸款，英格蘭銀行的成立，標誌著現代銀行的誕生。

(二) 商業銀行的發展

1. 商業銀行的形成途徑

西方國家商業銀行產生的社會條件和發展環境各不相同，歸納起來主要有以下兩條途徑：

(1) 從舊的高利貸銀行轉變而來。早期的銀行是在資本主義關係還未建立時成立的，當時貸款的利率非常高，屬於高利貸形式。隨著資本主義生產關係的建立，高利貸因利息過高影響資本家的利潤，制約著資本主義的發展。此時的高利貸銀行面臨著貸款需求銳減的困境和關閉的威脅。不少高利貸銀行順應時代的變化，降低貸款利率，轉變為商業銀行。這種轉變是早期商業銀行形成的主要途徑。

(2) 按資本主義組織原則，以股份公司形式組建而成的現代商業銀行。大多數商業銀行都是按照這一方式建立的。最早建立起資本主義制度的英國，也最早建立資本主義的股份制銀行——英格蘭銀行。

2. 商業銀行的發展模式

儘管各國商業銀行產生的條件不同，且經過幾個世紀的發展，商業銀行的經營業務、服務範圍發生了巨大的變化，但是縱觀世界商業銀行的發展過程，基本都遵循著兩種模式。

(1) 英國式融通短期資金模式的商業銀行。這一模式深受「實質票據論」的影響和支配，資金融通有明顯的商業性質，因此主要業務集中於短期的自償性貸款。銀行通過貼現票據發放短期貸款，一旦票據到期或承銷完成，貸款就可以自動收回。這種貸款由於與商業活動、企業產銷相結合，所以期限短、流動性高，商業銀行的安全性就能得到一定的保證，並獲得穩定的利潤。但是其不足之處在於使得商業銀行的業務發展受到一定的限制。

(2) 德國式綜合銀行模式的商業銀行。與傳統模式的商業銀行相比，綜合式的商業銀行除了提供短期商業性貸款以外，還提供長期貸款，甚至可以直接投資股票和債券，幫助公司包銷證券，參與企業的決策與發展，並為企業提供必要的財務支持和諮詢服務。這種綜合式的商業銀行有「金融百貨公司」之稱，有利於銀行開展全方位的業務經營活動，充分發揮商業銀行的經濟核心作用，但是會增加商業銀行的經營風險。

二、商業銀行的概念

商業銀行是現代金融體系的主體，距今已有 300 多年的歷史，是一國銀行體系中最重要的金融機構。早期的商業銀行主要吸收短期存款，並相應發放短期商業貸款，商業銀行由此而得名。隨著資本主義經濟的發展，商業銀行也在不斷發展演變，其經營對象遠遠超出了傳統的業務範疇，現代意義上的商業銀行是具有信用創造功能、以經營存放款和辦理結算業務為主要業務、以獲取利潤為主要經營目標的綜合性金融機構。

在西方金融體系中，商業銀行是某一類銀行的抽象化的一般概念，具體到某一家

銀行時一般並不直接稱為商業銀行，如美國的國民銀行、英國的存款銀行、日本的城市銀行、法國的信貸銀行等都屬於商業銀行，但是都沒有直接命名為商業銀行。可見商業銀行是一個總體抽象概念，不是指某一家或某幾家銀行，而是指具有某種共同職能和特徵的一類銀行。

三、商業銀行經營的特殊性

從銀行的產生和發展來看，銀行經營的商品是單一形態的貨幣，因而銀行是一種特殊的企業。雖然它與一般的工商企業一樣也追求利潤，也存在經營風險，但是具有不同於一般工商企業的特殊利益和風險。

（一）來自於資本高槓桿率的特殊利益

在經營過程中，銀行不需投入很多的自有資本即可進行經營，並可獲取可觀的收益，資本的財務槓桿率非常高。在資本高槓桿率的作用下，銀行作為信用仲介，以其所擁有的巨額信貸資本、兼有理論知識和豐富經驗的大量專業管理人才，在業務經營活動中創造出了豐厚的收益。但隨著銀行同業以及非銀行金融機構的發展和競爭能力的增強，銀行業生存發展的環境越來越艱險，風險也越來越大。為了強化銀行業抵禦風險的能力，高槓桿率帶來的特殊利益正在受到限制。

（二）銀行的特殊風險

作為經營貨幣信用的特殊企業，銀行與客戶之間並非一般的商品買賣關係，而是一種以借貸為核心的信用關係，這種關係在經營活動中不是表現為等價交換，而是表現為以信用為基礎、以還本付息為條件的借貸，即銀行以存款方式向公眾負債，以貸款方式向企業融通資金。銀行經營活動的這種特殊性，在激烈的競爭中產生出特殊的風險。

1. 信用風險

信用風險是指借款人不能或不願按期償還貸款而使銀行遭受損失的可能性。銀行發放貸款的資金來源主要是公眾的存款，如借款人不能按期償還貸款，銀行只能用自有資金去抵償信用風險所造成的損失。

2. 經營風險

銀行的資產業務是運用資金的業務，負債業務是吸收資金的業務，當銀行資產與銀行負債的安排在總量上或期限結構上出現失衡時，會直接造成銀行的經營風險。

3. 公信力風險

銀行能吸收不同期限和不同數量的資金，是基於公眾對銀行的信任。銀行一旦失去公眾的信任，銀行資金來源肯定會出現問題。

4. 競爭風險

企業常借助於產品差別來增強自身的競爭力，但在當代，電子技術已廣泛應用於銀行業務研發之中，並且信息傳播速度日益加快，銀行業很難以產品的差別在金融業中永遠保持領先地位。因此，銀行業在經營、管理、價格以及其他方面將面臨更為廣泛的競爭。

四、商業銀行的職能

商業銀行的特殊性質決定了商業銀行的基本職能，一般來說商業銀行具有以下幾個主要職能：

（一）信用仲介

信用仲介是指商業銀行通過負債業務，將社會上的各種閒散資金集中起來；通過資產業務，將所集中的資金運用到國民經濟各部門中去。作為存款金融仲介機構，銀行對資金多餘單位和資金短缺單位都提供金融服務，為借貸活動充當信用仲介，這是銀行最基本的職能。銀行的信用仲介職能對經濟的發展起著極大的推動和促進作用。銀行的信用仲介職能將社會各方面的閒置貨幣集中起來，並將其轉化為現實的生產和流通資本，使閒置貨幣得到充分有效地運用，從而減少閒置貨幣在社會總資本中的份額，促進經濟發展。

（二）支付仲介

支付仲介職能是指商業銀行利用活期存款帳戶為客戶辦理各種貨幣結算、貨幣收付、貨幣兌換和轉移存款等業務活動。在執行支付仲介職能時，商業銀行是以企業、團體或個人的貨幣保管者、出納或支付代理人的資格出現的。由商業銀行充當支付仲介，為客戶進行非現金結算，大大減少了現金的使用，節省了社會流通費用，加速了結算過程和貨幣資金的週轉，起到了促進擴大再生產的作用。借助於支付仲介職能，商業銀行成為國民經濟活動中的現金出納中心和轉帳結算中心。

（三）信用創造

信用創造是指商業銀行利用其吸收活期存款的條件，通過發放貸款、從事投資業務而衍生出更多的存款，從而擴大貨幣供應量。商業銀行的信用創造包括兩層意思：一方面，現代商業銀行產生後，打破了貴金屬的壟斷，創造了銀行券和支票等信用流通工具，既節約了流通費用，又能及時滿足經濟發展對於流通手段和支付手段的需要。另一方面，借助於支票流通和非現金結算制度，銀行的信用活動還可以創造出大量的派生存款，從而使銀行可以超過自身資本和吸收的存款數額來擴大貸款規模。通過其信用創造的制約機制，商業銀行成為調節宏觀經濟的槓桿。中央銀行可以通過貨幣政策工具的使用，有力地影響商業銀行信用創造的規模，從而有效地調控全社會的貨幣供應量，影響整個社會的經濟活動水平。

（四）金融服務

商業銀行的金融服務職能是指商業銀行通過自身的業務活動為滿足全社會對貨幣的各種需要而提供多樣化的服務。商業銀行聯繫面廣、信息靈通，特別是電子計算機的廣泛應用使商業銀行具備了為客戶提供更好的金融服務的技術條件。社會化大生產和貨幣流通專業化程度的提高又使原本屬於企業自身的貨幣業務也交由銀行代理，如發放工資、催收貸款、代理支付等。因此，隨著商業銀行業務領域的不斷擴展，與客戶的聯繫日益密切，商業銀行在整個國民經濟中的影響也越來越大。

五、商業銀行的經營體制

就歷史的觀點而論，商業銀行大致可以說是遵循兩大主流傳統發展的，即職能分工型模式和全能型模式。

（一）職能分工型模式

職能分工型商業銀行又稱分離型商業銀行，其特點是在法律規定下金融機構具有明確的分工只能分別專營某種金融業務。有的專營長期金融業務，有的專營證券業務或信託、保險等業務。在這種模式下，商業銀行主要經營銀行業務，特別是短期工商信貸業務。這類商業銀行的類型是在20世紀30年代資本主義經濟危機之后形成的，並以英國、美國、日本為代表。

（二）全能型模式

全能型商業銀行又稱綜合性商業銀行，其特點是可以經營一切銀行業務，即可以辦理各種存款、貸款及證券業務或其他業務。這類商業銀行的設置以德國最為典型。

20世紀70年代以來，上述兩種類型的商業銀行經營業務的範圍和界限開始有所突破，職能分工型商業銀行開始向綜合化方向發展。其原因在於：在金融業競爭日益激烈的條件下，商業銀行面對其他金融機構的挑戰，利潤率不斷降低，這就促使商業銀行必須從事更廣泛的業務活動以加強競爭實力。此外，隨著負債業務結構不斷向長期、穩定的方向發展，銀行業逐漸從事長期信貸和長期投資活動。在此形勢發展之下，實行職能分工型商業銀行的國家也逐步放寬對商業銀行業務分工的限制。

六、商業銀行的組織制度

商業銀行的組織制度是一個國家用法律形式所確定的該國商業銀行體系、結構及組成這一體系的原則的總和。目前，各國商業銀行產生和發展的經濟條件不同，因而組織形式也存在一定的差異。世界上商業銀行的組織制度主要有以下四種類型：

（一）單元銀行制

單元銀行制又稱單一銀行制，是指商業銀行業務由各個相互獨立的銀行本部經營，不設立或不允許設立分支機構。每家商業銀行既不受其他商業銀行的控製，也不得控製其他商業銀行。這種銀行制度以美國為典型代表。

這種銀行制度的優點是有利於自由競爭，防止銀行壟斷；有利於銀行和地方經濟的融合；銀行具有較高的獨立性和自主性，業務經營的靈活性也較大；銀行管理層較少，有利於銀行內部的經營管理。其缺陷是銀行規模較小，經營成本高，不易取得規模經濟效益，抗風險能力差；使銀行易受該地區、該行業經濟發展狀況的影響；業務發展和金融創新受限製；作為金融監管部門要面對大量的金融機構，從而削弱了金融監管的效果。

（二）總分行制

總分行制是指法律上允許在總行以外，在國內外其他地區設立分支機構的一種銀

行制度。這種銀行一般在大城市設立總行，在中心城市設立分支機構，所有分支機構統一由總行領導。這種銀行制度以英國為典型，目前世界上大多數國家都實行這種銀行制度。

與其他銀行制度相比，總分行制優點十分明顯，即分支機構多、分佈廣，便於吸收存款、擴大經營規模、增強銀行實力；大量的分支機構便於資產在地區和行業上的分散，降低放款的平均風險，提高銀行的安全性；銀行規模較大，易於採用現代化設備，提供多種便利的金融服務，取得規模效益；銀行總數少，便於金融監管當局的監管。

當然，總分行制也有一定缺點，即不利於自由競爭，該制度容易造成大銀行對小銀行的吞並，形成金融壟斷，使小銀行處於不平等的競爭地位；銀行規模過大，內部層次結構較多，加大了銀行內部的控制難度。但是總的來看，總分行制更能適應現代經濟發展的需要，因而成為目前各國普遍採用的一種銀行制度。

(三) 持股公司制

持股公司制又稱集團銀行制，是指一個集團成立持股公司，再由該公司收購或控製兩家以上的若干獨立的銀行而建立的一種銀行制度，這些獨立銀行的業務和經營決策由持股公司控制。

持股公司制的優點是能夠有效地擴大資本總量，增強銀行的實力，提高抵禦風險和參與市場競爭的能力，彌補單元銀行制的不足。但是實行持股公司制的缺點在於容易形成銀行業的集中和壟斷，不利於銀行之間開展競爭，並在一定程度上限制了銀行經營的自主性，不利於銀行的創新活動，阻礙了銀行業的發展。

(四) 連鎖銀行制

連鎖銀行制又稱聯合銀行制，是指由一個人或某一個集團購買若干獨立銀行的多數股份，進而控制這些獨立銀行的業務和經營決策。這種控制可以通過持有股份、共同指導或法律允許的其他方式完成。連鎖銀行的每個成員都有自己的獨立法人地位，擁有自己的董事會，但是由於受控於同一人或集團，因此還有統一的決策機構。

連鎖銀行制與持股公司制具有一定相似之處，但是也有區別。連鎖銀行制不設置持股公司，而是通過若干家銀行互相持有對方股票，互相成為對方股東方式結成連鎖關係。連鎖銀行雖然表面上是獨立的，但是在業務上互相融合、互相支持，常常調劑餘缺、互通有無，而且其控製權往往掌握在同一財團手中，成為實質上的分支銀行制。這兩種銀行制度都以美國最為典型。

第二節　商業銀行的主要業務

商業銀行在金融機構中經營範圍最廣泛、業務量最大、業務種類最豐富。總的來看，商業銀行的業務可分為負債業務、資產業務、中間業務和表外業務。

一、負債業務

商業銀行的負債業務是銀行融通資金、籌措經營資本和資金的業務，也就是形成其資金來源的業務。負債業務決定商業銀行資金來源的規模和結構，從而決定商業銀行資金運用的規模和結構。負債業務是資產業務的基礎和前提。商業銀行的負債主要包括自有資本、存款負債和借入負債三種類型。

(一) 自有資本

自有資本又稱銀行資本或資本金，是指銀行為了正常營運而自行投入的資金，代表股東對銀行的所有權。自有資本是商業銀行實力強弱的標誌之一，也是商業銀行經營發展和業務擴展的基礎。自有資本的多少還體現商業銀行資本實力對債權人的保障程度。在現代商業銀行中，自有資本往往是其資金來源的一小部分，但是其作用巨大，可以減少商業銀行的經營風險，維持商業銀行業務的正常經營和使商業銀行保持適度的資產規模。銀行以什麼形式獲得的資金可以被認定為是銀行資本金呢？在過去較長的時期內，銀行資本金的標準是由各國政府金融監管部門定義的。隨著金融國際化進程的推進，巴塞爾委員會頒布的《巴塞爾協議》(《關於國際銀行的資本衡量和資本標準》)的思想逐步被世界上大多數國家認可，成為各國政府定義國際銀行資本金的統一標準。《巴塞爾協議》規定：國際銀行的資本金由一級資本（核心資本）和二級資本（附屬資本）構成。一級資本由股本、資本盈餘、法定公積和未分配利潤構成；二級資本由債務性資本構成，具體細節可由各國政府自行定義。

商業銀行的資本包括兩部分：一是商業銀行在開業註冊登記時所載明的銀行經營規模的資金。各國的中央銀行均規定商業銀行開業時註冊資本金必須要達到的一定數額，如中國中央銀行目前規定，設立商業銀行、城市合作銀行的註冊資本最低數額分別為 1 億元、10 億元，而設立城市信用社的註冊資本金最低數額為 100 萬元。二是商業銀行在業務經營過程中通過各種方式補充的資本金，如股份制銀行通過發行股票增資擴股、國家銀行通過國家財政注入資金等。

從嚴格意義上講，銀行資本應屬淨值，不應算在負債之內，而將其列入負債方只是為了表明它與各種負債共同構成了銀行的資金來源，我們不能因此而將銀行的債權與所有權相混淆。

(二) 存款負債

存款是商業銀行最主要的資金來源，也是商業銀行最主要的負債。存款為銀行提供了絕大部分資金來源，並為實現銀行各職能活動提供了基礎。按照傳統的存款劃分方法，商業銀行的存款分為活期存款、定期存款和儲蓄存款。

1. 企業活期存款

活期存款是存款人可以隨時存入和提取的存款。存款人可以在自身的存款額度內隨時簽發支票，或進行日常支付和結算。活期存款存取數量大、流通速度快、支付頻繁，銀行需要付出大量的人力物力，因此西方商業銀行對活期存款一般不支付利息，活期存款是商業銀行的「專利業務」，是商業銀行創造存款貨幣的基礎。

2. 企業定期存款

定期存款是指存款人在銀行存款時先約定存款期限，到期才能提取本金和收取利息的存款。若存款人提前支取必須承擔相應的利息損失。定期存款一般採用記名、存單方式存取。定期存款具有較高的穩定性，是商業銀行吸收外來資金中較可靠的部分，可用於中長期貸款業務，因此各國商業銀行均給予較高的利息。

3. 居民儲蓄存款

儲蓄存款一般是個人或非營利單位為積蓄貨幣，取得利息收入而採用的一種憑存折或存單提取的存款方式，包括活期儲蓄存款、定期儲蓄存款等。對儲蓄存款一般要支付利息，在商業銀行負債業務中，居民儲蓄存款是最普遍、最重要的業務之一。其特點是易變性強，對於通貨膨脹、經濟波動的敏感性高，如果出現擠兌，容易引發危機。

(三) 借入負債

商業銀行在自有資本和存款不能滿足放款需求時，或銀行資金的流動性不足時，可以通過各種借款主動尋求資金，因此借款是商業銀行的主動負債。商業銀行借入資金主要有以下渠道：

1. 向中央銀行借款

商業銀行向中央銀行借款的形式主要有兩種：一種是直接借款，即再貸款。再貸款是指商業銀行以政府債券等信用等級較高的證券作為抵押擔保，向央行貸款獲得資金融通的融資行為。央行提供的再貸款以短期為主，主要是用於解決商業銀行調劑頭寸、補充儲備等需要。另一種是間接借款，即再貼現。在市場經濟發達的國家，由於商業票據和貼現業務的廣泛流行，再貼現成為商業銀行向中央銀行借款的主要渠道；在商業票據信用不普及的國家，商業銀行主要採取再貸款的形式向中央銀行借款。

2. 向其他金融機構借款

向其他金融機構借款又稱為同業拆借，是指金融機構之間的短期資金融通，主要用於日常資金週轉，是解決短期資金餘缺、調劑法定準備頭寸而相互融通資金的重要方式。

3. 向國際金融市場借款

國際金融市場特別是歐洲貨幣市場交易量大，資金來源充裕，借款手續簡單，資金流動性強，受政府管制少，調撥資金靈活，利差小。商業銀行很願意採用這種借款渠道，尤其是在國內信貸資金緊張時，向國際金融市場借款是商業銀行重要的資金來源。

4. 向社會公眾借款

商業銀行發行中長期金融債券借入資金，主要是適應中長期投資和放款的資金需要或作為附屬資本的來源。向社會公眾借款是商業銀行以發行人的身分直接向貨幣所有者舉借債務並承擔債券利息的融資方式。這種渠道獲得的資金來源穩定，但是資金成本較高，增大了銀行經營的風險。

二、資產業務

資產業務是運用資金的業務,通過對這種業務運作狀況的考察,能反應出銀行資金的存在形態及銀行所擁有的對外債權。商業銀行的資產業務按資金運用方式可分為現金資產、信貸資產和證券投資。

(一) 現金資產

現金資產是商業銀行應付客戶隨時提現的資產準備,通常被稱為存款準備金。現金資產包括庫存現金、存放在中央銀行的準備金、存放同業的現金和結算中占用的現金。現金主要為滿足商業銀行日常管理工作中客戶提現、營業支出等需要,是商業銀行經營中必不可少的資產組成部分,是銀行信譽的基本保證。現金資產不能給銀行帶來收益,且保管費用較高,因此商業銀行一般都把現金資產控製在法律規定的最低標準之內。

(二) 信貸資產

信貸資產是銀行發放的各種貸款。貸款是商業銀行取得利潤的主要途徑,是商業銀行與客戶保持良好關係的重要條件,也是商業銀行最主要的資產,一般占商業銀行總資產的 50%~70%。

1. 商業銀行的貸款種類

商業銀行貸款業務活動十分複雜,為了便於經營,通常依據貸款期限、貸款用途、貸款的保障程度和貸款質量等對其進行分類。

(1) 按貸款期限不同,貸款可分為短期貸款、中期貸款和長期貸款。短期貸款是指貸款期限在 1 年以內的貸款;中期貸款是指貸款期限在 1~5 年的貸款;長期貸款是指貸款期限在 5 年以上的貸款。

(2) 按照貸款用途不同,貸款可分為工商貸款、不動產貸款和消費貸款。工商貸款是指發給工商企業的貸款,是商業銀行最主要的貸款;不動產貸款是指以土地、房地產等不動產作抵押而發放的貸款;消費貸款是指貸放給個人消費者滿足其消費需求(大多為高檔耐用消費品)的貸款,消費貸款按用途不同又可分為住房貸款、汽車貸款、助學貸款和度假旅遊貸款等。

(3) 按照貸款的保障程度不同,貸款可分為信用貸款、擔保貸款和抵押貸款。信用貸款是指銀行完全憑藉客戶的信譽、無須提供抵押物或第三者保證等任何擔保而發放的貸款;擔保貸款是指商業銀行憑藉客戶與擔保人的雙重信譽而發放的貸款;抵押貸款是指商業銀行憑藉客戶提供的一定的有價值的資產作為抵押而發放的貸款。

(4) 按照貸款質量不同,貸款可分為正常貸款、關注貸款、次級貸款、可疑貸款和損失貸款五類。正常貸款是指借款人能夠履行借款合同,有充分把握按時足額償還本息的貸款;關注貸款是指貸款的本息償還仍正常,但是存在一些可能對償還貸款產生不利影響的貸款;次級貸款是指借款人的還款能力出現明顯問題,依靠正常收入已無法保持足額償還本息的貸款;可疑貸款是指借款人無法足額償還本息,即使執行抵押或擔保,也肯定要造成一部分損失的貸款;損失貸款是指採取了所有可能的措施和

一切必要的法律程序之后，本息仍無法收回，或只能收回極少部分的貸款。

2. 貸款的原則

貸款原則是銀行在辦理貸款業務時遵循的一些基本原則。中國目前的貸款原則是安全性、流動性和盈利性。所謂安全性，就是商業銀行發放的貸款必須要保證本金的安全。流動性，即商業銀行發放的貸款必須保證有足夠的流動性，確保到期收回，這樣既可以滿足客戶提取的需要，又可以滿足客戶的借款需要。盈利性，即商業銀行發放的貸款必須保證盈利。

在西方國家，為了保證貸款的安全與盈利，銀行非常重視對借款人信用情況的調查與審查，根據實踐總結出了一套評價標準，即「5C」標準。

（1）品德（Character），即借款人是否具有償還債務的意願和能否嚴格履行合同，過去是否有一些不良的品德記錄。

（2）才能（Capacity），即借款人的才干、經驗、判斷能力、業務素質優劣等。沒有才能容易導致投資失敗，貸款的安全性較低。

（3）資本（Capital），即借款人資本的數量和真實性。借款人如果資本雄厚，則貸款的風險較小。

（4）擔保或抵押品（Collateral），即貸款申請人用做還款保證的抵押物。有擔保或抵押品的貸款比信用貸款風險要小得多。

（5）經營環境（Condition），即借款人的行業在整個經濟中的發展趨勢、政局變化、經濟週期、同業競爭情況。此外，對企業自身的經營狀況，如技術水平、勞資關係和購銷條件也應考慮在內。

（三）證券投資

證券投資是商業銀行購買有價證券來獲取一定收益的資產業務。其目的或是為了以後按高價出售謀取投機利潤，或是為了獲取利息、股利和取得對企業的控製權，還可能是為了增加銀行資產的流動性，降低風險性。因此，商業銀行持有的短期證券資產又被稱為「第二準備金」。

三、中間業務

中間業務是指商業銀行不動用或較少動用自己的資金，以中間人的身分替客戶辦理收付和其他委託事項，提供各類金融服務並收取手續費的業務。商業銀行的中間業務主要包括結算業務、代理業務、信息諮詢業務、信託業務和租賃業務等。

（一）結算業務

支付結算是商業銀行代客戶清償債權債務、收付款項的一種傳統的中間業務。其特點是業務量大、風險小、收益穩定。現代結算業務主要有代收業務、匯兌業務、信用證業務和信用卡業務。

代收業務是商業銀行受客戶委託，代替客戶收進貨幣憑證和商品結算憑證的業務。商業銀行辦理該業務時，只收取一定的佣金。當客戶從他人手中收到其他銀行的支票時，客戶可以轉交給自己的開戶行，委託其從付款行代收。客戶也可以將有價證券交

給商業銀行，委託其代收利息和股利等。在異地或國際貿易中，商品發售者可以將憑證交由商業銀行，委託其代理收款。

匯兌業務是客戶把款項交付商業銀行，再由商業銀行將款項支付給異地收款人的一種業務。銀行在匯兌業務中可以占用客戶一部分資金，因為從客戶把款項交給銀行起，到外地銀行把款項付給收款人止，中間總有一段時間間隔。在這段時間內，銀行就可占用匯款，儘管占用的時間一般較短，但是匯兌週轉額一般很大，銀行還是能有一定收益的。

信用證業務是顧客委託商業銀行根據其所指定的條件，向賣主支付貨款的業務。主要為異地買賣，特別是國際貿易領域使用最為廣泛的一種中間業務。

信用卡是指商業銀行簽發的證明持有人信譽良好，可以在指定的場所進行記帳消費的一種信用工具。銀行作為發卡人時，信用卡消費的操作程序是：銀行與商場約定，接受持卡人憑信用卡購物；持卡人刷卡消費後，由商店向銀行收款；銀行於每個月內的固定日期向持卡消費者收款。信用卡業務具有「先消費、后存款」的特點。發卡銀行通常還為持卡人規定一個透支限額。信用卡業務的推廣不僅可以提高銀行信譽，而且可以吸收大量低成本的存款，推動了個人金融服務的中間業務的發展。由於信用卡業務還能增加銀行手續費收入並從特約商場處收取銷售回扣，只要業務有一定規模，就能為商業銀行帶來源源不斷的收益。

(二) 代理業務

代理業務是指商業銀行接受政府、企業、其他銀行或非金融機構以及居民的委託，以代理人的身分代表委託人辦理一些經雙方議定的經濟事務的業務。銀行經營代理業務一般不動用自己的資產，不墊付資金，不參與收益分配，只收取手續費，因而風險程度較低。代理業務種類繁多，包括代理收付款項、代理融通、代理行等。

代理融通是指商業銀行接受客戶委託，以代理人的身分代為收取應收帳款，並為委託者提供資金融通的一種中間業務。代理行業務是商業銀行的部分業務由指定的其他商業銀行代為辦理的一種業務。國內、國際間的商業銀行都可成為代理行。由於代理行業務和設立分支機構差不多，因而可以避免地域和法規的限制。代理行關係一般是雙向的，即兩家商業銀行之間互為代理關係。

(三) 信息諮詢業務

信息諮詢業務是商業銀行以轉讓、出售信息和提供智力服務為主的中間業務。一般而言，商業銀行的分支機構多，網絡覆蓋面廣，擁有業務規模和業務範圍的優勢，在信息獲取方面具有得天獨厚的優勢。商業銀行通過所持有的大量帳戶，對資金流量的信息進行分析，因此對市場商情變化有著靈敏的反應，再加上商業銀行先進的電腦設備和齊備的人才，使得商業銀行成為一個名副其實的信息庫。商業銀行可以根據客戶的需要，提供各種諮詢服務，並視情況收取服務費用。信息諮詢業務充分發揮了商業銀行所固有的資源優勢，極大地拓寬了銀行的業務範圍，增加了銀行的收入。

(四) 信託業務

信託業務是商業銀行作為受託人，為了委託人的利益，代為管理、營運或處理託

管財產的業務。商業銀行受委託的財產十分廣泛，包括資金、遺產、公益金、有價證券、動產和不動產等。商業銀行信託部雖然是商業銀行的一個業務部門，但是委託財產並非商業銀行的資產，商業銀行在其業務中僅僅收取手續費和佣金。商業銀行通過開展信託業務可以實現對巨額資本的控制，並把信息集中於商業銀行。

(五) 租賃業務

租賃業務是指商業銀行不通過貨幣借貸，而是通過出租昂貴設備等生產資料來開展信用業務，其實質是所有權和使用權之間的一種借貸。租賃主要分為兩大類：經營性租賃和融資性租賃。商業銀行從事的多為融資性租賃，即客戶需要添購或更新大型設備、儀器，因資金不足，由商業銀行出資購買這些設備，客戶使用這些設備並按時繳納租金，商業銀行通過租金逐步收回資金。在租賃期間，物品所有權屬於商業銀行，使用權歸於承租人。租賃期滿，承租人對租賃物品有退租、續租或留購的選擇。由於租期大致相當於設備折舊壽命，租金總額相當於設備價款、貸款利息和管理手續費之和，承租人通常在租期滿后象徵性地付款取得設備的所有權。租賃業務很複雜，只有較大的商業銀行才有實力經營，但是近年來租賃業務的發展較為迅速。

四、表外業務

表外業務是由商業銀行從事的不列入資產負債表內，而且不影響資產與負債總額的業務。表外業務的特點是服務與資金的分離，是銀行提供的非資金服務。在多數情況下，銀行只是充當仲介人，為客戶提供保證。

表外業務與中間業務都是獨立於資產負債業務之外的業務，兩者的主要區別在於承擔的風險不同。表外業務在一定條件下可以轉化為表內業務，因而承擔一定風險。中間業務則一般沒有資產負債方面的風險，完全處於中間人的地位或者是服務者地位。

傳統的表外業務主要有以下幾類：

(一) 貸款承諾

貸款承諾是商業銀行的主要表外業務，也是一項傳統的業務。貸款承諾是指銀行在諾在一定時期內或者某一時間按照約定條件提供貸款給借款人的協議。在美國，80%的工商貸款是根據貸款承諾進行的。貸款承諾在承諾內容實施前是表外業務（只收取承諾費），而在承諾內容實施之后就轉化為表內業務。

(二) 擔保

擔保是指合同雙方的第三者（擔保人）應合同一方（委託人）的要求，向合同的另一方（受益人）出具書面擔保，保證對委託人的債務或應履行的合同義務承擔損失的賠償責任。由銀行出具書面擔保稱為「銀行擔保」。銀行出具擔保要收取一定的擔保費用。銀行擔保一般有以下四種形式：

1. 投標擔保

投標擔保是根據招標人的要求而由投標人委託保證人出具的擔保。這是為了防止投標人在開標前撤回投標以及在中標后對標價反悔而不願履約。招標人在招標條件中

規定了擔保金額占貨物價值的百分比，一般為 5%～10%。擔保金額既可以付現，也可以用銀行的書面擔保來代替。如果投標人中標后對標價反悔，招標人就有權憑投標擔保書向擔保銀行索賠。

2. 履約擔保和質量擔保

履約擔保主要是被擔保人即擔保書的受益人在委託人不履行其買賣合同中規定的義務時，保證對由此而產生的一切損失進行賠償。因此，履約擔保的金額通常比投標擔保大，一般擔保金額占全部貨款的 20% 左右。這種擔保的目的主要在於促使委託準時交貨。質量擔保的目的主要在於保證委託人遞交的貨物在質量上與合同條款相符。

3. 還款擔保

還款擔保是在購買大型設備時，製造商一般要求購貨方預付一定比例的貨款，為了防止製造商不能按期交貨，購貨方請求銀行擔保製造商歸還預付款。

4. 承兌擔保

承兌擔保是指企業發行商業票據是為了取得信譽或提高原有的信用等級，請求銀行擔保承兌，銀行接受擔保實際上就是承擔了該商業票據發行人到期不能承兌時，銀行要對持票人履行承兌的義務。

第三節　商業銀行的經營與管理

一、商業銀行經營管理的原則

儘管各國商業銀行在制度上存在一定的差異，但是在業務經營上，各國商業銀行通常都遵循安全性、流動性和盈利性原則。

（一）安全性原則

所謂安全性，主要是指商業銀行的資產、收入、信譽以及所有經營生存發展條件免遭損失的可靠性程度。商業銀行的特點在於其經營資金極其依賴於從外部借入，因此安全性對於商業銀行非常重要。安全性既體現在全部資產負債的總體經營上，也體現在每項個別業務上。安全性不僅關係到商業銀行的盈利，而且關係到商業銀行的存亡。商業銀行倒閉往往不是因為盈利不足，而是因為其安全性遭到破壞。

（二）流動性原則

流動性是指商業銀行的資產在不損失價值的情況下的變現能力和足以應付各種支付的能力。商業銀行的流動性體現在資產和負債兩個方面。資產的流動性是指商業銀行持有的資產能夠隨時得以償付或在不貶值的條件下確有銷路。負債的流動性是指商業銀行能夠輕易地以較低成本隨時獲得所需要的資金。

作為特殊的金融企業，保持適當的流動性的必要性表現在：第一，流動性是客戶存款和銀行的其他借入資金隨時提取和按期歸還的要求；第二，流動性是滿足社會上不同時期產生的多種貸款需求；第三，流動性是彌補銀行資金運動的不規則性和不確

定性缺陷的要求；第四，流動性是預防投資風險的要求。

在銀行的業務經營過程中，並不是流動性越高越好。事實上，過高的資產流動性會使銀行失去盈利機會甚至出現虧損；過低的流動性則可能使銀行出現信用危機、客戶流失、喪失資金來源，甚至會因為擠兌導致銀行倒閉。因此，商業銀行必須保持適度的流動性。這種「度」是商業銀行業務經營的生命線，是商業銀行業務經營成敗的關鍵。這種「度」既沒有絕對的數量界限，又需要在動態的管理中保持，這就要求銀行經營管理者及時果斷地把握時機和做出決策。當流動性不足時，要及時補充和提高；當流動性過高時，要盡快安排資金運用，提高資金的盈利能力。

銀行為了更好地實現流動性管理的目標，通常用一些指標來衡量和反應銀行的流動性狀況，這些指標可分為三大類：一是資產類流動性指標，如現金資產比率、流動資產比率和貸款占總資產的比率等；二是負債類流動性指標，如股權占總資產的比率、存款占總資產的比率、預期存款變動率等；三是資產負債綜合類流動性指標，如貸款占存款的比率、流動性資產與易變性負債的差異、存款增長率與貸款增長率之間的差異等。在經營管理中，銀行必須對各種指標綜合分析，並相互印證，從而對流動性狀況做出正確的判斷，並進行相應的調整。

通常情況下，衡量流動性的主要指標有以下幾個：

1. 現金資產率。

$$現金資產率 = \frac{現金資產}{流動資產（或稱儲備資產）} \times 100\%$$

這一指標是指現金資產在流動資產中所占的比率。現金資產包括現金、同業存款和中央銀行的存款，這部分資產流動性強，能隨時滿足流動性的需要，是銀行預防流動性風險的一級儲備。流動性資產又稱儲備資產，是指那些流動性較強，可以預防流動性風險的資產，包括現金資產和短期有價證券。

2. 貸款對存款的比率。

$$貸款對存款的比率 = \frac{貸款}{存款} \times 100\%$$

貸款對存款的比率是指存款資金被貸款資產所占用的程度。這一比率高，說明銀行存款資金被貸款占用比例高，急需提取時難以收回，銀行存在流動性風險。這一指標的缺點是沒有考慮存款和貸款的期限、質量和收付方式，因此該指標衡量流動性的可靠性需要得到其他指標的印證。

3. 流動性資產對全部負債或全部貸款的比率。

$$流動性資產對全部負債或全部貸款的比率 = \frac{流動性資產}{全部負債} \times 100\%$$

$$= \frac{流動性資產}{貸款總額} \times 100\%$$

這一比率越高，說明流動性越充分。其中，前者反應負債的保障程度，後者反應銀行資金投放後的回收速度。比率越高說明銀行還本付息的期限越短，既可滿足客戶提現的要求，又可用於新的資產上。這一指標存在一定的操作難度，也忽略了負債方

面流動性的因素。

4. 超額準備金

超額準備金是相對於法定準備金而言的。法定準備金是按中央銀行規定的比例上交的部分，法定準備金比率是指法定準備金占總準備金的比率。銀行總準備金減去法定準備金就是超額準備金。因為超額準備金的現實保障感極強，可以隨時使用，其絕對值越高，表示流動性越強。這一指標的缺陷在於體現銀行的流動性範圍比較狹窄，往往不能全面正確地說明銀行的流動性水平。

(三) 盈利性原則

商業銀行的盈利性是指商業銀行盈利能力的大小。與其他股份制企業一樣，商業銀行需要盡可能擴大其賺取利潤的能力才能滿足股東的要求。商業銀行盈利能力的大小不僅會直接影響股東紅利的分配和股票市場價值的變動，而且對商業銀行的信譽和實力有著明顯的影響。能否盈利直接關係到商業銀行的生存與發展，是商業銀行從事各種活動的動因。充足的盈利可以擴充商業銀行的資本，擴大經營，增強商業銀行信譽，提高商業銀行的競爭實力。

安全性、流動性、盈利性既有統一的一面，又有矛盾的一面。一般來說，安全性與流動性是正相關的，即流動性較強的資產，風險較小，安全有保障。但是安全性、流動性與盈利性往往有矛盾，即流動性強、安全性好則盈利性一般較低；盈利性較高的資產，往往流動性較差、風險較大。因此，商業銀行在其經營過程中經常面臨兩難選擇：為增強經營的安全性、流動性，就要把資金盡量投放在短期週轉的資金運用上，這就會影響到商業銀行的盈利水平；為了增加盈利，就要把資金投放於週轉期較長但是收益較高的貸款和投資上，這就會使流動性和安全性下降。對安全性、流動性、盈利性的矛盾和統一，商業銀行經營的總方針就是謀求安全性、流動性、盈利性盡可能合理地搭配協調。安全性、流動性、盈利性的相對地位是：盈利性為銀行的目標，安全性是一種前提要求，而流動性是銀行的操作性或工具性要求。商業銀行經營的總方針，就是在保證安全性的前提下，通過靈活調整流動性來提高盈利性。

分析商業銀行的盈利水平，通常用以下衡量標準：

1. 利差收益率

$$利差收益率 = \frac{利息收入 - 利息支出}{盈利資產} \times 100\%$$

這一指標是反應銀行盈利能力的重要指標。因為銀行的收入主要來自於盈利資產，所以利差收益率越大，銀行盈利水平越高。

2. 銀行利潤率

$$銀行利潤率 = \frac{淨收益（或淨利潤）}{總收入} \times 100\%$$

這一指標反應銀行的全部收入中有多少作為利潤留在銀行，是反應銀行經營環境和管理能力的指標，用以考察銀行的全部支出水平。

3. 資產收益率

$$資產收益率 = \frac{淨收益}{資產總額} \times 100\%$$

這一指標是反應銀行資產總體盈利水平或資產結構狀態的主要指標，即反應資產的獲利能力，代表一家銀行的經營水準。

4. 資本盈利率

$$資本盈利率 = \frac{淨收益}{資本總額} \times 100\%$$

這一指標反應了銀行資本經營活動中的效率，說明銀行資本對利潤增加的貢獻能力。由於用這一指標可以測算出股本盈利率，因而也是銀行股東最關心的指標。

二、商業銀行資產負債管理的基本原理

怎樣才能實現流動性、安全性和盈利性「三性」協調統一的要求，既是商業銀行要解決的一個經營管理的實際問題，也是商業銀行經營管理需要解決的理論問題。隨著各個歷史時期經營條件的變化，西方商業銀行經營管理理論經歷了資產管理、負債管理和資產負債管理的三個階段。資產負債管理的基本原理如下：

(一) 對稱性原理

對稱性原理是指資產與負債在規模、結構和償還期限上相互對稱與統一平衡，雙方保持一定的對稱關係。比如長期負債用於長期資產，短期負債用於短期資產。這裡所說的對稱是一種原則上和方向上的對稱，不是要求銀行的資產與負債逐筆對應。具體來看，主要有兩種對稱：一種是總量對稱，即要求資產規模與負債規模相互對稱，實現總量平衡；另一種是結構對稱，即要求資產與負債在期限上相互匹配。

(二) 目標替代原理

目標替代原理是指商業銀行在經營實踐中，不應固守某個目標，而應將流動性、安全性和盈利性三個經營目標合理選擇、相互補充、相互替代，最終使銀行總效用保持最大。

(三) 適度規模原理

適度規模原理是指商業銀行規模必須適度，以獲取規模經濟效益。當商業銀行處於最合理規模時，其管理費用會最低，同時又能提供質優價廉的服務。

(四) 分散化原理

商業銀行主要依靠負債經營，其資本金比重比較小，這就要求銀行在經營時只有在保證資金安全的基礎上才能取得利潤和發展，否則就有虧損倒閉的危險。為此，銀行在經營時，必須遵循資產分散化原理，不能「把雞蛋放在一個籃子裡」，而要把資產分散於相互獨立或相關性極小的短期貸款、長期貸款和證券投資等，並規定某一特定對象貸款不能超過其自身資本的一定比重。

三、資產負債管理的主要內容

資產負債管理的內容有廣義和狹義之分。廣義的資產負債管理的內容指商業銀行管理者對所有的資產負債的類型、數量以及資產負債的總量及其組合同時做出決策的一種綜合性資金管理辦法。其實質是對商業銀行資產負債表中各項目的總量結構進行計劃、安排、控製，從而實現利潤最大化。狹義的資產負債管理的內容是指利差管理，具體地說，就是商業銀行管理者控製利息收入與利息支出的差額，使其大小及變化與銀行總的風險、收益目標相一致。一般來說，收益與風險是衡量商業銀行經營管理水平的重要標誌。商業銀行的收益主要來自利差，而利差大小又是商業銀行資產負債結構是否合理的反應，是資產負債綜合作用的結果。風險則表現為利差的敏感性或波動性，利差大小及其變化決定了商業銀行總的風險和收益狀況。資產負債管理的目標就是要在股東、金融法規等條件約束下，使商業銀行利差最大化、波動幅度最小化，以保持利差高水平的穩定，從而使商業銀行的盈利持續、穩定增長。

西方商業銀行在歷史發展過程中依次經歷了資產管理理論、負債管理理論、資產負債管理理論三個階段。

（一）資產管理理論

以商業銀行資產的流動性為重點的傳統管理方法在20世紀60年代以前比較盛行。資產管理理論依次經歷了以下三個發展階段：

1. 商業貸款理論

商業貸款理論是早期的資產管理理論，源於亞當·斯密的《國民財富性質原因的研究》，也稱真實票據理論或生產性貸款理論。其基本觀點是：存款是銀行貸款資金的主要來源，而銀行存款的大多數是活期存款，這種存款隨時可能被提取。為了保證資金的流動性，商業銀行只能發放短期與商業週轉有關的、與生產物資儲備相適應的有償性貸款，而不能發放不動產等長期貸款。這類貸款用於生產和流通過程中的短期資金融通，一般以3個月為限，以商業行為為基礎，以商業票據為憑證，隨著商品週轉的完結而自動清償，因此不會引起通貨膨脹和信用膨脹。

隨著商品經濟和現代銀行業的發展，這一理論的局限性越來越明顯。這主要表現在：

（1）不能滿足經濟發展對銀行長期資金的需求，將銀行的資金運用限制在狹窄的範圍內，限制了經濟的發展，也限制了銀行自身的發展；

（2）忽視了銀行存款的相對穩定性，使長期負債沒有得到充分利用；

（3）忽視短期貸款的風險性，且該理論使銀行的發展受制於經濟週期，銀行的經營同樣存在風險。

2. 資產轉移理論

資產轉移理論也稱可轉換理論，最早由美國的莫爾頓於1918年在《政治經濟學》雜誌上發表的一篇論文中提出。其基本觀點是：為了保持足夠的流動性，商業銀行最好將資金用於購買變現能力強的資產。這類資產一般具有以下條件，即信譽高、期限

短、易於出售。根據該理論，銀行持有政府的公債正是最容易出售轉換為現金的盈利資產。正因為如此，這一理論在一段時期內成為商業銀行信貸管理的精神支柱，使得第二次世界大戰后銀行有價證券的持有量超過貸款，同時帶動了證券業的發展。

該理論的缺陷主要表現在以下方面：

（1）證券價格受市場波動的影響很大，當銀根緊縮時，資金短缺，證券市場供大於求，銀行難以在不受損失的情況下順利出售證券；

（2）當經濟危機發生使證券價格下跌時，銀行大量拋售證券，卻很少有人購買甚至無人購買，這與銀行投資證券以保持資產流動性的初衷相矛盾。

3. 預期收入理論

預期收入理論是第二次世界大戰之后發展起來的理論。第二次世界大戰後美國經濟高速發展，企業設備和生產資料亟須更新改造，中期貸款的需求迅猛增加，貸款投向由商業轉向工業，預期收入理論隨之產生。預期收入理論最早是由美國的普魯克諾於1949年在《定期放款與銀行流動性理論》一書中提出的。其基本思想是：銀行的流動性應著眼於貸款的按期償還或資產的順利變現，而無論是短期商業貸款還是可轉讓資產，其償還或變現能力都以未來收入為基礎。如果某項貸款的未來收入有保證，即使期限長，也可以保證其流動性；反之，即使期限短，也可能出現到期無法償還的情況。

以上三種理論各有側重，但都是為了保持資產的流動性。商業貸款理論強調貸款的用途；資產轉移理論強調資產的期限和變現性；預期收入理論強調銀行資產投向的選擇。它們之間存在著互補的關係，每一種理論的產生都為銀行資產管理提供一種新思想，促進銀行資產管理理論的不斷完善和發展。

(二) 負債管理理論

負債管理理論是以負債為經營重點來保證流動性和盈利性的經營管理理論。該理論產生於20世紀50年代末期，盛行於20世紀60年代。當時世界經濟處於繁榮時期，生產流通不斷擴大，對銀行的貸款需求也不斷增加。在追求利潤最大化的目標下，銀行希望通過多種渠道吸收資金、擴大規模。與此同時，歐洲貨幣市場的興起、通信手段的現代化、存款保險制度的建立，大大地方便了資金的融通，刺激了銀行負債經營的發展，也為負債管理理論的產生創造了條件。

負債管理理論的核心即以借入資金的方式來保證流動性，以積極創造負債的方式來調整負債結構，從而增加資產和收益。這一理論認為銀行保持流動性不需要完全靠建立多層次的流動性儲備資產，一旦有資金需求就可以向外借款，就可通過增加貸款獲利。負債管理理論的發展依次經歷了以下三個階段：

1. 存款理論

存款理論曾經是商業銀行負債的主要正統理論。其基本觀點如下：

（1）存款是銀行最主要的資金來源，是銀行資產業務的基礎；

（2）銀行在吸收存款過程中是被動的，為保證銀行經營的安全性和穩定性，銀行的資金運用必須以其吸收存款沉澱的余額為限；

（3）存款應當支付利息，作為對存款者放棄流動性的報酬，付出的利息構成銀行的成本。

這一理論的主要特徵在於穩健性和保守性，強調應按照存款的流動性來組織貸款，將安全性原則擺在首位，反對盲目存款和貸款，反對冒險謀取利潤。存款理論的缺陷在於沒有認識到銀行在擴大存款或其他負債方面的能動性，也沒有認識到負債結構、資產結構以及資產負債綜合關係的改善對於保證銀行資產的流動性提高銀行盈利性等方面的作用。

2. 購買理論

購買理論是繼存款理論之后出現的另一種負債，對存款理論做了很大的否定。購買理論的基本觀點如下：

（1）商業銀行對存款不是消極被動，而是可以主動出擊，購買外界資金，除一般公眾外，同業金融機構、中央銀行、國際貨幣市場及財政機構等，都可以視為購買對象；

（2）商業銀行購買資金的基本目的是為了增強其流動性；

（3）商業銀行吸收資金的適宜時機是在通貨膨脹的情況下，此時實際利率較低甚至為負數或實物投資不景氣而金融資產投資較為繁榮，通過刺激信貸規模可以彌補利差下降的銀行利潤。

購買理論產生於西方發達國家經濟滯脹年代，對於促進商業銀行更加主動地吸收資金，刺激信用擴展和經濟增長以及增強商業銀行的競爭能力具有積極的作用。但是該理論的缺陷在於助長了商業銀行片面擴大負債，加重債務危機，導致了銀行業的惡性競爭，加重經濟通貨膨脹的負擔。

3. 銷售理論

銷售理論是產生於 20 世紀 80 年代的一種銀行負債管理理論。其基本觀點是：銀行是金融產品的製造企業，銀行負債管理的中心任務就是迎合顧客的需要，努力推銷金融產品，擴大商業銀行的資金來源和收益水平。該理論是金融改革和金融創新的產物，給銀行負債管理注入現代企業的營銷觀點，即圍繞客戶的需要來設計資產類或負債類產品以及金融服務，並通過不斷改善金融產品的銷售方式來完善服務。銷售理論貫穿著市場觀念，反應了 20 世紀 80 年代以來金融業和非金融業相互競爭和滲透的情況，標誌著金融機構正朝著多元化和綜合化方向發展。

(三) 資產負債管理理論

資產負債管理理論是指要求商業銀行對資產和負債進行全面管理，而不能只偏重於資產或負債某一方的一種新的管理理論。該理論是在 20 世紀 70 年代末 80 年代初產生的，當時金融管制逐漸放松，銀行的業務範圍越來越大，同業競爭加劇，使銀行在安排資金結構和保證獲取盈利方面困難增加，客觀上要求商業銀行進行資產負債綜合管理，由此產生了均衡管理的資產負債管理理論。

在現代商業銀行資產負債管理技術中，主要的管理方法有以下兩種：

1. 缺口管理法

缺口管理法是20世紀70年代以來美國商業銀行資產負債綜合管理中常用的方法。該方法分為兩種：一種為利率敏感性缺口管理方法。該方法下的缺口是指在一個既定時期內利率敏感型資產與利率敏感型負債之間的差額。其基本思路是銀行可以根據利率變動的趨勢，通過擴大或縮小缺口的幅度來調整資產和負債的組合及規模，以達到盈利的最大化。另一種為持續期缺口管理方法。其具體做法是在任何一個既定時期，加權計算資產和負債的平均到期日，資產加權平均到期日減負債加權平均到期日的差額，即為持續期缺口。如該缺口為正，則說明資金運用過多；反之，則資金運用不足，銀行可依據不同的外部環境進行調控。

2. 利差管理法

利差管理法就是要控製利息收入和利息支出的差額，以便適應銀行的經營目標。風險和收益是衡量銀行經營效應的重要標誌，利差的敏感性和波動性決定銀行總的風險與收益。商業銀行管理利差的主要手段如下：

（1）增加利差。例如，準確預測利率的變動趨勢，增加盈利資產在總資產中的比重；加強投資的期限結構等。

（2）創新金融衍生工具及交易方式，用於利差管理與資產的避險保值，如金融期貨交易、金融期權交易、利率互換等衍生工具。

本章小結

1. 商業銀行是唯一能夠接受活期存款並具有派生存款功能的金融機構，有「金融百貨公司」的美譽。

2. 就歷史觀點而論，商業銀行遵循兩大主流發展，即職能分工型模式和全能型模式。20世紀70年代以來，上述兩種類型商業銀行的業務範圍和界限有所突破，職能分工型的商業銀行向綜合化方向發展。

3. 從商業銀行的外部組織形式看，主要有總分行制、單一銀行制、持股公司制、連鎖銀行制。

4. 商業銀行的業務主要有負債業務、資產業務、中間業務、表外業務。

5. 在現代商業銀行資產負債管理技術中，主要的管理方法有兩種：缺口管理法和利差管理法。

復習思考題

1. 簡述商業銀行的職能的內容。
2. 商業銀行的主要業務有哪些？
3. 商業銀行經營管理的原則有哪些？

附錄　銀行業高速發展高盈利時代基本告一段落

面對經濟發展「新常態」帶來的變化，商業銀行要堅持「審慎經營、穩健發展」的經營管理理念。充分認識「新常態」帶來的各種變化，守住風險底線，創新轉型發展，進而實現各項業務持續穩健發展。

近來，習近平總書記在多次會議上強調中國經濟要適應「新常態」。對「新常態」的內涵應該從以下幾個方面來理解：一是經濟增速是適度的，與潛在的增長率相適應，具有可持續性；二是強調環保、民生，強調發展質量；三是創造有利的經濟制度環境，使市場在資源配置中日益發揮決定性作用。中國經濟「新常態」下的發展模式轉型將對商業銀行發展產生巨大的影響，給商業銀行的經營管理帶來新的機遇和挑戰。商業銀行需要深刻理解「新常態」的豐富內涵，充分認識「新常態」帶來的各種變化，守住風險底線，創新轉型發展，進而實現持續穩健發展。

一、深刻認識商業銀行發展「新常態」

商業銀行快速發展的前提和基礎從根本上說是實體經濟又好又快發展。隨著過去30多年中國經濟的高速增長，商業銀行也經歷了快速擴張的階段，特別是2003—2013年銀行業金融機構資產規模年均增速超過18%。另有數據顯示，2009—2013年中國銀行業在5年時間裡貸款余額增加了將近45萬億元，這超過去60年貸款增量的總和。

近年來，商業銀行的發展環境發生了深刻變化，銀行業實現高速發展和高盈利的時代基本告一段落。一是經濟增速下行壓力持續加大，企業經營面臨成本上升、庫存增加、利潤下降、現金流緊張等諸多困難，商業銀行不良貸款明顯反彈。二是利率市場化改革提速，無論是企業存款、機構客戶存款還是居民儲蓄存款都存在明顯的理財化趨勢，資金成本持續攀升，銀行利差逐步收窄，商業銀行存款的持續增長也面臨嚴峻挑戰。三是信貸規模受到剛性約束，無法有效滿足資產規模增長和客戶融資的需求，商業銀行通過擴張分支機構拓展資產業務的增長模式將受到抑制。四是資本約束壓力日益加強。商業銀行前期擴張較快，對資本消耗較大，同時新資本協議的實施進一步提高了對商業銀行的資本要求。五是監管政策更趨嚴格，127號文件等監管政策的出抬一定程度上壓縮了商業銀行同業業務的市場空間，商業銀行在維繫客戶、穩定資產和提升盈利等方面都面臨較大壓力。

商業銀行業務發展進入「新常態」主要有以下幾個特點：一是資產質量在一段時期內將承受較大壓力，「兩高一剩」行業、房地產、貿易融資等領域的金融風險充分暴露需要一個過程，必須加強政策及行業研究，從根本上提高對風險的預警和把控能力，堅持風險底線思維，確保資產質量的真實性和穩定性。二是隨著利率市場化的影響逐步深入，單純依賴資產規模增長和存貸利差的傳統經營模式將更加難以為繼，必須加快創新轉型，建立更加適應「新常態」要求的差異化發展模式。三是同業業務的快速發展受到更加嚴格的監管，商業銀行必須研究符合監管要求和支持國家產業結構調整政策的產品創新。四是單純依賴儲蓄存款和一般性對公存款難以滿足資產業務快速增長的需要，加上監管部門將設立銀行業金融機構存款偏離度考核指標，約束銀行存款衝時點行為，銀行吸收存款將面臨更為嚴峻的挑戰。

二、商業銀行業務發展「新常態」面臨機遇與挑戰

隨著全面深化改革進程的持續推進，國內經濟不斷出現一些新的積極變化，國內經濟運行總體平穩，具備中長期的增長潛力。

總體而言，「新常態」下，積極變化和不利影響同時顯現。應該看到，商業銀行轉型發展仍然面臨諸多挑戰，體現在資產質量、利率市場化、市場競爭、內部管理、產品創新、資本約束等多方面。但是現階段來看，「新常態」帶給商業銀行最嚴峻的挑戰仍然是資產質量。在經濟高速增長時期，出於對經濟形勢的樂觀預期，以及在大發展時期迫於與同業拼規模、比速度的壓力，商業銀行傾向於低估資產組合的信用風險、市場風險等，一旦經濟增速放緩，貨幣流轉速度下降，前期隱藏的風險也容易暴露出來。最近見諸媒體的煤炭、鋼鐵等行業的風險事件，個案金額超百億元，牽涉多家銀行。房地產行業也已經出現明顯的結構性分化，三四線城市和中小房地產企業風險隱患正在逐漸暴露。部分區域的潛在風險同樣比較突出，民間融資關聯擔保相對活躍的長三角地區在經濟增速下行週期中承擔更大壓力，不規範的倉單類貿易融資出現資金鏈斷裂也導致部分港口城市風險集中暴露。企業出現經營困難，銀行業也無法獨善其身。2014年以來，商業銀行的不良資產呈現明顯上升趨勢。

面對經濟發展「新常態」帶來的變化，商業銀行要堅持「審慎經營、穩健發展」的經營管理理念，在銀行戰略、公司治理、風險偏好、業務結構等方面，不斷調整完善審慎性管理要求，以充分適應「新常態」的客觀情況，保障銀行持續穩健經營。一是要重新審視銀行的發展戰略，客觀評估自身的資本實力和管理能力，保持適當的增長速度，根據國家的產業政策、貨幣政策、區域發展戰略、市場和客戶需求等，確定差異化的發展目標。二是要在公司治理層面上，通過「三會一層」的公司治理機制，加強對股東、董事、監事、管理層、員工、監管機構等利益相關者的多層面廣泛溝通，形成對銀行長遠發展的一致目標。三是要在符合自身發展要求的風險偏好下，實事求是地討論風險管理標準和底線，對部分困難行業、困難企業要有針對性地區別對待。商業銀行要站在全局的高度，支持實體經濟轉型升級，支持企業渡過難關。四是要做好自身業務結構調整，包括資產負債配置要遵循流動性風險管理的基本要求，對單一行業、單一客戶要嚴格總量控製，逐步調整傳統資產業務模式等。

三、商業銀行「新常態」下的轉型發展思路

堅持創新轉型發展不動搖。發展始終是商業銀行生存的第一要務。在「新常態」中謀發展，絕不是以往「拼規模、比速度」大幹快上的模式，而是要順應全面深化金融改革的大勢，依據國家政策引導方向，打造轉型發展的新引擎，實現創新發展。一是要加快推進資產管理業務的發展。在加強自營資產管理的同時，積極參加行業資產管理業務的競爭，逐步將資產管理業務培育成重要的利潤增長點。要加強對資產證券化業務的研究和推動，盤活全行存量資產，爭取更大的發展空間。二是要加快推進多元化經營。多元化經營是商業銀行發展的必然方向和趨勢。當前，中國銀行、保險、證券、基金、信託等金融子行業「放鬆管制、強化監管」的趨勢日益加強，相繼出抬了多項行業發展的鼓勵政策，很多同業已經通過各種途徑持有了各類非銀行的金融牌照，並且通過牌照間優勢互補實現產品創新和業務創新。渤海銀行也要在多元化經營

方面加快佈局，通過發起設立、併購持股等方式，積極爭取基金、租賃、信託等金融牌照，提升綜合金融服務能力。三是要大力拓展理財業務。隨著《中華人民共和國商業銀行法》修訂的啓動，銀行理財將迴歸資產管理，這是做大做強理財業務的有利契機。四是要加快推進互聯網金融業務創新發展。目前，渤海銀行在大力推進「添金寶」產品銷售的同時，加快延伸產品的研發推廣時效，在產品組合創新、功能創新、服務創新等方面不斷推陳出新；進一步加快推進直銷銀行建設，不斷提升手機銀行、微信銀行等產品的客戶體驗，完善線上線下一體化服務。

堅持守住風險底線不動搖。資產質量是商業銀行發展的根本底線。在受「三期疊加」影響的「新常態」下，守住風險底線就是守住銀行的生命線，是商業銀行當前最突出的任務。要在銀監會的指導下，堅持從全局出發，堅決守住不發生系統性區域性金融風險的底線。一是加強對大額不良風險隱患進行排查，採取必要措施，防止產生大額不良風險。確保不發生大額風險和系統性風險是保持全行穩健發展的前提和基礎。要加強對宏觀經濟形勢的研判和分析，對單一行業、單一產品和單一客戶始終堅持總量控製的原則，把風險管理工作前置到客戶選擇、產品設計和風險政策的把握上。對於潛在風險隱患較高的客戶，要在風險尚未實質性暴露前，逐步壓縮風險敞口，防患於未然。二是要進一步加大不良資產清收化解力度。要加大對授信業務潛在風險的有效識別，提前採取有效措施防範和化解風險隱患；要按照依法合規原則，進一步規範不良資產處置程序，持續加大對不良資產的清收保全力度，進一步完善責任認定和責任追究機制，防範道德風險。三是加強對房地產行業、地方政府融資平臺風險的排查，尤其是重點排查三四線城市和中小房地產企業，繼續實行名單制管理和一把手責任制，確保風險隱患排查到位，管理責任落實到位。

堅持依法合規經營不動搖。依法合規經營是商業銀行在「新常態」下平衡好業務發展和風險管理的重要保障。商業銀行要重點抓好「四個迴歸」，堅持商業銀行穩健發展的基本原則。一是貫徹安全性、流動性和效益性「三性」原則，把「三性」原則貫穿銀行經營決策的全過程。二是迴歸鐵帳本、鐵算盤、鐵規章的「三鐵」原則。三是加強貸前調查、貸時審查、貸后檢查的「三查」制度建設。四是迴歸前中後臺分離的「三分離」原則，這是銀行有效內控的基礎，也是建設流程銀行的核心。要形成前中後臺獨立運行、相互制衡的內控機制。

資料來源：趙世剛. 銀行業高速發展高盈利時代基本告一段落 [J]. 中國銀行業，2014（11）.

第六章　中央銀行

第一節　中央銀行的產生與發展

目前世界上絕大多數國家的金融體系中均設有中央銀行。中央銀行在一個國家金融體系中居於主導地位，作為領導與管理全國金融與貨幣的核心機構，代表國家發行貨幣、制定和執行金融政策、處理國際性金融事務、對金融體系實施監管等。

一、中央銀行的產生

現代商業銀行是從貨幣兌換業逐漸發展而來的，中央銀行又是在商業銀行的基礎上，經過長期發展逐步形成的。

在銀行事業發展的初級階段，許多私人銀行除辦理存款、放款和匯兌等業務外，也都辦理銀行券發行業務，一般利用銀行券的發行來增加自己的資金。隨著銀行數量的增加、經濟的發展、市場的擴大，銀行券的分散發行已經不適應資本主義經濟發展的需要，其缺點日益顯現。

許多銀行券分散的發行，不能保證貨幣流通的穩定性。為數眾多的小銀行信用能力薄弱，隨著資本主義競爭的加劇和經濟危機的震盪，一些小銀行無法保證自己所發行銀行券的兌現，從而無法保證銀行券的信譽及其流通的穩定性，進而引起社會混亂。

小銀行信用能力有限，所發行的銀行券不能廣泛流通。許多分散的小銀行所發行的銀行券只能在有限的地區流通，從而給生產和流通帶來困難。隨著資本主義經濟的發展，要求有更加穩定的通貨，也要求銀行券成為能在全國市場上流通的一般的信用流通工具。因此，在客觀上要求建立一個資金實力雄厚，並在全國有權威的大銀行來集中貨幣發行。

隨著資本主義生產的發展和流通的擴大，對貸款的要求不僅數量增多了，而且期限延長了，商業銀行如果僅用自己吸收的存款來提供放款，就遠遠不能滿足社會經濟發展的需要，而將吸收的存款過多地用於提供貸款，又會削弱銀行的清償能力，使銀行發生擠兌和破產的可能。於是就有必要適當集中各家商業銀行的一部分現金準備，在有的商業銀行發生支付困難時，給予必要的支持。這在客觀上要求有一個銀行後臺，能夠在商業銀行資金發生困難時，給予貸款支持，這個後臺只有中央銀行才能充當。

當然，中央銀行的產生有一個發展過程，在之後的經濟發展中，對中央銀行又提出了新的要求，賦予中央銀行新的職能，使中央銀行在實踐中逐漸成長起來，最終成為今天一個能夠掌握和運用多種手段，對國民經濟進行調節的機構。

中央銀行誕生於17世紀后半葉，而中央銀行制度的形成則在19世紀初期。最早設立的中央銀行是1656年的瑞典銀行。直到1913年美國建立美國聯邦儲備體系后中央銀行制度才基本建立。現將瑞典銀行、英格蘭銀行和美國聯邦儲備體系三家比較典型的中央銀行形成的歷史進行簡要闡述。

瑞典銀行於1656年成立，原是私人創辦的商業銀行，1661年開始發行銀行券，是當時歐洲第一家發行銀行券的銀行。1668年由政府出面將該行改組為國家銀行，對國會負責。然而直到1897年瑞典政府才通過法案將發行權集中於瑞典銀行，瑞典銀行發行的貨幣成為法償貨幣。此后瑞典銀行才演變成中央銀行。

英格蘭銀行設立於1694年，雖然比瑞典銀行晚成立38年，但是被資本主義國家稱為近代中央銀行的先驅，其設立在中央銀行制度的發展史上是一個重要的里程碑。英格蘭銀行設立時最初的宗旨純屬替政府籌集經費，其交換條件是該行有權發行紙幣。1833年，英國議會通過法案，規定英格蘭銀行的紙幣為全國唯一的法償貨幣。1844年，英國議會再度修訂銀行條例，該條例由英國時任首相羅伯特・皮爾所擬，故稱為《皮爾條例》。該條例決定將英格蘭銀行機構分為發行部和業務部，將發行鈔票和銀行業務分開，從而奠定了現代中央銀行組織的模式。而且該條例又限制其他商業銀行發行紙幣的數量，擴大了英格蘭銀行的貨幣發行權。隨著英格蘭銀行發行權的擴大，加上該行與政府的密切關係，英格蘭銀行作為特殊銀行的地位更加鞏固，許多商業銀行把自己的現金準備的一部分存入英格蘭銀行，作為交換和清算用途，英格蘭銀行成為英國銀行業的清算銀行。在英國的幾次週期性金融危機中，英格蘭銀行充當「銀行的銀行」，對資金週轉困難的銀行提供貸款，以免銀行擠兌風潮的擴大導致整個銀行業的崩潰，發揮了「最后貸款者」的作用。這樣英格蘭銀行就逐步演變成英國的中央銀行。到19世紀后期，英格蘭銀行已成為中央銀行的典範，為他國所紛紛模仿，因此英格蘭銀行被譽為中央銀行的鼻祖。1946年英國議會通過《英格蘭銀行法案》，使得該行正式成為國有銀行。

美國中央銀行是世界各經濟強國中最后建立的，也是性質最特殊的中央銀行。美國1907年爆發的金融危機暴露出美國銀行制度的一個重大缺陷：貨幣供給缺乏彈性，即貨幣供給無法適應社會大眾和經濟發展的需要。為此美國政府設立國家貨幣委員會，建議成立聯邦式的中央銀行。美國國會於1913年通過聯邦儲備法案，聯邦儲備體系於1914年成立。根據美國聯邦儲備法律的規定，除在首都設立聯邦儲備體系理事會外，將全國分成12個聯邦儲備區，每個區設立一家聯邦儲備銀行，可以獨立行使中央銀行的職能。換言之，目前美國有12家中央銀行。但是有必要指出的是，美國聯邦儲備體系理事會在成立之初並沒有實權，但是后來權利日益增加，其主要任務在於決定美國聯邦儲備體系的貨幣政策，並且監督和協調各區聯邦儲備銀行的業務，所以事實上該理事會已成為美國聯邦儲備體系的實際決策機構。

二、中央銀行的發展

中央銀行的發展大致可分為兩個階段：一個階段是中央銀行的普遍推行時期，即19世紀初至20世紀中葉，也就是到第二次世界大戰結束時為止；另一個階段是中央銀

行的強化時期，即 20 世紀中葉到現在。

(一) 中央銀行的普遍推行時期

第一次世界大戰爆發後，各國金融領域發生劇烈波動，中央銀行紛紛宣布停止或限制兌現，提高貼現率，外匯行市下跌，禁止黃金輸出。為了滿足戰時財政的需要，應付軍費開支，中央銀行增發通貨，進行大量墊款，從而引起了通貨膨脹。針對以上情況，在第一次世界大戰以後，1920 年在比利時首都布魯塞爾舉行的國際會議提出中央銀行應擺脫各國政府政治上的控製，實行穩定的金融政策。會議建議，尚未設立中央銀行的國家，應該迅速建立中央銀行。於是世界上許多國家鑒於大趨勢及國內經濟發展的需要，紛紛新建或改組中央銀行。因此，可以說 20 世紀 20 年代是中央銀行制度積極發展的一個階段。

(二) 中央銀行的強化時期

進入 20 世紀中葉，特別是第二次世界大戰後，各國政治、經濟發生了重大變化。大多數參戰國受到嚴重的戰爭破壞，經濟困難，通貨膨脹。為了醫治戰爭創傷，恢復本國經濟，穩定貨幣，籌集資金，都將貨幣信用政策用來作為干預生產和調節國民經濟的主要槓桿。中央銀行是制定與執行貨幣政策的重要機構，這就使中央銀行制度發生了新的變化，許多國家的中央銀行開始了國有化進程。儘管有的資本主義國家維持私有或公私合營，但是也都在中央銀行相對獨立的情況下加強了國家的控製。

第二次世界大戰後，中央銀行制度得到更為迅速的發展和完善。這主要表現在以下幾個方面：

第一，由於中央銀行的業務活動以社會利益和經濟穩定為前提，因而各國政府先後實行中央銀行國有化政策。

第二，中央銀行日益成為國家控製和干預國民經濟的重要工具，中央銀行逐漸擺脫商業銀行的日常業務，其主要任務轉向調節貨幣供應量，穩定貨幣，穩固金融。

第三，不論中央銀行的資本性質是屬於國家的、半國家的或者是私人股份的，中央銀行都是執行國家貨幣政策的機構，受國家的直控製和監督，中央銀行的負責人由國家任命。私人持股者對中央銀行的業務既沒有決策權，也沒有經驗管理權，只能按照規定獲取股息。

三、中國中央銀行的產生和發展

中國中央銀行的產生和發展有其獨特性。1984 年 1 月 1 日，中國工商銀行正式成立，承辦原來由中國人民銀行辦理的城市工商信貸和儲蓄業務，中國人民銀行專門行使中央銀行的職能。一個以中央銀行為領導，以國家專業銀行為主體的多種金融機構並存、分工協作的具有中國特色的金融體系已基本形成。

中國人民銀行作為中國的中央銀行，專門行使中央銀行職能，這是中國金融體制的一項重大改革，對健全和完善中國金融體系具有重要的意義，可以集中資金進行重點建設，加強對宏觀經濟的調節和控製，進一步搞活經濟和穩定貨幣流通。

1995 年 3 月 18 日，第八屆全國人民代表大會第三次會議通過了《中華人民共和國

中國人民銀行法》，從法律上確立了中國人民銀行的地位和基本職能，並確立了按社會主義市場經濟體制的要求，建立規範化的現代化中央銀行組織體系和管理機構，標誌著中國中央銀行制度進入了法制軌道。《中華人民共和國中國人民銀行法》對中國人民銀行的性質、地位、職責、組織機構和貨幣政策與金融監管等作出了規定，中國人民銀行在實施貨幣政策中不受政府部門和地方政府的干預，享有法律賦予的履行職責的獨立性。

按照國務院關於機構改革的決定，1998年中國人民銀行進行了組織機構體系的改革。改革的重點是強化中央銀行的垂直領導，跨行政區設立一級分行，撤銷省級分行建制，強化中國人民銀行實施貨幣政策的獨立性；強化對商業銀行、合作金融機構等各類金融機構的監管職能，並強調運用金融電子信息化手段，建立金融風險監測、預警體系；對全社會資金流量、流向和金融業務活動進行監控、分析，提高中國人民銀行的管理水平，為金融系統和全社會提供更加準確、安全、快捷的支付清算的金融服務。

第二節　中央銀行的性質與職能

一、中央銀行的性質

中央銀行的性質是指中央銀行自身所具有的特有屬性，這是由其在國民經濟中的地位所決定的，並隨著中央銀行制度的發展而不斷變化。中央銀行已由過去集中發行銀行券、解決國家財政困難的政府銀行，逐步發展成為代表國家調節宏觀經濟、管理金融的特殊機構，處於一國金融業務的核心和領導地位。總體來說，中央銀行的性質可以從以下幾個方面分析：

（一）中央銀行是特殊的金融機構

一方面，中央銀行的主要業務活動具有銀行固有的辦理存、貸、匯業務的特徵；另一方面，中央銀行的業務活動又與普通金融機構有所不同，主要表現在以下幾個方面：

（1）其業務對象僅限於政府和金融機構，不是一般的工商客戶和居民個人。

（2）享有政府賦予的一系列特有的業務權利，如發行貨幣、代理國庫、保管存款準備金、制定金融政策等。

（3）與政府有特殊關係。中央銀行既要與政府保持協調，又要有一定的獨立性，可獨立地制定和執行貨幣政策，實現穩定貨幣的政策目標。

（二）中央銀行是保障金融穩健運行、調控宏觀經濟的工具

（1）中央銀行通過改變基礎貨幣的供應量，保障社會總需求和總供給在一定程度上的平衡。

（2）承擔著監督管理普通金融機構和金融市場的重要使命，保障金融體系穩健

運行。

（3）中央銀行是最后貸款者。中央銀行通過變動存款準備金率和貼現率對商業銀行和其他信用機構進行貸款規模和結構的調節，間接地調節社會經濟活動。

（三）中央銀行是國家最高的金融決策機構和金融管理機構，具有國家機關的性質

中央銀行國家機關的性質與一般國家行政機關有很大的不同，主要內容如下：

（1）中央銀行履行其職責主要是通過特定金融業務進行的，對金融和經濟管理調控基本上是採取經濟手段，這與主要靠行政手段進行管理的國家機關有明顯的不同。

（2）中央銀行對宏觀經濟的調控是分層次實現的。通過操作貨幣政策工具調節金融機構的行為和金融市場運作，然后再通過金融機構和金融市場影響到各經濟部門，市場回旋空間較大，作用也較平緩，而國家機關一般是運用行政手段直接作用於各微觀主體。

（3）中央銀行既是為商業銀行等普通金融機構和政府提供金融服務的特殊金融機構，又是制定和實施貨幣政策、監督和管理金融業、規範與維護金融秩序、調控金融與經濟運行的宏觀管理部門。

二、中央銀行的職能

中央銀行的職能一般被概括為發行的銀行、銀行的銀行和政府的銀行三方面。

（一）發行的銀行

中央銀行是發行的銀行，具有兩方面的含義：一方面，是指壟斷銀行券的發行權，是全國唯一的現鈔發行機構；另一方面，是指中央銀行作為貨幣政策的最高決策機構，在決定一國的貨幣供應量方面具有至關重要的作用。

目前，世界上幾乎所有國家的現鈔都由中央銀行發行。至於硬輔幣的鑄造、發行，有的由中央銀行負責；有的則由財政部負責，發行收入歸財政。

發行銀行券是中央銀行最重要的資金來源。由於中央銀行發行出來的銀行券，一部分形成銀行等金融機構的庫存現金，大部分則形成流通中的現金，它們與存款機構在中央銀行的準備金存款一起共同構成了基礎貨幣，是中央銀行貨幣控製的主要職責之一。

中央銀行擁有貨幣發行權，其在創造資金來源上具有任何機構都無法比擬的優勢。但是濫用貨幣發行權的結果必然是通貨膨脹、貨幣貶值，最嚴重的情況下中央銀行所發行的紙鈔甚至可能無法行使貨幣的基本職能，成為廢紙。因此，必須對中央銀行的貨幣發行進行適當的控製。在金本位制下，銀行券的發行要求有一定比率的黃金準備，因此中央銀行集中的黃金儲備成為支持龐大的貨幣流通的基礎，成為穩定的關鍵，黃金儲備增多，銀行券及整個貨幣流通才可能擴大；黃金儲備減少，則必須緊縮貨幣供給。當貨幣流通轉化為不兌現的紙幣流通后，銀行券的流通首先靠政府的強制力支撐，但是如果銀行券購買力不穩定，它仍然難以發揮貨幣的職能，因此控製貨幣供應量，確保貨幣購買力的實現是央行的重要職責。這也正是央行貨幣政策的目的所在。

（二）銀行的銀行

中央銀行作為銀行的銀行主要體現在中央銀行也像其他銀行一樣，辦理存款、貸款等業務，只不過中央銀行的業務對象不是一般的企業和個人，而是商業銀行和其他金融機構；中央銀行各項業務活動的目的不僅在於為商業銀行和其他金融機構的活動施加有效的影響。具體說來，這一職能主要包括以下內容：

1. 集中存款準備

為了保證存款機構的清償能力，也為了利於中央銀行調節信用規模和控製貨幣供應量，各國的銀行法律一般都要求存款機構必須對其存款保留一定比率的準備金，即法定準備金。這些準備金（包括一部分超額準備金）除一小部分可以庫存現金的形式持有外，大部分要交由中央銀行保管，即各存款機構在中央銀行開立準備金帳戶，存入準備金。這樣做有兩個好處：一個是便於中央銀行瞭解和掌握各存款機構的準備金狀況，為貨幣政策的制定和實施提供參考依據；另一個是可使中央銀行組織全國的資金清算。在多數國家，存款機構在中央銀行的存款是沒有利息收入的，但在中國，中央銀行對存款機構的存款支付利息。

2. 組織全國範圍的資金清算

由於各存款機構都在中央銀行設有準備金帳戶，中央銀行就可以通過借記或貸記它們的準備金帳戶來完成存款機構之間的款項支付。例如，當需要由 A 銀行向 B 銀行支付時，中央銀行只需根據其付款票據或指令借記 A 銀行的準備金帳戶，貸記 B 銀行的準備金帳戶即可。通常同城或同地區銀行間的資金清算，主要通過票據交換所進行。票據交換所在有些國家是由各銀行聯合開辦的，在有些國家則由中央銀行直接主辦的。但是無論哪種，票據交換的應收應付最后都通過中央銀行集中清算交換的差額。對於異地銀行間資金劃撥，都由中央銀行統一辦理，由於各國使用的票據和銀行組織方式的不同，異地間資金劃撥的具體清算做法也不一樣，甚至差異很大。

3. 最后貸款人

當某一金融機構面臨資金困難，而別的金融機構又無力或不願對其提供援助時，中央銀行將扮演最后貸款人的角色。傳統意義上，中央銀行對商業銀行貸款主要以再貼現方式進行，在某些情況下再抵押或直接取得貸款也是商業銀行從中央銀行融資的形式。

（三）國家的銀行

中央銀行是國家宏觀經濟管理的一個部門，但在一定程度上又超脫於國家政府的其他部門，與一般政府機構相比獨立性更強。這種地位使中央銀行成為國家管理宏觀經濟的重要工具。中央銀行是「國家的銀行」，這一職能具體表現在以下幾個方面：

1. 代理國庫

代理國庫是指經辦政府的財政預算收支，充當政府的出納。政府的收入和支出都通過財政部在中央銀行開設的各種帳戶進行。

2. 充當政府的金融代理人，代辦各種金融事務

中央銀行作為政府的金融代理人，可以代理國債的發行和還本付息，代理政府保

管黃金及外匯儲備或代理政府黃金外匯的買賣業務；代表政府參加國際金融組織，出席國際會議，從事國際金融活動；充當政府的顧問，提供有關金融方面的信息和建議、對金融實施監管等。

3. 為政府提供資金融通，以彌補政府在特定時間的收支差額

為政府提供資金融通的方式有兩類，即直接向國家財政提供貸款或透支和在證券市場上購買國債。通常中央銀行對財政的直接貸款或透支在期限和數額上都受法律的嚴格限制，以避免中央銀行淪為彌補財政赤字的工具，導致貨幣發行失控。因此，政府彌補赤字的主要手段是發行國債。中央銀行可以在一級市場或二級市場上買入國債。若中央銀行在一級市場上購買國債，資金直接形成財政收入，流入國庫；若中央銀行在二級市場上購買國債，則資金是間接流向財政。在二級市場買賣國債的行為就是所謂的公開市場業務，它是中央銀行調控貨幣供給的重要方式。

4. 制定和實施貨幣政策

由於中央銀行壟斷了貨幣發行和具有「銀行的銀行」的特殊性質，因此中央銀行也就具備了實施貨幣政策的手段。雖然貨幣政策具有相對獨立性，但是貨幣政策也需要與政府的總體宏觀經濟政策相配合。因此，制定和實施貨幣政策也是中央銀行作為「政府的銀行」的具體體現。

三、中央銀行的獨立性

(一) 中央銀行獨立性的含義

中央銀行的獨立性是指中央銀行履行自身職責的法律賦予或實際擁有的權力、決策與行動的自主程度。獨立性問題集中反應在中央銀行與政府的關係上，這種關係具有兩層含義：一方面是中央銀行應對政府保持一定的獨立性；另一方面是中央銀行對政府的獨立性是相對的。

因此，中央銀行的獨立性是指相對獨立性，即中央銀行不能完全獨立於政府控制之外，不受政府的約束，也不能凌駕於政府之上，而應接受政府的一定監督和指導，並在國家總體經濟政策的指導之下，獨立地制定和執行國家的貨幣金融政策，並且與其他政府機構相互配合。

(二) 中央銀行獨立性的主要內容

中央銀行獨立性的內容大致可以歸納為以下三個方面：

1. 壟斷貨幣發行權

中央銀行必須建立符合國家實際經濟狀況的貨幣發行制度維持貨幣幣值的穩定。一是中央銀行必須壟斷貨幣發行權，不能搞多頭發行。二是中央銀行發行貨幣的多寡、發行貨幣的時間和發行方式應該由中央銀行根據貨幣政策的目標以及經濟發展和貨幣信用規律發行自行決定，而不能受政府或其他利益團體的干擾。三是中央銀行應按經濟原則發行貨幣，不能搞財政發行，不能在國債發行市場上直接購買長期國債，也不能代行應由財政行使的職能。

2. 獨立制定貨幣政策的目標

中央銀行必須遵從經濟發展的客觀規律和貨幣信用規律，獨立制定貨幣政策目標。在制定貨幣政策目標時，必須考慮政府的宏觀經濟目標，盡可能保持貨幣政策目標與宏觀經濟目標一致。萬一發生分歧，中央銀行與政府必須本著相互信任、相互尊重的態度進行充分的溝通。防止雙方目標不一致造成經濟政策和貨幣政策的失敗。

3. 獨立選擇貨幣政策手段

貨幣政策目標能否順利實現，完全依靠貨幣政策的具體操作手段。因此，貨幣政策目標決定以後，中央銀行獨立選擇實現貨幣政策目標的手段，也就是說貨幣政策的操作權必須掌握在中央銀行手中。同時各級政府和政府的其他部門必須配合中央銀行運行好貨幣政策操作手段，而不應採取直接和間接的方法抵消貨幣政策的作用和效果。

(三) 保持中央銀行相對獨立性的必要性

中央銀行之所以應對政府保持獨立性，原因如下：

(1) 中央銀行在制定和執行貨幣政策以及實施金融監管時，都需要具備必要的專業理論素養和較為長期的從業經驗累積。中央銀行調控對象是貨幣、信用、金融機構與金融市場，調控手段是技術性很強的經濟手段，這就要求中央銀行的機構與人員具有專業技術經驗和一定程度的獨立性和穩定性。如果政府進行不適當干預，會導致整個經濟陷入困境。

(2) 中央銀行獨立於政府，保持超然地位，以穩定貨幣為天職，可以對通貨膨脹起抑製作用。政府往往關注短期利益，通過擴大財政支出，自覺不自覺地實行通貨膨脹政策。

(3) 中央銀行是負有社會責任的機構，其貨幣政策應保持穩定性和連續性，不受黨派和政府的干擾。政府往往出於政治需要，過分關心大選，討好選民。

(4) 中央銀行與政府所處的地位不同，工作側重點也不同。在現代社會中，政府的目標是多元的，不僅有經濟目標，更有社會目標。經濟目標也不僅僅是物價穩定，更關注的是失業率和經濟增長率。對於失業與經濟增長問題，有時貨幣政策是無能為力的。這時為了實現中央銀行穩定幣值的目標，就必須使中央銀行與政府保持一定的獨立性。

但是中央銀行對政府的獨立性不是絕對的，而是相對的。具體原因如下：

(1) 中央銀行貨幣政策目標不能背離國家總體經濟發展目標。中央銀行對貨幣政策的制定與實施不僅要考慮自身負擔的任務和責任，還必須重視國家利益。

(2) 貨幣政策是國家宏觀經濟政策的一部分，必須服從、配合、服務於整個宏觀經濟政策的制定和實施。

(3) 中央銀行具有國家行政機關的性質，其業務活動和監管都是在國家授權下進行的，其主要負責人一般由政府委任，其資本結構具有國有化趨勢，這些也決定了中央銀行不可能絕對獨立於政府之外。

(4) 在特殊情況下，如遇到戰爭、特大災害時，中央銀行必須完全服從政府的領導和指揮。

四、中國中央銀行的性質與職能

(一) 中國中央銀行的性質

1995年3月18日，中華人民共和國第八屆全國人民代表大會第三次會議通過的《中華人民共和國中國人民銀行法》明確規定：中國人民銀行在國務院領導下，制定和實施貨幣政策，對金融業實施監督管理。

可見中國中央銀行的工作對象不是企業單位和個人，而是各商業銀行和其他金融機構。中國中央銀行的主要工作是集中力量研究和做好全國的宏觀決策，加強金融監管，以保持貨幣穩定，更好地為國家宏觀經濟決策服務。

必須指出，中國中央銀行除了具備世界各國中央銀行的一般特徵外，還有兩個不同點：一是中國的中央銀行是建立在生產資料公有制基礎上的，是具有公有制性質的中央銀行；二是中國法律明確規定，中國的中央銀行在國務院領導下管理全國金融事業，基於中國目前的商業銀行主要是國有企業，故中央銀行與政府的關係更為密切。

中國人民銀行在各地的分支機構按經濟區劃設置。在銀行業務和幹部管理上實行垂直領導，統一管理。在中國人民銀行總行的領導下，各人民銀行分支機構根據國家規定的金融方針政策和國家信貸計劃，在本轄區內調節信貸資金和貨幣流通，協調、指導、監督、檢查商業銀行和其他金融機構的業務活動。

國家外匯管理局作為國務院直屬局和人民銀行總行的一個職能部門，統一管理全國的外匯工作。

(二) 中國中央銀行的職能

1. 審批商業銀行和其他金融機構的設置或撤並

對金融機構的設置和撤並統一進行審查和批准，並在設立後進行必要的管理和監督。這對金融政策的貫徹執行、貨幣流通的穩定和金融秩序正常化有重要意義。

2. 領導、管理、協調、監督、稽核商業銀行和其他金融機構的業務工作

中國人民銀行負有協調商業銀行和其他金融機構之間的業務活動的任務，達到加強金融事業的統一領導和國民經濟綜合平衡的目標。

3. 經理國庫，代理發行政府債券

中國人民銀行代理財政金庫（也稱國庫），以保證及時集中預算資金、財政部門按計劃撥款、支持生產的發展和商品流通的擴大。中國人民銀行代理發行政府債券，對穩定貨幣流通和解決財政困境也具有重要作用。

4. 管理企業股票、債券等有價證券，管理金融市場

經營有價證券的發行、交易等活動，均要經中國人民銀行審批。中國人民銀行還承擔管理金融市場的責任，通過發行國庫券、增減貸款和調整存款比例等經濟手段，把握金融市場的變化趨勢，控制和調節貨幣流通。

5. 代表政府從事有關國際金融活動

中國人民銀行是中國參加國際金融活動的代表和中國在國際貨幣基金組織的代理人。中國人民銀行代表國家出席有關國際金融會議，參與有關國際金融業務活動，商

議國際貨幣金融制度，進行國際金融合作。

中國人民銀行的性質決定了中國人民銀行的職能，按現行《中華人民共和國中國人民銀行法》的規定，中國人民銀行履行下列職責：

（1）依法制定和執行貨幣政策；
（2）發行人民幣，管理人民幣流通；
（3）按照規定審批、監督管理金融機構；
（4）按照規定監督管理金融市場；
（5）發布有關金融監督管理和業務的命令和規章；
（6）持有、管理、經營國家外匯儲備、黃金儲備；
（7）經理國庫；
（8）維護支付、清算系統的正常進行；
（9）負責金融業的統計、調查、分析和預測；
（10）作為國家的中央銀行，從事有關的國際金融活動；
（11）國務院規定的其他職責。

上述這些職能都圍繞一個中心，即作為國家最重要的調節機構之一，主要是通過一系列直接或間接手段的運用，實現對貨幣供求和社會經濟生活的調節，求得社會總需求和社會總供給的宏觀平衡，保證國民經濟穩定、協調、高效和健康地向前發展。

五、中央銀行的類型

中央銀行雖然是從商業銀行發展演變而來，且有許多不同類型。由於各國社會制度、政治體制、經濟發展水平、金融發展水平以及歷史上的傳統習慣不同，因而中央銀行體制也有所差別，從而使中央銀行在組織形式上分為不同的類型。歸納起來，中央銀行制度大致可以分為四種類型：單一式中央銀行制度、複合式中央銀行制度、跨國式中央銀行制度和準中央銀行制度。

（一）單一式中央銀行制度

它是指國家單獨設立中央銀行機構，並由其專門行使中央銀行職能的制度，又分為一元式、二元式和多元式三種具體形式。

一元式中央銀行制度是指在國內只設一家中央銀行，機構設置一般採取總分行制，總行一般設在首都或經濟金融的中心城市，在國內設置若干分支行。其特點是權力集中、職能齊全、分支機構較多。目前，世界上大多數國家實行這種制度，如英、法、日和中國等。

二元式中央銀行制度是指在國內設立中央和地方兩級相對獨立的中央銀行機構，按規定分別行使金融管理權，地方機構有較大獨立性的體制。其特點是權力和職能相對分散，分支機構不多。在實行聯邦政治體制的國家，較多地採用這種組織形式。德國的中央銀行就是典型的二元式中央銀行制度。德國中央銀行在中央一級設置中央銀行理事會和為其服務的若干業務職能機構，在地方一級設立了9個州中央銀行。

多元式中央銀行制度是指在一國建立多個中央銀行機構共同執行中央銀行職能的

體制。其特點是權力相對分散、各自的獨立性強。美國是實行多元式中央銀行體制的典型代表。美國的中央銀行稱為聯邦儲備體系，該體系既包括設在中央一級的聯邦儲備委員會、聯邦公開市場委員會和聯邦諮詢委員會，也包括設在地方一級的 12 家聯邦儲備銀行。美國聯邦儲備委員會設在華盛頓，負責管理聯邦儲備體系和全國的金融決策，對外代表美國中央銀行。同時，美國聯邦儲備體系又將 50 個州和哥倫比亞特區劃分為 12 個聯邦儲備區，每一個區設立一家聯邦儲備銀行。聯邦儲備銀行在各自的轄區內履行中央銀行職責。

(二) 複合式中央銀行制度

它是指國家不專門設立行使中央銀行職能的銀行，而是由一家大銀行既行使中央銀行職能，又經營一般銀行業務的銀行管理體制。這種複合制度主要存在於蘇聯和 1990 年以前的東歐國家，中國在 1983 年以前也一直實行這一銀行制度。目前採用此種制度的國家較少。

(三) 跨國式中央銀行制度

它是指由參加某一貨幣聯盟的所有成員國聯合組成的中央銀行制度。跨國中央銀行是參加貨幣聯盟的所有國家共同的中央銀行，而不是某個國家的中央銀行。其主要職能有發行統一貨幣、為成員國政府服務，執行共同的貨幣政策及其有關成員國政府一致決定授權的事項。這些國家一般在地域上相鄰，經濟狀況比較接近，聯繫密切。採用這種中央銀行制度的有由貝寧、科特迪瓦、尼日爾、塞內加爾、多哥和布基納法索等國組成的西非貨幣聯盟所設的中央銀行（1962 年成立），由喀麥隆、乍得、剛果、加蓬和中非共和國組成的中非貨幣聯盟所設的中非國家銀行（1962 年成立），還有東加勒比海貨幣管理局（1965 年成立）等。歐洲經濟共同體已初步建立起歐洲跨國的中央銀行（1998 年 7 月成立）。1999 年 1 月 1 日，歐洲貨幣同盟中的 11 個國家開始使用歐盟單一貨幣——歐元（EURO）。2002 年年初，歐元紙幣和硬幣進入流通，半年後歐洲貨幣同盟成員國各自的通貨逐步收回。歐元是超越歐洲各國傳統邊界的貨幣，歐洲中央銀行是超越各國貨幣主權的統一的中央銀行。

(四) 準中央銀行制度

它是指在一些國家或地區並無通常意義上的中央銀行制度，只是由政府授權某個或某幾個商業銀行，或設置類似中央銀行的機構，部分行使中央銀行職能。其特點是一般只發行貨幣，為政府服務，提供最後貸款援助和資金清算。新加坡和中國香港是實行這種制度的典型代表。新加坡設有金融管理局和貨幣委員會兩個機構來共同行使中央銀行的職能。其中，金融管理局負責制定執行貨幣政策、管理和監督銀行及其他金融機構、收繳存款準備金等，行使除貨幣發行以外的中央銀行一切職能；貨幣委員會主要負責發行貨幣、保管發行準備金等。香港則設金融管理局，下設貨幣管理部、外匯管理部、銀行監管部和銀行政策部。前兩個部負責港幣和外匯基金的管理，後兩個部對金融機構進行監管。港幣由匯豐銀行、渣打銀行和中國銀行三家分別發行。屬於這種準中央銀行體制的還有斐濟、馬爾代夫、萊索托、利比里亞等。

第三節　中央銀行的主要業務

中央銀行雖然是一個特殊的銀行，但是其業務仍然可以分為負債業務、資產業務和中間業務。只不過中央銀行的業務活動有其特定的領域、特定的對象，而且其業務活動的原則不同於商業銀行和其他金融機構。中央銀行的業務活動以非營利性、流動性、主動性和公開性為基本原則。

一、中央銀行的負債業務

中央銀行負債即其資金來源，主要包括貨幣發行業務、各項存款業務、資本業務以及其他負債。雖然資本項目也是其資金來源，但是並非嚴格意義上的負債。

（一）貨幣發行業務

中央銀行一般都享有壟斷貨幣發行的特權，因此發行貨幣既是中央銀行的基本職能，又形成了中央銀行的主要資金來源。一般來說，中央銀行的貨幣發行是通過再貼現、再貸款、購買有價證券以及收購黃金、外匯等途徑投入市場，從而形成流通中的貨幣。貨幣是一種債務憑證，是中央銀行對社會公眾的債務。但是對社會公眾來說，手中持有中央銀行發行的貨幣，並不被認為是持有中央銀行的債權，倒是被認為佔有一部分社會財富。由於貨幣可以隨時用來購買自己所需要的商品和勞務，這不過是財富從一種形式轉換為另一種形式。因此，貨幣發行是中央銀行最重要的負債業務。

各國為保持本國貨幣流通的基本穩定，防止中央銀行濫用發行權，造成過多貨幣流通量，分別採用了不同方法對銀行券發行數量加以限制。例如，比例發行準備制度、最高發行額限制制度、外匯準備制度、有價證券保證制度等。中國人民幣的發行並無發行保證的規定，其實際上的保證是國家信用和中央銀行信用。

（二）各項存款

中央銀行的存款主要包括兩個方面：一方面是來自政府和公共部門的存款；另一方面是商業銀行等金融機構的存款。政府和公共部門在中央銀行的存款也包括兩部分：一部分是財政金庫存款；另一部分是政府和公共部門經費存款。由於中央銀行代理國家金庫和財政收支，所以國庫的資金以及財政資金在收支過程中形成的存款也屬於中央銀行存款。商業銀行等金融機構在中央銀行的存款包括法定準備金存款和超額準備金存款。在現代存款準備金制度下，中央銀行集中商業銀行和其他金融機構的存款準備金。此外，商業銀行和其他金融機構通過中央銀行辦理它們之間的債務清算，因此為清算需要也必須把一定數量的存款存在中央銀行，這部分存款稱為超額準備金存款。

1. 代理國庫

中央銀行經辦政府的財政收支，執行國庫的出納職能，如接受國庫的存款、兌付國庫簽發的支票、代理收解稅款、替政府發行債券、還本付息等。此外，那些依靠國家財政撥給行政經費的公共機構，其存款也由中央銀行辦理。政府和公共機構存款在

其支出之前存在中央銀行，就形成中央銀行重要的資金來源。中央銀行代理國庫業務，可以溝通財政與金融之間的聯繫，使國家的財源與金融機構的資金來源相連接，充分發揮貨幣資金的作用，並為政府資金的融通提供一個有力的調節機制。

2. 集中存款準備金

各商業銀行吸收的存款不能全部貸出，必須保留一部分，以備存款人提取。但是商業銀行的現金準備並不能都存在自己的金庫裡，必須按照規定的比率將其一部分存儲於中央銀行。這樣就使商業銀行的現金準備集中於中央銀行，即存款準備金。準備金中法律規定的部分必須存儲於中央銀行，超過法律規定的部分，即為商業銀行的超額準備金。目前中央銀行吸收的商業銀行存款，主要是法定存款準備金。中央銀行掌握了各商業銀行的存款準備金，形成中央銀行的資金來源，便可運用這些準備金支持銀行的資金需要。現金準備集中存放於中央銀行，除了增強整個銀行系統的后備力量，防止商業銀行倒閉外，更主要的是中央銀行通過存款準備金可以控制商業銀行的貸款量。中央銀行降低法定存款準備率，即可擴大商業銀行的貸款和投資；中央銀行提高法定存款準備率，即可減少商業銀行的貸款和投資。在一般情況下，存款準備金未達到規定比例時，中央銀行就會提高再貼現率。隨著商品經濟和貨幣信用關係向更高階段發展，中央銀行集中存款準備金的原始目的發生了根本轉變。存款準備金業務已逐漸發展成中央銀行控制貨幣供給的主要政策工具。

中央銀行為了加強對商業銀行以外的其他金融機構的管理，有時也規定其他金融機構向中央銀行上繳一部分存款，作為中央銀行的金融管理基金。

(三) 其他負債

其他負債是中央銀行除以上負債項目以外的負債，如對國際金融機構的負債或中央銀行發行債券（融資券）等。

二、中央銀行的資產業務

中央銀行的資產業務即其資金運用，主要包括貸款和貼現業務、證券買賣業務、黃金外匯儲備業務和其他資產業務等。

(一) 貸款和貼現業務

1. 再貸款和再貼現業務

當商業銀行資金短缺時，可從中央銀行取得借款。其方式是把工商企業貼現的票據向中央銀行辦理再貼現，或以票據和有價證券作為抵押向中央銀行申請借款。在票據業務發達的國家，中央銀行辦理票據再貼現成為向商業銀行融通資金的重要方式。再貼現又叫重貼現，是指商業銀行將其對工商企業已經貼現的票據向中央銀行再辦理貼現的資金融通行為。在這裡，商業銀行向中央銀行申請辦理再貼現，取得資金，而中央銀行則成為「最后貸款者」。再貼現利率是中央銀行向商業銀行融通資金的重要調節器。

2. 為政府提供短期貸款

在特殊情況下，中央銀行也對財政進行貸款或透支以解決財政收支困難。不過如果這種貸款數量過多、時間過長易引起信用擴張、通貨膨脹。因此，正常情況下，各

國對此均加以限制。美國聯邦儲備銀行對政府需要的專項貸款規定了最高限額，而且要以財政部的特別庫券作為擔保。英格蘭銀行除少量的政府隔日需要可以融通外，一般不對政府墊款，政府需要的資金通過發行國庫券的方式解決。

《中華人民共和國中國人民銀行法》規定，中國人民銀行不得對政府財政透支，不得直接認購、包銷國債和其他政府債券，不得向地方政府、各級政府部門提供貸款。

(二) 證券買賣業務

各國中央銀行一般都經營證券業務，但是這並不是出於投資獲利的目的，而是其公開市場業務操作的結果，中央銀行在公開市場上主要是買賣政府發行的長期或短期債券，以實現調節貨幣和信用的目的。一般說來，在金融市場不太發達的國家，中央政府債券在市場上流通量小，中央銀行買賣證券的範圍就要擴及各種票據和債券，如匯票、地方政府債券等。

中央銀行開辦證券買賣業務，不管是哪個國家，指導思想都基本相同。不同的是，在買賣對象上存在細微差別。例如，在美國，通常各種有價證券都可以購買，但是美聯儲有自己的習慣做法。在日本，買賣對象則限於商業票據、銀行承兌票據和公債。在瑞典，只要求買賣政府公債和地方政府債券。在中國，中央銀行從 1996 年 4 月 1 日開始進行公開市場操作，中央銀行可依法在公開市場上買賣國債和外匯。取消貸款規模以後，公開市場操作逐步成為中央銀行的主要政策工具。今后，中國將逐步增加交易工具和交易主體，規範規章制度，完善市場建設和市場監管，以擴大公開市場業務規模。

(三) 黃金外匯儲備業務

自不兌現信用貨幣制度建立以來，黃金和外匯始終是穩定幣值的重要手段。目前各國政府都賦予中央銀行掌管國家國際儲備的職責。所謂國際儲備，是指具有國際性購買能力的貨幣，主要有黃金（包括金幣和金塊）和外匯（包括外國貨幣、存放外國的存款餘額和以外幣計算的票據及其他流動資產）。此外，還有特別提款權和在國際貨幣基金組織的頭寸等。中央銀行開展此項業務的意義在於：穩定幣值；穩定匯價；保證國際收支的平衡。

三、中央銀行的清算業務

(一) 清算業務的含義

清算業務是指中央銀行為商業銀行和其他金融機構辦理資金劃撥清算和資金轉移的業務。中央銀行作為銀行的銀行，各商業銀行等其他金融機構都在中央銀行開立帳戶，因此由中央銀行來負責清算它們之間的資金往來和債權債務關係具有客觀的便利條件。

從世界範圍來看，大多數國家都有法律明文規定中央銀行負有組織支付清算的職責。例如，《中華人民共和國中國人民銀行法》中明確規定，人民銀行有履行「維護支付、清算系統的正常運行」的職責；「應當組織金融機構相互之間的清算系統，協調金融機構相互之間的清算事項」。

(二) 中央銀行清算業務的形成和發展

中央銀行清算業務是在商業銀行代客收付資金時具有相互收付特徵的基礎上產生的。商業銀行在其發展過程中，債權債務關係不斷增加，各家銀行都會收進客戶提交的其他銀行的票據。各銀行集中起來先將應收應付票據軋差之後，抵銷部分債權債務關係，然後再結清差額，票據交換制度就此產生。1773 年，第一個票據交換所在英國倫敦成立后，世界各國都紛紛效仿，票據交換制度也逐漸發展起來。

票據交換所是同城內各商業銀行相互之間進行票據交換和集中清算的場所。票據清算的基本原理是所有商業銀行的應收應付款項，在相互軋差之後而僅對差額數進行收或支。任何一家銀行的應收總額一定與所有其他銀行對該銀行的應付總額相等；任何一家銀行的應付總額一定與所有其他銀行對該銀行的應收總額相等；所有銀行應收差額的總額一定與所有銀行應付差額的總和相等。

最初由商業銀行同業以共同協議的方式管理票據交換所，但是隨著各銀行業務範圍的擴大，它們之間債權債務關係越來越複雜化，銀行以共同協議開展同城票據清算的方式也不能滿足需要了。於是在中央銀行產生之後，由中央銀行負責全國的清算業務。商業銀行每日彼此應收應付的票據，由票據交換所清理並軋差后，其應收應付的差額通過中央銀行匯兌轉帳結清。1854 年，英格蘭銀行實行了票據清算制度，其他各國中央銀行都效仿建立了這種制度。這樣中央銀行成為最終的清算機構，處於清算體系的中樞地位。在這種情況下，銀行清算系統一般都是在中央銀行的統一領導下建立的。各國主要商業銀行通常都有自己獨立的清算系統，對於跨系統的業務的處理則由中央銀行在各大城市建立的清算中心完成，中央銀行控製和管理著這些清算中心，並負責管理清算的內容和結果。隨著信息技術的飛速發展，電子清算網絡普遍應用，現代中央銀行主要是通過直接經營支付清算系統開展清算業務。

(三) 中央銀行清算業務的內容

1. 集中票據交換

這項業務是通過票據交換所進行的。票據交換所是同一城市內銀行間清算各自應收應付票據款項的場所。票據交換所一般每天交換一次或兩次，根據實際需要而定。所有銀行間的應收應付款項都可相互軋抵后而收付其差額。各行交換后的應收應付差額，即可通過其在中央銀行開設的往來存款帳戶進行轉帳收付，不必收付現金。

2. 辦理異地資金轉移

各城市、各地區間的資金往來，通過銀行匯票傳遞、匯進匯出，最后形成異地間的資金劃撥問題。這種異地間的資金劃撥必須通過中央銀行統一辦理。

辦理異地資金轉移，各國的清算辦法有很大不同，一般有兩種類型：一種類型是先由各金融機構內部自成聯行系統，然後各金融機構的總管理處通過中央銀行總行辦理結算；另一種類型是將異地票據統一集中傳送到中央銀行總行辦理軋差轉帳。

(四) 中國中央銀行的清算業務

中國人民銀行專門執行中央銀行職能后，成為各金融機構的支付仲介，對金融體

系提供支付清算服務。目前，中國人民銀行運行著三個跨行支付系統：一是擁有2000多家同城票據的交換所，二是全國手工聯行系統，三是全國電子聯行系統。中央銀行運行的系統主要處理跨行支付交易和商業銀行系統內大額支付業務。通過這些支付系統，中國人民銀行組織銀行間同城資金清算和異地資金清算。

1. 同城清算業務

同城或同地區銀行間的資金清算主要是通過票據交換所來進行。票據交換所通常是由當地人民銀行直接主辦。

（1）同城票據交換。票據交換，亦稱票據清算，一般是指同一城市（或區域）各金融機構對相互代收、代付的票據，按照規定時間和要求通過票據交換所集中進行交換並清算資金的一種經濟活動。票據交換是銀行的一項傳統業務，該業務不僅涉及銀行間票據的交換與清算，而且還涉及社會資金的使用效益等。

（2）資金清算。參加票據交換的商業銀行和其他金融機構，當票據交換所核對軋平當天的票據交換業務後，主要採取下面兩種資金清算方法：一是金額清算，參加票據交換的行處，將提出和提入票據的應借、應貸差額分別進行匯總，然後通過人民銀行向對方行清算資金；二是差額清算，即參加票據交換的行處，將各自提出提入的票據金額進行軋差，得到應貸差額或應借差額，然後通過在人民銀行的存款帳戶進行清算。

（3）同城票據的計算機清算。隨著科學技術的不斷進步，金融業務的電子化工作也得到飛速發展。1987年以後，在結算業務多的大中城市，中國人民銀行開始建立清算中心，通過電子計算機處理同城票據交換業務，使同城資金清算工作有了質的飛躍。

2. 異地清算業務

異地銀行間的資金劃撥也是通過人民銀行統一辦理。異地資金劃撥的具體做法主要有兩種類型：一種類型是先由商業銀行等金融機構通過內部聯行系統劃轉，然後由商業銀行的總行通過中央銀行辦理轉帳清算；另一種類型是直接把異地票據統一集中送到中央銀行辦理軋差轉帳，再送至各商業銀行總行或分支行記帳。

為了適應中國加入世界貿易組織後金融業面臨的新形勢，中國人民銀行正在建設現代化支付系統，該系統由大額即時支付系統、小額批量系統、銀行卡授信系統、政府證券簿記系統組成。此外，同城票據交換所將繼續作為一個應用系統存在。該系統建成以後，中國人民銀行支付清算業務的效率和安全性將大大提高。

第四節　中央銀行與金融監管

一、金融監管及監管體系

（一）金融監管及其意義

所謂金融監督管理（簡稱金融監管），是指一國的金融管理部門依照國家法律、行政法規的規定，對金融機構及其經營活動實行外部監督、稽核、檢查和對其違法違規

行為進行處罰，以達到穩定貨幣、維護金融業正常秩序等目的所實施的一系列行為。在現代市場經濟的經濟體制中，金融監管是十分必要、不可或缺的組成部分。一國金融監管對經濟、金融運行的重要意義，主要表現在以下幾個方面：

1. 實施嚴格、有效的金融監管是維護正常金融秩序、保持良好金融環境的重要保證

在現代市場經濟社會中，各銀行和金融機構為自身的生存和發展而處於激烈的競爭狀態。一些金融機構為擴大市場份額而過度拓展網點；一些金融機構則不吝發行高利率的有價證券和高息攬存，以擴大資金來源；還有一些銀行和金融機構為獲取高額利潤而從事冒險性的投機經營；等等。其結果不僅使金融秩序混亂，銀行和金融機構的破產倒閉案例增加，而且會因金融環境的破壞而導致金融、經濟危機的產生。各國金融監管當局運用金融監管手段，從市場准入、監督檢查、緊急求援，直至對有嚴重問題的金融機構出示「紅牌」，以審計檢查等查處手段糾正違規，則可維護一個良好的金融秩序。即使一些金融機構出了問題，也可及時採取措施，使金融秩序向好的方向發展。同時，金融監管部門還可以建立起相應的金融機構預警系統，做到防患於未然，以確保良好的金融環境。

2. 實施嚴格、有效的金融監管有利於增強宏觀調控的效果，促進經濟和金融的協調發展

金融監管對增強宏觀調控效果的意義重大，中央銀行的貨幣政策通常是以穩定幣值為目標，這是依據國民經濟發展和社會總體利益而制定的，但是這往往會與商業銀行追求利潤最大化的目標相矛盾。商業銀行為了實現自己的營利目標，必然設法採取多種對策，以規避中央銀行貨幣政策的約束，這必然對貨幣穩定產生影響，使金融宏觀調控難以實現預期目標。中央銀行通過各種手段對商業銀行的業務活動進行有效監管，以確保貨幣政策的實施和幣值穩定。由此可見，金融監管能協調宏觀調控部門與各銀行和金融機構的關係，使宏觀調控政策能有效地傳導到各金融機構，付諸實踐，從而增強了金融宏觀調控的效果。同時，通過嚴格、有效的金融監管，還可以使金融機構的發展基本適應經濟發展的需要，做到佈局合理、結構科學、門類齊全，促進各類金融機構與經濟配套協調運行。例如，各國可依據本國經濟、金融發展的實際情況，或實行混業監管、混業經營，或採取混業監管、分業經營，或實施分業監管、混業經營等不同監管模式，以使各類金融機構能更好地為促進本國經濟發展服務。

3. 實施嚴格、有效的金融監管是一國金融國際化發展的必要條件

隨著經濟、金融的全球一體化發展，金融風險相應擴大，出現金融危機的可能性也相應增多，各開放國家為確保本國的金融安全，紛紛採取了一些加強金融監管的措施。例如，中國是一個對外開放的發展中國家，隨著金融對外開放程度的不斷擴大，已有相當數量的外國金融機構進入中國金融市場，參與市場競爭。同時，中國的金融機構也要走出國門，走向國際市場。這樣，一方面，由於國際金融一體化的增強，金融風險很容易在國家之間傳播和擴散，這就要求中國金融監管當局與有關國家金融監管當局和國際金融組織密切合作，加強監管，將金融領域的各種隱患消除於萌芽狀態；另一方面，由於中國金融機構要更多地走向世界，也要求中國金融監管當局必須按照

國際慣例，對金融機構實行嚴格的監督管理體制，這樣才能進一步提高中國金融機構在國際市場上的競爭力，更好地為中國現代化經濟建設服務。

(二) 金融監管體制的組織結構

金融監管體制的組織結構是指一國金融監管機構的構成及其相互關係的問題，通常由各國現行金融體制的不同結構而決定。國際經驗表明，各國金融監管的組織結構相差懸殊。有的國家減少了監管機構的數量，有的國家建立了單一的全能機構，有的國家則選擇了多重機構不同程度地增加了監管機構的數量。問題在於不同國家現行的監管組織結構都存在著不同的問題，因此現在還沒有一個最理想的模式可在全球應用。

1999年11月，《美國金融服務現代化法案》的頒布標誌著全球金融業分業經營的結束和綜合經營新時代的開始。經營體制的變化必將引起監管體制的改革，而監管體制改革的核心問題是究竟應由單一的全能監管機構負責所有金融各行業的監管，還是應由不同的監管機構負責分業監管不同的金融行業。

讚同單一的全能監管的學派認為：第一，在金融機構日趨多樣化、不同類型的金融機構之間傳統的職能分工趨於消失的情況下，一個單一的、全能的監管機構能更加有效地監督這些機構的經營，而且可以更好地覺察不同業務部分存在的支付危機。第二，從監管機構內部的規模經濟看，在技術條件允許的情況下，自然是機構數目越少，成本就越低；對於被監管者來說，若只與一個監管機構打交道，也可以在一定程度上減少成本。第三，對金融服務也以防範風險為基礎的監管，特別是對金融業中面臨風險的客戶，單一全能的監管機構更具有一致性和協調性，能避免多重機構監管容易引發的諸如不公平競爭性、不一致性、監管重複、交叉和分歧等問題，因而能更有效地利用監管資源，提高監管效率。

持相反觀點的學派認為：第一，在實踐中，單一的全能監管機構並不一定比多重機構目標明確，以及針對此目標進行特定監管的各種機構更為有效。第二，金融機構的傳統職能分工趨於消失，但是並不意味著所有金融機構都形成了統一的、綜合經營的全能模式，現在並在可預見的將來，銀行業、證券業和保險業仍會保持重要區別，三者的風險性質不同，審慎監管就需要不同的方法。第三，單一的全能監管機構權利巨大，而且有可能權力過分大，甚至產生極端的官僚主義，導致信息反應滯緩，或損失潛在的、有價值的信息，或產生潛在的道德風險等。因此，單一的全能監管並不一定能真正派生出規模效益，而且在有些情況下會出現規模不經濟。

上述分析表明，不同的監管結構都存在各自不同的利弊，各國對金融監管結構模式的選擇應主要取決於本國金融法制結構、過去的傳統、政治環境和國家的大小。而在實踐中，各國的監管結構則各具特色，如美國的監管結構十分複雜，既有聯邦機構，也有地方和州的機構；加拿大由金融機構監管局執行審慎監管，證券和保險的有關客戶保護分別由各省機構監管，而證券公司和信貸協會則要同時受到聯邦和省級機構的監管；澳大利亞建立了兩個包括一切監管的機構，一為審慎監管，二為業務經營監管；奧地利在1997年建立了一個單一機構負責所有經營業務的監管，但是對證券業、銀行業和保險業卻保留了不同的審慎監管機構；等等。

需要指出的是，對一個國家來說，最適合的金融監管的組織結構並非固定不變，而是視一國經濟、金融的發展變化呈階段性變革。我們以英國為例，儘管英格蘭銀行早在 1694 年就已宣告成立，但是直到 1946 年，英國議會通過的《英格蘭銀行國有化法》才明確賦予其對銀行系統行使監督的職能。1979 年通過的《新銀行法》授予英格蘭銀行行使銀行監督管理的特別法律權力。英格蘭銀行有權要求一切金融機構上報任何資料，同時有權依金融機構的經營狀況命令其停業或撤銷其營業執照等。1997 年，英國工黨新政府上臺的第一項政策之一就是重組金融監管的組織結構，銀行的審慎監管由英格蘭銀行轉移到金融服務監管局，所有金融機構的審慎監管都由金融服務監管局負責；英格蘭銀行保持最后貸款人的作用，其主要職能是實施貨幣政策，保持金融體系的穩定。至此，英國實行了單一、全能的監管模式，就覆蓋面和監管範圍而言，英國金融服務監管局無疑是全世界最有權力的監管機構。

(三) 中國的金融監管體系

1992 年以前，中國的金融監管職能都是由中國人民銀行統一行使的，中國人民銀行作為全國唯一的監管機構，在國務院領導下承擔對全國所有銀行和非銀行金融機構的監管職能。1992 年設立了國務院證券委員會及其執行機構——中國證監會，中國的金融監管體系逐漸由單一全能型的監管結構走向多重機構的分業監管。

但是《中華人民共和國中國人民銀行法》在規定中國人民銀行「對金融業實施監督管理」的職能時，並未對「金融業」作任何劃分和限定。后來引起變化的直接外因就是 1997 年 7 月發端於泰國的亞洲金融危機。亞洲金融危機對中國的金融業乃至整個國民經濟也是一次嚴峻的考驗，向中國的金融業發出了嚴重的警報，給中國的金融監管提出了許多有益的提示。黨中央和國務院及時總結經驗教訓，迅速作出一系列旨在深化金融改革、整頓金融秩序、防範金融風險的果斷決策。實行分業監管，加強金融安全就是其中的重大決策之一。國務院先於 1998 年 6 月決定對證券期貨業的監管職能和對保險業的監管職能從中國人民銀行原有職能中劃出；又於 1998 年 9 月決定在原國務院證券委員會及其執行機構——中國證監會的基礎上，重新設置中國證監會，直屬國務院，授權主管全國的證券期貨業，並建立統一的證券期貨監管體系，按規定對證券期貨監管機構實行垂直管理；又於 1998 年 11 月決定設立中國保監會，作為國務院的直屬事業單位，主管全國的商業保險業，根據國務院的授權依法履行對全國保險業的統一監管職能。2003 年 4 月 26 日，銀監會成立，原中國人民銀行承擔的審批、監督管理銀行、金融資產管理公司、信託投資公司及其他存款類金融機構等的職責及相關職責由銀監會履行。

二、中國金融分業監管的現狀

經過多年的改革和發展，中國已基本形成由中國人民銀行、中國銀行業監督管理委員會、中國證監會和中國保監會幾大監管機構各司其職，相互協調，對金融、證券和保險實行分業監管的體制，形成「一行三會」的金融監管格局。

(一) 中國人民銀行的監管範圍

所謂監管範圍，首先是指被監管對象的主體種類，其次是指被監管對象哪些方面的活動應該受到監管，即監管內容。

根據新的《中華人民共和國中國人民銀行法》的規定，中國人民銀行的監管職責包括：

(1) 監管銀行間同業拆借市場和銀行間債券市場；
(2) 實施外匯監管，監管銀行間外匯市場；
(3) 監管黃金市場；
(4) 指導、部署金融業反洗錢工作，負責反洗錢的資金監測。

中國人民銀行依法監測金融市場的運行情況，對金融市場實施宏觀調控，促進其發展。為執行貨幣政策和維護金融穩定需要，可建議國務院銀監會對銀行業金融機構進行檢查監督。銀監會應自收到建議之日起 30 日內予以回復。金融監管協調機制由國務院建議。當銀行業金融機構出現支付困難，可能引發金融風險時，為維護金融穩定，中國人民銀行經國務院批准，有權對銀行業金融機構進行監督檢查。中國人民銀行可根據需要，有權要求銀行業金融機構報送資產負債表、利潤表以及其他財務會計、統計報表和資料。中國人民銀行應當和銀監會、國務院其他金融監管機構建立監督管理信息共享機制。

(二) 中國銀監會的監管範圍

中國銀行業監督管理委員會根據授權，統一監督管理銀行、金融資產管理公司、信託投資公司及其他存款類金融機構（以下簡稱銀行業金融機構），維護銀行業的合法、穩健運行。劃入的職責包括中國人民銀行對銀行業金融機構的監管職責和原中共中央金融工作委員會的相關職責。具體職責主要包括：

(1) 制定有關銀行業金融機構監管的規章制度和辦法；起草有關法律和行政法規，提出制定和修改的建議。
(2) 審批銀行業金融機構及其分支機構的設立、變更、終止及其業務範圍。
(3) 對銀行業金融機構實行現場和非現場監管，依法對違法違規行為進行查處。
(4) 審查銀行業金融機構高級管理人員任職資格。
(5) 負責統一編製全國銀行業金融機構數據、報表，抄送中國人民銀行，並按照國家有關規定予以公布。
(6) 會同財政部、中國人民銀行等部門提出存款類金融機構緊急風險處理的意見和建議。
(7) 負責國有重點銀行業金融機構監事會的日常管理工作。
(8) 承辦國務院交辦的其他事項。

(三) 中國證監會的監管範圍

根據《中華人民共和國證券法》和國務院有關法規性文件的規定，中國證監會作為「國務院證券監督管理機構」，「依法對全國證券市場實行集中統一監督管理」。

證監會監管對象的主體主要包括：

（1）上市公司；

（2）證券交易所；

（3）證券公司（含綜合類證券公司和經濟類證券公司）；

（4）證券登記結算機構；

（5）證券交易服務機構；

（6）證券業協會；

（7）證券投資基金管理公司；

（8）期貨交易所及其他期貨交易機構和服務機構；

（9）證券期貨從業人員；

（10）其他參與或影響證券期貨活動的單位和個人。

證監會監管的內容包括：

（1）市場准入監管。其中最重要的有監管上市公司和債券上市企業，依法核准或批准其股票、債券、可轉換債券和證券投資基金的公開發行以及期貨合約的上市，即對證券和期貨一級市場進行嚴格的准入監管。

（2）業務營運監管，即對證券期貨交易的全過程（含發行、交易、登記、託管、結算等）進行嚴格監管。

（3）市場退出監管。因為中國的證券期貨及其監管均起步較晚，所以證券期貨的市場退出監管尚處在探索階段。

（4）查處或協助查處證券期貨違法行為和犯罪行為。

（四）中國保監會的監管範圍

根據《中華人民共和國保險法》和國務院有關法規性文件的規定，中國保監會是全國商業保險的主管部門，為國務院直屬事業單位，根據國務院授權履行行政管理職能，依照法律、法規統一監督管理保險市場。

保監會監管對象的主體主要包括：

（1）保險公司（含財產保險公司和人身保險公司；除法律和行政法規另有規定外，亦含外商投資保險公司和境外保險公司的境內分公司）。

（2）保險公司工作人員和保險代理人及保險經紀人。

（3）投保人、被保險人或受益人。

（4）其他以合法身分參與或影響保險活動的人員。

（5）非法設立保險機構和非法從事保險業務的單位和人員。

保監會監管的內容包括：

（1）市場准入監管，包括依法審查批准保險公司的設立和變更（含分支機構和代表機構）；審查保險代理人和保險經紀人並頒發許可證，對從事保險代理和保險經濟的從業資格和從業人員進行管理和監督。

（2）業務營運監管。通過多種方式及時掌握保險公司的業務、財務及資金運用狀況，以其償付能力為核心加強風險監管，發現違法行為和風險情況及時採取合法果斷

措施（如整頓或接管），予以糾正和救助，以防範和化解保險風險。

（3）市場退出監管。《中華人民共和國保險法》明確規定了保險公司依法退市的三種形式（解散、撤銷和破產）及其清算、移交和註銷。保監會根據法律規定，把應該清除的保險機構和保險從業人員堅決清除出保險市場。

（4）查處或者協助查處保險違法行為和犯罪行為，取締非法保險機構和非法保險業務，淨化保險市場，健全保險秩序，促進保險業健康發展。

三、中國現行金融分業監管體制的發展前景

中國現行金融分業監管機制的發展前景是向混業監管體制過渡。主要依據如下：

一是中國的金融分業監管部門之間的協調機制缺乏正式制度保障，監管聯席會議制度未能有效發揮作用。因此，應賦予中央銀行更大的監管職責。通過中國人民銀行「牽頭」監管，並與其他監管機構密切合作以解決監管過程中存在的「盲區」，從而明確以中國人民銀行為主體的監管協調機制。

二是近幾年隨著金融全球化、自由化和金融創新的迅猛發展，金融業開放步伐加快，金融監管環境發生重大變化，分業監管體制已出現明顯的不適應，問題也逐漸顯露。中國已經加入世界貿易組織，進入了對外開放的新階段。我們已向世界貿易組織作出一系列關於開放市場、實行國民待遇並與國際接軌的承諾，所以要更自覺、更堅決、更迅速地追趕並盡快融入這一潮流，否則不僅難以提高中國金融企業的國際競爭力，難以提高中國金融監管的能力和水平，而且也難以對已進入中國並實行混業經營的跨國金融集團實施有效監管，因而也就難以及時發現和防範它們可能製造的金融風險。國內外的形式和正反兩方面的經驗均要求中國的分業經營和分業監管向混業經營和混業監管過渡。

三是綜合營業挑戰中國現行金融監管體制。隨著中國金融體制的不斷深化，中國金融業混業經營的趨勢開始顯露，已經出現了各種形式的綜合經營的金融控股公司，如光大集團、中信集團、平安集團等。同時，以市場、產品、服務等為方式的銀證合作、銀保合作和證保合作都在廣泛開展，形成了多家監管機構同時監管一家金融機構的現實，往往會產生監管重複或監管缺位、監管成本過高和監管資源浪費等現象。

四是外資金融機構的湧入挑戰中國現行金融監管體制。隨著越來越多的跨國金融集團開始進入中國金融市場，它們中的大部分是兼營銀行、證券、保險等多種金融業務的金融控股公司。國際金融創新業務的飛速發展以及新型金融衍生工具不斷出現，既增大了金融業風險，又會使傳統的金融監管制度、監管手段失效。對於在傳統金融監管方面尚缺乏經驗的中國來說，對用現代科學技術武裝起來的國家金融機構的監管將會受到嚴峻的挑戰。

本章小結

1. 中央銀行是商品經濟發展到一定階段的產物，是銀行信用擴展的結果，也是國

家對宏觀經濟進行調控的客觀需要。中央銀行的發展經歷了一個漫長的歷史時期。

2. 中央銀行在中國的萌芽是20世紀初清政府建立的戶部銀行。最早以立法形式成立的中央銀行是1928年於上海成立的國民政府中央銀行。新中國的中央銀行是中國人民銀行。

3. 由於各國社會制度、政治體制、經濟金融發展水平不同，因而中央銀行在組織形式上具有不同的類型，主要有單一型、複合型、跨國型和準中央銀行型。

4. 中央銀行是一國最高的金融管理機構，是金融體系的核心。中央銀行的性質集中表現在其職能上。中央銀行是發行的銀行、銀行的銀行和國家的銀行。

5. 中央銀行的主要業務包括資產業務、負債業務和清算業務。中央銀行可以通過調整自身的資產負債結構來進行宏觀金融調控。

復習思考題

1. 試述中央銀行產生的經濟背景。
2. 試述中央銀行產生的客觀要求。
3. 如何認識中央銀行的性質和職能？
4. 中央銀行的業務有哪些？
5. 試述中國人民銀行的性質和職能？
6. 試述中國中央銀行的演變過程。
7. 試述中央銀行產生的客觀要求。

附錄一　英格蘭銀行

英格蘭銀行享有在英格蘭、威爾士發鈔的特權，蘇格蘭和北愛爾蘭由一般商業銀行發鈔，但是以英格蘭發行英格蘭銀行的鈔票做準備；作為銀行的最后貸款人，保管商業銀行的存款準備金，並作為票據的結算銀行，對英國的商業銀行及其他金融機構進行監管；作為政府的銀行，代理國庫，穩定英鎊幣值及代表政府參加一切國際性財政金融機構。因此，英格蘭銀行具有典型的中央銀行的發行的銀行、銀行的銀行、政府的銀行的特點。英國政府用公債向英格蘭銀行借錢，而英格蘭銀行用自己發行的貨幣（英鎊）購買英國國債；這個國債是未來稅收的憑證，英格蘭銀行持有國債就意味獲得以后政府的稅收。英國政府如果要買回流通在外的國債，必須用金幣或英格蘭銀行認同的等值貨幣（貨幣能兌換黃金）買回。英格蘭銀行發行的貨幣（即英鎊）的前身是銀行券。這些銀行券其實就是儲戶存放在金匠那裡保管的金幣的收據。由於攜帶大量金幣非常不方便，大家就開始用金幣的收據進行交易，然后再從金匠那裡兌換相應的金幣。時間久了，人們覺得沒有必要總是到金匠那裡存取金幣，后來這些收據逐漸成了貨幣，所謂的金本位制就是以黃金為本位幣的貨幣制度。在金本位制下，或每單位的貨幣價值等同於若干重量的黃金（即貨幣含金量）。因為英格蘭銀行發行的銀行券的流通範圍和接受程度都是比較廣的，該銀行的銀行券被默認就是國家貨幣。因此，英格蘭銀行購買國債可以用它的銀行券。可以認為用國家貨幣能兌換政府公債，

前提是可以兌換成黃金的貨幣或者等價物；用公債只可以到政府那裡領取利息，不可以兌換成黃金或者貨幣，因為該公債是政府的「永久性債務」。

附錄二　美聯儲在支付清算系統中的作用

美聯儲在支付體系中的作用，一方面表現在為私營清算機構尤其是經營大額支付體系的私營機構制定清算原則並對這些私營機構進行監管，通過對私營清算組織的組織結構、清算安排、操作規則等加以審查與批准，對私營清算組織達成諸如雙邊信貸額度、多方信貸額度、擔保、損失分提原則等有關安排加以監管，以保證當日清算活動能及時、最終地完成；另一方面美聯儲在支付體系中的作用更為具體地體現在美聯儲直接經營美國大額支付系統與小額支付系統。

聯邦儲備體系提供的支付服務主要體現在以下兩個方面：

第一，通過聯邦儲備帳戶提供同業銀行清算服務。商業銀行為其客戶提供銀行間的資金轉移服務，要求銀行通過一些特定的安排，實現客戶資金在不同的銀行帳戶間轉移。如果付款方和收款方都在同一銀行開立帳戶，則資金轉移可以簡單地通過銀行記帳方式實現。但是如果收款方和付款方在不同的銀行擁有帳戶，資金的轉移就要涉及多個金融仲介，引起銀行同業之間的資金清算。完成這種清算的途徑很多，其中的最佳方式是所有的銀行都在一個中央機構設立帳戶，資金轉移通過中央帳戶進行，這將大大提高支付系統的效率。

中央銀行作為各商業銀行的代理行，實際上為中央銀行管理商業銀行提供了一個貨幣手段。中央銀行要求各商業銀行在中央銀行持有無息的儲備帳戶存款，而且要保證在儲備帳戶上維持一個最低限額。更重要的是，中央銀行為商業銀行提供的貼現貸款對商業銀行支付的順利實現至關重要，也決定了一國的貨幣市場利率水平。

中央銀行的貼現窗口是商業銀行體系流動性的最後提供者，在全國性的金融危機發生時，整個金融體系將面臨流動性不足的壓力，這時中央銀行便充當穩定整個金融體系的最後貸款人的角色。

第二，為私營清算組織提供差額清算服務。美國的私營清算組織眾多，在美國的支付體系中發揮著重要作用。目前，美聯儲約為150家私營清算組織提供差額清算服務，這些私營清算組織包括支票清算所、區域性自動清算所、自動取款機以及信用卡網絡等。

為利用在聯儲設立的帳戶進行差額頭寸的清算，私營清算組織首先將在一個營業日中各清算參加者的淨債務或淨債權頭寸加以計算，然後將各參加者的頭寸情況提交美聯儲，由美聯儲借記或貸記各參加者在美聯儲的帳戶來完成資金的清算。或者清算組織也可以在美聯儲建立一個專門帳戶，在一個營業日結束後，該清算組織通知各產生淨債務頭寸的參加者通過聯邦電子資金劃撥體系將資金轉入該專門帳戶，在所有淨債務頭寸收清後，由清算組織將帳戶資金轉移到產生淨債權頭寸的參加者的帳戶中。

第七章　其他主要金融機構

第一節　政策性金融機構

　　政策性金融機構主要產生於一國政府提升經濟發展水平和安排社會經濟發展戰略或產業結構調整的政策要求。一般來說，處在現代化建設起步階段的經濟欠發達國家由於國家財力有限，不能滿足基礎設施建設和戰略性資源開發所需的巨額、長期投資需求，最需要設立政策性金融機構。一些經濟結構需要進行戰略性調整或升級，薄弱部門和行業需要重點扶持或強力推進的國家，設立政策性金融機構，以政策性金融機構特殊的融資機制將政府和社會資金引導到重點部門、行業和企業，可以彌補單一政府導向的財政的不足和單一市場導向的商業性金融的不足。

一、政策性金融機構的主要特點

　　政策性金融機構是指那些由政府或政府機構發起、出資創立、參股或保證的，不以利潤最大化為經營目的，在特定的業務領域內從事政策性融資活動，以貫徹和配合政府的社會經濟政策或意圖的金融機構。

　　政策性金融機構的主要特點如下：

　　第一，有政府的財力支持和信用保證。

　　第二，不以追求利潤最大化為目的。

　　第三，具有特殊的融資機制。政策性金融機構的融資機制既不同於商業性金融機構，也不同於政府財政。政策性金融機構的資金來源除了國家劃撥資本外，主要通過發行債券、借款和吸收長期性存款獲得，是高成本負債，而政策性金融機構的資金運用則主要是長期低息貸款，通常都是商業性金融機構所不願或無法經營的。這樣的負債和資產結構安排是通過由國家進行利息補貼、承擔部分不良債權或相關風險等來實現的。但是政策性金融機構的融資又明顯不同於財政，政策性金融機構的基本運作方式是信貸，通常情況下要保證資金的安全營運和金融機構的自我發展能力，因此在符合國家宏觀經濟發展和產業政策要求前提下，行使自主的信貸決策權，獨立地進行貸款項目可行性評價和貸款審批，以保證貸款的安全和取得預期的社會經濟效益以及相應的直接經濟效益。

　　第四，具有特定的業務領域，政策性金融機構不與商業性金融機構進行市場競爭，政策性金融機構的服務領域或服務對象一般都不適於商業性金融機構，而是那些受國家經濟和社會發展政策重點或優先保護，需要以巨額、長期和低息貸款支持的項目或

企業。

二、政策性金融機構的主要類型

政策性金融機構按業務領域和服務對象劃分的類型，主要有如下幾種：

(一) 經濟開發政策性金融機構

這是指那些專門為經濟開發提供長期投資或貸款的金融機構。這種金融機構多使用開發銀行、復興銀行、開發金融公司、開發投資公司等稱謂，如日本開發銀行、德國復興信貸銀行、美國復興金融公司、加拿大聯邦實業開發銀行、義大利工業復興公司、新加坡開發銀行、印度工業開發銀行、巴基斯坦工業開發銀行、國際復興開發銀行、亞洲開發銀行、中國國家開發銀行等。這些金融機構多以促進工業化，配合國家經濟發展振興計劃或產業振興戰略為目的而設立，其貸款和投資多以基礎設施、基礎產業、支柱產業的大中型基本建設項目和重點企業為對象。中國國家開發銀行成立於1994年3月，註冊資本500億元人民幣，總部設在北京，在國內若干城市設有分行或代表處。

(二) 農業政策性金融機構

這是指專門為農業提供中長期低利率貸款，以貫徹和配合國家農業扶持和保護政策的政策性金融機構。例如，英國農業信貸公司、法國農業信貸銀行、德國農業抵押銀行、日本農林漁業金融公庫、印度國家農業及農村開發銀行、巴基斯坦農業開發銀行、國際農業發展基金、國際農業信貸聯合會、亞洲太平洋地區農業信貸協會、中國農業發展銀行等。這些金融機構多以推進農業現代化進程以及貫徹和配合國家振興農業計劃和農業保護政策為目的而設立，其資金多來源於政府撥款、發行以政府為擔保的債券、吸收特定存款和向國內外市場借款，其貸款和投資多用於支持農業生產經營者的資金需要、改善農業結構、興建農業基礎設施、支持農產品價格、穩定和提高農民收入等。中國農業發展銀行成立於1994年11月，總部設在北京，在全國各省、自治區、直轄市廣泛設立分支機構。

(三) 進出口政策性金融機構

這是一國為促進進出口貿易，促進國際收支平衡，尤其是支持和推動出口的政策性金融機構。例如，美國進出口銀行、加拿大出口發展公司、英國出口信貸擔保局、法國對外貿易銀行、德國出口信貸銀行、日本進出口銀行、印度進出口銀行、新加坡出口信貸保險公司、非洲進出口銀行、拉丁美洲出口銀行、中國進出口銀行等。這些金融機構，有的為單純的信貸機構，有的為單純的擔保和保險機構，有的則為既提供信貸，又提供貸款擔保和保險的綜合性機構，其宗旨都是為貫徹和配合政府的進出口政策，支持和推動本國出口。這些機構在經營過程中以國家財力為後盾，由政府提供必要的營運資金和補貼，承擔經營風險。中國進出口銀行成立於1994年5月，註冊資本33.8億元人民幣，總部設在北京，在國內若干城市和個別國家設有代表處。

（四）住房政策性金融機構

這是指專門扶持住房消費，尤其是扶持低收入者進入住房消費市場，以貫徹和配合政府的住房發展政策和房地產市場調控政策的政策性金融機構。例如，美國聯邦住房貸款銀行、美國聯邦住房抵押貸款公司、美國聯邦全國抵押協會、美國政府全國抵押協會、加拿大抵押貸款和住房公司、法國房地產信貸銀行、挪威國家住房銀行、德國住房儲蓄銀行、日本住宅金融公庫、印度住房開發金融公司、泰國政府住房銀行、新西蘭住房貸款公司、韓國住房銀行等。這些機構一般都通過政府出資、發行債券、吸收儲蓄存款或強制性儲蓄等方式集中資金，再以住房消費貸款和相關貸款、投資和保險等形式將資金用以支持住房消費和房地產開發資金的流動，以達到刺激房地產業發展，改善低收入者住房消費水平，貫徹實施國家住房政策的目的。中國目前在一些城市已成立了經政府批准的商品住宅基金會或住房合作基金會，以滿足住房基地開發、建設和流通週轉性資金的需要，推動住房商品化和房產市場的建立和發展。

三、政策性金融機構的性質

（一）政策性金融機構是具有政策性和金融性特徵的政府金融機構

1. 政策性金融機構的政策性

作為政府機構，政策性金融機構要服從和服務於政府的某種特殊的產業或社會政策目標。一是政策性金融機構要執行國家的宏觀經濟政策，要從政府的角度和社會公共利益出發，按照政府的經濟政策和意圖從事投融資活動。二是國家必須給予政策性金融機構各種優惠政策。政府為了保證政策性金融機構的有效運轉，必須為其提供貼息、稅收優惠以及融資方面的各種優惠政策。三是政策性金融機構要對特定的貸款項目或企業予以政策性的支持，比如通過發放利率優惠的貸款、期限較長的貸款等方式支持被扶持對象。

2. 政策性金融機構的金融性

作為金融機構，政策性金融機構要按金融運行的一般規則辦事，即要遵循貨幣信用規律，保障其正常運轉和社會金融秩序的穩定。政策性金融機構的資金不同於財政資金，因而不能採用無償撥款方式、賑濟方式或配給方式，政策性金融機構的資金使用是有償的，是要支付利息的。

政策性金融機構的政策性與金融性是辯證統一的。其中，政策性是前提、是方向；金融性是基礎、是實現政策性的手段。如果只強調政策性而忽視金融性，則政策性金融機構就只能是一個政府機構；如果只強調金融性而忽視政策性，則政策性金融機構就只能是一個一般的商業性金融機構。因此，必須把兩者緊密結合起來，才能構成一個完整意義的政策性金融機構。

（二）政策性金融機構具有一定的財政職能

財政資金的分配具有無償性和單項性，政策性金融機構雖然不是財政機構，但是政策性金融機構是具有財政職能的特殊金融機構，是財政和金融的結合體。一是政策

性金融機構的資金來源具有財政性，通常由政府直接出資或參股創辦。二是政策性金融機構同政府有著密切的聯繫。由於多數政策性金融機構的資本金由政府出資形成，因此政策性金融機構的董事會、監事會以及行長（總經理）的組成是由政府批准或任命的。三是政策性金融機構始終將政府的利益放在首位，其主要任務是貫徹執行國家的產業政策和區域發展政策，支持區域和部門經濟的發展。

(三) 政策性金融機構是特殊的金融企業

政策性金融機構雖然承擔了貫徹執行國家社會經濟政策的職能，但是政策性金融機構的本質是金融企業，無論政府賦予政策性金融機構多大的政策性職能，都無法改變政策性金融機構金融企業的屬性。

1. 政策性金融機構是金融企業

政策性金融機構擁有一定的資本金，具有企業法人資格；政策性金融機構的業務活動的領域是金融領域，經營的對象是貨幣；政策性金融機構具有信用仲介的職能，實現貨幣資金從貸出者到借入者的融通；政策性金融機構發放的貸款是有償的，要按期收回本金和利息；政策性金融機構同樣對貸款對象和貸款項目擁有自主選擇權，在國家政策所限定的範圍內有權利本著安全性、流動性和盈利性的原則對具體的貸款對象與貸款項目進行篩選。政策性金融機構與其他金融企業一樣要進行經濟核算，講求保本經營，實現政策性和效益性的統一。

2. 政策性金融機構不是一般的金融企業，而是一種特殊的金融企業

政策性金融機構的特殊性具體表現在：政策性金融機構與政府有著特殊而密切的關係，大多由政府出資創立，政府為其籌資進行擔保，對其政策性虧損政府予以補貼等；政策性金融機構的經營活動不以營利為目的，而是為了貫徹配合政府的社會經濟政策或意圖；政策性金融機構一般不接受活期存款，不創造派生存款，不增加貨幣供給；政策性金融機構不辦理結算和現金收付等業務，不與商業性金融機構爭業務。

四、政策性金融機構的特殊職能

(一) 倡導性職能

倡導性職能是指政策性金融機構以直接的資金投放或間接地吸引民間或私人金融機構從事符合政府政策意圖的放款，以發揮其倡導功能，引導資金的流向。例如，政策性銀行一旦決定對某些產業提供貸款，則反應了經濟發展的長遠目標，表明政府對這些部門的扶持意願，從而增強了其他金融機構的投資信心，降低了這些部門的投資風險。其他金融機構就會放寬對這些部門的投資審查，紛紛協同投資。而一旦某一產業的投資熱情高漲，政策性銀行就可以減少對該行業的投資份額，轉而扶持其他行業的發展。這就體現了政策性金融機構的政策意圖的倡導性，形成了對民間資金運用方向的誘導機制，促使政府政策目標的實現。

(二) 選擇性職能

選擇性職能是指政策性金融機構對其融資領域或部門是有選擇的，不是不加區別

地任意融資。從表面看，政策性金融機構的服務對象、服務領域是由政府選定的，但是就實質而言卻是市場機制選擇的結果。例如，對某些重要的基礎產業，如果市場機制能夠選擇它，那麼依靠市場機制的作用它會得到相應的資源配置，任何形式的政府干預都是多余的、不必要的。只有在市場機制不予選擇時，才由政府以行政機制予以選擇。因此，尊重市場機制的選擇是前提，對商業性金融機構不願融資的領域才有可能得到政策性金融機構的支持。世界各國政策性金融機構的活動領域，如中小企業、住房、農業、落後地區的開發等，正是商業性金融機構不予選擇或不願意選擇的領域。但是並不是所有這樣的領域都能得到政策性金融機構的支持。作為金融企業，政策性金融機構只能選擇那些有一定經濟效益，貸款能夠回收的項目，其中包括雖不獲利但是財政提供擔保和補貼的項目。

(三) 補充性職能

補充性職能是指政策性金融機構的金融活動具有補充和完善以商業性金融機構為主體的金融體系的職能，彌補商業性金融活動的不足。對於一些商業性金融機構不願或無力選擇的產業、項目，政策性金融機構以直接投資或提供擔保的方式引導資金流向，進行融資補充。這主要表現在對技術、市場風險較高的領域進行倡導性投資，對投資回收期限過長、投資回報率低的項目進行融資補充，對於成長中的扶持性產業給予優惠利率放款。

(四) 服務性職能

政策性金融機構的經營活動具有相當的專業性，在其服務的領域內累積了豐富的實踐經驗和專業技能，聚集了一大批精通業務的專業技術人才，可以為企業提供各方面的服務。例如，中小企業銀行為企業分析財務結構，診斷經營情況，提供經濟信息，溝通外部聯繫；農業發展銀行收購農副產品，並為農業提供技術服務；進出口銀行為進出口信用提供償付保證，提供國際商情，分析匯率風險；開發銀行為各種重大投資項目提供經濟及社會效益評估等。同時，政策性金融機構因長期在某一領域從事活動，成為政府在該領域事務的助手或顧問，參與政府有關計劃的制訂，甚至代表政府組織實施該方面的政策計劃或產業計劃。

第二節　投資銀行

投資銀行是在資本市場上為企業發行債券、股票，籌集長期資金提供仲介服務的金融機構。投資銀行的基本特徵是全面從事資本市場的各項業務，如證券承銷、證券交易、公司併購、項目融資、風險投資、基金管理業務。這與證券經紀公司、證券諮詢公司、基金公司等存在很大差別，后者只從事資本市場某一方面的業務。

投資銀行在各國的稱謂不盡相同。在美國稱投資銀行，在英國稱商人銀行，在日本稱證券公司，在法國稱實業銀行。儘管在名稱上都冠有「銀行」字樣，但是實質上投資銀行與商業銀行之間存在著明顯的差異。從資金來源看，投資銀行主要依靠發行

自己的股票和債券來籌集，即便有些國家的投資銀行被允許接受存款，也主要是定期存款。此外，投資銀行也從其他銀行取得貸款，但是都不構成其資金來源的主要部分。從市場定位上看，商業銀行是貨幣市場的核心，而投資銀行是資本市場的核心；從服務功能上看，商業銀行服務於間接融資，而投資銀行服務於直接融資；從業務內容上看，商業銀行的業務重心是吸收存款和發放貸款，而投資銀行的業務重心是證券承銷、公司併購與資產重組；從收益來源上看，商業銀行的收益主要來源於存貸利差，而投資銀行的收益主要來源於證券承銷、公司併購與資產重組業務中的手續費或佣金。

一、證券承銷業務

證券承銷是指在證券一級市場（發行市場）上，投資銀行接受發行人的委託，代為銷售證券，並以此獲得承銷手續費收入的一種業務。證券承銷業務是投資銀行最基本的業務，投資銀行承銷的範圍包括政府債券、企業債券、股票等，承銷的過程一般分為發行準備和正式銷售兩個階段。

在發行準備階段，投資銀行充當發行人的財務顧問，主要工作包括：對發起人進行審慎調查，瞭解公司歷史、經營狀況、財務狀況、行業競爭地位，以備提交證券發行主管機關；向發行者提供諮詢，幫助確定發行條件、發行方式和發行時機；幫助企業製作招股說明書以及其他相關文件，提交證券發行主管機關，申請發行；組織承銷團，確定承銷團成員，安排各分銷商的分銷比例和承銷收入分配等；向潛在的投資者宣傳公司形象，推介所發行的公司債券、股票。

在正式銷售階段，作為主承銷商的投資銀行代表承銷團與發行人談判，確定發行數量、發行價格、承銷價格和承銷方式，正式簽訂承銷協議。承銷協議一經生效，承銷活動便依據協議全面展開。承銷方式可以有三種：全額包銷、代理銷售和余額包銷。

二、證券交易業務

證券交易業務是指投資銀行在證券二級市場（交易市場）上作為經紀商從事代理證券買賣業務，以獲得佣金收入，或者作為自營商，運用自有資本自行買賣證券，從中賺取買賣差價的經營活動。

投資銀行在以經紀商身分服務於證券交易時，通常是充當證券買方或賣方的委託代理人，接受客戶指令，代理客戶買入或賣出證券，只收佣金，因此不承擔價格和利率變動的風險。但是如果採用信用交易方式，即投資者沒有足夠的資金或證券，由投資銀行墊付一部分資金或證券進行交易（因此也稱墊頭交易），則投資銀行就要承擔一定的信用風險。

投資銀行在以自營商身分從事證券交易活動時，以自有資金參與證券買賣。在具體操作中，可有兩種類型：一種是投機，即從證券價格變化中牟取收益；另一種是套利，即從資產相關價值差價中套取收益。例如，有些公司的普通股同時在多個市場上市交易，如果同一股票在不同市場的交易價格出現差異，就有可能在扣除交易成本後通過買賣價差中來鎖定收益。

三、公司併購業務

公司併購業務是指投資銀行在公司收購兼併活動中，作為仲介人或代理人為客戶公司提供決策和財務服務，或作為產權投資商直接投資於併購公司產權，獲取產權交易差價的業務活動，其主要活動包括：

第一，為客戶公司提供合理的併購建議和尋找併購目標。

第二，對目標公司進行估值和出價，即在採用科學合理的方法對目標公司的經營狀況、財務狀況、市場競爭能力等進行價格評估的基礎上，確定對目標公司的收購價格。

第三，協助客戶公司選擇合適的併購支付工具。在一定的市場、稅收和法律等條件下，用不同的支付工具完成併購對收購雙方的利益影響是不同的，投資銀行要根據不同情形來為客戶公司做全面仔細的財務設計，確定最佳的支付工具選擇方案。

第四，承辦公開市場標購業務。所謂公開標購，是指收購方公司不經過與目標公司事先磋商，而是在公開市場上以高於市場價格的報價直接向目標公司的股東招標收購其一定數量股票的收購活動。承辦公開標購業務的投資銀行，主要對客戶公司的公開報價及收買條件等提供決策服務和宣傳服務。如果投資銀行認為公開標購最終可以獲得目標公司同意，或在遇到反收購時依然對收購成功抱有信心，投資銀行還會為收購公司與目標公司進行撮合，甚至可能在市場上幫助收購公司展開與目標公司經營者爭奪股東的競爭，以促成收購的成功。

第五，在槓桿收購條件下，為收購公司提供融資。所謂槓桿收購，是指收購公司利用借入資金來收購目標公司，簡單說就是舉債收購。槓桿收購中的收購公司通常是一種只有少量資本，僅僅為達到利用借入資金實現收購目標而設立的「虛擬公司」，其借入資金多來自以目標公司資產和未來收益作擔保而發行的債券和銀行的貸款。投資銀行在其中扮演重要的融資角色，可以為收購公司尋求貸款機構，籌劃和設計債券的發行並尋求債券投資者，也可以直接為收購公司提供貸款和參與股權投資。

第六，參與反收購活動，為抵制收購的目標公司提供反收購服務包括：為公司制定反收購條款，促成客戶公司與其他公司的互相控股，建立反收購聯盟；尋求友好公司出面與敵意公司收購者展開標構戰；尋求法律援助等。

四、項目融資業務

項目融資業務是指投資銀行在項目融資過程中提供的各種服務性業務。項目融資是一種以項目未來的現金流量和項目本身的資產價值為償還債務的擔保條件，以銀行貸款為主要資金來源，以對項目發起人無追索權或只有有限追索權為特徵的特殊融資方式。與傳統的企業籌資方式的最大不同在於項目發起人的責任僅限於其在項目中的投資額。因此，提供項目融資的債權人更多的關心是項目的收益和風險，而不是項目發起人的資信能力、信用評級、經營狀況和財務狀況等。項目融資主要為資源開發、基礎設施建設方面的大型工程項目籌措資金，通常由項目的發起人發起，並為項目的建設而單獨設立一個項目公司。項目公司獨立建帳、自主經營、自負盈虧。其資本主

要來源於項目發起人直接投入的資金或認購的股份，其債務資金主要來自項目貸款融資、項目債券融資和票據融資等。因此，項目融資實際上就是對項目公司的融資。

投資銀行可在項目融資過程中的兩個階段發揮作用。在項目的開發階段，為項目發起人進行項目可行性論證，提供決策支援，包括：第一，項目財務分析。對項目的成本、銷售收入、盈虧平衡、影響效益的因素、投資回報率等主要財務指標做估測和評價。第二，項目風險評價。運用科學的理論和模型對項目系統風險和非系統風險進行分析和估測。第三，項目技術論證。根據對項目所屬產業部門的技術發展趨勢和市場需求分析和研究，對項目在生產技術、設備和材料供應、市場分佈、管理資源等各方面的可行性條件進行判斷。

在項目啟動後，提供投融資服務，包括：第一，為項目設計最佳的資本投資結構。投資銀行要根據項目的特點、各位發起人與項目的經濟聯繫和對項目的利益要求、項目潛在的資金來源以及法律環境的各種主客觀條件為項目設計出令投資者滿意的資本投資結構。第二，為項目設計最佳的融資結構。項目公司是高負債公司，其用於項目建設的資金除資本金外，更多的來自債務融資。因此，為項目設計最佳融資結構是投資銀行項目融資業務的重中之重。融資結構設計主要包括確定融資總額和資金結構，選擇融資方式，確定資金來源，安排資金到位時間表等各項內容。第三，協助落實項目融資的擔保。項目融資中債權人要求有一定形式的擔保，如由發起人或股東，或由銷售機構、有關銀行、東道國政府等提供保證書；由項目各有關方提供產量協議、購買合同、使用合同、預付款合同等契約性融資擔保等。投資銀行的責任在於確定合適的擔保形式並促成擔保的落實。第四，直接參與貸款的組織和談判事宜，促成融資的成功。在多數情況下，項目融資需要多家銀行組成銀團共同提供貸款，投資銀行作為項目公司股東或投資者的代表，出面尋找貸款銀行並參與融資談判，有時還直接出任貸款銀團的經理人。

五、風險資本投資

風險資本投資業務是指投資銀行為風險資本投資者在募集資金、風險公司上市、投資變現等諸多方面提供代理和財務技術服務，以獲取佣金，或自己發起並運作和管理風險資本基金，以獲取風險回報的業務活動。

所謂風險資本，是指專門用於支持處於創業期或快速成長期的未上市新興中小型企業，尤其是高新技術企業的發起和成長的資本，因此風險資本又稱為創業資本。風險資本具有長期性、高風險、高回報、投資於高新技術企業等特點。

風險資本投資的全過程一般表現為投資人對新成立或具有快速成長潛力的未上市高新技術企業提供股權投資和資產經營服務，對企業進行培育，當企業發育成長到一定成熟度之後，再通過上市、兼併或其他股權方式撤出投資，以獲取高額的資本利得收益。風險資本投資主要通過風險投資機構對風險投資基金的組織、運作和管理來實現。其資本主要來源於各種基金、銀行控股公司、保險公司、投資銀行、高收入家庭和個人等。

投資銀行參與風險資本投資有兩種情況：一種是以代理人和委託人身分出現，為

風險投資機構提供募集資金、投資基金運作管理、風險企業上市和風險投資股權轉讓等各主要方面的服務；另一種是以機構投資者身分出現，發起組建並運作和管理風險投資基金。在第二種情況下，投資銀行是風險投資基金的組織者和管理者，同時也是基金的合夥人，但是投資銀行只需向基金投入少量資金，就可得到高額回報。在這種利益驅動下，投資銀行會對風險投資的每一個重要環節盡職盡責。

在選擇確定投資目標階段，投資銀行要對創業公司的發展計劃、管理者和經營者素質、產品研究開發能力、生產經營和財務管理狀況等進行全面審查，在眾多創業公司中篩選真正具有快速成長性的公司。對於篩選出的公司，投資銀行要對其人力、物力和財力以及供銷環節的主要客商、開戶銀行等進行實地考察，以準確估計公司的成長性和收益率，作出投資決策。在進入實質性投資運作階段，要與創業公司就投資支付工具、投資回報、股權分配、撤資方式等進行談判並簽訂投資協議。投資銀行依據協議向創業公司注入資本後，工作重心就轉向對資本營運的監控和管理，尤其重要的是要通過各種努力對企業從技術、營銷、財務、管理等方面進行培育，使企業迅速增值。進入退出階段，投資銀行依據投資協議確定的撤資方式撤回投資並獲取投資收益。

風險投資撤出的方式主要有：第一，創業公司首次公開上市，通常是在所謂的「二板市場」或「創業板市場」上市，將股份在二級市場出售，這是風險投資撤出的最佳渠道。第二，創業公司私募融資時，將股份轉售給新加入的風險投資者。第三，在大公司收購時，將股份賣給收購公司。第四，創業公司管理層要求回購股份時，將股份返售給公司管理層。

第三節　保險公司

保險公司是專門經營保險或再保險業務的專業性金融機構。保險是分攤意外損失的一種財務安排，是投保人通過支付一筆額外的費用（保險費）來避免未來可能出現的較大損失的風險管理措施。

保險費是投保人為取得獲得賠付的權力所付出的代價，也是保險公司為承擔一定的保險責任向投保人收取的費用，通常根據保險標的危險程度、損失概率、保險期限、經營費用等因素來確定。

保險公司主要依靠投保人繳納保險和發行人壽保險單方式籌集資金，除保留一部分應付賠償所需外，其餘資金主要投向政府債券、公司債券和股票以及發放不動產抵押貸款、保單貸款等，以提高公司資金的盈利水平。

保險公司的基本功能是分擔風險，發揮社會保障職能，因此具有其他金融機構不可替代的重要作用。

按保障範圍來劃分，保險公司的保險業務主要可以分為四大類：財產保險、責任保險、保證保險、人身保險。

一、財產保險

財產保險是以財產及其相關利益為保險標的的保險，補償因自然災害或意外風險事故所造成的經濟損失。

二、責任保險

責任保險是以被保人的民事損害賠償責任為保險標的的保險，比如擔心本公司生產的熱水器對用戶造成損害而購買的保險就屬於責任保險。

三、保證保險

保證保險是只有保險人承保在信用借貸或銷售合同關係中因一方違約可能造成的經濟損失而進行的保險，比如出口一批工藝品，顧慮對方不及時付款而購買的保險，或銀行因擔心借款者不能履行借貸合同的義務而購買的保險。在美國，有一種特殊的保證保險，那就是存款保險。存款保險就是擔心銀行經營不善或遇到流動性困境而無法滿足存款者的提款需求而設立的一種保險制度，按照《聯邦存款保險法》的規定，存款金額在 10 萬美元以上的存款都必須進行存款保險，一旦發生銀行無法滿足存款者的取款要求，聯邦存款保險公司就要替銀行向存款者支付相應的金額。

四、人身保險

人身保險包括人壽保險、健康保險和意外傷害保險等。人壽保險是指以人的壽命和身體為保險標的，以人的生存或死亡為給付條件的一種保險；健康保險是指對被保險人的疾病、分娩以及由此所致的傷殘、死亡的保險，又稱疾病保險；意外傷害保險是指被保險人在其遭受意外傷害以及由此所致的傷殘、死亡時給付保險金的保險，如乘坐飛機時購買的航空保險就屬於意外傷害險。

還有一種保險機構之間的保險業務稱為再保險，也稱分保。再保險是保險人通過訂立合約，將自己已經承保的風險轉移給另一個或幾個保險人，以降低自己所面臨的風險的保險行為。例如，根據中國《中華人民共和國保險法》的規定，除了人壽保險業務外，保險公司應當將其承保的每筆保險業務的 20% 辦理再保險。

由於不同的險種具有不同的風險，因此，政府一般不允許同一家保險公司經營不同的保險業務。例如，人壽保險公司就不能同時經營財產保險，這樣就形成了經營不同保險業務的保險機構體系。中國現在已經形成了人壽、財產和再保險的保險機構體系。

第四節 投資基金

投資基金是通過發行基金股份或受益憑證將投資者分散的資金集中起來，由專業管理人員分散投資於股票、債券或其他金融資產，並將投資收益分配給基金股份或基

金受益憑證持有人的一種金融仲介機構。

一、投資基金的類型

投資基金的種類很多，並且有不斷創新的趨勢。從不同的角度對投資基金進行劃分，可以區分出許多不同類型的基金。

(一) 根據組織形態分類

根據組織形態的不同，投資基金可分為公司型投資基金和契約型投資基金。

1. 公司型投資基金

公司型投資基金是依據《中華人民共和國公司法》成立的股份有限公司形式的基金。公司型投資基金是由眾多的投資者通過認購基金股份組成以營利為目的的股份制投資基金公司，再由基金公司委託基金託管人保管基金財產，並聘用基金管理人執行投資操作的投資基金。公司型投資基金的特點是基金本身是股份制的投資公司，通過發行基金股份籌集資金，投資者通過購買基金股份成為基金的股東，並憑基金股份領取股息或紅利。

2. 契約型投資基金

契約型投資基金是依據一定的信託契約組織起來的基金。契約型投資基金是由基金管理人作為委託人與基金託管人（受託人）之間簽訂信託契約，向投資者（受益人）發行受益憑證聚集資金，並將其交由受託人保管，本身則負責基金的投資營運，而基金投資者則是受益人，憑受益憑證索取投資效益的一種基金。投資者只要認購了受益憑證，就等於接受了基金管理人和基金託管人之間簽訂的契約，成為契約的一方，即受益人。

公司型投資基金和契約型投資基金的主要區別在於：在基金的組織形式上，公司型投資基金是一個具有獨立法人資格的投資基金公司，而契約型投資基金是一個由委託人、受託人和受益人構成的法律約束體；在經營活動中，公司型投資基金依據公司章程來經營，契約型投資基金則依據基金契約條款來經營，前者除破產結算外一般具有永久性，后者則隨契約的有效期滿而自動終結；在投資角色上，前者的投資者作為基金公司股東，可參與基金經營決策，后者的投資者則是單純的受益人，不參與基金的經營決策。

(二) 根據基金股份或受益憑證可否被贖回分類

根據基金股份或受益憑證是否固定以及可否被贖回，投資基金可分為開放式基金和封閉式基金。

1. 開放式基金

開放式基金的發行總額不固定，可視經營策略與實際需要無限地向投資者追加發行股份，並隨時準備贖回發行在外的基金股份。投資者可以隨時從基金購買更多的股份，或要求基金將自己手中的股份贖回，以換回現金。開放式基金的股份價格取決於該基金所持有的全部證券組合的淨資產價值。因此，當證券的價格發生變動時，基金股份的價格也會跟著上下波動。

2. 封閉式基金

封閉式基金的股份總數固定，且在規定的封閉期內一般不向投資者增發新的受益憑證，投資者也不得要求基金管理公司贖回已發行的受益憑證，而只能在二級市場上轉讓，從而換回現金。

(三) 根據投資對象分類

根據投資對象的不同，投資基金可分為股票基金、債券基金、貨幣市場共同基金等。

1. 股票基金

股票基金是一種以股票為投資對象的投資基金。股票基金是基金公司或基金發起人通過發行基金股份或受益憑證，將眾多小投資者的小額資金集中起來，形成大額資金，再分散投資於不同的股票組合，以降低投資風險。

2. 債券基金

債券基金是一種以債券為投資對象的投資基金。債券基金是規模僅次於股票基金的重要基金類型。

3. 貨幣市場共同基金

貨幣市場共同基金是一種以貨幣市場金融工具，如短期國債、銀行大額可轉讓定期存單、商業票據等為投資對象的投資基金。由於貨幣金融工具具有安全性高、流動性大、價格波動小的特點，所以貨幣市場共同基金股份持有人的收益比較穩定。此外，基金股份持有人還可以根據他們所持有的股份價值來簽發支票，因而還具有存款機構的某些特徵。

二、投資基金的特點

儘管投資基金的種類繁多，但是它們具有以下一些共同的特點：

(一) 規模經營

投資者通過發行基金股份或受益憑證，將眾多小投資者的小額資金集中起來，形成大額資金，進行規模經營，可以降低投資的交易成本。

(二) 專家管理

投資基金是由具有專業知識的管理人員進行管理的，他們在投資領域具有豐富的投資經驗，對國內外的經濟形勢及各公司的營運和發展潛力有深入的瞭解，因此可以更好地抓住各種投資機會，獲得較好的投資收益。

(三) 分散投資

投資基金可以將所籌集到的資金分散投資到各種證券或資產上，通過投資組合最大限度地降低非系統風險。

三、投資基金的交易

對於封閉式基金股份或受益憑證，其交易與股票、債券類似，可以通過自營商或

經紀人在基金二級市場上隨行就市，自由轉讓。對於開放式基金，其交易表現為投資者向基金管理公司認購股票或受益憑證，或基金管理公司贖回股票或受益憑證。

第五節　信託基金與養老基金

一、信託基金

信託投資公司是指依照《中華人民共和國公司法》和《信託投資公司管理辦法》設立的主要經營信託業務的金融公司。

信託是委託人基於對受託人的信任，將其財產權委託給受託人，由受託人按委託人的意願，以自己的名義，為受益人利益或特定目的，進行管理或者處分的行為。通常信託當事人包括委託人、受託人和受益人三方，其中受益人可以是委託人自己，也可以是第三方。

信託具有下列特徵：第一，信託是以信任為基礎；第二，信託以實現受益人的利益為目的；第三，信託中，委託人將其財產權委託給受託人行使；第四，受託人以自己名義從事活動。

信託與代理的區別是：第一，信託中的受託人是以自己名義從事活動，信託權限一般不受限制；代理人則是以被代理人名義在代理權限內活動。第二，信託財產的所有權與利益相互分離；代理所涉財產的所有權與利益同屬於被代理人。

信託公司是從事信託業務，充當受託人的法人機構。其職能是進行財產事務管理，即接受客戶委託，代理客戶管理、經營、處置財產，簡言之就是受人之托、為人管業、代人理財。

信託公司的業務主要包括：第一，資金信託業務，即委託人將自己無法或者不能親自管理的資金以及國家有關法規限制其親自管理的資金，委託信託投資公司，按約定的條件和目的，進行管理、運用和處置。第二，動產、不動產及其他財產的信託業務，即委託人將自己的動產、房產、地產及版權、知識產權等財產權，委託信託投資公司，按約定的條件和目的，進行管理、運用和處置。第三，投資基金業務，即作為基金管理公司發起人從事投資基金業務。第四，企業重組、併購及項目融資、公司理財、財務顧問等仲介業務。第五，國債、企業債券的承銷業務。第六，代理財產的管理、運輸與處分、代保管業務、擔保業務、諮詢業務。

二、養老或退休基金

養老或退休基金是一種向參加養老金計劃者以年金形式提供退休收入的金融機構。任何就業人員只要一直繳納退休基金，並且工作到退休年齡，他的養老金項目就開始逐月向他支付養老金。

養老或退休基金的資金來源主要是公眾為退休後生活所準備的儲蓄金，在形式上通常由勞方和資方共同繳納，也有由雇主單獨繳納的。

由於養老基金的資金來源比較穩定，並且可以精確地計算出未來若干年內養老基金的支付金額，因此養老基金的資金運用主要投資於公司長期債券、股票及發放長期貸款。

本章小結

1. 政策性金融機構是指政府創立、參股或保證的，專門為貫徹國家政策，為政策性業務融資的政府金融機構。政策性銀行具有政策性和金融性雙重屬性；具有財政、金融雙重職能；是特殊的金融企業。

2. 政策性金融機構的主要類型，按業務領域和服務對象劃分，主要有如下幾種：經濟開發政策性金融機構、農業政策性金融機構、進出口政策性金融機構、住房政策性金融機構。

3. 投資銀行是在資本市場上為企業發行債券、股票，籌集長期資金提供仲介服務的金融機構。其基本特徵是全面從事資本市場的各項業務，如證券承銷、證券交易、公司併購、項目融資、風險投資、基金管理業務等。

4. 保險公司是專門經營保險或再保險業務的專業性金融機構。保險是分攤意外損失的一種財務安排，是投保人通過支付一筆額外的費用（保險費）來避免未來可能出現的較大損失的風險管理措施。

5. 投資基金是通過發行基金股份或受益憑證將投資者分散的資金集中起來，由專業管理人員分散投資於股票、債券或其他金融資產，並將投資收益分配給基金股份或基金受益憑證持有人的一種金融仲介機構。

6. 信託是委託人基於對受託人的信任，將其財產權委託給受託人，由受託人按委託人的意願，以自己的名義，為受益人利益或特定目的，進行管理或者處分的行為。通常，信託當事人包括委託人、受託人和受益人三方，其中受益人可以是委託人自己，也可以是第三方。

復習思考題

1. 什麼是存款型金融機構？什麼是契約型金融機構？它們的主要類型和主要區別在哪裡？
2. 為什麼說購買共同基金屬於共同投資？共同基金的特點是什麼？
3. 什麼是政策性銀行？政策性銀行和商業銀行的區別是什麼？
4. 中國資產管理公司的經營宗旨是什麼？
5. 信託與代理的區別是什麼？

附錄　政策性金融機構發展歷程

1994年，為實行政策性業務與商業性業務分離，以解決國有專業銀行身兼二任的

問題，國務院先后批准設立了中國國家開發銀行、中國進出口銀行、中國農業發展銀行三家政策性銀行。

2001年，為深化保險（放心保）體制改革，理順出口信用保險體制，規範出口信用保險的經營行為，國務院組建了政策性信用保險業務的金融機構——中國出口信用保險公司。

2007年，為貫徹黨的十六屆三中全會及中央經濟工作會議關於「深化政策性銀行改革」的精神，第三次全國金融工作會議進一步明確按照分類指導、「一行一策」的原則推進政策性銀行改革，並且提出要對政策性業務實行公開透明的招投標制度。

2008年，黨的十七屆三中全會明確指出：拓展農業發展銀行支農領域，加大政策性金融對農業開發和農村基礎設施建設中長期信貸支持。

2008年年底，銀監會正式批准國家開發銀行以發起設立的方式進行改制，設立國家開發銀行股份有限公司，探索推進商業化改革。

2009年，經國務院批准，由中國人民銀行牽頭成立了政策性金融機構改革工作小組，啟動了中國出口信用保險公司（簡稱中國信保）和進出口銀行的改革工作，確立了改革的總體目標。2011年，國務院批准了中國信保改革實施總體方案和章程的修訂原則以及主要內容。中國信保建立了符合政策性保險公司特徵的法人治理結構。

2009年，中國農業發展銀行改革工作小組正式成立，這標誌著中國農業發展銀行改革工作全面啟動。

2012年，第四次全國金融工作會議明確提出了政策性金融機構要堅持以政策性業務為主體，明確劃分政策性業務和自營性業務，實行分帳管理、分類核算。國家開發銀行要堅持和深化商業化改革。

2013年，黨的十八屆三中全會再次提出推進政策性金融機構改革。

截至2014年年末，農業發展銀行人民幣各項貸款餘額為28,303億元，比年初增長13.2%，確保了糧油收儲的順利進行，重點支持了農業農村基礎建設項目；全年發行金融債券6,600億元，各項存款較年初增加1,150億元。

2015年，國務院首次將國家開發銀行的定位由一般政策性銀行明確為開發性金融機構，明確農業發展銀行改革要堅持以政策性業務為主體，進出口銀行改革要強化政策性職能定位。

經過20多年的發展，三家政策性銀行已經形成了各自特色和獨特的業務模式。

第八章 外匯、匯率與國際收支

第一節 外匯與匯率概述

一、外匯及其種類

外匯是指外幣和以外幣表示的可用於國際間結算的支付手段。外匯有廣義和狹義之分，廣義的外匯是指一切在國際收支逆差時可使用的債權，包括外幣、外幣有價證券、外幣支付憑證、其他外匯資金等。狹義的外匯是指以外幣表示的國際結算的支付手段。中國1980年頒布實施的《中華人民共和國外匯管理暫行條例》對外匯的解釋是：第一，外國貨幣，包括鈔票、鑄幣等；第二，外幣有價證券，包括政府公債、國庫券、公司債券、股票等；第三，外幣支付憑證，包括票據、銀行存款憑證、郵政儲蓄憑證等；第四，其他外匯資金。

根據可自由兌換的程度不同，外匯可分為自由外匯和記帳外匯兩種。自由外匯是指無須貨幣發行國批准即可隨時動用、自由兌換成其他貨幣或向第三者辦理支付的外匯。作為自由外匯的貨幣，它的一個顯著特徵是可兌換性，如美元、英鎊、歐元、日元等。記帳外匯又稱協定外匯或清算外匯，是指未經貨幣發行國批准，不能自由兌換成其他貨幣或對第三者進行支付的外匯。記帳外匯只能根據兩國政府間的清算協定，在雙方銀行開立專門帳戶記載使用。

二、匯率

(一) 匯率的定義

匯率又稱匯價、外匯牌價或外匯行市，是指兩國貨幣兌換的比例，或者是一國貨幣以另一國貨幣表示的價格。

(二) 匯率的標價方法

確定兩種貨幣的比價，首先要確定以哪個國家的貨幣作為標準，這就涉及匯率的標價方法問題。在外匯市場上，匯率的標價方法主要有直接標價法和間接標價法。

1. 直接標價法

直接標價法又稱應付標價法，是指用一定單位（1個單位或100個單位、1000個單位）的外國貨幣為標準，來計算應付多少單位的本國貨幣。這種標價法的特點是外幣的數額固定不變，匯率的升降都是以本幣數額的變化來表示。一定單位的外幣折算

的本幣越多,就說明外幣幣值上升,本幣幣值下降;相反,一定單位的外幣折算本幣越少,說明外幣幣值下降,本幣幣值上升。例如,2002年9月28日,中國的外匯牌價為100美元兌換人民幣827.71元,到2003年2月28日,外匯牌價變為100美元兌換人民幣826.71元,說明人民幣略有升值,而美元略有貶值。目前,大多數國家和地區都採用這種方法。

2. 間接標價法

間接標價法又稱應收標價法,是指用一定單位的本國貨幣來計算應收多少單位的外國貨幣。這種標價法的特點是本國貨幣數額固定不變,匯率的升降都是以外幣數額的變化來表示。一定單位本幣折算的外幣越多,說明本幣幣值上升,外幣幣值下降;反之,一定單位本幣折算的外幣越少,說明本幣幣值下降,外幣幣值上升。例如,在紐約外匯市場上,外匯牌價為100美元兌換人民幣620.77元,這就是間接標價法。目前,英國使用間接標價法,美國自1978年9月起除對英鎊使用直接標價法外,對其他國家的貨幣均使用間接標價法。

(三) 匯率的種類

在外匯交易中,由於劃分的角度不同,匯率種類多種多樣,主要有以下幾種:

1. 按照制定匯率的方法不同,可以分為基準匯率和套算匯率

基準匯率是把在對外交往中最常使用的主要貨幣作為基本外幣,制定出它與本幣之間的匯率,這個匯率就是基準匯率。目前,世界各國一般都選擇本國貨幣與美元之間的匯率作為基準匯率。中國的基準匯率確定有四種:人民幣與美元之間的匯率、人民幣與日元之間的匯率、人民幣與歐元之間的匯率、人民幣與港元之間的匯率。

套算匯率是指根據基準匯率套算出的本幣與其他國家貨幣之間的匯率。例如,人民幣與歐元之間的基準匯率為1歐元=6.7781元人民幣,在紐約外匯市場上歐元與英鎊之間的匯率為1英鎊=1.370歐元,則可以套算出人民幣與英鎊之間的匯率為1英鎊=9.286元人民幣。

2. 按照匯率制度不同,可以分為固定匯率和浮動匯率

固定匯率是指兩國貨幣之間的匯率基本固定,波動範圍很小。浮動匯率是指不規定匯率波動的上下限,匯率隨外匯市場的供求關係自由波動。

3. 按照外匯管制程度的不同,可以分為官方匯率和市場匯率

官方匯率是指由國家外匯管理機構制定並公布的匯率。在實行嚴格外匯管制的國家,一切外匯交易由外匯管理機構統一管理,外匯不能自由買賣,一切交易必須按照官方匯率進行。市場匯率是指在外匯市場上由外匯供求雙方自行決定的匯率,即外匯市場實際買賣外匯的匯率。

4. 按照外匯買賣的交割期限不同,可以分為即期匯率和遠期匯率

即期匯率也叫現匯匯率,是指買賣雙方成交后在兩個營業日內辦理交割時使用的匯率。遠期匯率也叫期匯匯率,是指買賣雙方成交后約定在未來一定時期進行交割時使用的匯率。

遠期匯率與即期匯率之間有差價,這一差價有升水和貼水兩種,升水表示期匯高

於現匯，貼水表示期匯低於現匯。當兩者的匯率相同時，稱為「平價」。

5. 按照匯兌方式的不同，可以分為電匯匯率、信匯匯率和票匯匯率

電匯匯率是指銀行賣出外匯時，用電傳或電報通知國外分支機構或代理行付款給受款人所使用的匯率。在外匯買賣中，電匯佔有較大比重，但是匯率較高。信匯匯率是指銀行賣出外匯后，用信函通知國外分支機構或代理行付款給受款人所使用的匯率，其匯率較電匯匯率低。票匯匯率是指銀行買賣外匯匯票、支票和其他票據時所使用的匯率。

6. 從買賣外匯的角度不同，可以分為買入價、賣出價和中間價

銀行買進外匯時所使用的匯率為買入價；銀行賣出外匯時所使用的匯率為賣出價。在直接標價法下，買入匯率是銀行買入一單位外匯所付出的本幣數，賣出匯率是銀行賣出一單位外匯所收取的本幣數。中間價是買入價與賣出價的平均價，即中間價＝（買入價＋賣出價）÷2，適用於銀行間買賣外匯，意味著它們之間買賣外匯不賺取利潤。外國電臺、報紙所公布的匯率常為中間價。

第二節　匯率的決定因素與影響

一、匯率的決定因素

（一）金本位制下的匯率決定因素

金本位制是以黃金作為本位幣的幣制，其中金幣本位制是其典型形態，是貨幣本位制度發展中維持時間最長的一種貨幣制度。其典型特點是：金幣自由流通、自由鑄造、自由熔化；銀行券可自由兌換金幣；黃金可自由輸出輸入國境。由於銀行券可以自由兌換為金幣，因而在國際結算中，不論是通過銀行券還是黃金來進行，兩國貨幣之間的匯率就是兩國本位幣的含金量之比，即鑄幣平價。也就是說在金幣本位制下，鑄幣平價是決定匯率的基礎。例如，在1925—1931年，1英鎊的含金量是7.3224克，而1美元的含金量是1.504,656克，因此英鎊與美元的匯率為1英鎊兌4.8665美元。當然，外匯市場上的實際匯率會因外匯供求的變化而出現波動，但是其波動總是會圍繞鑄幣平價來進行，並以黃金輸送點為界限。這是因為當匯率對一國不利時，該國就不用外匯，而改用輸出入黃金的辦法來辦理結算，因而各國匯率波動的幅度很小，成為自發的固定匯率。如果一定時期內美國對英國的支付多於英國對美國的支付，英鎊的匯率就會升高。如果美國和英國之間運送1英鎊所含黃金需要0.02美元的費用，而市場上英鎊的實際匯率就高於4.8865美元（即鑄幣平價為4.8665+0.02），那麼美國的債務人將不會在外匯市場上購買英鎊，而是直接運送黃金到英國進行支付。因此，4.8865美元就是美國對英國的黃金輸送點。伴隨著對英鎊需求的減少，英鎊匯率就會逐漸下降，迴歸到鑄幣平價。

到了金塊本位制和金匯兌本位制時期，由於黃金不能自由輸出輸入國境，因而匯率的波動幅度就不再受制於黃金輸出輸入點的限制。此時，穩定市場匯率的責任就落

到了各國政府身上。一般的做法是設立外匯平準基金,當外匯匯率上升時,政府就動用平準基金拋出外匯;當外匯匯率下降時,政府就動用平準基金買進外匯,從而維持匯率的相對穩定。

(二) 信用貨幣制度下的匯率決定因素

金本位制崩潰后,各國都先後實行了紙幣流通,並在其後經歷了由浮動匯率到固定匯率再到浮動匯率的匯率制度。決定匯率的因素也發生了很大的變化,對此理論界也有較大的爭論。按照馬克思的貨幣理論,兩國貨幣間的匯率決定於兩國貨幣各自所代表的價值量不同。而西方一些經濟學家則認為購買力平價、外匯市場上的供求狀況等是決定匯率的主要因素。

(三) 人民幣匯率的決定因素

1994年1月1日以前,中國的人民幣匯率是由國家根據經濟發展的需要來制定、調整和公布的,而不是在外匯市場上由供求狀況來自發決定。1994年1月1日之後,中國開始實行新的外匯管理制度。人民幣匯率不再由官方行政當局直接制定和公布,而是由外匯指定銀行自行確定和調整。因為在新的外匯管理制度下,以銀行結售匯制度取代了原有的外匯留成制度,所以一般企業在通常情況下不得持有外匯帳戶,所有經常帳戶下的外匯收入都進入外匯市場形成外匯供給。同時,經常帳戶下的外匯需求絕大部分也必須由外匯市場來滿足。因此,目前人民幣匯率的基本決定因素是外匯市場的供求狀況。

二、外匯的作用與影響

(一) 對國際貿易及進出口的影響

匯率對國際貿易及進出口的影響可以從一國貨幣的貶值與升值兩個角度來考察。以貶值為例,一國貨幣貶值後,其對國際貿易及進出口的影響主要集中在擴大出口與抑制進口兩方面。本幣貶值,出口商品的外幣價格就下跌,這有利於增強本國商品的出口能力。同時,本幣貶值導致進口商品的價格上漲而有利於抑制進口,增強國內進口替代品的需求。要實現上述理想機制必須滿足下列條件:

(1) 出口商品的需求彈性高。如果本國出口商品的需求價格彈性與需求收入彈性都很低,則貶值只引起價格下降卻不會相應地擴大出口商品的需求量。

(2) 進口商品的性質。如果進口商品是必需品和經濟發展所必需的資本品,則價格機制對其需求影響不大。

(3) 國內的總供給能力。本幣貶值使進口品本幣價格上漲,引導國內需求從進口品轉向進口替代品,國內的生產力水平和產業結構未必能夠迅速填補這部分新轉換來的市場缺口。

(4) 國內資源的利用情況。如果此時國內沒有閒置資源可用於擴大供給,本幣貶值將直接導致物價水平的上漲。

（二）對資本項目的影響

匯率變動對資本項目的影響關鍵在於人們的預期。如果本幣貶值，其對資本項目的影響將伴隨人們的預期變化而產生三種效應：

(1) 如果市場上普遍認為本幣的貶值幅度不夠，本幣可能會進一步貶值，為避免損失資本將流出本國金融市場，其結果會造成市場上本幣匯率下降。

(2) 如果市場上普遍認為本幣貶值是合理的，使以前高估的本幣匯率迴歸其均衡水平，這種預期可能導致以前流出本國金融市場上的一部分外匯資金回流。

(3) 如果市場上普遍認為本幣貶值過多，使本幣的對外價格已嚴重偏離均衡水平，那麼大量外國資本會流入本國進行套匯，從而賺取收益。其市場結果將是資本流入增加，匯率水平如期回升。

（三）對市場價格的影響

本幣的貶值有可能通過多種機制引起國內物價水平的上升。主要表現如下：

(1) 如果進口品是必需品，本幣貶值導致其價格上漲，從而推動生活費用抬升，此時工資收入者的名義工資將相應程度地提高。工資水平的上升會直接導致產品生產成本的上升，促使進一步追加名義工資，進入周而復始的惡性循環，最終使整個市場價格水平上漲。

(2) 如果進口品是主要的生產原料，則會通過成本機制導致物價水平的上升。

(3) 通過上述工資機制和成本機制，本幣貶值後將導致貨幣供給增加，同時一國政府在外匯市場上購入外匯儲備時，也因本幣的貶值將支付更多的本幣，從而進一步擴大市場上的貨幣供給量，促使物價水平的攀升。

(4) 如果進出口商品的需求彈性均很低時，本幣的貶值只可能進一步惡化一國的國際收支逆差，使本幣的對外價值繼續降低，最終導致其對內價值的相應降低，而貨幣對內價值的降低直接的表現就是市場物價水平的上升。

第三節　國際收支及國際收支平衡表

一、國際收支

國際收支是在一定時期內一個國家（地區）和其他國家（地區）進行的全部經濟交易的系統記錄。國際收支主要反應一國居民與外國居民在一定時期內發生的各項經濟交易的貨幣價值總和。

國際收支的內涵十分豐富，可以從以下幾方面加以把握和理解：

（一）國際收支是一個流量概念

國際收支反應的是一國居民與外國居民在一定時期內發生的各項經濟交易的貨幣價值總和。這一報告期可以是一年、一個季度或一個月。一般情況下，各國通常以一年為報告期。

(二) 國際收支所反應的內容是國際經濟交易

這是指經濟價值在國際間從一個經濟單位向另一個經濟單位的轉移。這種轉移可分為交換或無償轉讓兩類，有四種情況：商品和勞務的買賣；金融資產的交換；無償的、單向的商品和勞務轉移；無償的、單向的金融資產的轉移。

(三) 國際收支所反應的是一定時期內一國居民與非居民之間的交易

居民是指在國內居住一年以上的自然人（本國人和僑民等）及法人。判斷一項經濟交易是否應包括在國際收支範圍內的依據不是交易雙方的國籍，而是根據是否有一方是該國居民。居民是以居住為標準劃分出的一個法律概念，包括個人、政府機構、非營利團體和企業四類。

二、國際收支平衡表

(一) 國際收支平衡表的含義

國際收支平衡表是以某種特定貨幣為計量單位，全面系統地記錄一國的國際收支狀況的統計報表。具體來講，國際收支平衡表是一國根據交易內容和範圍設置項目和帳戶、按照復式簿記的原理對一定時期內的國際經濟交易進行系統的記錄、對各筆交易進行分類和匯總而編製出的分析性報表。平衡表中的全部項目，其借方總額與貸方總額是相等的。

(二) 國際收支平衡表的基本內容

國際貨幣基金組織為統一掌握和研究各成員國的國際收支狀況，規定了基本內容和格式。其基本內容分為三類：經常項目、資本項目和平衡項目。

1. 經常項目

經常項目是最基本的項目，反應的是實際資源在國際間的流動，包括以下幾個方面：

(1) 貿易收支。貿易收支是由商品輸出入所引起的貨幣收支，故又稱有形貿易收支。貿易收支是主要的對外收支項目，是經常項目的重要項目。商品輸出所引起的貨幣收入列入國際收支的收入，商品輸入所引起的貨幣支出列入國際收支的支出。貿易收支數額大小直接關係著對外貿易的順差和逆差，是影響國際收支最重要的因素。

(2) 勞務收支。勞務收支是指提供各種勞務性輸出輸入而引起的貨幣收支，也叫非貿易收支。勞務的輸出輸入引起的外匯收支，在國際收支中佔有重要的地位，所包括的內容非常廣泛，主要有運輸、保險、通信、旅行及其他勞務，諸如工資報酬、專利費、宣傳費、服務費、特許權使用費等。運費是勞務收支中的主要項目。由於國際貿易貨物的運程較遠，主要靠海洋運輸，商船是主要的運輸工具。於是運費就成為一些海運發達國家的主要收入。銀行和保險業務收支是指一個國家在海外設立銀行和保險機構的收支。郵電收支是指國際間相互使用郵電通信設備所引起的郵電費用收支。投資收入與支出主要是指資本輸出輸入以及信貸等所引起的利息、股息和利潤的收支。

(3) 經常轉移收支。商品、勞務收支均為有償交易，而資金轉移收支則是一種無

償性的收付，這種收支發生后，並不產生相應的歸還義務。正由於這種轉移是單方面的，所以又稱單方面轉移收支。根據單方面轉移的主體和對象不同，又劃分為以下兩種：私人轉移和政府轉移。私人轉移主要包括僑民匯款等；政府轉移主要包括外交費用、政府間經濟或軍事援助、捐款、贈與、戰爭賠款等。

2. 資本項目

資本項目主要是指資本的輸出和輸入，表明一國對外金融資產所引起的債權債務的移動。其收入一方說明一國利用外資的增加或收回對外貸款；其支出一方說明一國對外投資的增加或對外債的償還。第二次世界大戰后，隨著國家壟斷資本主義的發展，資本的輸出輸入在國際收支中的地位越來越重要。

按照期限的長短，資本項目又分為長期資本和短期資本兩類。

（1）長期資本是指一年以上的國際資本流動。依當事人的不同長期資本還可分為政府長期資本流動和私人長期資本流動。前者主要包括政府間貸款、政府間投資和國際金融機構貸款；后者主要包括直接投資、證券投資和國際商業貸款等。其中，直接投資是指直接在國外開設分支機構、以輸出技術設備等方式收買外國企業或者與外國資本聯合舉辦合資企業等的投資。有價證券投資是指購買外國政府的債券、外國企業和公司的債券和股票或者國際金融市場發行的債券與股票所進行的投資。政府間信貸是指政府之間的援助貸款。國際貨幣基金組織的貸款列入儲備項，不在此項目內。

（2）短期資本是指期限在一年及一年以下的國際資本流動。目前，由於國際金融市場的發展，短期資本在國際範圍的流動日益增加。短期資本主要包括以下內容：國際貿易的短期資本融通、結算；各國銀行間的資本拆放、調撥；在國際黃金外匯市場上進行的套匯、套利、抵補保值等外匯買賣；等等。

3. 平衡項目

由於國際收支平衡表所列項目涉及內容多、範圍廣、情況複雜，致使經常項目和資本項目很難平衡，在一定時期必然發生差額。設置此項目就是為了對不平衡項目人為地加以平衡。平衡項目主要內容如下：

（1）錯誤與遺漏。國際收支平衡表的數字主要來源於海關統計、各行政部門和企業的報告以及銀行的報表等。因此，數字的統計會經常發生一些問題，如可能出現重複計算，或可能故意隱瞞真情，或資料不全，數字很難掌握（如資本外逃、商品走私、私帶現鈔入境等）。為了軋清國際收支平衡表中的收支總額，把統計中的錯誤與遺漏可補記在這個項目內。

（2）儲備資產。這是主要的平衡項目，是一國貨幣當局所持有的儲備資產和對外債權。儲備資產包括貨幣黃金、特別提款權、在國際貨幣基金組織的儲備頭寸和外匯等。當一個國家的國際收支發生逆差時，動用黃金和外匯是最后的支付手段。特別提款權是國際貨幣基金組織按各會員國繳納的份額分配給會員國的一種記帳單位，可用來彌補國際收支逆差，亦可用於償還國際貨幣基金組織貸款。

中國國際收支平衡表的編製始於1981年。1985年9月，國家外匯管理局首次公布了1982—1984年的國際收支平衡表，以后都是逐年公布。中國國際收支平衡表編製的原則基本上按照國際貨幣基金組織對國際收支的規定，在編製格式上根據中國對外經

濟狀況體現了自己的特點。平衡表的基本內容包括四大類，即經常項目、資本和金融項目、儲備資產、淨誤差與遺漏，其具體細目和統計口徑結合中國國情編製。

三、國際收支的失衡與調節

(一) 失衡的原因分析

國際收支平衡表是按復式記帳原理編製的，借貸雙方就應該總是平衡的。可能這種平衡只是形式上的平衡，實際上收支不可能總是呈平衡狀態。造成失衡的原因主要有以下幾種：

1. 經濟發展的不平衡

各個國家在經濟增長過程中，由於經濟制度、經濟政策等原因會引發週期性經濟波動，如資本主義國家週期性經濟危機引起國際收支失衡，而嚴重的經濟危機會使國際貿易急遽下降，國外投資收入大量縮減和資本外逃，導致國際收支惡化。由於生產的社會化和國際經濟聯繫日益密切，主要國家的經濟週期循環也能影響他國的經濟狀況，造成他國的國際收支失衡。

2. 經濟結構性因素

一國產業結構與國際分工結構失調，引起該國國際收支的失衡。一國商品結構的變化會引起國際收支失衡，同樣一國生產改善、技術革新、成本下降、質量提高、品種增加，也會促進國際收支的改善。對於進出口產品結構較為單一、出口市場狹小、對進口產品依賴較大的國家來說，尤其易於出現此類結構性失衡。

3. 貨幣性因素

在一定匯率水平的情況下，當一個國家發生通貨膨脹、物價上漲、本國貨幣對內幣值下降、對外幣值尚未下降時，就會使商品成本和物價水平高於他國，削弱出口商品的競爭力，使國際收支發生逆差；當一個國家發生通貨緊縮、物價下跌、本國貨幣對內幣值上升、對外幣值尚未上升時，就會使商品成本和物價水平低於他國，則有利於增加出口，致使國際收支發生順差。

4. 國民收入的變動

國外和國內的政治和經濟發生重大變化，引起國民收入的變動，從而導致國民收入更大的國際差額或週期性差額，也就成為影響國際收支不平衡的重要因素。例如，戰爭、賠償、能源價格波動等，直接影響市場需求，影響支付能力，進而影響國際收支。故國民收入下降，外匯支出減少，國際收支可能出現順差，反之則是逆差。

(二) 國際收支失衡的調節方法

1. 商品調節

調節方向是獎出限入。這是改善國際收支逆差的主要措施。因為貿易收支在國際收支中佔據重要地位。為了爭奪國際市場，往往對出口商品給予補貼，或者採取優惠利率等刺激出口，增加外匯收入，來達到扭轉國際收支失衡的效果。

2. 實施財政與貨幣政策

在財政政策方面，即以擴大和縮小財政開支或升降稅率的辦法來進行調節的政策

措施。當國際收支發生逆差，一般是採取削減財政開支或提高稅率的辦法；相反，則採取擴大財政開支或降低稅率的措施。

在貨幣政策方面，是以調節利率或匯率的辦法來平衡國際收支的政策措施。調節利率，即中央銀行提高或降低再貼現率。當國際收支發生逆差時，就提高再貼現率；國際收支出現順差時，就降低再貼現率，以達到改善國際收支的目的。調節匯率，即以貨幣升值或貶值的辦法，提高或降低本國貨幣對外國貨幣的比率。當國際收支出現逆差時，就利用貨幣貶值刺激出口，多採用的是外匯傾銷。相反，則實行貨幣升值增加進口。

3. 利用國際貸款

這是最普遍使用的措施，這種措施能及時靈活地融通資金。國際貸款的形式包括銀行信貸、政府貸款以及國際金融組織貸款。

4. 直接管制

國家以行政命令方式，直接干預國際收支，包括外匯管制和外貿管制。后者包括商品輸入管制（許可證制、進口配額制和提高關稅來限制商品進口）和商品輸出管制（出口許可證、出口補貼）。這一做法不影響經濟全局，收效迅速，但是因有損於其他國家的利益，易於遭到其他國家的報復。

第四節　國際儲備

一、國際儲備的概念

國際儲備是指一國政府所持有的可隨時用於彌補國際收支赤字並維持本幣匯率的國際間可以接受的一切資產。其數量多少一定程度上反應了一國在國際金融領域中的地位。

二、國際儲備的構成

（一）黃金儲備

黃金儲備是指一國貨幣管理機構所持有的黃金。目前，各國貨幣當局在動用國際儲備時，並不能直接以黃金實物對外支付，而只能在黃金市場上出售黃金，換成可兌換的貨幣。因此，黃金實際上已不算是真正的國際儲備，而成為潛在的國際儲備。

（二）外匯儲備

外匯儲備是各國貨幣管理機構所持有的對外流動性資產。外匯儲備主要是銀行存款和國庫券等一國貨幣充當國際儲備貨幣，必須具備以下幾個基本特徵：一是在國際貨幣體系中佔有重要地位；二是保持較好的流動性，能夠自由兌換為其他貨幣，為世界各國普遍接受；三是購買力具有穩定性，在國際外匯市場具有干預能力，能發揮穩定作用。在金本位制下，英鎊代替黃金執行國際貨幣的各種職能，成為各國最主要的

儲備貨幣。第二次世界大戰后，美元作為唯一直接與黃金掛勾的主要貨幣，為各國外匯儲備的實體。20世紀70年代布雷頓森林體系崩潰后，國際儲備貨幣出現了多樣化的局面，但是美元仍是最主要的國際儲備貨幣，處於多樣化儲備體系的中心，但是其比重在不斷下降。

(三) 儲備頭寸

儲備頭寸是指國際貨幣基金組織的各會員國存在基金組織普通帳戶中可自由提取使用的資產，具體包括會員國向國際貨幣基金組織繳納份額中的外匯部分、基金組織用去的本國貨幣持有量部分以及會員國對國際貨幣基金組織提供的貸款。

(四) 特別提款權

特別提款權是國際貨幣基金組織於1969年創設的，對會員國根據其繳納份額分配的一種帳面資產。由國際貨幣基金組織分配的而尚未使用完的特別提款權就構成了一國國際儲備的一部分。特別提款權作為使用資金的權利，與其他儲備資產相比，有著重要區別：一是特別提款權不具有內在價值，是國際貨幣基金組織人為創造的、純粹帳面上的資產；二是特別提款權不能像黃金和外匯那樣通過貿易或非貿易交往取得，也不能像儲備頭寸那樣以所繳納的份額作為基礎，而是由國際貨幣基金組織按份額比例無償分配給會員國的；三是特別提款權只能在基金組織及各國政府之間發揮作用，任何私人企業不得持有和運用，不能盲目用於貿易或非貿易的支付，因此具有嚴格限定的用途。

三、國際儲備的作用

(一) 削減國際收支困難

當一國發生國際收支困難時，通過動用外匯儲備、減少在國際貨幣基金組織的儲備頭寸和特別提款權持有額，在國際市場上變賣黃金來彌補國際收支赤字所造成的外匯供求缺口，從而使國內經濟免受採取調整政策產生的不利影響，有助於國內經濟目標的實現。

(二) 維持本幣匯率穩定

1973年布雷頓森林體系瓦解后，西方主要工業國家實行了管理浮動制，不再負有維持固定匯率的義務，一國可以通過國際儲備量來進行外匯干預，操縱匯率來實現國內經濟目標，而不再決定於國際收支失衡的規模和方向。同時，國際儲備作為干預資產來發揮作用，要以充分發達的外匯市場和本國貨幣的完全自由兌換為前提條件。這就是說，對於大多數發展中國家，由於匯率是由官方制定的，通過外匯管制強制性地控制可能出現的外匯供求缺口，而不是通過動用國際儲備加以解決，因此國際儲備基本上不具備干預資產的作用。

一國持有國際儲備的多少表明一國干預外匯市場和維持匯率的實力，儲備雄厚，外匯市場對該國貨幣的信心就充足。

(三) 充當對外舉債的信用保證

國際儲備充足可以加強一國的資信，吸引外國資金流入，促進經濟發展。國際金融機構在對外貸款時，往往要事先調查借債國償還債務的能力，關注一國所持有的國際儲備狀況。這對於發展中國家顯得尤其重要，資金短缺是發展中國家面臨的一個主要難題，而借助外國資本、爭取外國政府貸款、國際金融機構信貸和國際資本市場融資都要以良好、穩定的資信和償還能力為前提，國際儲備為不可少的保證之一。

四、國際儲備的管理

國際儲備的管理主要分為規模管理和結構管理，即國際儲備合理規模和經營結構的確定和調整。

(一) 國際儲備的規模管理

與各種儲備一樣，國際儲備也有一個適度規模的問題。如果儲備不足，一國將難以應付各種意外支付的需要，並可能引發國際支付危機；相反，儲備過多，雖可增強對外支付的能力，卻會造成浪費，影響國內經濟的發展。

那麼一國合理儲備的規模究竟應該多大？在外匯儲備適度規模的確定上，發達國家與非發達國家、開放國家與非開放國家、大國與小國在評判標準上也存在著較大的差異。

1960年，美國教授特里芬提出一國國際儲備對年進口額的比率以40%為宜，20%為底限，低於30%便要補充。這一觀點后為許多西方國家所接受。它們主張，一個國家外匯儲備一般應能滿足3~4個月進口付匯。東南亞金融危機后，又有人認為，一個國家外匯儲備不能低於短期外債的規模，以防止金融危機的發生。但是一些國際金融組織更強調一個國家外匯儲備的規模應該能起到維護金融穩定的作用，這顯然強調了「充足」的外匯儲備的重要意義。由於各國實際國情的不同，在國際上尚不存在一個統一的評判標準。

當然，從量上講，任何一個國家的外匯儲備都應該有一個適度規模，因為外匯儲備是有成本的。這一成本主要來自兩個方面：一方面，外匯儲備資產必須具有足夠的「流動性」，以確保其日常功能的正常發揮。然而足夠的流動性往往是要以較低的盈利性要求為代價的。另一方面，由於匯率總是處在不斷變化之中，外匯儲備資產極易遭受匯率風險而導致無形的帳面損失。因此，外匯儲備並非多多益善，應該有一個度，即安全夠用但不浪費。

原則上講，合理儲備的規模應該既能確保一國對外清償的能力，同時又能保證儲備的機會成本降至最低限度。通常需要考慮下列因素：

第一，經濟發展目標以及經濟開放程度決定一國國民經濟的對外依賴程度，特別是對進口的依賴程度，也決定著一國國際儲備資產的程度。經濟高速增長，應保持較少儲備，以增加投資和消費；相反，則會儲備較多，但是儲備持有量過多，會增加該國通貨膨脹壓力，影響經濟目標的實現。

第二，中央銀行調節國際收支的能力，其中包括國際收支其他調節手段的運用及

其有效性，如外匯管理或貿易管制情況，國民對調整行動的最大容忍限度。

第三，中央銀行擁有的國際清償能力。

第四，匯率制度和匯率政策選擇，以及導致外匯收支劇烈波動的各種季節性或偶發性因素。

對中央銀行來講，由於國際儲備的基本用途之一是為應付各種意外的進口支付，因而許多國家傾向於簡單地結合進口規模來考慮外匯儲備規模。一般認為，各國的外匯儲備應大致相當於一國3個月的進口總額（按全年儲備應是當年進口總額的25%左右）。慣例認為，儲備是進口的30%~40%合適，若低於20%則危險。近年來實行浮動匯率的工業大國和逆差嚴重的發展中國家卻也允許外匯儲備降到謹慎的標準線以下。具體到一國究竟以哪個比例為宜，則應取決於國際收支衝擊的預測規模、儲備枯竭的代價、持有儲備的機會成本和所期望的調整速度。如果一國國際收支調節能力較強，國民對緊縮性調整經濟行動較能容忍，或者儲備以外的國際清償能力較強，那麼該國的儲備規模就可低於3個月的進口規模；反之則應高於3個月。

(二) 國際儲備的結構管理

國際儲備的結構管理包括對貨幣結構的管理、儲備資產運用形式以及黃金儲備數額的管理。其實，這不過是針對外匯儲備和黃金儲備而言。有效的管理將使儲備資產在安全性、流動性和盈利性三項原則間實現最佳組合。由於國際儲備的本質是隨時用於對外支付的準備金，因而儲備資產首先必須具有流動性，在流動性和安全性的前提下，才去考慮投資的盈利性，只有協調好流動性和盈利性的關係，才能達到最佳組合。

1. 外匯儲備的幣種結構管理

就國際儲備結構管理的兩大對象黃金和外匯儲備而言，黃金具有較高的安全性，但是流動性和盈利性較差；外匯儲備由於儲備貨幣利率和匯率的不斷波動，在安全性上難以同黃金儲備相比，但是在流動性和盈利性方面卻較黃金優越。

在浮動匯率條件下，一國持有的外匯儲備往往會因匯率變動的不利而遭受損失。為避免匯率風險，確保安全，一國應盡量使其外匯儲備保持在幾種或更多的貨幣形式上，即實現儲備貨幣的多元化，以便減少外匯儲備的總體損失。為此，通常需要考慮以下因素：

(1) 儲備貨幣的利率水平。儲備管理既要實現安全性目標，又要顧及盈利性目標，以保證儲備資產能有一定的收益。

(2) 儲備貨幣發行國的經濟、金融狀況，包括該國的經濟金融實力、經濟發展情況以及國際收支動態等，這些都是判斷儲備貨幣幣值是否穩定的重要依據。

(3) 儲備貨幣應盡量同進口支付和干預外匯市場時經常使用的貨幣保持一致，這將大大方便國際儲備的動用。

2. 國際儲備資產運用形式的管理

就一種儲備貨幣的收益而言，除可存入銀行外，還可用來投資。所謂對儲備貨幣資產營運形式的管理，即中央銀行如何將某種儲備貨幣適當地運用於不同的資產形式上。一般而言，任何形式的投資活動都有風險，且這種風險直接影響到投資的預期收

益率。如果將一筆投資分散在各種不同的資產形式上，其總體風險往往會低於任何一種資產形式的風險。因此，中央銀行就應使其資產運用保持在多種形式上。然而資產的收益率又總是與其流動性成反比。在決定選擇哪些資產時還需注意其流動性，否則將不利於儲備的及時運用。

本章小結

1. 外匯是指外幣和以外幣表示的可用於國際間結算的支付手段。根據可自由兌換的程度不同，外匯可分為自由外匯和記帳外匯兩種。

2. 匯率是指兩國貨幣兌換的比例，或者是一國貨幣以另一國貨幣表示的價格。匯率的標價方法主要有直接標價法和間接標價法。

3. 在外匯交易中，由於劃分的角度不同，匯率種類多種多樣。

4. 金本位制下匯率的決定因素是鑄幣平價，即兩國本位幣的含金量之比。在信用貨幣制度下，匯率的決定因素主要表現為外匯的供求關係。

5. 國際收支是在一定時期內一個國家（地區）和其他國家（地區）進行的全部經濟交易的系統記錄。

6. 國際收支平衡表是以某種特定貨幣為計量單位、全面系統地記錄一國的國際收支狀況的統計報表。其基本內容分為三類：經常項目、資本項目和平衡項目。

7. 造成國際收支平衡表失衡的原因很多，主要表現為經濟發展的不平衡，經濟結構性因素，貨幣性因素和國民收入的變動等。

8. 國際收支失衡的調節方法有商品調節、實施財政與貨幣政策、利用國際貸款和直接管制等。

9. 國際儲備是指一國政府所持有的可隨時用於彌補國際收支赤字並維持本幣匯率的國際間可以接受的一切資產。其構成為黃金儲備、外匯儲備、儲備頭寸和特別提款權等。

10. 國際儲備也是非常重要的問題。一國的國際儲備並非越多越好，因為持有國際儲備也要付出代價，所以一國的國際儲備應保持在怎樣的水平，即國際儲備的總量管理是國際儲備管理中的首要問題。擁有一個適當的國際儲備結構也是國際儲備管理中的主要內容。

復習思考題

1. 什麼是外匯？外匯的種類有哪些？
2. 什麼是匯率？匯率的種類有哪些？
3. 比較直接標價法和間接標價法。
4. 國際收支平衡表的主要內容是什麼？
5. 國際收支失衡的原因是什麼？調節的主要措施有哪些？

6. 什麼是國際儲備？其構成是怎樣的？
7. 國際儲備總量是不是越多越好？國際儲備管理的主要內容是什麼？

附錄一 中國的外匯儲備結構

一、基本原理

外匯儲備結構即外匯儲備資產的分佈結構。其中，最主要的外匯儲備結構有兩個方面：一方面是幣種結構；另一方面是期限結構。這也是外匯儲備資產結構的最大風險所在。

二、案例內容

2005年年底，中國大陸外匯儲備餘額再創新高，達8189億美元，比上年增長34.3%。如果將中央政府向中行、建行和工行註資600億美元的外匯儲備計算進來，中國外匯儲備便已超越日本，成為世界第一大外匯儲備國。

從幣種結構來看，如果外匯儲備資產過於單一地集中在某種「弱幣」上，則必然會導致過大的匯率風險，但是「弱幣」貼水可能會帶來一定的利息收益。中國龐大的外匯儲備主要集中於美元資產。

從期限結構來看，則主要是考慮外匯儲備資產的流動性要求。由於外匯儲備是用於日常之需及不測之用，因此外匯儲備資產分佈的期限結構必須首先滿足流動性需求，然后才是在兼顧安全性的基礎上滿足盈利性的需要。

三、案例分析

風險之一：人民幣在金融項目（原稱資本項目）不可自由兌換的前提下，中國被迫將絕大部分的外匯資產高度集中於中央政府手中。

可以設想，在本幣可完全自由兌換的國家，居民（包括法人和自然人）均可自由用匯對外進出口或是對外直接投資，或進行證券投資，本幣與外幣之間可以自由轉換或交易，從而本國公民就能自由地持有本國或外國的金融資產。如果是這樣，該國公民的金融資產就會多樣化地分散在外幣化的金融資產上，也就不會過於集中於中央政府手中成為外匯儲備。

相反，由於人民幣目前只能在經常項目下自由兌換，而在金融項目下尚不可自由兌換，因此公民只能通過貨物與服務貿易，還有經常性轉移收付來獲得外匯，並持有外匯存款。除此之外，公民不能通過「投資」性質的金融交易來將本幣金融資產轉換為外幣金融資產。於是公民的金融資產大多只能是本幣資產，而不能化作外匯資產。這也是中國外匯儲備名義上「過大」的真實原因之一。

為此，我們有必要通過盡早地實現人民幣在金融項目下的可兌換來分流或釋放外匯儲備「過大」的壓力或風險，讓居民能擁有更多的自由選擇空間，將他們的資產合理而分散地擺布在所有本外幣金融資產上。這便是「藏匯於民」的道理。同時，這也有利於推動人民幣匯率市場化的進程，從而有效釋放人民幣升值的壓力，減小政府干預匯市的成本與風險。

風險之二：龐大的外匯儲備過度集中於美元資產，這或許是被迫或不得已，但是絕對有害於匯率風險的規避。

美國是中國第一大貿易夥伴國。20世紀90年代中期以來，在中國外匯儲備中，美元資產一直占據60％以上的比例。但是近年來，隨著中國外貿進出口總額的不斷擴大，中國的「貿易美元」和「貿易順差美元」不斷增大；同時，20世紀90年代中期以來，為抑制人民幣對美元持續的升值壓力，在以美元作為干預貨幣的匯率調控機制下，中國官方不斷吸入美元——增大美元儲備。如此一來，中國外匯儲備中的美元資產比例定會上升，因此有人估計目前外匯儲備中的美元資產也許超過了80％的比例。

無論是何種理由，「將雞蛋放在一個籃子裡」的做法，顯然是危險的。從長期趨勢觀察，美元的確屬「弱幣」範疇。從美元兌日元匯率來看，美元是長期貶值的。20世紀80年代初，美元兌日元匯率為240左右，但是至20世紀90年代中期，這一比價最低曾跌至80附近。從美元兌人民幣匯率來看，美元也正在呈貶值狀。20世紀90年代中期，美元兌人民幣匯率為8.7左右，如今已跌至6.5附近。

中國外匯儲備幣種單一，且過度集中於「弱幣」——美元。假設美元長期貶值，必然會導致中國外匯儲備的巨大帳面損失，其結果必將使中國貨幣政策陷入「兩難」的境地：一方面，如果為了改善外匯儲備的幣種結構而大量拋售美元，則必然會對周邊國家產生示範效應，並導致國際匯市恐慌，美元匯率暴跌。另一方面，如果不改變現有外匯儲備的幣種結構，不拋售美元，則又會導致人民幣升值壓力增大，從而刺激外匯儲備更快增長。為了減輕外匯儲備對國內貨幣市場的影響，央行必須通過回籠現金或者提高利率的方式來減少貨幣供給，但是這恰恰又會拉動本幣升值；反過來，為了降低升值壓力，央行如果增加貨幣供給或者降低利率，這會使本來就因外匯儲備而極為寬鬆的貨幣市場雪上加霜。

如此看來，減持美元及美元資產迫在眉睫。美元減持後，我們應當避免重蹈覆轍，在增持歐元及其他幣種資產的同時，甚至還可以增持黃金儲備或石油戰略儲備等。外匯儲備的結構調整將是一個漸進的過程。這個過程雖不能急，但是必須行動起來。

風險之三：中國外匯儲備資產的存放地及投資期結構過於集中，可能會存在政治風險與信用風險。

中國外匯儲備的幣種結構不但高度集中於美元，而且美元資產又主要集中在美國。從投資品種和投資期限來看，中國大量的外匯儲備既有相當部分存入了美國商業銀行，也有較大部分購買了美國各類債券，包括美國國庫券、美國財政部中長期債券、聯邦政府機構債券以及美國公司債券等，此外應該還包括少量境外美元資產。

美國一向將中國視為其最大的潛在競爭對手，由於意識形態領域的差異以及敏感的問題，美國始終保持著與中國交往的距離，並將臺灣問題視為與中國談判的籌碼，時不時為難中國。在這一點上，我們尤其要提高警惕，盡可能地規避外匯儲備存放地的政治風險。

當然，在投資期限結構上，我們也要盡可能分散風險。一般地，外匯儲備資產分佈結構應在不同時期有所區別。例如，在國際環境動盪時期，外匯儲備應多放置於銀行存款及變現程度高的短期證券上；在國際環境和平穩定時期，外匯儲備可以多一些放置於中長期品種上。

附錄二 人民幣匯率制度及其改革

新中國成立以來，人民幣匯率經歷了不同階段的歷史演變，人民幣匯率的變化大致經歷了以下幾個階段：

一、人民幣匯率恢復時期（1950—1952 年）

中華人民共和國成立後，伴隨者全國經濟秩序的逐步恢復，全國統一的財經制度確立，人民幣匯率由中國人民銀行總行公布，實行全國統一匯價，人民幣匯率成為單一匯率。這一階段確定人民幣匯率的方針是「獎出限入，照顧僑匯」。具體來說就是一方面要鼓勵當時佔主要經濟力量的私人資本主義企業擴大出口，因此匯率水平的確定要保證他們能夠獲取一定的經濟利潤；另一方面還必須照顧華僑匯款的實際購買力，使其在國內所能購得的商品價值要高出其在國外所能購得的商品價值量。因此，從 1950 年 3 月到 1952 年年底，人民幣匯率持續升值。由 1950 年 4 月的 1 美元兌換 42,000 元舊人民幣，調至 1952 年 12 月的 1 美元兌換 26,170 元舊人民幣。

二、人民幣匯率穩定時期（1953—1980 年）

隨著社會主義改造基本完成，在這一時期，由於對外貿易實行國家壟斷，人民幣匯率無須服務於對外貿易，不具備調節進出口的功能，實質上只是充當外貿內部核算和計劃編製的一種會計工具。同時，由於整個國際貨幣體系都採用了固定匯率制，因此人民幣匯率只是在原定匯價的基礎上參照各國政府公布的匯率確定，只有當西方主要國家貨幣發生貶值或升值時，才做相應的調整。人民幣對美元的匯價從 1955 年至 1981 年 12 月基本未動，一直保持在 1 美元兌換人民幣 2.4618 元的水平。1973 年，西方各國普遍實行浮動匯率制以後，為了與西方各國匯率的變化相適應，人民幣匯率的制定方法有所改變，採用了盯住合成貨幣浮動的形式，具體的做法是選擇若干種與中國對外貿易有關的主要貨幣，根據這些貨幣加權平均匯率的變動情況對人民幣匯率做相應的調整，但是從總體上看匯率是穩定的。

三、人民幣雙重匯率制時期（1980—1993 年）

1981—1984 年間中國實行的是區分貿易與非貿易的雙重匯價制：一種是適用於貿易外匯收支的貿易外匯內部結算價；另一種是適用於非貿易外匯收支匯率。其原因在於：一方面，從進出口貿易的角度看，人民幣匯價偏高。例如，以 1978 年 12 月 30 日為例，1 美元兌換人民幣 1.58 元，但是該年的出口平均換匯成本是 1 美元兌換人民幣 2.50 元。這意味著多出口 1 元商品反而增加虧損近 1 元人民幣。另一方面，從非貿易外匯收支的角度看，人民幣匯價偏低，因為當時西方各國的通貨膨脹率均高於中國，人民幣購買力比美元高。例如，以 1978 年第四季度為例，根據中國與美國的消費物價指數對比，1 美元應兌換 0.8 元人民幣，當時人民幣與美元的名義匯率卻規定為 1 美元等於 1.52 元人民幣，這使得中國的消費者在購買外國商品時，1 美元的貨物實際多支付出 0.72 元人民幣。

1985 年以後又形成了官方匯率和外匯調劑價並存的雙重匯率制。外匯調劑價的出現是外匯留成制度的產物。所謂外匯留成，就是對有收匯的部門、地方、企業在其將外匯賣給國家銀行後，按照收匯金額和規定的留成比例，分配給其相應的使用外匯的

指標由其自行安排使用。外匯留成制度的實行，一方面提高了各單位、各企業的創匯積極性；另一方面由於有些地區和單位，企業留成外匯很少，實際使用量卻很大，國家計劃又不能滿足其需要，因此產生了較大的外匯需求缺口，需要在外匯調劑市場填補。1980年10月，中國銀行北京、天津、上海等幾個城市的分行開辦了外匯調劑業務，形成了外匯調劑價格。1988年9月，上海率先在全國成立外匯調劑公開市場，市場上實行公開報價、競價成交的交易機制。外匯調劑市場上的交易價格放開後，其價格最低時為1美元兌換5.5元人民幣，最高時曾突破10元，到1993年12月，外匯調劑價為1美元兌換8.7元人民幣。與此同時並存的是官方匯率。1985—1993年年底，官方匯率發生過幾次大幅度的調整：第一次是在1985年1~9月，從1美元兌換2.8元人民幣下調到3.2元人民幣；第二次是在1986年7月5日，從1美元兌換3.2元人民幣調低到3.7036元人民幣；第三次是在1989年12月16日，由1美元兌換3.7221元人民幣下調到1美元兌換4.7221元人民幣；第四次是在1990年11月17日，由1美元兌換4.7221元人民幣調低到1美元兌換人民幣5.2221元。到1993年12月31日，人民幣官方匯率為1美元兌換人民幣5.8元。

四、人民幣匯率並軌及其走向市場化時期（1994年至今）

1994年，中國人民幣匯率實現了一次重大的改革。其主要內容為有以下幾點：

（1）從1994年1月1日起，實行官方匯率和外匯調劑市場匯率並軌，人民幣匯率成為以市場供求為基礎的、單一的、有管理的聯動匯率。《中華人民共和國外匯管理條例》是外匯管理的基本行政法規，由國務院於1996年1月29日發布，1996年4月1日起實施，1997年1月14日國務院進行了修改並重新發布。該條例主要規定了中國外匯管理的基本原則與制度。

（2）實行銀行結售匯制，廢止外匯留成和上繳制度。所謂銀行結售匯制是指企業出口所得外匯須於當日結售給指定的經營外匯業務的銀行，同時經常項目下正常的對外支付則只需持有效憑證用人民幣到外匯指定銀行辦理。

（3）建立銀行間外匯市場，形成人民幣匯率的市場機制。

（4）將外商投資企業納入銀行結售匯體系。1996年7月，正式將外商投資企業納入銀行結售匯體系，結束了1994年以前中資企業直接通過外匯指定銀行辦理結售匯業務而外商投資企業則需通過外匯調劑中心辦理外匯交易的差別做法。

（5）實現了經常帳戶下的人民幣完全可兌換。1996年12月1日起，中國接受《國際貨幣基金組織協定》第八條的全部義務，從此不再限制不以資本轉移為目的的經常性國際支付和轉移；不再實行歧視性貨幣安排和多重匯率制度，這標誌著中國實現了經常帳戶下的人民幣完全可兌換。但是這並不意味著境內企業和個人可以隨意購買外匯，我們仍按國際慣例對經常項目外匯收支進行真實性審核，即境內機構和個人經常項目下用匯，需持規定的有效憑證到外匯指定銀行或外管局進行審核後，才可以到銀行購買外匯或從其外匯帳戶中對外支付。真實性審核的目的是為了防止資本項目收支混入經常項目下進行，打擊境內違規資本流動以及套匯、騙匯等違規犯罪活動，從而維護外匯市場秩序，保障居民個人合法正當的外匯收支權利。

目前，中國正努力實現資本項目可兌換。新興市場金融危機的頻繁發生一再表明，

不成熟的資本項目開放有可能造成災難性后果。從國際經驗看，實行資本項目可兌換一般應具備穩定的宏觀經濟環境、健康的金融體系、有效的監管能力和較強的綜合國力。目前，中國不完全具備上述條件，還有必要對資本項目實行一定的管制。

　　1994年以來人民幣匯率的改革績效是顯著的。首先，促進了進出口額大幅增長，發揮了匯率對外貿的調節功能。其次，有利於中國外匯儲備的快速增長。10多年來，人民幣匯率的穩中有升不僅提高了人民幣的國際地位和威信，還降低了進出口交易的成本。但是隨著改革開放的深入，人民幣匯率的制度安排仍然存在一些問題，人民幣匯率制度的改革仍然任重而道遠。

第九章 貨幣供求及其均衡

第一節 貨幣需求概述及其理論

一、貨幣需求的概念

所謂貨幣需求,是指在一定時期內,社會各階層、個人、企業、單位、政府願以貨幣形式持有財產的需要或社會各階層對執行流通手段支付手段和價值貯藏手段的貨幣需求。

從貨幣需求的定義可以看出,不能將貨幣需求理解為一種主觀慾望,經濟學意義上的需求雖然也是一種佔有慾望但是與個人的經濟利益及其社會經濟狀況有著必然的聯繫,始終是一種能力和願望的統一。同時滿足兩個基本條件才能形成貨幣需求:一是有能力獲得或持有貨幣,二是必須願意以貨幣形式保有其資產。因此,經濟學研究的對象是這種客觀的貨幣需求。人們產生對貨幣需求的根本原因在於貨幣所具有的職能。貨幣需求主要是一個宏觀經濟學問題,因為市場需求是由貨幣所體現的有現實購買力的需求,所以宏觀調控主要也是需求面的管理。當然需求的實現又必然要通過對貨幣供給的控製來進行,由此不能忽視與貨幣需求相對應的貨幣供給問題在宏觀調控中佔有的突出地位。

二、貨幣需求量

貨幣需求數量的總和就是貨幣需求量。貨幣需求量是一個重要的貨幣理論概念,對其含義的把握需要對以下幾組概念進行區別:

(一) 主觀貨幣需求量與客觀貨幣需求量

主觀貨幣需求量是指經濟主體在主觀上希望擁有的貨幣量。客觀貨幣需求量就是經濟主體在現有的經濟、技術條件下滿足其經濟發展客觀需要的貨幣需求量。因此,客觀貨幣需求量是客觀存在的,不以人們的主觀願望而轉移。

(二) 微觀貨幣需求量與宏觀貨幣需求量

客觀貨幣需求量又可以分為微觀貨幣需求量和宏觀貨幣需求量。微觀貨幣需求量是指微觀經濟主體在既定的收入水平、利率水平和其他經濟條件下所需要的貨幣量。

如果我們從整個國民經濟的宏觀角度研究一個國家在一定時期內與經濟發展、商品流通相適應的貨幣需求量,這種貨幣量能保持社會經濟平穩、健康發展,我們稱之

為宏觀貨幣需求量。

(三) 名義貨幣需求量與真實貨幣需求量

由於在現實生活中存在價格變動的現象，既有合理因素（如對某些商品的合理調價），也有非合理因素（如通貨膨脹），貨幣的名義購買力與實際購買力存在差異，因此貨幣需求量也分為名義貨幣需求量與真實貨幣需求量。名義貨幣需求量是指經濟主體不考慮價格變動情況下的貨幣需求量，一般用 M_d 來表示。真實貨幣需求量是在扣除價格變動以後的貨幣需求量，用 M_d/p 來表示，即將名義貨幣需求量 M_d 扣除物價指數 p 後得到真實的貨幣需求量。

三、貨幣需求的主要決定因素

從宏觀角度看，貨幣需求的主要決定因素如下：

(一) 全社會商品和勞務的總量

全社會商品和勞務的總量主要取決於產出的效率和水平，反應了一定時期內全社會的市場供給能力。商品和勞務的供給量越大，對貨幣的需要量就越多；反之，則越少。

(二) 價格水平

對商品和勞務的貨幣支付總是在一定的價格水平下進行的，價格水平越高，需要的貨幣就越多；反之，就越少。當然，市場上商品的供求結構發生變化可以通過對價格水平的影響間接影響貨幣需求。

(三) 收入水平

收入水平決定各微觀經濟主體的各種交易和財富儲藏以及為各種營業活動開銷而持有的貨幣。一般來說，收入水平越高，以貨幣形式持有的資產總量也就越多。

(四) 收入的分配結構

從宏觀上來說，國民收入總是通過一定的分配和再分配進入到各個部門的。收入在各部門分配的結構必然決定貨幣總需求中各部分需求的比重或結構。從微觀上來說，收入的分配結構不同將影響持幣者的消費與儲蓄行為，並對交易和儲蓄的貨幣需求產生一定影響。

(五) 貨幣流通速度

貨幣流通速度越快，需要的貨幣量就越少；貨幣流通速度越慢，需要的貨幣量就越多。

(六) 信用的發達程度

信用制度和信用工具越發達，人們越容易獲得現金或貸款，對持有貨幣的需求就越小。

（七）市場利率和金融資產收益率

市場利率和其他金融資產收益率上升，使得持有貨幣的機會成本增加，同時又會使有價證券價格下跌，吸引投資者購買有價證券，導致貨幣需求減少；反之，貨幣需求增加。

（八）心理因素

一些消費、儲蓄等傾向以及對市場的預期等心理因素都會對貨幣需求產生影響。

四、西方貨幣需求理論

（一）古典學派的貨幣需求理論

1. 現金交易數量論——費雪方程式

1911年，美國耶魯大學教授歐文·費雪（1867—1947）在其出版的《貨幣購買力》一書中提出了著名的交易方程式被稱為費雪方程式。費雪認為，假設以 M 表示一定時期內流通貨幣的平均數量；V 為貨幣流通速度，也就是每單位貨幣在一年內與商品交易的平均次數；P 為各類商品的價格的加權平均數；T 為各類商品的實際交易數量，則有：

$MV = PT$ 或 $P = MV/T$

這一方程式是一個恒等式。公式說明 P 的值取決於 M、V、T 這三個變量的相互作用。不過費雪分析指出，在這三個經濟變量中，M 是一個由模型之外的因素所界定的外生變量；V 視為常數；交易量產出水平常常保持固定的比例。由於費雪認為工資和價格是完全有彈性的，所以在正常年份整個經濟的總產出總是維持在充分就業的水平上。因此，在短期內也可以認為是大體穩定的，只有 P 和 M 的關係重要。這樣 P 的值就取決於 M 的數量的變化。

由於 $MV = PT$，則：

$M = PT/V = 1/V \cdot PT$

這就是費雪的貨幣需求函數。在貨幣市場均衡時，人們手持的貨幣數量 M 就等於貨幣需求量 M_d，可以用 M_d 來取代式中的 M。如果用 K 來代替 1/V，則 $M_d = KPT$。這說明，僅從貨幣的交易媒介功能觀察，全社會在一定時期一定價格水平下的總交易量決定了人們的名義貨幣需求量 M_d。名義貨幣需求則取決於名義收入水平引致的交易水平；經濟中影響人們的交易方式；決定貨幣流通速度的制約因素。

由於所有商品或勞務的總交易量資料不容易獲得，而且人們關注的重點往往在於國民收入，而不在於總交易量，所以這一方程式通常被寫成下面的形式（稱為數量方程的國民收入形式）：

$MV = PV$ 或 $P = MV/Y$

式中：Y 表示國民收入。

2. 現金余額學說——劍橋方程式

劍橋學派經濟學家馬歇爾和庇古等人發展起來的現金余額數量論也得出了與現金

交易說完全相同的結論，但是分析的出發點完全不同。劍橋學派首先將貨幣視為一種資產，然后探討哪些因素決定了人們對這種資產的需求，因而得出貨幣和價格水平同比例變化的貨幣數量論觀點。遺憾的是，劍橋學派在得出結論時把其他因素都忽略了，而只是簡單地斷定人們的貨幣同財富的名義值成比例，財富又同國民收入成比例，因此貨幣需求就同名義國民收入成比例，即：

$M_d = KPY$

式中，K 代表人們的持幣比例，即人們經常在手邊保持的平均貨幣量在他們的年收入中所占的比例，也代表了人們願意以貨幣這種形式持有的名義國民收入的比例。

劍橋學派還假定，貨幣供給 M 和貨幣需求 M_d 會自動趨於均衡，於是便有了：

$M_d = KPY$

式中，M_d 表示貨幣需求量，P 表示物價水平，Y 表示總收入，PY 表示名義總收入，K 表示 PY 與 M_d 的比例，也就是以貨幣形式保有的財富占名義總收入的比例。

劍橋方程式與費雪方程式兩者在形式上基本相同，但是在研究方法和研究內容上卻有如下本質的區別。

(1) 對貨幣需求分析的側重點不同。費雪方程式強調貨幣的交易手段職能，側重於商品交易量對貨幣的需求；劍橋方程式強調貨幣作為一種資產的職能，側重於收入 Y 的需求。

(2) 費雪方程式側重於貨幣流量分析，劍橋方程式側重於貨幣存量分析。

(3) 兩個方程式對貨幣需求的分析角度和所強調的決定貨幣需求因素有所不同。費雪方程式是對貨幣需求的宏觀分析，劍橋方程式是從微觀角度對貨幣需求進行分析。

馬歇爾和庇古不僅僅將交易水平和影響人們交易方式的制度作為研究人們持有貨幣的關鍵要素，還探討了貨幣作為財富的一種被人們選擇所持有的原因和對貨幣需求量的影響。既然貨幣被人們選擇持有，就不能排除利率的影響。但是總體來說，劍橋方程式和費雪方程式差異很小，體現了貨幣中性論，即經濟中的實物經濟和貨幣經濟的「二分法」思想。

通過對費雪方程式的分析，我們知道，貨幣量的變化與價格變化之間並沒有一個恒定的關係。米塞斯在《貨幣、方法與市場過程》中就認為費雪方程式認為貨幣單位購買力與貨幣量成反比，這個假定是武斷和錯誤的。

米塞斯認為建構在費雪方程式之上的貨幣主義的錯誤在於試圖通過控製「貨幣總量」來穩定貨幣的購買力。米塞斯認為這是徒勞的。比如貨幣主義者認為，如果發生了通脹，那麼就收縮銀根，用同等程度的通縮來抵消通脹的危害；相反，當通縮時，就發行貨幣，使得貨幣的購買力保持穩定。然而，這種「宏觀調控」的不妥之處在於，通脹的危害，即對經濟結構的破壞已經發生，這種破壞已經成為過去，如果繼續通過貨幣政策來調控，只能是對經濟體造成第二次破壞。

米塞斯說過，他們沒有意識到採取這樣的方法，並沒有取消第一次變化的社會性效果，而只是簡單地加上了一次新變化的結果。

(二) 馬克思的貨幣需求理論

馬克思在研究和總結古典經濟學各派觀點的基礎上深入研究了貨幣流通理論問題。

馬克思的貨幣需求理論又稱貨幣必要量理論。按照馬克思的分析，流通中的貨幣必要量取決於以下三個因素：商品價格水平、進入流通的商品數量、同名貨幣的流通次數。公式表示如下：

$$M = \frac{PQ}{V}$$

式中：M 為執行流通手段職能的貨幣量；P 代表商品價格水平，Q 代表流通中的商品數量，PQ 代表商品價格總額；V 代表同名貨幣的流通速度。

這一公式是以完全的金屬貨幣流通為假設條件的。其中不僅表達了貨幣需求量的決定因素，即商品價格總額和貨幣流通速度，也表達了貨幣需求量與商品價格總額成正比，與貨幣流通速度成反比。其論證邏輯是：第一，商品價格取決於商品的價值和黃金的價值，商品價值取決於生產過程，而商品價格是在流通領域之外決定的，所以商品是帶著價格進入流通領域的；第二，商品數量的多少和價格的高低決定了需要多少金屬貨幣來實現；第三，商品與貨幣交換後，商品退出流通，貨幣卻要留在流通中多次充當商品交換的媒介，所以一枚金屬貨幣流通幾次就可以使相應幾倍價格的商品出售。商品價格總額是一個既定的值，必要的貨幣流通量是根據這一既定的值確定的，即在這一公式中只能由右方決定左方。在這個公式中，貨幣流通量總是等於貨幣必要量。這是因為在金屬貨幣流通情況下，鑄幣可以自由地進入或者退出流通，因而流通中的鑄幣量可以在價值規律下自發調節商品流通對貨幣的需要量。當流通中貨幣量大於需要量時，有相應數量的貨幣退出流通；當流通中貨幣量小於需要量時，又有相應數量的貨幣進入流通。

但是，當金屬貨幣流通被紙幣流通取代時，貨幣流通量失去自發調節適應貨幣需要量的性能。紙幣的發行限於其代表的金（或銀）的實際流通數量。當紙幣投入過多時，貨幣流通量大於貨幣需要量，因而每一單位紙幣所能代表的金量減少，即紙幣貶值，物價上漲。紙幣流通規律公式如下：

$$單位紙幣代表的金屬貨幣量 = \frac{流通中需要的金屬貨幣量}{流通中的紙幣總額}$$

這樣在紙幣流通條件下，紙幣數量的增減則成為商品價格漲跌的決定因素。把金屬貨幣流通條件下貨幣數量與商品價格之間的決定關係顛倒過來了。

(三) 凱恩斯的貨幣需求理論

凱恩斯早期曾是劍橋學派的重要代表人物，是現金余額學說的擁護者。1936 年，凱恩斯在其所著的《就業、利息和貨幣通論》中系統地提出了貨幣需求理論。

凱恩斯的貨幣需求理論認為，由於貨幣比起其他資產來具有最充分的流動性和靈活性，貨幣需求是人們願意持有貨幣，而不願意持有其他能生利但是不易變現的資產的一種心理傾向。因此，貨幣需求的實質就是流動性偏好。

凱恩斯認為，貨幣需求動機有以下三點：

一是交易動機。交易動機是指個人或企業為了應付日常交易需要而產生的持有貨幣需要。交易動機決定人們進行交易時持有多少貨幣。個人保存貨幣量的多少直接與

貨幣收入和貨幣收支時間的長短有關。

影響交易需求的因素包括收入規模、收入與支出的時距及其規律性、支出習慣、金融制度、預期因素等。在這些因素中，除了收入因素外，其他因素均可視為在短期內不變的常量，因此凱恩斯將交易需求看成收入的函數。

二是預防動機。預防動機又稱謹慎動機，是指個人或企業為了應付可能遇到的意外支出等持有的貨幣的動機。預防動機的產生主要是因為收入和支出的不確定，為了防止為了收入減少或支出增加這種意外變化而保留一部分貨幣以備不測。由此可見，貨幣需求的預防動機和交易性動機都與收入(Y)有關，貨幣需求的投機性動機的產生則主要是因為收入和支出的不確定性。因此，就實質來說，預防動機和交易動機可以歸入一個範圍之內，兩者所引起的貨幣需求都是收入(Y)的函數。

三是投機動機。投機動機是個人或企業願意持有貨幣以供投機之用。其原因是相信自己對未來的看法較市場上一般人高明，想由此從中獲利，因此願意持有貨幣以供投機之用。這是凱恩斯作出的同古典學派不同的並運用規範化的分析方法建立起來的函數方程式，這是凱恩斯對貨幣理論發展做出的重大貢獻。

投機動機的貨幣需求取決於三個因素，即當前市場利率、投機者正常利率水平的目標值以及投機者對利率變化趨勢的預期。其中第三個因素依賴於前兩個因素，因此投機動機的貨幣需求實際上取決於當前市場利率水平與投機者對正常利率目標的取值之差。從總體上分析，如果當前市場利率水平較低，那麼預期利率上升的投機者就會較多，從而以貨幣形式持有其財富的投機者就越多，貨幣的投機性需求也就越大；反之亦然。因此，貨幣的投機性需求是當前利率水平的遞減函數。

綜上所述，凱恩斯的貨幣需求函數如下：

$M = M_1 + M_2 = L_1(Y) + L_2(r)$

式中，M_1表示交易動機與預防性動機引起的貨幣需求，是 Y 的函數；M_2表示投機動機的貨幣需求，是 r 的函數；L 是流動性偏好函數，因為貨幣最具有流動性，所以流動性偏好函數也就相當於貨幣需求函數。

這個函數式與此前所有函數式的關鍵區別在於如果此前所有的函數式可以概括地表示為 $M = f(Y)$，則凱恩斯的函數式可以表示為 $M = f(Y, r)$。看到利率與貨幣需求的聯繫並非始於凱恩斯，如劍橋學派對此亦有分析，但是把 r 確定地視為貨幣需求函數中與 Y 有等同意義的自變量，則始於凱恩斯。

凱恩斯認為，貨幣的交易需求依存於收入的多少，收入越多，需求量越大。因為收入增加，必然會使開支增加，交易數量增多，人們的預防要求也會更多。因此，交易需求為收入的遞增函數（見圖9.1）。若以 M_1 表示滿足交易需求的貨幣需要量，L_1 表示決定於收入水平的貨幣需求函數，Y 表示國民收入，則：

$M_1 = L_1(Y)$

資產性貨幣需求則依存於利率的高低，利率越高，需求量越小。因為債券未來的市場價格是隨市場利率呈反方向變化的。現行利率越高，未來下降的可能性越大，那時債券的價格就會上升。因此，人們寧願在日前購入債券而不願手持貨幣，並且現行利率越高，手持貨幣的機會成本（即犧牲的利息收入）就越高，也會促使人們盡量減

少手持貨幣量。可見，資產需求為利率的遞減函數（見圖9.2），若以 M_2 表示滿足資產需求的貨幣需要量，L_2 表示決定於利率水平的貨幣需求函數，r 表示利率，則：

$M_2 = L_2(r)$

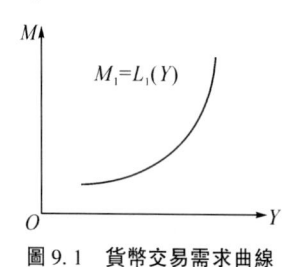

圖9.1　貨幣交易需求曲線 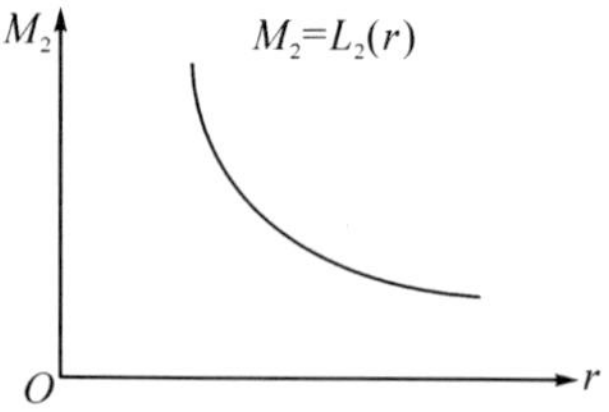　　　　　　　圖9.2　貨幣資產需求曲線

這樣，貨幣的總需求函數如下：

$M = M_1 + M_2 = L_1(Y) + L_2(r)$

從公式看，貨幣需求包括交易需求和資產需求。凱恩斯認為，貨幣交易需求主要取於經濟發展狀況和收入狀況，因而經濟發展水平和收入水平的變化必然導致貨幣需求的變化。貨幣資產需求主要受人們對未來利率預期變動的影響。把利率作為影響貨幣需求的重要因素考慮進來是凱恩斯的一大創舉，他將貨幣需求對利率的敏感性作為其宏觀經濟理論的重要支點，並以此來攻擊傳統的貨幣數量論。凱恩斯認為，由於人們對未來的預期因缺乏科學根據而存在不確定性，並且由於人們的環境、知識水平、性情等的差異，每個人的預期都有所不同，從而貨幣資產需求的變動常常是劇烈的、變化莫測的，有時會出現極端的狀況，這就是凱恩斯著名的「流動性陷阱」假說。所謂流動性陷阱，就是指當利率水平降到一定低的水平不能再降時，幾乎所有的人都會產生未來利率上升從而債券價格下跌的預期，貨幣需求彈性就會變得無限大，當局無論增加多少貨幣供給，都會被人們儲存起來（見圖9.3）。

當利率從 r_i 下降到 r_0 時，不能再降，貨幣需求彈性變得無窮大。

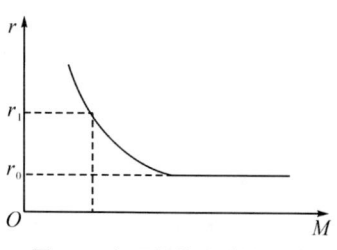

圖9.3　凱恩斯的流動性陷阱

（四）現代凱恩斯學派對凱恩斯貨幣需求理論的發展

早在20世紀40年代，美國著名經濟學家漢森就對凱恩斯關於交易性貨幣需求主要取決於收入的多少而同利率高低無關的觀點提出質疑。20世紀50年代初，美國經濟學家鮑莫爾首次深入分析了由交易動機產生的貨幣需求與利率無關。此后不久，詹姆士·托賓也論證了交易動機貨幣需求同樣受到利率變動的影響。這便是有名的鮑莫爾

—托賓模型。

鮑莫爾—托賓模型認為，用於交易的貨幣需求不僅是收入水平的遞增函數，而且也是利率的遞減函數，從而第一次得出了交易動機產生的貨幣需求與總收入及利率的變化關係，修正了凱恩斯的貨幣需求函數。這一修正不僅為凱恩斯主義以利率作為貨幣政策傳導機制的理論進一步提供了證據，而且簡明地指出貨幣政策如果不能影響利率，其作用將是很小的。與此同時，該模型還認為交易性貨幣需求存在著最優規模，從而為貨幣政策的設計和探討貨幣政策的有效性提出了理論依據。

就在鮑莫爾、托賓等人研究由交易動機產生的貨幣需求與利率關係的同時，美國經濟學家惠倫、米勒和奧爾等人則展開對謹慎動機貨幣需求同利率關係的研究。他們的研究結果也表明，謹慎動機的貨幣需求同樣是利率的遞減函數，並因此而形成了惠倫模型。

托賓在研究交易性貨幣需求同利率關係的同時，還展開對投機性貨幣需求的分析。托賓認為，個人行為模式不是凱恩斯所稱的「要麼持有貨幣，要麼持有債券」，而是「債券和貨幣都占一定的份額」，以便無風險的貨幣和風險大的債券各自所占的比例能使總資產的風險較小而收益較大。托賓的這一思想成為日後「資產選擇理論」的基礎。

綜上所述，凱恩斯學派的經濟學家對凱恩斯貨幣需求理論從三個動機出發做了全面的修正和發展，從而使凱恩斯的貨幣需求理論逐漸演變為凱恩斯經濟學派的貨幣需求函數，即：

$L=L_1(r,Y)+L_2(r)$

$L=f(Y,r)$

該函數式表明，對實際貨幣余額的需求主要是由利率和收入兩個因素共同決定的。以下對鮑莫爾、惠倫和托賓的理論做重點介紹：

1. 平方根定律

在凱恩斯的貨幣需求分析中，交易性貨幣需求是收入的函數，與利率無關。這一結論被許多經濟學家質疑。1952 年，美國經濟學家鮑莫爾運用管理學中有關最優存貨控制的理論，對交易性貨幣需求與利率的關係做了深入分析，提出了與利率相關的交易性貨幣需求模型，即平方根定律，又稱鮑莫爾模型。

人們為滿足交易需求而持有一定的貨幣餘額，就好比企業為滿足生產和交易活動需要而保持一定存貨一樣。存貨能方便生產和交易，但是要耗費成本，因此最佳存貨量是在成本最低時能夠滿足生產和交易活動正常進行的存貨量。貨幣餘額也有這樣的一個最佳保有量的問題，在普遍存在生息資產的情況下，持有貨幣這種無收益資產就要承擔一定的機會成本。任何一個以收益最大化為目標的經濟主體，在貨幣收入已經取得但是尚未用於支出的一段時間裡，沒有必要讓所有準備用於交易的貨幣都以現金形式存在，而可以將暫時不用的現金轉換為生息資產，等需要時再將生息資產變現，這樣就可以減少機會成本。由於資產變現活動要支付一定的手續費或佣金，產生交易成本，因此經濟主體就需要將利息收益和交易成本兩者進行比較而做出選擇，只要利息收益超過變現的手續費就有利可圖。

假設某人每月初得到收入 Y，月內可預見的交易支出總額也為 Y，交易活動在月內

平均分佈，收入在月內平均用完。那麼，月初只需保留少量貨幣 k，而把其餘貨幣 (Y-k) 用於購買債券。等所持貨幣 k 用完後，再用債券換回又一貨幣 k，供交易之需，周而復始。由於每次由債券兌換成的貨幣均為 k，則月內共兌換 $\frac{Y}{k}$ 次。設每兌換一次的手續費為 b，則月內的手續費共為 $\frac{Y}{k}b$。又假設每次換回的貨幣 k 也是連續和均勻支出的，則平均的貨幣持有額為 $\frac{k}{2}$。設持有單位貨幣的機會成本為債券利率 r，由於平均的貨幣餘額為 $\frac{k}{2}$，所以機會成本總量為 $\frac{k}{2}r$。若以 C 表示持有貨幣的總成本，則有：

$$C = \frac{Y}{k}b + \frac{k}{2}r$$

該式表明，持有貨幣的成本（交易成本和機會成本）是貨幣持有量的函數。其中，交易成本是貨幣持有量 k 的減函數，機會成本是貨幣持有量 k 的增函數。將總成本 C 對每次兌換的貨幣量 k 求一階導數，並令其為 0，得出總成本 C 最小時的每次兌換貨幣量 k 為 $\sqrt{\frac{2bY}{r}}$。這就是說，當每次由債券換成的貨幣量為 $\sqrt{\frac{2bY}{r}}$ 時，持有貨幣的總成本最小。由於貨幣的平均持有量為 $\frac{k}{2}$，則使總成本最小的貨幣平均持有量為：

$$M_d = \frac{k}{2} = \frac{1}{2}\sqrt{\frac{2bY}{r}} = \sqrt{\frac{bY}{2r}}$$

這就是著名的平方根定律。若令 $a = \frac{b}{2}$，公式則更為直觀，即：

$$M_d = aY^{0.5}r^{-0.5}$$

公式說明，用於交易的貨幣持有額或交易性貨幣需求有一個最佳規模，這個規模的確定與收入 Y 和利率 r 都有關，與收入正相關，與利率負相關。收入增加，交易性貨幣需求隨之增加，但是 Y 的指數 0.5 說明，M_d 隨 Y 增加的比例並不大，利率提高，交易性貨幣需求隨之減少，但是 r 的指數 -0.5 說明，M_d 隨 r 減少的比例也不大。

2. 立方根定律

在鮑莫爾等人用平方根公式證明交易性需求要受利率影響之後，1966 年，美國經濟學家惠倫、米勒和奧爾先後發表文章，進一步論證了預防性貨幣需求也是利率的函數，其中又以惠倫模型（即立方根定律）最具有代表性。

預防性貨幣需求來自於人們對未來事物不確定性的考慮。與交易性貨幣需求有一個最佳持幣量的道理一樣，預防性貨幣需求也有一個能夠使持幣總成本最小的最佳持幣量。惠倫認為，這個最佳的持幣量與以下三個因素有關：

（1）非流動性成本。這是指因低估某一支付期內的現金需要，持有貨幣過少或流動性過弱而可能造成的損失。

（2）持有預防性貨幣餘額的機會成本。這是指持有這些現金而捨棄的持有生息資

產的利息收益。

（3）收入和支出的平均值和變化的情況或變現的可能次數。

上述三個因素中，第一個因素（以資產變現的手續費代表的非流動性成本）與第三個因素（變現的可能次數）的乘積為預防性貨幣需求的非流動性成本總額（相當於交易性貨幣需求分析的交易成本），第二個因素（捨棄的利息收益）與持有預防性現金余額的乘積為預防性貨幣需求的機會成本總額。兩種成本之間的關係為：當人們為預防不測而多持有現金余額時，就減少了非流動性成本，但是卻增加了機會成本；相反，當人們為追求利息收益而少持有現金余額時，就減少了機會成本，但是卻增加了非流動性成本。最佳現金持有量的選擇是在兩者相加的總成本最低時的現金持有量。假設資產變現的手續費為 b，變現的可能次數為 P，債券利率為 r，持有預防性現金余額為 M，預防性貨幣需求總成本為 C，則：

$C = r \cdot M + b \cdot P$

公式中，變現的可能次數 P 取決於淨支出（支出與收入之差）大於預防性現金余額的概率。對於一個風險迴避者來說，在估計淨支出大於預防性現金余額的概率時，要做出對流動性不足的充分估計，估計值應為 $P = \dfrac{S^2}{M^2}$，其中 S 為淨支出的標準差，將 P 值代入預防性貨幣需求總成本公式，將總成本 C 對預防性現金余額 M 求一階導數，並令其為 0，得出總成本最小時預防性現金余額 M 為：

$M = \sqrt[3]{\dfrac{2S^2 b}{r}}$

這就是立方根定律或惠倫模型。若令 $a = \sqrt[3]{2}$，公式可寫成 $M = ab^{\frac{1}{3}} S^{\frac{2}{3}} r^{-\frac{1}{3}}$，表明最佳預防性現金持有量與非流動性成本（變現手續費）和淨支出方差彈性分別為 $\dfrac{1}{3}$ 和 $\dfrac{2}{3}$，與利率彈性為 $-\dfrac{1}{3}$。在惠倫模型中，收入對預防性貨幣需求的影響是通過淨支出的方差間接表現出來的，因而收入和支出的數額和次數是影響淨支出方差的主要變量。

3. 托賓資產組合理論

在凱恩斯的投機性貨幣需求分析中，人們對於貨幣和債券這兩種資產的選擇是相斥的，或者選擇貨幣，或者選擇債券，兩者不能兼得，原因是人們對未來的利率變化的預期是可確定的。現實中的情況與凱恩斯的假定並不吻合，經常存在既持有貨幣又持有債券的組合形式。基於對這種情況的考慮，美國經濟學家托賓對凱恩斯貨幣需求理論做了重要修正和拓展，他以人們對未來預期的不確定性為前提，研究如何選擇資產持有的問題，形成了對投資活動和金融管理產生深遠影響的資產組合理論。

托賓假定，人們的資產保有形式有貨幣和債券兩種。貨幣是一種安全性資產，持有貨幣雖沒有收益，但也沒有風險；債券是一種風險性資產，持有債券可獲得收益，但是也要承擔債券價格下跌而受損失的風險。人們可以選擇貨幣和債券的不同組合來保有其資產。不同風險好惡的人（風險厭惡者、風險愛好者、風險中立者）會有不同

的資產組合選擇，托賓以風險厭惡者作為一般性投資個體，對在未來預期不確定情況下的安全性資產和風險性資產的組合問題展開研究。

托賓認為，人們在選擇資產組合時，不僅要考慮各種資產組合的預期收益率，而且要考慮到風險。預期收益率是資產組合中所有資產的估計收益率的加權平均值，權數是每種估計收益率的概率，與預期收益率相關的風險用資產組合的收益率的標準差表示，反應各種估計收益率與其均值（預期收益率）之間的偏離程度。標準差越小，接近預期收益率的可能性越大，或者說，與實現預期收益相關的風險越小。對於一個風險厭惡者來說，總希望在一定的預期收益率下能有最小的風險，或者在一定的風險下能有最高的預期收益率。但是風險和收益是同增同減的，高的收益率需要承擔高風險或犧牲安全性才能換得，安全性低的風險需要犧牲高收益才能換得。投資者要在預期收益率和風險之間進行權衡而做出對資產組合的選擇。

（五）弗里德曼的貨幣需求理論

弗里德曼是當代西方經濟學主流學派——貨幣學派的代表人物，他的理論及政策主張被稱為「現代貨幣數量論」或「貨幣主義」，而他的貨幣需求理論又是其全部理論的核心，是在繼承劍橋學派現金余額學說的基礎上，吸收了凱恩斯學派的流動偏好學說而形成和發展起來的。

弗里德曼是沿著劍橋方程式來表達他的貨幣需求思想的，同時吸收了凱恩斯主義關於收入和利率決定貨幣需求量的思想。弗里德曼認為，在劍橋方程式 $M_d = kPY$ 中，P、Y 是影響貨幣需求許多變量中的兩個變量，k 代表其他變量，實際上是貨幣流通速度的倒數 $(\frac{1}{V})$。而影響貨幣流通速度的因素是相當複雜的，如財產總量、財產構成、各種財產所得在總收入中的比例以及各種金融資產的預期收益率等。因此，人們的資產選擇範圍非常廣泛，並不限於凱恩斯主義的貨幣需求理論中的二元資產選擇——貨幣與債券。基於上述認識，弗里德曼提出了自己的貨幣需求函數模型：

$$\frac{M_d}{P} = f(Y_p, W, r_m, r_b, r_e, \frac{1}{P} \cdot \frac{dP}{dt}, u)$$

式中：$\frac{M_d}{P}$ 表示名義貨幣需求；f 表示函數符號；Y_p 表示恆久性收入；W 表示人力資本占非人力資本比率；r_m 表示預期的貨幣名義收益率；r_b 表示預期的債券名義收益率；r_e 表示預期的股票名義收益率；$\frac{1}{P} \cdot \frac{dP}{dt}$ 表示預期的物價變動率；u 表示其他隨機變量。

弗里德曼不僅關心名義貨幣需求量，而且特別關心實際貨幣需求量。在影響貨幣需求量的諸多因素中，弗里德曼把它們劃分為以下三組：

第一組，恆久性收入 Y_p 和財富結構 W。恆久性收入來源於總財富，是構成總財富的各種資產的預期貼現值總和。在其他條件不變的情況下，收入越多，貨幣需求越多。人力資本收益（W）是影響貨幣需求的又一因素。一個人的總財富是人力資本與非人

力資本之和。在總財富中，人力資本比重越大，創造的收入越多，從而對貨幣的需求量就越大，反之則反是。可見，第一組因素與貨幣需求量呈同方向變化。

第二組，各種資產的預期收益和機會成本。它包括 r_m、r_b、r_e 和 $\frac{1}{P} \cdot \frac{dP}{dt}$ 四項。r_m、r_b、r_e 是三種不同金融資產的預期收益率。一般來說，存款、債券、股票等資產的收益越高，人們就越願意把貨幣轉化為這些資產，貨幣需求量就越少。相反，資產收益越低，人們就會拋售證券，提取存款，持有貨幣。

$\frac{1}{P} \cdot \frac{dP}{dt}$ 是物價變動因素對貨幣需求量的影響。從理論上分析，物價上漲意味著貨幣貶值、通貨膨脹，那麼持有貨幣意味著損失，人們就會把貨幣迅速用於消費或變成其他財富。相反，在預期物價下降時，人們則願意持有貨幣，以滿足流動性偏好。

可見，r_m、r_b、r_e 和 $\frac{1}{P} \cdot \frac{dP}{dt}$ 同貨幣需求量呈反方向變化。

第三組，各種隨機變量 u。u 包括社會富裕程度、取得信貸的難易程度、社會支付體系的狀況等。

儘管弗里德曼在他的貨幣需求函數中列舉的因素相當多，但是他十分強調恆久性收入的主導作用。弗里德曼認為，在激烈的市場競爭中，r_m、r_b、r_e 受市場利率影響的幅度不大，r_b-r_m、r_e-r_m、r_b-r_e 的差額將很小，因而完全可以用市場名義利率（r）代替。又因為市場名義利率等於實際利率（i）加預期物價變動率（$\frac{1}{P} \cdot \frac{dP}{dt}$），即 $r = i + \frac{1}{P} \cdot \frac{dP}{dt}$，r 本身就包含 $\frac{1}{P} \cdot \frac{dP}{dt}$，貨幣需求函數可化簡為：

$$\frac{M_d}{P} = f(Y_p, r)$$

經過簡化的弗里德曼貨幣需求函數，似乎同凱恩斯的貨幣需求函數 $M_d = f(Y, r)$ 基本相同，尤其是自變量十分相似。其實，兩者存在著較大的差別。主要表現在：

第一，兩者強調的側重點不同。凱恩斯的貨幣需求函數非常重視利率的主導作用。凱恩斯認為，利率的變動直接影響就業和國民收入的變動，最終必然影響貨幣需求量。弗里德曼則強調恆常收入對貨幣需求量的重要影響，認為利率對貨幣需求量的影響是微不足道的。弗里德曼經過實證分析，認為利率每增加（或減少）1%，貨幣需求量只減少（或增加）0.15%；而收入每增加 1%，人們平均經常保存在手邊的貨幣量將增加 1.8%。

第二，由於上述分歧，導致凱恩斯主義與貨幣主義在貨幣政策傳導變量的選擇上產生分歧。凱恩斯主義認為應是利率，貨幣主義堅持是貨幣供應量。

第三，凱恩斯認為，貨幣需求量受未來利率不確定性的影響，因而不穩定，貨幣政策應「見機行事」。而弗里德曼認為，貨幣需求量是穩定的，是可以預測的，因而「單一規則」可行。因此，弗里德曼把自己對貨幣數量論的重新闡述稱為名義收入貨幣理論，也就是我們所稱的現代貨幣數量論。弗里德曼對現代貨幣數量論的表述及其所

提出的貨幣需求函數給經濟學界對貨幣需求理論的研究提供了一條嶄新的思路，是對西方貨幣需求理論的重大貢獻。首先，弗里德曼認為貨幣是一種資產，而不僅僅是交換媒介。財富作為收入的資本化價值，拒絕以當前收入作為財富的代表，而是以「恆久性收入」作為財富的代表。其次，弗里德曼確立了預期因素在貨幣需求理論中的地位。弗里德曼認為，價格變動率、市場利率和其他資產的收益率都可以通過一定的方法來預測，這為后來的理性預期學派開闢了發展的途徑，同時也使其理論具有較大的政策意義。再次，弗里德曼利用計量經濟學進行實證研究，突破了前人純粹從理論上研究的局限性，為貨幣需求研究提供了新的研究方法，也使貨幣需求研究的結果成為制定貨幣政策的重要依據。最后，弗里德曼從多方面論證了貨幣需球函數式的穩定性，貨幣需求量是一個穩定的數值，是其他變量的穩定函數，從而明確指出貨幣對於經濟總體的影響來自貨幣供給。這是現代貨幣需求理論的核心和理論基礎。

第二節　貨幣供給概述及其理論

一、貨幣供給的概念

貨幣供給是指一定時期內一國銀行體系向經濟中投入、創造、擴張（或收縮）貨幣的行為。貨幣供給首先是一個經濟過程，即銀行系統向經濟中注入貨幣的過程。

二、貨幣供給量

貨幣供給量是指一國經濟主體（包括個人、企事業單位、政府等）持有的、由銀行系統供應的貨幣總量，包括現金和存款貨幣。

三、商業銀行的存款貨幣創造

商業銀行一方面要吸收存款，另一方面又要把這些存款貸出去，放出去的貸款經過市場活動又成為另一家銀行的存款，這些存款又會被這家銀行貸出……資金這樣反覆進出銀行體系，使銀行存款不斷擴張。這就是商業銀行創造存款貨幣的過程。商業銀行創造存款貨幣，應該具備兩個前提：首先是部分準備金制度，其次是非現金結算制度。設法定準備金率 $R_d = 20\%$，A 銀行收到一份 10,000 元的原始存款，因為要維持銀行均衡，除上繳 2000 元法定準備金外，剩下的 8000 元全部用於貸款。通過轉帳貸款、轉帳存款的循環往復，整個銀行體系創造的活期存款貨幣過程如表 9.1 所示：

表 9.1　　　　　　　　　　存款貨幣的創造過程　　　　　　　　　　單位：元

銀行	活期存款增加額	準備金增加額	貸款增加額
A	10,000	2000	8000
B	8000	1600	6400
C	6400	1280	5120

表9.1(續)

銀行	活期存款增加額	準備金增加額	貸款增加額
D	5120	1024	4096
E	4096	819.2	3276.8
…	…	…	…
合計	50,000	10,000	40,000

註：原始存款增加額10,000元，法定準備金率為20%。

每家銀行新增加的活期存款呈遞減級數（如表9.1第二列），整個銀行體系新增加的活期存款總額計算如下：

$\triangle D = 10,000+8000+6400+5120+4096+\cdots$

$= 10,000+10,000（1-20\%）+10,000（1-20\%）^2+10,000（1-20\%）^3$
$+10,000（1-20\%）^4+\cdots$

$= 10,000\times（1\div 20\%）$

$= 50,000$

可將表9.1化為表9.2。

表9.2　　　　　　　　　　　存款創造過程

銀行	活期存款增加額 （$\triangle D$）	準備金增加額 （$\triangle R$）	貸款增加額 （$\triangle L=\triangle D-\triangle R$）
A（第1銀行）	D_0	$D_0 r$	$D_0-D_0 r=(1-r)D_0$
B（第2銀行）	$(1-r)D_0$	$(1-r)rD_0$	$(1-r)^2 D_0$
C（第3銀行）	$(1-r)^2 D_0$	$(1-r)^2 rD_0$	$(1-r)^3 D_0$
D（第4銀行）	$(1-r)^3 D_0$	$(1-r)^3 rD_0$	$(1-r)^4 D_0$
E（第5銀行）	$(1-r)^4 D_0$	$(1-r)^4 rD_0$	$(1-r)^5 D_0$
…	…	…	…
N（第n銀行）	$(1-r)^{n-1}D_0$	$(1-r)^{n-1}rD_0$	$(1-r)^n D_0$
…	…	…	…
合計	$D_0\sum_{n=1}^{\infty}(1-r)^{n-1}=\dfrac{D_0}{r}$	$rD_0\sum_{n=1}^{\infty}(1-r)^{n-1}=D_0$	$D_0\sum_{n=1}^{\infty}(1-r)^{n-1}=\dfrac{1-r_0}{r}D_0$

註：原始存款增加額D_0即初始準備金增加額，法定準備率為r。

一般地，當活期存款的法定準備率為r，銀行的原始存款為$D_0=\triangle R$，則在前面的3個假設前提下，整個銀行體系的支票存款增加額$\triangle D$為：

$\triangle D = D_0+(1-r)D_0+(1-r)^2 D_0+(1-r)^3 D_0+(1-r)^4 D_0+\cdots+(1-r)^{n-1}D_0+\cdots = D_0\times 1/r = \triangle R\times 1/r$

在貨幣銀行理論中，為了說明派生存款的過程，往往把最初從客戶那裡吸收的存

款叫做原始存款，而派生存款是商業銀行吸收存款留下準備金後，將余款貸放出去所形成的存款。

派生存款乘數就是整個銀行體系活期存款的最大擴張額對原始存款增加額的倍數，公式為：

K＝△D/ D₀＝△D/ DR＝1/r

簡單存款創造過程表明，對於整個銀行體系來說，通過貸款和存款之間的相互轉化，某個銀行新增的原始存款最終被完全轉化為整個銀行體系的法定準備金，即新增的原始存款被銀行體系的新增存款完全消化了。

四、基礎貨幣與貨幣乘數

（一）基礎貨幣的定義和特點

基礎貨幣又稱為高能貨幣或強力貨幣，通常是指流通中的現金和商業銀行在中央銀行的準備金存款之和，用公式表示如下：

B＝C+R

式中：B為基礎貨幣；C為流通中的現金；R為商業銀行在中央銀行的準備金存款。

從基礎貨幣的構成看，C和R都是中央銀行的負債，中央銀行對這兩部分都具有直接的控製能力。現金的發行權由中央銀行壟斷，其發行程序、管理技術等均由中央銀行掌握。中央銀行對商業銀行的準備金存款有較強的控製力。通過調整法定存款準備率、改變再貼現率和再貸款條件、公開市場業務操作，中央銀行可以對其準備金結構、準備金數量進行控製。中央銀行能夠直接控製現金發行和商業銀行的準備金存款，之所以被稱為基礎貨幣，是因為如果沒有現金的發行和中央銀行對商業銀行的信貸供應，商業銀行的準備金存款便難以形成，或者說其用以創造派生存款的原始存款的來源就不存在。從這個意義上說，中央銀行控製的基礎貨幣是商業銀行借以創造存款貨幣的源泉。中央銀行供應基礎貨幣是整個貨幣供應過程中的最初環節，首先影響的是商業銀行的準備金存款，只有通過商業銀行運用準備金存款進行存款創造活動後，才能完成最終的貨幣供應。貨幣供應的全過程就是由中央銀行供應基礎貨幣→基礎貨幣形成商業銀行的原始存款→商業銀行在原始存款基礎上創造派生存款（現金漏損的部分形成流通中的現金）→最終形成貨幣供應總量的過程。

（二）貨幣乘數

引入了基礎貨幣這一概念后，貨幣供應就可以表達為這樣一個理論化的模式：一定的貨幣供應總量必然是一定的基礎貨幣按照一定倍數或乘數擴張后的結果，或者說貨幣供應量總是表現為基礎貨幣的一定倍數。人們通常把這個倍數，即貨幣供應量與基礎貨幣的比值，稱為貨幣乘數。如果以M表示貨幣供應量，以B表示基礎貨幣，以K表示貨幣乘數，則有如下貨幣供應量的理論公式：

M＝B·K

該公式表明，由於貨幣乘數的作用使中央銀行的基礎貨幣擴張為貨幣供應總量，

因此貨幣乘數是貨幣供應機制中一個至關重要的因素。那麼，貨幣乘數的大小取決於什麼呢？

從上述公式中可知：

$$K = \frac{M}{B}$$

假定我們要確定 M1 口徑的貨幣供應量形成中的貨幣乘數值，可進行如下推導：

M1＝C＋D

式中：C 為流通中現金；D 為商業銀行的活期存款。

B＝C＋R

式中：R 為商業銀行在中央銀行的準備金存款。

R 可以進一步分解為活期存款法定準備金 R_d、超額準備金 E 和定期存款法定準備金 $R_t \cdot T$（T 表示定期存款，R_t 表示定期存款法定準備率），那麼就有：

$$K = \frac{M}{B} = \frac{C+D}{C+R} = \frac{C+D}{C+R_d+E+R_t \cdot T}$$

將各項同除以 D 可得：

$$K = \frac{c'+1}{c'+r_d+e+r_t \cdot t'}$$

式中：c' 為現金漏損率，即現金漏損部分形成流通中的現金占存款的比率；r_d 為活期存款法定準備率；e 為超額準備率；t' 為定期存款占活期存款的比例。

這就是在一定的基礎貨幣下形成 M1 口徑的貨幣供應量的貨幣乘數公式。將貨幣乘數公式代入貨幣供應量公式中，就得到一個完整的 M1 口徑的貨幣供應理論模型：

$$M1 = B \cdot \frac{c'+1}{c'+r_d+e+r_t \cdot t'}$$

（三）貨幣供給的調控機制

中央銀行和社會公眾的行為都會影響到貨幣供給。

中央銀行主要通過控制基礎貨幣 B 和調整貨幣乘數中的法定存款準備率 r_d 和 r_t 來影響貨幣供給，中央銀行通過它的資產業務影響基礎貨幣，對貨幣乘數的影響是通過調整法定存款準備率來實現的。

商業銀行和社會公眾主要對現金漏損率 c' 和超額準備率 e 及定期存款與活期存款的比率 t' 有影響。居民個人的行為不會影響到基礎貨幣總量的變化，但是可以通過收入在手持現金和存款之間的轉換影響現金存款比率，影響貨幣乘數。企業的收入在現金和存款之間如何分配也會受到上述幾個因素的影響，所以企業通過影響現金存款比率影響貨幣供給量和居民的行為相同。但是企業更重要的影響貨幣供給的行為是其貸款行為。商業銀行的行為對基礎貨幣和存款準備率都有影響，即商業銀行變動超額準備率，商業銀行行為影響中央銀行的再貼現。

從以上分析可以看出，對於貨幣供給來說，中央銀行並不能完全控制，即便是基礎貨幣也要受商業銀行主觀能動性的制約，而貨幣乘數更是要受到個人、企業、商業銀行的影響。

五、貨幣供給的外生性和內生性

在貨幣供給的理論模型中，已經反應出貨幣供給是由中央銀行基礎貨幣供給情況、商業銀行超額準備水平、社會公眾提現情況等多種因素共同決定的特徵。但是，在一定的社會經濟背景下，將貨幣供給看成是與一定的宏觀經濟發展和管理要求相聯繫的變量時，不同的經濟學家對貨幣供給的決定問題有不同的認識，其焦點集中在貨幣供給是由中央銀行控製的外生變量還是受經濟體系內在因素決定的內生變量。

所謂外生變量，又稱政策性變量，是指在經濟機制中受外部因素影響、由非經濟體系內部因素所決定的變量。這種變量通常能夠由政策控製，並以之作為政府實現其政策目標的變量。例如，稅率被認為是一個典型的外生變量。與此相對應的是所謂的內生變量，又稱非政策性變量，它是指在經濟體系內部由純粹經濟因素所決定的變量。這種變量通常不為政策所左右。例如，市場經濟中的價格、利率、匯率等經濟變量。

凱恩斯的貨幣理論認為，貨幣供給完全由政府通過中央銀行所控製，中央銀行可以根據國家宏觀經濟政策要求，人為地控製貨幣供給量，貨幣供給的變化能夠影響經濟運行，但是不受經濟內在因素決定。在凱恩斯的貨幣市場供求曲線中，貨幣供給曲線是一條與貨幣量軸垂直、與利率軸平行的直線，由經濟內在因素引起的貨幣需求和利率變動與貨幣供給沒有聯繫，貨幣供給只取決於貨幣當局對經濟形勢和貨幣需求狀況的認識及其所採取的貨幣管理政策和措施，是外生變量。

新劍橋學派肯定了中央銀行具有控製貨幣供給能力，同時又分析了諸多使中央銀行控製力下降的因素，如商業銀行採取的與中央銀行調控目標不一致的貸款活動所導致的存款貨幣增加和現金提取；銀行以其信用支持商業票據流通，使貨幣供給相對擴大；在中央銀行嚴格控製之外的非銀行金融機構的活動引起貨幣供給量變化；這些因素說明中央銀行對貨幣控製的能力是有限的，貨幣供給並不完全是一種外生變量。

「外生貨幣供給論」真正受到衝擊是20世紀60年代以後在西方各國普遍出現的金融創新活動。金融創新從市場、機構、業務、工具、制度等多方面擴大了經濟內在因素對貨幣供給的影響力，增強了銀行體系貨幣擴張的能力，削弱了中央銀行對貨幣的控製力。在此背景下，新古典綜合派的經濟學家提出了「內生貨幣供給論」，著重強調銀行和企業行為對貨幣供給的決定作用，突出商業銀行存款貨幣創造的功能，突出金融創新活動對貨幣流通的影響，突出非仲介化的企業融資活動對貨幣的替代作用。

貨幣學派的貨幣供給理論強調中央銀行貨幣政策對貨幣量控製的作用，更為重要的是認為貨幣供給應當與處於相對穩定狀態的貨幣需求相適應，必須實行「單一規則」，即公開宣布並長期採用一個固定不變的貨幣供給增長率。弗里德曼根據對美國近百年歷史資料的實證研究所提出的美國貨幣供給增長的「單一規則」是：美國年平均經濟增長率為3％，就業年平均增長率為1％~2％，貨幣供給量保持4％~5％的年增長速度。除遇特殊情況可以經事先宣布做小幅更改外，增長率一經確定，則不得隨意變動。德國新經濟自由主義學派也持有與貨幣學派相類似的主張，認為貨幣供給應先保證幣值穩定，貨幣供應的增長應根據社會生產力增長的情況劃定一個區間，以保證貨幣增長與生產增長的一致性。

第三節　貨幣供求均衡

一、貨幣供求均衡的概念

貨幣供求均衡簡稱貨幣均衡，是指貨幣供給與貨幣需求的一種對比關係，是從供求的總體上研究貨幣運行狀態變動的規律。一般而言，貨幣供求相等，就稱之為均衡；貨幣供求不相等，則稱之為失衡。真正的貨幣均衡是指貨幣供給與由經濟的實際變量或客觀因素所決定的貨幣需求相符合。由於貨幣需求所對應的主要是商品和勞務的實際交易，貨幣供給主要為這種交易提供購買和支付手段，因此貨幣均衡的狀態就表現為在市場上既不存在實際交易量大而購買力或支付能力不足所導致的商品滯銷，也不存在實際交易量小而購買力或支付能力過多而導致商品短缺或價格上漲。

二、貨幣供求均衡的實現機制

在市場經濟條件下，貨幣均衡是貨幣供給和貨幣需求對比關係自發調節和適應的結果，在均衡實現的過程中，起決定作用的是利率。對於貨幣供給，貨幣供給者總想以較高的利率供應貨幣，以期取得最大收益，因此當市場利率升高時，銀行貸款收益增加，銀行會擴大貸款規模，結果增加社會貨幣供給量；反之，利率下降，貨幣供應量就會減少。因此，貨幣供給是利率的增函數，可以用一條貨幣供給曲線表示（見圖9.4）。

對於貨幣需求，貨幣需求者總想以較低的利率接受貨幣，以求使用貨幣的成本最低。因此，當利率升高時，持幣的機會成本就增大，人們就會增加對金融工具和金融資產的需求而減少對貨幣的需求，導致貨幣需求量減少；反之，利率下降，貨幣的需求量就會增加。因此，貨幣需求是利率的減函數，可以用一條貨幣需求曲線表示（見圖9.5）。

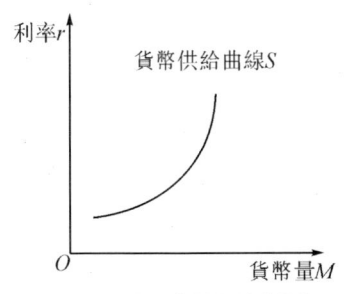

圖9.4　利率與貨幣供給的關係

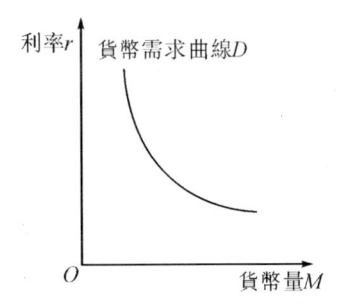

圖9.5　利率與貨幣需求的關係

在貨幣市場上，當貨幣供給與貨幣需求相等時，即達到了貨幣均衡，由貨幣供給曲線 S 和貨幣需求曲線 D 的交點 E 所決定的利率 r_e 為供求雙方都接受的均衡利率，由此點決定的貨幣量為均衡貨幣量 M_e。或者說，在均衡利率水平 r_e 上，貨幣供給與貨幣

需求達到均衡狀態。可見，在完全競爭的市場條件下，均衡的市場利率是貨幣供求均衡的顯示指標（見圖9.6）。

然而，市場利率是經常變化的，上述均衡貨幣量也會隨之變化，這種變化可以用利率決定下的貨幣均衡實現機制圖表示（見圖9.7）。

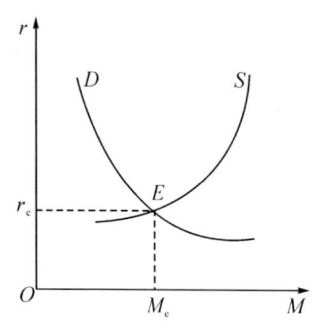

圖9.6 均衡利率下的貨幣供求

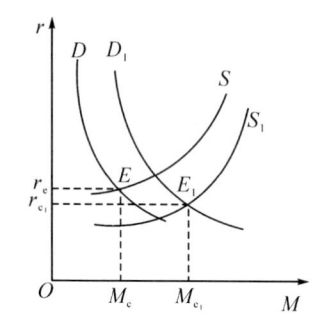

圖9.7 利率決定下的貨幣均衡實現機制圖

圖9.7中，如果供給曲線S移至S_1，在供大於求的情況下利率下降。由於利率與貨幣需求是反方向變動的，利率的下降必然會引起貨幣需求相應上升，使需求曲線D移至D_1，這樣貨幣供給與貨幣需求又會在E_1點上重新實現均衡。由此可見，貨幣市場上的貨幣均衡主要是靠利率機制實現的。

三、貨幣供求均衡與社會總供求平衡

(一) 貨幣均衡與社會總供求平衡之間的關係

當然，貨幣均衡不僅僅是通過貨幣供給和貨幣需求的對比從而通過利率來顯示的。現實生活中，人們更直接關注的是社會總供給和總需求的均衡，因此貨幣均衡還可以通過社會總供給和總需求的對比從而通過價格和失業率等指標來顯示。從理論上講，社會總供給決定貨幣總需求，貨幣總需求決定貨幣總供給，而貨幣總供給形成了有支付能力的社會總需求，且與社會總供給相均衡（兩者關係見圖9.8）。因此，貨幣均衡同社會總供求的均衡具有內在統一性和一致性。

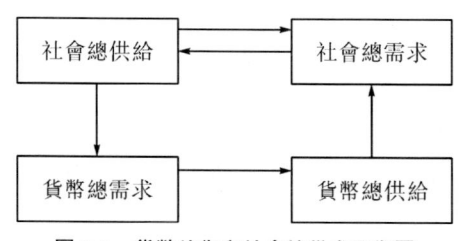

圖9.8 貨幣均衡與社會總供求平衡圖

但是，實現貨幣均衡從而實現社會總供求均衡存在兩個最經常、最基本的現實問題。第一，貨幣供給者能否依據社會總供給變化的要求來確定貨幣需求，從而做出正確的貨幣供給決策，當貨幣供給者對社會總供給的變化缺乏瞭解、認識和正確分析時，

就可能做出對貨幣需求的錯誤判斷，從而做出錯誤的貨幣供給決策，由此產生的貨幣供給量就可能大大超過或小於貨幣需求量，形成過大或過小的社會總需求。第二，即使是貨幣供給按照實際的貨幣需求進行，也不一定就能夠形成與總供給相對應的總需求，當貨幣供給實施以後，一部分貨幣會很快被人們作為流通手段，形成現實的購買力，變為社會總需求，而另一部分貨幣則被人們作為價值貯藏手段長期保存起來。也就是說，並非所有的貨幣供給都能夠按照供給者的願望而形成社會總需求。既然如此，社會總供求的均衡，就有可能由於對貨幣需求的判斷和貨幣供給決策的失誤而不能實現；也有可能由於貨幣供給在向社會總需求的傳導過程中發生變異而不能實現。社會總供求不能實現均衡，無非表現為兩種情況：一種是總需求大於總供給，表現為商品價格上漲或商品供應短缺；另一種是總需求小於總供給，表現為商品滯銷、企業開工不足和失業率上升。由此可見，貨幣供求的均衡和不均衡是可以由物價和失業率等指標的變化來顯示的。

(二) 貨幣市場均衡與 LM 曲線

　　貨幣市場可以在不同的利率水平和國民收入水平下達到均衡，即在貨幣供給（M）等於貨幣需求（L）的情況下會存在利率水平和國民收入水平的各種不同組合。如圖9.9所示，使貨幣市場均衡的利率與收入的全部組合是一條向右上方傾斜的 LM 曲線。LM 曲線上的任何一點都代表 M = L 時的利率和收入的組合，或一定利率水平和一定收入水平下的貨幣市場均衡點。在 LM 曲線以外的任何點都不是貨幣市場均衡時的利率和收入組合，或者說，這些點代表的利率和收入組合都表明貨幣市場的非均衡。位於 LM 曲線右側的點，都說明 L>M，即貨幣市場需求大於供給，如圖中的 C 點，與處在 LM 曲線上的 A 點比較，利率相同，但收入較高，說明交易性貨幣需求大於均衡水平；與 B 點比較，收入相同，但利率較低，說明投機性貨幣需求大於均衡水平。位於 LM 左側的點，都說明 L<M，即貨幣供給大於需求，如圖中的 D 點，與 LM 曲線上的 A、B 兩點比較，都說明貨幣需求小於均衡水平。

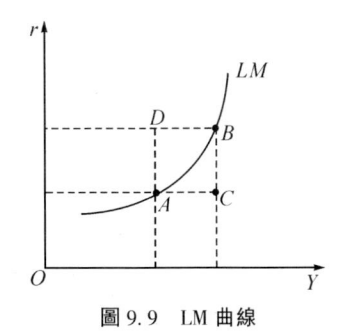

圖 9.9　LM 曲線

(三) 產品市場均衡與 IS 曲線

　　在凱恩斯主義的宏觀均衡理論中，總產品由消費和投資構成，而總產品減去消費後為儲蓄，因此宏觀經濟均衡的條件為投資（I）等於儲蓄（S）。投資函數為 I = I （r），投資與利率 r 呈反方向變化；儲蓄函數為 S＝S（Y），儲蓄與收入 Y 呈同方向變化。產品市場的需求表現為投資，供給表現為儲蓄，市場的均衡可以在不同的利率和國民收入組合下實現，均衡狀態表現為：在一定的利率水平和國民收入水平下，I＝S。如圖 9.10 所示，使產品市場均衡的利率與收入的全部組合構成一條向右下方傾斜的 IS 曲線。它說明，在產品市場達到均衡時，利率與收入呈反方向變化關係。在 IS 曲線上的任何一點都表示產品市場均衡時的利率與收入的組合，或者說，這些在 IS 曲線上的點都是一定利率水平和收入水平下的產品市場均衡點。落在該曲線以外的任何點都是產品市場非均衡狀態下的利率和收入組合。位於曲線右側的點都說明 I<S，即產品市場的需求小於供給。如圖中的 C 點，與曲線上的 A 點比較，利率相同，但收入較高，說明儲蓄大於均衡水平；與 B 點比較，收入相同，但利率較高，說明投資小於均衡水平。位於曲線左側的點則說明 I>S，即產品市場需求大於供給。如圖中 D 點與曲線上的 A、B 兩點比較，分別說明投資大於均衡水平和儲蓄小於均衡水平。

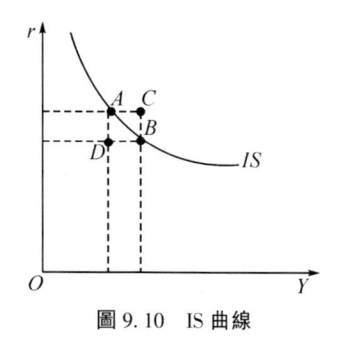

圖 9.10　IS 曲線

（四）貨幣市場與產品市場的共同均衡：IS-LM 模型

　　LM 曲線反應了能夠使貨幣市場供求均衡的利率和收入的全部組合，但是它並不能說明使整個經濟處於均衡狀態的利率和收入的組合。同樣，IS 曲線也只是反應了能夠使產品市場供求均衡的利率和收入的全部組合，也說明不了使整個經濟均衡的利率和收入的組合。而貨幣均衡的根本要求恰恰是總供求均衡下的貨幣均衡。如果不考慮國際收支平衡，這樣的貨幣均衡要求實際上就是要實現產品市場和貨幣市場的共同均衡。如果將 LM 曲線和 IS 曲線放在一個平面上，就能夠清楚地看到，當一定的利率和收入組合點只落在 LM 曲線或只落在 IS 曲線上時，都僅僅表明貨幣市場或商品市場各自的均衡。如圖 9.11 中的 A 點就說明，當利率為 r_0、收入為 Y_0 時，L＝M，但是 I<S，即貨幣市場供求均衡，但是產品市場需求小於供給。又如圖 9.11 中 B 點說明，當利率為 r_1、收入為 Y_1 時，I＝S，但是 L>M，即產品市場供求均衡，但是貨幣市場需求大於供給。能夠使貨幣市場和產品市場同時達到均衡的點，只有 IS 曲線和 LM 曲線的交點 E。在 E 點上，投資和儲蓄、貨幣需求和貨幣供給同時相等，產品市場和貨幣市場達到一般均衡，即：

I（r）＝S（y）

L_1（y）＋L_2（r）＝M

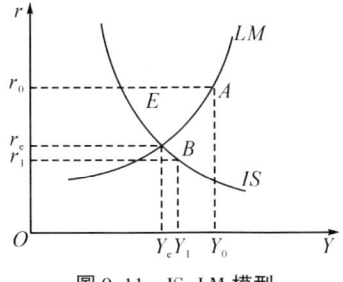

圖 9.11　IS-LM 模型

這就是 IS-LM 模型，又稱為希克斯—漢森模型。該模型是由英國經濟學家 J. R. 希克斯在 1937 年首先提出，后經美國經濟學家 A. 漢森等人補充發展而成的。IS-LM 模型經常被用來分析財政政策和貨幣政策對經濟的影響。

(五) 貨幣均衡與社會總供求均衡

前面曾提到，貨幣均衡不僅可以通過利率指標顯示出來，而且可以通過價格和失業率等指標顯示出來。IS-LM 模型描述的總供求均衡下的貨幣均衡是通過與產品市場和貨幣市場同時均衡相對應的利率和國民收入的一定組合來反應的。但是現實生活中，人們在觀察總供求均衡下的貨幣均衡時，常常通過社會總需求和社會總供給的對比，從而通過價格水平和國民收入的一定組合來做出判斷。因為社會總供給是決定貨幣需求的主要因素，社會總需求又是由貨幣供給形成的，所以根據社會總供求的均衡來判斷貨幣均衡就是理所當然的了。若以 AS 代表總供給，AD 代表總需求，以 M_s 和 M_d 代表貨幣供給和貨幣需求，那麼總供求均衡與貨幣供求均衡的聯繫可簡單表示如下：

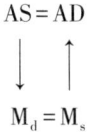

$$AS = AD$$
$$\downarrow \quad \uparrow$$
$$M_d = M_s$$

它說明，只要貨幣供給是按照由總供給決定的貨幣需求來決策和操作的，而且貨幣供給在形成總需求（現實的投資需求和消費品需求）的過程中不存在異常（如貨幣流通速度加快或減慢），那麼總需求與總供給就必然會達到均衡。如同貨幣市場和產品市場在一定的利率和國民收入水平下達到共同均衡，能夠從根本上反應貨幣均衡一樣，社會總供求在一定的價格和國民收入水平下達到均衡，也反應了貨幣均衡的根本實現。社會總供求均衡的模型如圖 9.12 所示。

圖 9.12 中橫軸為國民收入 Y，縱軸為價格水平 P，AD_0 為最初的總需求曲線，AS_0 為最初的短期總供給曲線，AS_1 為長期總供給曲線。最初，總供求在 E_0 點實現了均衡，均衡的價格為 P_0，收入為 Y_0，這時的 E_0 點又在長期總供給曲線 AS_1 上，所以 Y_0 代表充分就業時的國民收入水平。假定在短期內由於擴張性的財政政策和貨幣政策使貨幣供應增加，總需求擴大，總需求從 AD_0 向右上方平移至 AD_1。AD_1 與短期總供給曲線 AS_0 相交於 E_1 點，國民收入由 Y_0 增加到 Y_1，價格水平由 P_0 上升到 P_1。但是價格上升會引起工資增加，總供給減少，短期總供給曲線由 AS_0 向左上方平移到 AS_2，AS_2 與 AD_1 相

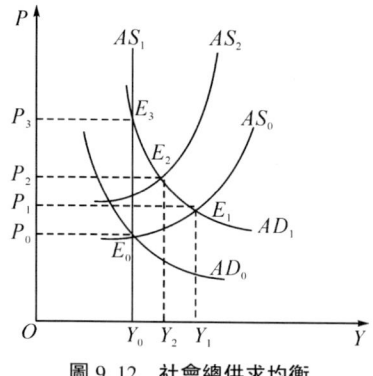

圖 9.12　社會總供求均衡

交於 E_2 點，國民收入由 Y_1 減到 Y_2，價格由 P_1 上升到 P_2。由於長期總供給曲線是一條垂直於 Y 軸的直線 AS_1，因此總需求曲線的變動不會引起收入變化，AD_1 與 AS_1 相交於 E_3 點，收入為充分就業時收入 Y_0，價格則上升到 P_3 的水平。

四、貨幣供求失衡

貨幣失衡是同貨幣均衡相對應的概念，又稱貨幣供求的非均衡，是指在貨幣流通過程中，貨幣供給偏離了貨幣需求，從而是兩者之間不相適應的貨幣流通狀態。貨幣失衡是一種常見現象，主要表現為兩種情況，即貨幣供給量小於貨幣需求量或貨幣供給量大於貨幣需求量。

(一) 貨幣供給量小於貨幣需求量

此類情況可能由以下原因所致：

第一，隨著經濟發展，商品生產和交換的規模不斷擴大，但是貨幣供給量並沒有隨之及時的增加，從而導致經濟運行中貨幣吃緊。在金屬貨幣流通條件下，這種情況不止一次的出現過，但是在紙幣流通條件下，這種情形很少出現。這是因為在金屬貨幣流通下，貨幣供給量的增加在一定程度上受制於作為貨幣流通的金屬幣材的開採；在紙幣流通下，作為貨幣當局的中央銀行增加紙幣供給極為容易。

第二，在經濟運行中的貨幣供給量與貨幣需求量大體一致的情況下，中央銀行實施緊縮性的貨幣政策操作，減少了貨幣供給量，從而導致流通中的貨幣緊缺，國民經濟的正常運行受到了抑制，使本來供求均衡的貨幣運行走向供給小於需求的貨幣失衡狀態。

第三，在經濟危機階段，由於經濟運行中的鏈條斷裂，正常的信用關係遭到破壞，社會經濟主體對貨幣的需求急遽增加，中央銀行的貨幣供給量卻相對地滯后於貨幣需求的增加從而導致了貨幣供需的失衡。這種情況繼續發展，往往會出現通貨緊縮。

(二) 貨幣供給量大於貨幣需求量

在紙幣流通條件下，經濟運行中的貨幣供給量大於相應的貨幣需求量是一種經常出現的失衡現象。造成貨幣供給量大於貨幣需求量的原因很多，主要如下：

第一，無足夠貨幣資本實力的高速經濟增長政策。在經濟發展中政府的高速經濟增長政策迫切地需要貨幣資本來支撐，在中央銀行無足夠的貨幣資本實力情形下，銀行信貸規模的不適當擴張，造成了信貸收支逆差和貨幣資本擴張，從而導致貨幣供給大於其需求的貨幣失衡現象產生。

第二，政府由於財政赤字向中央銀行透支。政府財政收支若發生赤字，在中央銀行沒有事先準備的條件下，政府財政的透支無疑迫使中央銀行增發貨幣，從而導致貨幣供給量增加過量，造成貨幣供需失衡。

第三，從長時期來看，若前期貨幣供給量相對不足，產品積壓和再生產過程受阻，為促成經濟運行的正常進行，中央銀行操作擴張性的貨幣政策，但是由於力度把握不適當，導致銀根過度放鬆，貨幣供給量的增長速度不適當地超過了經濟發展的客觀需要，從而形成過多的貨幣供給，其結果便是誘發高通貨膨脹。

第四，從開放經濟的角度看，在經濟落後、結構剛性的發展中國家，貨幣條件的相對惡化和國際收支失衡使得國民經濟運行僅靠進出口機制來彌補收支逆差極為困難，而匯率高估和本國貨幣的貶值造成貨幣供給量的急遽增長，從而造成貨幣供需失衡。這種情況繼續發展，往往會出現通貨膨脹。

事實上，在大多數發展中國家，除了上面分析的貨幣失衡兩種類型外，還存在一種與此並不類似的貨幣失衡，即貨幣供求的結構性失衡。這是指在貨幣供給與需求總量大體一致的總量均衡條件下，貨幣的供給結構及與此相對應的貨幣需求結構不相適應。這種結構性貨幣失衡往往表現為短缺與滯存並存，經濟運行中的部分商品和生產要素供過於求，另一部分商品和生產要素又供不應求。造成這種貨幣失衡的原因在於社會經濟結構的不合理及在此基礎上的結構剛性。

本章小結

1. 貨幣需求是指在一定時期內，社會各部門（個人、企業、政府）願以貨幣形式持有財產的需要，或社會各階層對執行流通手段、支付手段和價值貯藏手段的貨幣的需求。

2. 貨幣需求數量的總和就是貨幣需求量。貨幣需求量是一個重要的貨幣理論概念，對其含義的把握需要區別幾組概念：主觀貨幣需求量與客觀貨幣需求量；微觀貨幣需求量與宏觀貨幣需求量；名義貨幣需求量與真實貨幣需求量。

3. 從宏觀角度看，貨幣需求的主要決定因素是全社會商品和勞務的總量、價格水平、收入水平、收入的分配結構、貨幣流通速度、信用的發達程度、市場利率、金融資產收益率和心理因素等。

4. 馬克思認為，流通中的貨幣必要量取決於以下三個因素：商品價格水平、進入流通的商品數量、同名貨幣的流通次數。

5. 費雪的交易方程式認為，流通中的貨幣數量對物價具有決定性作用，而全社會一定時期、一定物價水平下的總交易量與所需要的名義貨幣量之間也存在著一個比例

關係。

6. 劍橋方程式認為，貨幣需求與人們的財富或名義收入之間保持一定的比率，並假設整個經濟中的貨幣供求會自動趨於均衡。

7. 凱恩斯認為，貨幣需求動機有四點：所得動機、營業動機、預防動機或謹慎動機、投機動機。在這四種動機中，由於所得動機和營業動機均與商品和勞務的交易有關，引起的貨幣需求為交易性貨幣需求。由第三種動機引起的貨幣需求為預防性貨幣需求。由於這種貨幣需求最終目的主要還是應付交易，因此也可視為交易需求。由第四種動機引起的貨幣需求為資產性或投機性貨幣需求。這樣全社會的貨幣總需求就可以概括為貨幣的交易需求和資產需求之和。凱恩斯提出了貨幣的流動性偏好理論，他認為交易性貨幣需求與收入成比例，而投機性貨幣需求對利率很敏感。這樣，這一理論表明貨幣流通速度並不穩定，不能視為常量。

8. 凱恩斯學派對凱恩斯的貨幣需求理論進行了更深入的分析和發展，提出了平方根定律、立方根定律和資產組合理論，這些理論認為利率對各種貨幣需求都具有重大影響。

9. 弗里德曼的貨幣需求理論將貨幣視同各種資產中的一種，通過對影響貨幣需求七種因素的分析，提出了貨幣需求函數公式。貨幣學派強調貨幣需求與恆久收入和各種非貨幣性資產的預期回報率等因素之間存在著函數關係，貨幣需求函數具有穩定性的特點。

10. 影響中國貨幣需求的因素主要有收入、價格、利率、貨幣流通速度、金融資產的收益率、企業與個人對利潤與價格的預期和其他因素等。

11. 貨幣供給是指一定時期內一國銀行體系向經濟中投入、創造、擴張（或收縮）貨幣的行為。貨幣供給首先是一個經濟過程，即銀行系統向經濟中注入貨幣的過程。

12. 貨幣供給量是指一國經濟主體（包括個人、企事業單位、政府等）持有的、由銀行系統供應的貨幣總量，包括現金和存款貨幣。

13. 商業銀行創造存款貨幣，應該具備兩個前提：首先是部分準備金制度，其次是非現金結算制度。

14. 基礎貨幣又稱為高能貨幣或強力貨幣，通常是指流通中的現金和商業銀行在中央銀行的準備金存款之和。

15. 貨幣乘數是貨幣供應量與基礎貨幣的比值。

16. 對於貨幣供給來說，中央銀行並不能完全控制，即便是基礎貨幣也要受商業銀行主觀能動性的制約，而貨幣乘數更是要受到個人、企業、商業銀行的影響。

17. 外生變量又稱政策性變量，是指在經濟機制中受外部因素影響，而由非經濟體系內部因素所決定的變量。這種變量通常能夠由政策控制，並以之作為政府實現其政策目標的變量。內生變量又稱非政策性變量，是指在經濟體系內部由純粹經濟因素所決定的變量。這種變量通常不為政策所左右。

18. 貨幣供求均衡簡稱貨幣均衡，就是指貨幣供給與貨幣需求的一種對比關係。

19. 在市場經濟條件下，貨幣均衡是貨幣供給和貨幣需求對比關係自發調節和適應的結果，在均衡實現的過程中，起決定作用的是利率。

20. 社會總供給決定貨幣總需求，貨幣總需求決定貨幣總供給，而貨幣總供給形成了有支付能力的社會總需求，且與社會總供給相均衡。因此，貨幣均衡同社會總供求的均衡具有內在統一性和一致性。

21. 貨幣失衡是指在貨幣流通過程中，貨幣供給偏離了貨幣需求，從而形成兩者之間不相適應的貨幣流通狀態。貨幣失衡是一種常見現象，主要表現為兩種情況，即貨幣供給量小於貨幣需求量或貨幣供給量大於貨幣需求量。

復習思考題

1. 怎樣理解貨幣需求的含義？
2. 如何看待西方經濟學者的貨幣需求理論？
3. 影響中國貨幣需求的因素有哪些？
4. 商業銀行是怎樣創造存款貨幣的？
5. 你認為貨幣供給是外生變量還是內生變量？為什麼？
6. 如果中國人民銀行向中國工商銀行出售100萬元的國債，這對基礎貨幣有何影響？
7. 在市場經濟條件下如何實現貨幣均衡？
8. 如何認識貨幣均衡同社會總供求的均衡之間的關係？
9. 如何理解貨幣失衡？
10. 在發達市場經濟中，利率對於貨幣需求的大小起著極為重要的作用，舉出西方國家對這一規律的實際運用。
11. 舉例說明居民行為對中國貨幣供給的現實影響。
12. 在現實生活中，貨幣供求是否均衡，如何判斷？是否根據物價與利率可以判斷均衡存在與否？舉幾個中國經濟中的實例來說明這個問題。

附錄：新古典綜合派

新古典綜合派是所謂的「凱恩斯革命」之后起初最有影響力的凱恩斯學派，又先後自稱「后凱恩斯主流經濟學（Post-Keynesian Mainstream）」和「現代主流經濟學新綜合」。反應這個學派理論觀點的代表著作是薩繆爾森的《經濟學》。在經濟政策上，主張運用財政政策和貨幣政策，調節總需求，以減少失業、消除危機。在經濟制度方面，主張混合經濟論，即公私機構共同對經濟施行控制。

二戰后，在以薩繆爾森為代表的一批美國經濟學家的努力下，逐漸形成了「新古典綜合派」的宏觀經濟學。一系列在凱恩斯基本理論基礎上的最新研究成果被綜合在一起，形成了所謂的「宏觀經濟學」。而傳統的經濟學理論，包括價格理論、消費理論、生產理論、市場理論以及分配理論和一般均衡理論與福利經濟學則被冠以「微觀經濟學」的名稱。

凱恩斯的《就業、利息和貨幣通論》問世后，西方經濟學家們對其大加推崇。為了使凱恩斯主義更易為經濟學界所接受，較好地為西方國家制定經濟政策服務，不少

被稱為「凱恩斯主義者」的經濟學家們開始發表研究、解釋《就業、利息和貨幣通論》的論著，對其進行修訂和理論擴展工作。對《就業、利息和貨幣通論》的拓展研究因二戰后歷史條件的改變而變得日益迫切。

新古典綜合派正是二戰后經濟發展變化后，新的歷史條件下的產物。新古典綜合派雖然是在二戰后形成的，但是對凱恩斯主義和新古典學說的綜合起始於二戰前。

新古典綜合派特點如下：

第一，新古典綜合派對凱恩斯的理論作了自己的解釋，認為國家干預經濟的主要理論依據是在一定條件下出現的有效需求不足。他們與英國新劍橋學派對凱恩斯的解釋不同，他們認為，凱恩斯提出有效需求不足的基本立足點是三大心理規律（邊際消費傾向遞減、預期利潤率遞減和靈活偏好）和工資剛性，而不是新劍橋學派強調的收入分配不公平問題。他們吸收了菲利浦斯提出的工資（從而物價）與失業率成反比的所謂「菲利浦斯曲線」所表明的觀點，將通貨膨脹與失業率對立起來，並用凱恩斯創立的「總收入—總支出模型」來闡述所謂的「需求決定論」；在闡述需求決定論的過程中，他們充分利用了希克斯創立的「IS-LM 模型」，從而更明確地闡述了凱恩斯關於貨幣並非實際經濟上覆蓋的一層「面紗」，而是對總需求有重大影響，從而影響整個經濟狀態的思想。

第二，新古典綜合派吸收了哈羅德和多馬的經濟增長理論（哈羅德—多馬經濟增長模型），從而在宏觀經濟學中增加了動態的和長期的研究。后來，經濟增長理論成為宏觀經濟學一個重要的分支，對經濟增長的研究直到現在仍然是不斷深入的一個重要的課題。動態的和長期的宏觀經濟研究的另一個重要課題是經濟週期問題。在新古典綜合派的理論中，薩繆爾森的「乘數—加速數模型」是一個典型的例子。

第三，從 20 世紀 60 年代末開始，國際經濟學的一些內容，如國際收支與匯率的分析、國際間價格與匯率的比較關係等也一度被收入宏觀經濟學。到 20 世紀 70 年代以後，國際經濟學則逐漸獨立出去成為一門獨立的學科，而留給宏觀經濟學一個「開放的模型」來解釋開放條件下的宏觀經濟運行，較著名的有「蒙代爾—弗萊明模型」。

第四，新古典綜合派還對總需求進行了專門研究，包括對消費函數和投資函數的研究。消費函數的研究增加了持久收入理論和生命週期理論。投資需求理論則重點對預期收入的分析和投資成本的分析作了更深入的研究。

第五，宏觀經濟政策的研究也是新古典綜合派的一個重要的貢獻，他們繼承了凱恩斯的理財思想，強調赤字財政對消除失業的積極作用，並將政府「借新債還老債」看成一種基本無害的游戲。在貨幣政策方面，他們強調利息率對投資的調節作用，強調貨幣供給量對利息率的控製作用，並形成了一整套宏觀經濟政策，用以調節總需求。這就是所謂需求決定論指導下的宏觀經濟政策。

新古典綜合派的政策主張。

在凱恩斯的「需求管理」理論和擴張性財政政策思想的基礎上，新古典綜合派進行了以下兩個方面的創新：

一是主張採取「逆經濟風向行事」的財政貨幣政策，以減少經濟週期對經濟發展的不利影響。

20世紀50年代，漢森提出了以「反經濟週期」為目的的「補償性財政政策」（Compensatory Fiscalp Olicy）和「補償性貨幣政策」。「補償性財政政策」不追求每一財政年度的收支平衡，只求在經濟週期的整個期間實現收支平衡。在經濟蕭條時，主張採用膨脹性財政政策，同時中央銀行放寬信用，增加貨幣供給量，降低利息率，可以變蕭條為繁榮；在達到充分就業、出現通貨膨脹時，實施相反的緊縮性財政政策，同時緊縮信用，減少貨幣供給量，提高利息率，以求得蕭條與繁榮時期的相互補償，防止經濟危機的爆發。

二是主張在經濟上升期實行赤字預算、發行國債，刺激經濟快速增長。

20世紀60年代，美國肯尼迪總統經濟顧問委員會主任海勒提出了「增長性赤字財政政策」。他將潛在國民生產總值和潛在的增長率作為測算財政赤字的基準，認為只要連續兩年的實際國民生產總值小於推算出來的潛在的生產總值時，即使在經濟上升時期，也可以將赤字財政作為常規手段，連年不斷實行，從而挖掘生產潛力，減少產量缺口。漢森和新古典綜合學派最重要的代表人物薩繆爾森等都非常讚成這個辦法，並稱之為「新經濟學」。

新古典綜合派的兩個基本主張。

在財政政策與貨幣政策的關係方面，新古典綜合派有以下兩個基本主張：

一是財政政策比貨幣政策更為重要。

薩繆爾森指出「由於現代政府的巨大規模，沒有財政政策就等於宣布死亡」。漢森認為貨幣政策具有非對稱性，「貨幣武器確實可以有效地用來制止經濟過熱」，但「恢復經濟增長僅僅靠廉價的貨幣擴張是不夠的」。因此，漢森主張以財政政策為主刺激經濟的增長。新古典綜合派的又一重要代表人物托賓也指出，財政政策和貨幣政策的作用不同，可相互補充，應配合使用，但是運用擴大預算支出和赤字理財的財政政策比起實施操縱利率的貨幣政策更能迅速直接地刺激經濟擴張。

二是財政政策與貨幣政策應「相機抉擇」。

由於財政政策和貨幣政策各有特點，作用的範圍和程度不同，因此在使用哪一項政策時，或者對不同的政策手段搭配使用時，沒有一個固定的模式，政府應根據不同情況，靈活地決定。

第十章　通貨膨脹與通貨緊縮

第一節　通貨膨脹概述

一、通貨膨脹的概念

對於通貨膨脹的解釋，各國經濟學家眾說紛紜，存在一定差異，始終未能給出一個可被普遍接受的明確解釋。

（一）西方經濟學家對通貨膨脹的定義

在凱恩斯之前的一段時間裡，經濟學家認為，通貨膨脹是「太多的貨幣追逐太少的貨物」。但是凱恩斯則將通貨膨脹與實際經濟資源的利用程度相結合，認為只有當社會達到充分就業後，貨幣供給的增加以及有效需求增加不再可能增加產量和就業時，物價便隨貨幣供給的增加而同比例上漲，從而形成真正的通貨膨脹。多數西方經濟學家對通貨膨脹的理解是圍繞物價上漲、貨幣供給量過度增加和貨幣購買力下降等方面展開的。

第二次世界大戰后，西方經濟理論界一般視通貨膨脹為「求過於供」的現象，著重對「過度需求」作用加以分析。其後，又將分析的重心移至社會各階層的不合理分配之上。例如，劍橋學派代表人物瓊‧羅賓遜認為，通貨膨脹通常就是指物價總水平的持續上升。近代西方經濟學家對通貨膨脹的解釋有所發展，但是說法還是不統一。現代貨幣主義學者弗里德曼認為，物價的普遍上漲就叫做通貨膨脹。而美國當代經濟學家保羅‧薩繆爾森在其《經濟學》一書中認為，通貨膨脹是物品和生產要素的價格普遍上升的一個時期。新自由主義者哈耶克認為，通貨膨脹是指貨幣數量的過度增長，且這種增長合乎規律地導致物價上漲。美國著名經濟學家萊德勒和帕金認為，通貨膨脹是一個價格持續上升的過程，也就是說，是一個貨幣價值持續貶值的過程。

綜上所述，西方經濟學側重於從通貨膨脹的表現形式對其定義，認為通貨膨脹是商品和生產要素價格總水平的持續不斷上漲。但是我們也應看到，在關於通貨膨脹的理論中具有重要地位並相互對立的凱恩斯學派和貨幣學派對於通貨膨脹的觀點並非截然不同，雙方都認為高通貨膨脹只能在高貨幣增長率的情況下發生（這裡的通貨膨脹指的是物價水平的不斷快速上升）。在這一共同認識之下，大多數經濟學家都同意弗里德曼所說的通貨膨脹在任何時空條件下都是一種貨幣現象。

(二) 中國學術界對通貨膨脹的定義

長期以來，中國認為社會主義國家不會出現通貨膨脹，通貨膨脹是資本主義國家的事情。但是中國的經濟發展過程中，也不同程度地遭到通貨膨脹的困擾。可見通貨膨脹是經濟發展過程中不可避免的現象。中國過去的傳統教材中對於通貨膨脹的定義是根據馬克思關於貨幣流通規律的理論而定義的，即貨幣發行量超過商品流通中的實際需要量而引起的物價上漲和貨幣貶值。

改革開放後，中國理論界逐漸認識到社會主義條件下通貨膨脹存在的必然性。對於通貨膨脹的內涵，學術界有不同的理解，而且在如何使用這個概念上也有不同的看法。

劉鴻儒主編的《經濟大辭典》將通貨膨脹定義為流通中的紙幣要超過實際需求量所引起的貨幣貶值、物價上漲的經濟現象。林繼肯認為通貨膨脹是通貨發行過多，從而造成物價上漲，引起國民收入的再分配。還有的觀點認為通貨膨脹的原因並不僅僅是由貨幣超量發行造成的，由於需求增量大於供給增量導致的持續性短缺也是通貨膨脹的一種形式。這種理解對傳統的定義進行了補充，從供給與需求的角度出發，一方面說明通貨膨脹的發生有其歷史原因，即過去發生的累積性通貨膨脹對即期有一定的影響，另一方面指出在非充分就業的情況下，供給量的主動減少也會導致通貨膨脹的發生。還有人認為，政府認為的對物價進行凍結和計劃管制時，用過量的貨幣供給不會引起物價的上漲，但是會造成市場供給的短缺，憑票限量供應、持幣待購以及黑市價格與計劃價格相差懸殊的實質也是通貨膨脹的表現形式。

結合中西方經濟學界的不同觀點，我們可以給通貨膨脹下這樣一個定義：通貨膨脹是指由於貨幣發行量超過了經濟發展的實際需要量而導致貨幣貶值、物價水平持續上升的一種經濟現象。

(三) 理解通貨膨脹需要把握的幾個要點

1. 通貨膨脹雖是一種貨幣現象，但更是一種經濟現象

因為貨幣供給量的多少是相對於商品供給而言的，商品供給又與商品的生產和流通密切相關。如何合理地保持貨幣供給量與商品供給量在總量上的一致，就不易發生通貨膨脹。因此，通貨膨脹應當是同經濟運行密切聯繫的一種現象。

2. 通貨膨脹與物價相關聯

物價上漲的幅度應該比較明顯，如果上升幅度極小，也不能認為是通貨膨脹。通貨膨脹所指的物價上漲必須超過一定的幅度，但是這個幅度該如何界定，各國又有不同的標準。一般來說通貨膨脹的價格變動應體現為一個過程（常以年度為時間單位來考察），年度物價上漲的幅度在2%以內都不被當成通貨膨脹，有些學者甚至認為只有年度物價上漲率超過5%才能算通貨膨脹。

3. 通貨膨脹中的物價上漲存在公開和隱蔽兩種形式

通貨膨脹所指的不同形式的物價上漲並非個別商品和勞務價格的上漲，而是指一般物價水平及全部物品和勞動的加權平均價格的上漲。通貨膨脹包括公開的通貨膨脹和隱蔽的通貨膨脹兩種形式。在公開的形式下，政府不採取物價管制和物價津貼等措

施。因此，物價上漲很明顯，無從隱蔽。但是在某些非市場經濟和由於種種原因採取物價管制政策的國家，過多的貨幣供應並非都通過物價上漲表現出來，有時通貨膨脹也會表現為商品短缺、憑票供應、持幣待購以及強制儲蓄等形式，即物價水平隱蔽上升。

4. 通貨膨脹與物價持續上漲相關聯

物價上漲必須體現為一段時間以內的連續性上漲過程，至於季節性、臨時性或偶然性的物價上漲，都不能算是通貨膨脹。因此，一般通貨膨脹是以年度為時間單位來考察的，用年度通貨膨脹率來表示。

由以上幾點可以看出，通貨膨脹是一種貨幣現象，是與貨幣供應過多相聯繫的。

二、通貨膨脹的類型

根據不同的標準，可以將通貨膨脹劃分為若干類型。

(一) 按通貨膨脹產生的原因來劃分

按通貨膨脹產生的原因來劃分，通貨膨脹可以分為需求拉上型通貨膨脹、成本推進型通貨膨脹、混合型通貨膨脹、結構型通貨膨脹、財政赤字型通貨膨脹、信用擴張型通貨膨脹和國際傳播型通貨膨脹等。

這種按照產生原因對通貨膨脹的分類是最常見的通貨膨脹的劃分，由此也產生了相關類型的通貨膨脹理論，即需求拉動說、成本推進說和結構說等，在通貨膨脹形成的原因中我們還將進行具體詳細的介紹與分析。

(二) 按市場機制的作用來劃分

按市場機制的作用來劃分，通貨膨脹可以分為公開型通貨膨脹和隱蔽型通貨膨脹。

公開型通貨膨脹又稱為開放型通貨膨脹，是指市場機制充分運行和政府對物價上升不加控制的情況下所表現出來的通貨膨脹，或者政府雖然施以控制，但是因通貨膨脹的壓力太大而未能生效，價格上漲非常明顯。

隱蔽型通貨膨脹又稱抑制型通貨膨脹，是指國家實行物價管制，主要消費品價格基本保持人為平衡，但卻表現為市場商品短缺嚴重、供應緊張、憑證限量供應商品、變相漲價、黑市活躍、商品「走后門」等隱蔽性的一般物價水平普遍上漲的經濟現象。這種通貨膨脹沒有以物價上升的形式表現出來，因此也稱為潛在型通貨膨脹。

(三) 按通貨膨脹的程度和物價水平上漲的速度來劃分

按通貨膨脹的程度和物價水平上漲的速度來劃分，通貨膨脹可分為潛在的通貨膨脹、溫和的通貨膨脹與惡性的通貨膨脹。

潛在的通貨膨脹，一般指物價水平按照不太大的幅度持續上漲的通貨膨脹。這種通貨膨脹發展緩慢，短期內不易察覺，但是持續時間很長。對於物價上漲率達到多少或到什麼界限才能稱為潛在的通貨膨脹，經濟學界並無統一的標準。通常認為年通貨膨脹率在1%左右時，一般是統計誤差，不能視為通貨膨脹。在沒有通貨膨脹預期的前提下，年通貨膨脹率應該在2%~4%，且低於經濟增長率。

溫和的通貨膨脹一般是指在沒有通貨膨脹預期的前提下，年通貨膨脹率在 10% 以下，且低於經濟增長率的通貨膨脹。

惡性的通貨膨脹是指物價水平按照相當大的幅度持續上漲，一般年通貨膨脹率在 10% 以上，達到兩位數的水平，且高於經濟增長率的通貨膨脹。當惡性的通貨膨脹發生以後，由於物價上漲率較高，人們對通貨膨脹有明顯感覺，公眾預期物價水平還將進一步上漲，不願保存貨幣，紛紛搶購商品用於保值，貨幣流通速度加快，貨幣購買力下降，這會使通貨膨脹更為加劇。如果不採取有力的反通貨膨脹措施，將有可能發展為通貨膨脹失控。

(四) 按通貨膨脹能否預期來劃分

按通貨膨脹能否預期來劃分，通貨膨脹可分為預期型通貨膨脹和非預期型通貨膨脹。

按通貨膨脹能否預期分為預期型通貨膨脹和非預期型通貨膨脹是當代通貨膨脹理論與傳統通貨膨脹理論的分水嶺。

預期型通貨膨脹是指在經濟生活中，人們預計將要發生通貨膨脹，為避免經濟損失，在各種交易、合同、投資中將未來的通貨膨脹率預先計算進去。對通貨膨脹的預期是因物價上漲而產生的。無論預期準確與否，這種心理恐慌都會進一步導致市場恐慌，對物價發展起到推波助瀾的作用，並引起新一輪的物價上漲，加劇通貨膨脹的壓力。這種通貨膨脹不是顯示經濟運行的結果，而是心理作用的產物。

非預期型通貨膨脹是指在沒有心理預期作用的情況下現實經濟運行中所產生的通貨膨脹。只有這種類型的通貨膨脹才會影響到就業、產量等，對經濟具有真實的負效應。

三、通貨膨脹的度量

通貨膨脹一般都體現為物價水平的持續上升，因此世界上多數國家的測度方法都是圍繞價格變動來設計的，即將物價上漲指數看成通貨膨脹率。測量物價上漲指數的指標主要有以下幾種：

(一) 消費物價指數

消費物價指數又稱零售物價指數，是一種用來測度各個時期內城市家庭和個人消費的商品和勞務的價格平均變化程度的指標。目前，許多國家用消費物價指數來代表通貨膨脹率，其優點在於：消費品在價格變動時能及時反應消費品供給與需求的對比關係，直接與公眾的日常生活相聯繫，在檢驗通貨膨脹效應方面有其他指標難以比擬的優越性。其缺點在於：消費品畢竟只是社會最終產品的一部分，不能說明問題的全部。

(二) 批發物價指數

批發物價指數是反應不同時期批發市場上多種商品價格平均變動程度的經濟指標，但是勞務價格不包括在內。用批發物價指數來代表通貨膨脹率，其優點在於：能在最

終產品價格變動之前獲得非零售消費品的價格變動信號,因而可以預先判斷其對最后進入流通的零售商品價格變動可能帶來的影響。其缺點在於:由於即使存在過度需求的情況下,其波動幅度也常小於零售物價的波動幅度,這就有可能導致信號失真,使用批發物價指數判斷總供給和總需求對比關係時就會產生不準確性。

(三) 國民生產總值平減指數

國民生產總值平減指數也稱國民生產總值縮減指數、國民總產值價格指數、國民生產總值調整數,簡稱折算數,是指按現行價格計算的國民生產總值與按不變價格計算的國民生產總值的比率。

用國民生產總值平減指數來度量通貨膨脹,其優點在於:其包括的範圍廣,除消費品和勞務外,還包括資本以及進口商品等,能夠全面反應社會總體物價水平的趨勢。也正因為如此,近年來,許多西方經濟學家都把國民生產總值平減指數視為衡量通貨膨脹的最佳尺度。但是編製這一指數需要收集大量的資料,且一般只能一年公布一次,所以不能循序反應物價變化的幅度及其動向;國民生產總值平減指數還受產品價格結構的影響而不能準確地反應消費品價格的變化情況,因此不能及時反應通貨膨脹的程度和動向,有其局限性。例如,雖然消費品價格的上漲幅度已經很高,但是其他產品價格的變動幅度卻不大,這時就會出現國民生產總值平減指數雖然不高,但是國民的消費品支出已經明顯增高的狀況。

以上三種指標各有利弊,大多數國家在測量通貨膨脹的程度時,往往同時採用多種指標綜合分析。隨著金融的不斷發展,金融資產在各類資產中所占的比重越來越大,應該將金融資產價格的變動反應在通貨膨脹的變化情況之中。因此,適時地調整衡量通貨膨脹程度的尺度是非常必要的。

第二節　通貨膨脹的成因及其對經濟的影響

一、通貨膨脹的成因

由於通貨膨脹的成因和機理比較複雜,各國經濟學家從不同的角度出發進行分析,提出了各種理論,其中主要的有需求拉上說、成本推進說、部門結構說、預期說和其他學說等不同的解釋。

(一) 需求拉上說

所謂的需求拉上說,通常是指經濟運行中總需求過度增加,超過了既定價格水平下商品和財務等方面的供給,從而引起貨幣貶值、物價總水平上漲。

對於需求的變動如何引起物價的上漲,西方經濟學界有不同的觀點。早期的西方經濟學家主要從需求方面分析通貨膨脹的成因,認為當經濟中需求誇張地超出總供給增長時所出現的過度需求是拉動價格總水平上升、產生通貨膨脹的主要原因。也就是「太多的貨幣追逐太少的商品」,使得對商品和勞務的需求超出了在現行價格條件下可

得到的供給，從而導致一般物價水平的上漲。凱恩斯學派的經濟學家認為，社會總需求是由消費需求、投資需求和政府開支三項構成。當總需求與總供給的對比處於供不應求狀態時，過多的需求將拉動價格水平的上漲，特別是當經濟已經達到充分就業狀態時，貨幣供應量增加，引起社會總需求增加，但是由於各種生產資料均無剩餘，商品供給卻不再增加。這樣，過多的需求將拉動價格水平隨著貨幣供應量的增加而上漲，從而形成通貨膨脹。

(二) 成本推進說

成本推進說主要從總供給或成本方面分析通貨膨脹的生成機理。該理論認為，通貨膨脹的根源並非總需求過度，而是總供給方面的生產成本上升。在通常情況下，商品的價格是以生產成本為基礎，加上一定利潤而構成的，因此生產成本的上升必然導致物價水平的上升。由成本推進引起的通貨膨脹又可分為工資推動型通貨膨脹和利潤推動型通貨膨脹。

工資推動型通貨膨脹是由於工資提高使生產成本增加而導致物價上漲；利潤推動型通貨膨脹是由於生產投入材料或要素的價格因市場壟斷力量的存在而提高，從而導致物價上漲。現實生活中，需求拉動的作用與成本推進的作用常常是混在一起的，而需求拉動說是撇開供給來分析通貨膨脹的成因，成本推進說則以總需求給定為前提條件來解釋通貨膨脹，兩者都具有一定的片面性和局限性。

(三) 部門結構說

部門結構說認為在供給與需求總量平衡的前提下，由於某些關鍵產品的供求失衡，也會引發通貨膨脹。

一些經濟學家從經濟部門的結構方面分析通貨膨脹的成因，發現即使整個經濟在總需求和總供給處於平衡狀態時，由於經濟結構、部門結構的因素發生變化，也可能引起物價水平的上漲。這種通貨膨脹被稱為結構型通貨膨脹。其基本觀點是由於不同國家的經濟部門結構的某些特點，當一些產業和部門在需求方面或成本方面發生變動時，往往會通過部門之間的互相看齊的過程而影響到其他部門，從而導致一般物價水平的上升。

在中國前些年中，一方面由於消費結構的升級快於產業和產品結構的升級，致使供求失衡；另一方面國家為調整不合理的經濟結構通過增加信貸投放、減免稅收等措施加以引導，也造成了貨幣供應量過多，總需求過大，從而形成了結構型通貨膨脹。

(四) 預期說

理性預期學派是在20世紀60年代末出現於美國的一個反凱恩斯主義的經濟學派。在對失業和通貨膨脹問題的看法上，該學派繼承薩伊定律，吸收貨幣主義的自然失業率理論，強調通貨膨脹預期的作用，否定飛利浦斯曲線的有效性，從而否定了凱恩斯主義理論和經濟政策的有效性。在當代通貨膨脹理論中，合理預期學說具有重要地位，有些經濟學家認為，20世紀70年代后的通貨膨脹理論與傳統通貨膨脹理論的最大區別在於引進了通貨膨脹預期的作用。通貨膨脹預期說主要是通過對通貨膨脹預期心理作

用的分析來解釋通貨膨脹的發生。該理論認為在完全競爭的市場條件下，如果人們普遍預期一年后的價格將高於現在的價格，就會在出售和購買商品時將預期價格上漲的因素考慮進去，從而引起現行價格水平提高，甚至達到預期價格以上。預期心理引起或加速通貨膨脹的作用，主要表現為加快貨幣流通速度、提高名義利率、提高對工資的要求等方面。

（五）其他學說

1. 財政赤字說

該學說的側重點在於當財政出現巨額赤字，政府採取徵收節支、直接增發紙幣或發行公債等措施彌補時，引起貨幣供應量的增長超過實際經濟增長的需要，從而所導致的通貨膨脹。

2. 信用擴張說

這種類型的通貨膨脹說是指對經濟形勢做出錯誤的判斷、中央銀行宏觀控制不力、政府實行擴張性的貨幣政策盲目擴大信用，使虛假存款增加、貨幣流通速度加快、新的融資工具不斷湧現進而使信用過度擴張，引起物價上漲。

3. 國際傳播說

這種類型的通貨膨脹說是指進口商品的物價上漲、費用增加而使物價上漲所引起的通貨膨脹。

4. 體制說

這種觀點實質上是從深層次挖掘需求拉上的原因，認為由於轉軌時期國家與企業之間產權關係不明晰、權責關係不明確，從而使有效供給的增加和有效需求的增加總是不成比例，而需求的過度累積必然推動物價上漲。

5. 混合類型說

該學說認為一國通貨膨脹的機理十分複雜，體制因素、政策性因素和一般性因素等交互發生作用，引發通貨膨脹，因此稱之為混合類型通貨膨脹。對通貨膨脹成因的分析一般都需要結合一國的國情，尤其是體制改革等因素對宏觀經濟的影響，不能單純從一個角度加以考察，從而綜合諸多因素。因此，該學說相對較為客觀、全面地分析了通貨膨脹，應著重考察總供給水平、成本推進率、結構調整滯后導致的瓶頸產業制約、利益驅動導致的微觀主體不合理提價行為、居民對未來的預期等不確定因素以及國際市場物價、利率、匯率和國際市場需求變化對本國經濟的影響等諸多因素。當然，在分析的過程中有些因素是可以量化的，而有些則不可以量化，因此對通貨膨脹形成機理的分析還有待於我們進一步探討和研究。

二、通貨膨脹對經濟運行的影響

（一）對生產的影響

首先，通貨膨脹破壞社會再生產的正常進行，導致生長過程紊亂。因為在通貨膨脹時期，商品和勞務價格普遍上漲，但是其上漲的幅度是不同的，這將打破原有的商品和勞務供需間的平衡關係，引起生產資料和消費資料的不正常分配。其次，通貨膨

脹使生產性投資減少，不利於生產的長期穩定發展。因為商品價格的上漲會使企業的生產成本迅速上升，資金利潤率下降。同樣，在資本投資於生產領域比投資於流通領域特別是投資於金融市場獲利要少得多。因此，在通貨膨脹條件下不但不能吸收投資到生產領域，反而會使原來已經在生產領域的資金抽走而流向流通領域和金融市場，其結果是生產投資規模減少，生產萎縮。

(二) 對國民收入再分配的影響

貨幣供應增加，一般會使整個社會的名義收入增加，但是由於物價上漲、貨幣貶值，增加的這部分名義收入又不會均衡地分配到社會的各個階層，而是產生國民收入再分配。一般有以下幾種情況：

1. 實際財富持有者得利，貨幣財富持有者受損

實際財富如貴金屬、珠寶、不動產在通貨膨脹時期價格上漲，而貨幣財富如現金、銀行存款等因物價上漲而下跌，從而使實際財富持有者獲利，貨幣財富持有者受損。

2. 對債務人有好處，而債權人會發生損失

債務人在債務到期時按債務的名義價值進行償還，當通貨膨脹發生時，同量貨幣的實際購買力已經下降，因此債權人的利益受到了損害。當然，若預計未來通貨膨脹率將上升，為防止這種損失，債權人通常會採用浮動利率貸款或在借款合同中附加通貨膨脹條款，那麼這種收入再分配效應也就不存在了。

3. 浮動收入者得利，固定收入者受害

在通貨膨脹過程中，依靠固定工資收入生活的成員受害，而從事商業活動的單位和個人，特別是在流通領域哄抬物價、變相漲價的單位和個人會因通貨膨脹而獲得超額收入。

4. 國家得利，居民受害

國家一方面通過通貨膨脹稅佔有了一部分實際資源，另一方面通過發行國債可以成為更大的債務人，在累進稅率制度下，又可以成為浮動收入者。

(三) 對儲蓄的影響

通貨膨脹的直接原因就是貨幣發行過多，伴有政府赤字增加，並採用向中央銀行借款的方式彌補，在經濟已達到充分就業的情況下，就會強制增加全社會的儲蓄總量。因為多發行的那部分貨幣直接表現為政府的收入，可以用於增加投資。這部分收入就是「通貨膨脹稅」，即政府通過增發貨幣引起通貨膨脹而獲得的超額收入，其實質是政府對所有人的一種隱蔽性強制徵稅。因為當政府用這部分增發貨幣購買商品后，市場上的商品會相應減少，等居民拿到貨幣再去購買商品時，由於流通中貨幣量的增加而導致價格上升，從而居民手持的貨幣已經貶值，其所受的損失由國家佔有。

通貨膨脹的這種「強制儲蓄」效應能否增加投資以及增加幅度的大小應具體分析。若政府的儲蓄傾向高於社會各階層的儲蓄傾向，則整個社會的平均儲蓄水平提高，從而有更多的投資資金來源。就國家投資而言，一般情況下，發展中國家的過度投資在社會總投資中比重較大，因而「強制儲蓄」效應對國家投資的影響也就比較大。對於發達國家，政府投資所占比重較小，所以該效應對國家投資的影響也就相對較小。就

私人投資而言，一方面，通貨膨脹使企業利潤增加，資本家的邊際消費傾向低於工人的邊際消費傾向，從而會將新增的利潤更多地用於投資；另一方面，在利率上升幅度小於通貨膨脹上升幅度的情況下，籌資成本的降低也會使私人投資相應增加。

（四）對商品流通的影響

通貨膨脹會造成人民對未來貨幣貶值的預期，加劇商品供求的矛盾，從而助長企業大量囤積商品，人為加劇市場供求矛盾。由於賣方市場的存在，企業會不再致力於提高產品質量，降低生產成本，從而使產品粗製濫造，商品和勞務的質量降低。同時，由於幣值的波動頻繁，貨幣的名義價值與真實價值脫離，不能正常發揮其價值尺度。

（五）對國際收支平衡的影響

在通貨膨脹時期，若匯率不變，國內一般物價水平的上升會引起出口貨物價格相對較高，進口貨物價格相對便宜，從而導致貿易逆差，出現國際收支失衡。若通貨膨脹引起本國貨幣對外貶值，則必然導致進口價格上漲，在發展中國家進口需求彈性較小的情況下，可能引起國際收支惡化。

（六）對社會穩定的影響

惡性通貨膨脹還會損害社會公眾對政府的信任，使政局不穩。工薪階層會為爭取提高工資以及反對通貨膨脹而進行罷工。惡性通貨膨脹加深社會矛盾，影響社會穩定。

第三節　通貨膨脹的治理

通貨膨脹對經濟發展有諸多不利影響，對社會再生產的順利進行有破壞性作用。因此，一旦發生了通貨膨脹，必須下定決心及時治理。由於通貨膨脹產生的原因比較複雜，因此通貨膨脹必須對症下藥，從其直接原因與深層原因、社會總供給與社會總需求等多方面進行綜合治理。

一、控製貨幣供應量

通貨膨脹形成的直接原因是貨幣供應過多，因此治理通貨膨脹的一個最基本的對策就是控製貨幣供應量，使之與貨幣需求量相適應，穩定幣值以穩定物價。

大多數西方學者都主張通過控製貨幣供應量來制止通貨膨脹，並提出了多種治理方案。例如，貨幣學派的代表弗里德曼認為，由於過多的增加貨幣量是通貨膨脹的唯一原因，因此治理通貨膨脹的唯一方法就是減少貨幣增長率。他們力主政府採用「單一規則」來控製貨幣供應量，即公開宣布並長期實施一個固定不變的貨幣供應增長率，通過穩定貨幣來防治通貨膨脹。德國弗賴堡學派認為，治理通貨膨脹的首要措施就是減少貨幣數量，只要保證幣值的穩定，已經上漲的物價自然就會降下來。他們力主採用以穩定幣值為核心的貨幣政策，通過控製貨幣供應增長率保持適量的貨幣供應，從而有效地消除通貨膨脹。自由主義經濟學家哈耶克提出改革國家貨幣制度的主張，認

為應廢除政府對貨幣發行的壟斷，實行私人銀行發行貨幣的制度，才能從根本上杜絕貨幣發行過多的問題。合理預期學派則提出實行固定貨幣增長率的政策，以消除不合理的通貨膨脹預期。供給學派還提出過恢復金本位制來控製貨幣供應量的主張。

中國經濟理論界學者認為，治理通貨膨脹的基本舉措首先是控製貨幣供應量，長期實行穩定貨幣的政策。因為穩定貨幣是穩定物價的前提條件，也是保證社會再生產順利進行和經濟協調發展的必要條件。特別是社會主義市場經濟體制確立之後，只有穩定貨幣才能穩定價格、穩定市場，保持正常的貨幣流通秩序，從根本上消除通貨膨脹。要穩定貨幣，首先是控製貨幣供應量，為此必須實行適度從緊的貨幣政策，控製貨幣投放，保持適度的信貸規模，由中央銀行運用各種貨幣政策工具靈活有效地調控貨幣信息總量，將貨幣供應量控製在與客觀需求量相適應的水平上。

二、運用宏觀經濟政策調節和控製社會總需求

通貨膨脹的形成除了貨幣供應過多這一直接原因以外，還存在許多錯綜複雜的深層原因。因此，治理通貨膨脹僅僅控製貨幣供應量是不夠的，還必須根據各次通貨膨脹的深層原因對症下藥。要運用宏觀經濟政策，包括貨幣政策、財政政策、收入政策、稅收政策等，多管齊下，共同治理通貨膨脹。

針對需求拉上通貨膨脹來說，一般應當採取緊縮的財政政策和貨幣政策。所謂緊縮的財政政策，主要是指政府通過削減開支，壓縮公共工程，增加稅收等，減少政府和個人的開支，從而控製總需求的膨脹。所謂緊縮的貨幣政策，主要是指中央銀行通過一系列調節貨幣供應量的措施從貨幣角度控製總需求。例如，提高法定存款準備金率、壓縮商業銀行貸款、減少貨幣供給量；又如，提高再貼現率，以促使商業銀行提高貼現率影響市場利率，抑制企業貸款需求。這樣，一方面，貸款成本的增加控製了貸款規模乃至總需求；另一方面，存款利率的上升會鼓勵居民增加儲蓄，從而控製消費需求的增長，減輕通貨膨脹的壓力。再如，在公開市場上出售有價證券，中央銀行通過公開市場業務操作，減少商業銀行的超額準備金或公眾手中的現金和在商業銀行的存款，控製貨幣供應量。同時，中央銀行還可以通過窗口指導等補充性手段調節信貸和貨幣供應量。嚴厲的緊縮措施可以在短期內使通貨膨脹率迅速下降，但是要注意可能帶來的經濟衰退的危險，因此在實施緊縮政策時，必須準確把握力度。

採用財政政策或貨幣政策相配合，綜合治理通貨膨脹，很重要的途徑是通過控製固定資產規模和控製消費基金過快增長，實現控製社會總需求的目的。控製固定資產規模就是要使固定資產投資真正與國力相適應。固定資產投資規模直接形成對投資品質的有效需求，又間接引起消費基金增長，形成對消費品的有效需求。例如，中國幾次出現的通貨膨脹都與固定資產投資規模過大有密切關係，超過國力擴大固定資產投資規模，勢必引發通貨膨脹。在中國，固定資產投資規模過大經常出現，究其原因，一是指導思想上經常出現急於求成、追求過高速度的現象；二是中國傳統的投資體制缺乏應有的約束力。在傳統投資體制下，投資決策與經濟責任脫節，企業不是投資主體，又不自負盈虧，再加上傾向於部門和地方利益，所以爭項目、爭投資的現象非常普遍。另外，由於缺乏投資決策的科學性，投資效益很低，項目決算一般超過預算的

30%~40%，計劃外追加投資比例很大，造成固定資產投資規模不斷膨脹。因此，要從根本上治理通貨膨脹，還必須深化企業改革和投資體制改革。控制消費基金過快增長是控制社會總需求、治理通貨膨脹的另一個重要方面。控制消費基金增長就是要保證收入的增加與勞動生產率的提高相適應，並與消費資料的有效供給保持平衡。控制消費基金的增長，必須控制企業分配，必須建立有約束的企業利潤分配機制，杜絕實務補貼，規範收入形式。一些具有經常性固定收入的津貼、獎金、補貼等應進入工資這一基本收入範疇，避免濫發獎金，使其真正發揮勞動獎勵的作用。還要控制財政補貼的發放，控制銀行信貸發放工資，避免信貸向個人收入的直接轉移。另外，還要大力發展證券市場，開闢個人收入向投資轉移的渠道，並推進住房、社會保障等方面的改革，使「集中衝擊型」消費向多種消費方式轉移，減少政府投資的壓力，保證消費基金和累積基金的增長與國民收入的增長有一個合理的比例。

針對成本推進的通貨膨脹，一般要採用收入政策進行調節。收入政策又稱為工資物價管制政策，即由政府擬定物價和工資標準，由勞資雙方共同遵守。其目的一方面是降低通貨膨脹率，另一方面不至於造成大規模失業。具體可以採取以下措施：一是指導性為主體的限制。確定工資—物價指導線，以限制工資—物價的上升。這種指導線是由政府當局在一定年份內允許總貨幣收入增加的一個目標數值線。二是強制性限制。政府強制推行控制社會職工貨幣工資增長的總額或額度。有時政府甚至可以凍結工資和物價。一般情況下，政府並不採取此措施，只有當通貨膨脹非常嚴重時才採取。但是由於嚴重的通貨膨脹會使人們的實際生活水平持續下降，所以凍結工資在此時實施的難度會更大，必須十分謹慎。三是以稅收為基礎的限制。政府以稅收作為獎勵和懲罰手段來限制工資—物價的上漲。例如，企業的工資增長率超過政府規定的幅度，則政府可對其徵收特別稅款以示懲罰。若企業的工資增長率保持在政府規定的幅度內，則政府就減少其企業和個人所得稅以示獎勵。這樣，就可以使企業有依據，從而控制成本上升，減緩通貨膨脹的壓力。

三、調整經濟結構，增加商品的有效供給

採取結構調整政策，使各生產部門之間保持適當的比例關係，以緩解由某些產品的供求結構性失衡所造成的通貨膨脹。首先是政府要制定合理的產業政策予以指導，同時採取必要的財稅和信貸政策以保證產業政策的實施。例如，稅收結構政策和公共支出結構政策，在保持稅收總量一定的前提下，通過調節稅率諸如對關鍵性產業施行免稅措施以刺激這一行業的發展，或者保持財政支出總量一定的前提下，調整公共支出的項目數額，以求擴大就業，增加有效供給，降低通貨膨脹率。同時，通過各種利息率結構和信貸結構的調整，使資金流向國民經濟發展急需的產業和部門，提高資金使用效率，緩解供求的結構性不平衡。

四、其他政策

除了控制需求、增加供給、調整結構之外，還有一些諸如減稅、指數化等其他治理通貨膨脹率的政策。

減稅政策主要是通過降低邊際稅率以刺激投資、刺激產出，通過總供給的增加來消除通貨膨脹。但是用這種對策來治理通貨膨脹是有限度的，因為稅率不能無限制的降低，否則國家財政收入會受很大影響，引起新的問題。財政支出不變，減稅後會因財政收入減少而加大赤字，對通貨膨脹反而有加劇作用。

指數化政策又稱收入指數化方案，這是貨幣學派代表人物弗里德曼提出的。指數化政策是指將工資、儲蓄和債券利息、租金、養老金、保險金和各種社會福利津貼等名義收入與消費物價指數緊密聯繫起來，名義收入隨物價指數的變化而變化。也就是說，對各種不同的收入實行指數化，使其按照物價指數的變動而得到調整。弗里德曼認為，指數聯動政策能抵消物價波動對收入的影響，消除通貨膨脹所帶來的收入不平等現象，剝奪各級政府從通貨膨脹中撈取的非法利益，從而杜絕人為製造通貨膨脹的動機。

指數化政策對面臨世界性通貨膨脹的開放經濟小國來說尤其具有積極意義，是這類國家對付輸入型通貨膨脹的有效手段，如比利時、芬蘭和巴西等國曾廣為採用，美國也曾在 20 世紀 60 年代初期實施過這種措施。全面實行指數聯動政策在技術上有很大難度，會增加一些金融機構經營上的困難，而且有可能造成工資—物價呈螺旋式上升，反而加劇成本推進型的通貨膨脹，因此該政策通常僅被當成一種適應性的反通貨膨脹措施，不能從根本上對通貨膨脹有其抑製作用。

總之，通貨膨脹是一個十分複雜的經濟現象，其產生的原因是多方面的，因此治理通貨膨脹是一項系統工程，治理措施互相配合才能收到理想的效果。

第四節　通貨緊縮概述

一、通貨緊縮的概念

通貨緊縮是與通貨膨脹相對立的一個經濟範疇，與通貨膨脹的概念一樣，人們對通貨緊縮的看法也各不相同。

(一) 西方經濟學家的一些觀點

在一些西方經濟教科書中，一般將通貨緊縮定義為一段時期「價格總水平的下降」或「價格總水平的持續下降」。例如，保羅‧A. 薩繆爾森與威廉‧D. 諾德豪斯所著的《經濟學》中對通貨緊縮的定義是用通貨緊縮來表示價格和成本正在普遍下降。原美聯儲主席格林斯潘對通貨緊縮的解釋是正如通貨膨脹是由一種貨幣的變化——人們不願持有貨幣，而寧願持有實物——而產生的一樣，通常緊縮的發生則是由於人們更願意把持有的實物換成貨幣。巴塞爾國際清算銀行對於通貨緊縮提出的標準是一國消費品的價格連續兩年下降可被視為通貨緊縮。

(二) 中國經濟學家的一些觀點

中國自 1996 年實現經濟「軟著陸」以來，經濟逐漸顯示出通貨緊縮狀態，因而國

內學者對通貨緊縮的研究也開始逐漸深入，形成的觀點主要有如下幾種：

劉國光、劉樹成認為，通貨緊縮是與通貨膨脹相對應的經濟過程，如果說通貨膨脹是普遍的、持續的物價上漲，而非局部的、短暫時期的物價上漲，則通貨緊縮就不應是短暫的、局部的物價下降，而應是普遍的、持續的物價下降（持續時間在半年以上）。此外，通貨緊縮是一種貨幣現象，在實體經濟中的根源是總需求對總供給的偏高，或現實經濟增長對潛在經濟增長的偏高。

苟文均認為，通貨緊縮從根本上說是一種貨幣現象，其根本含義是由於貨幣供應量相對於經濟增長和勞動生產率增長等要素的持續減少而引起的有效需求嚴重不足，物價持續下跌和經濟衰退。

董輔礽認為，對通貨緊縮的判斷不是以物價水平為標準，而是基於以下三點：現場能力有效利用率是否過低；失業人數是否大量增加；社會產品是否長時間出現供大於求的局面。並且持續的通貨緊縮會使國民經濟出現萎縮，危害不比通貨膨脹小。

陳東琪認為，通貨緊縮就是總物價水平持續下降，並具有兩個特性：一是價格總水平持續下降，表現為居民消費價格指數（CPI）和全國零售物價上漲率連續負增長；二是物價水平持續下降的時間在6個月以上。此外，通貨緊縮除了表現為價格水平的持續下降外，還表現為銀行緊縮、貨幣供給量增長速度持續下降、信貸增長乏力、消費和投資需求不足程度持續提高、企業普遍開工不足、非自願失業增加、收入增長速度持續放緩。綜合來看，通貨緊縮表現為市場普遍低迷。

中外學者對通貨緊縮的觀點雖然不盡相同，但是也有共性，即認為通貨緊縮是由於貨幣供應量相對於經濟增長和勞動生產率增長等要素減少而引致的有效需求不足、一般物價水平持續下降、貨幣供應量持續下降和經濟衰退的現象。

正確理解通貨緊縮的含義，必須把握其以下特徵：

第一，通貨緊縮本質上是一種貨幣現象，即貨幣供應量增幅落後於經濟增長幅度，其在實體經濟中的根源是總需求對總供給的偏高，或現實經濟增長率對潛在經濟增長率的偏高。

第二，通貨緊縮表現為商品和勞動價格的持續下降。物價水平嚴格來說是指包括資產價格（如股票、債券和房地產）及商品、勞務在內的廣義的一般物價水平。持續、普遍下跌是指物價水平持續下降超過了一定時期（半年或一年）和幅度，才可斷定發生了通貨緊縮，而不是物價偶然的、短暫的下降。

第三，通貨緊縮會造成經濟增長乏力，通常與經濟衰退相伴隨。通貨緊縮不僅僅是一種貨幣現象，更是一種經濟現象，具體表現為投資機會相對減少和投資邊際收益下降，從而使銀行信用緊縮、貨幣供應量增長速度持續下降、信貸增長乏力、消費和投資需求減少、企業普遍開工不足、非自願失業人數增加、收入增長速度持續放緩、市場普遍低迷、整體經濟出現衰退。

第四，通貨緊縮使貨幣流通速度趨緩。貨幣流通速度從短期看是一個較穩定的量，但是從長期來看，貨幣流通速度的變化又比較明顯，當經濟中出現通貨緊縮使貨幣流通速度趨緩，導致貨幣供應量的增加部分被一定程度抵消，從而加劇通貨緊縮。

需要說明的是，通貨緊縮的上述四個特徵是同一個問題不同的側面。商品、勞務

價格的持續下跌是判斷通貨緊縮存在與否的一個基本條件；貨幣供應量相對下降與貨幣流通速度趨緩是通貨緊縮產生的重要原因；經濟增長乏力則是通貨緊縮的直接后果。

二、通貨緊縮的類型

(一) 按通貨緊縮持續時間的長短來劃分

按通貨緊縮持續時間的長短來劃分，通貨緊縮可分為短期通貨緊縮、中期通貨緊縮與長期通貨緊縮。

一般而言，5年以下的通貨緊縮為短期通貨緊縮，5~10年的通貨緊縮為中期通貨緊縮，10年以上的通貨緊縮為長期通貨緊縮。歷史上，一些國家曾經發生歷時數十年的通貨緊縮（其中也不排除個別年份價格水平的上升）。例如，英、美兩國在1813—1849年間發生了長達36年的通貨緊縮，美國又在1866—1896年發生了長達30年的通貨緊縮，英國則在1873—1896年發生長達23年的通貨緊縮等。

(二) 按通貨緊縮的緊縮程度不同來劃分

按通貨緊縮的緊縮程度不同來劃分，通貨緊縮可分為相對通貨緊縮和絕對通貨緊縮。

相對通貨緊縮是指物價上漲率在零以上，同時處於適合一國經濟發展和充分就業的物價區間以下。例如，若把物價水平年增長3%~9%看成是適合於經濟發展的，那麼0%~3%的物價年上漲率所對應的通貨狀態就是通貨緊縮的狀態。在這種狀態下，物價水平雖然還有一些正增長，但是它已經低於適合一國經濟發展和充分就業的物價水平，因而已經使一國經濟失去正常發展所必須的動態平衡，通貨處於不足的狀態。

絕對通貨緊縮是指物價上漲率在零以下，即物價負增長。這種狀態說明一國通貨處於絕對不足的狀態，這種狀態下，極易造成一國經濟的蕭條乃至衰退。絕對通貨緊縮又分為兩個方面：一方面，衰退式通貨緊縮是指物價較長時間的負增長，但是負增長的幅度不大，已經或足以給一國經濟造成一定的影響，使之處於衰退狀態的絕對通貨物價緊縮狀態；另一方面，蕭條式通貨緊縮是指物價出現較長時間和較大幅度的負增長，已經和足以給一國經濟造成一定的影響，使之步入蕭條的絕對通貨緊縮狀態。

(三) 按通貨緊縮與貨幣政策的關係來劃分

按通貨緊縮與貨幣政策的關係來劃分，通貨緊縮可以分為貨幣緊縮政策下的通貨緊縮、貨幣擴張政策下的通貨緊縮和中性貨幣政策下的通貨緊縮三種類型。

通貨緊縮和貨幣緊縮是兩個不同概念，不能混為一談。通貨緊縮是指普遍的、持續的價格下降，如果貨幣當局採取的緊縮政策是為了治理通貨膨脹，就不一定會出現通貨緊縮現象。同時，緊縮政策雖然有可能導致通貨緊縮，但是絕非所有的通貨緊縮都來自於緊縮政策，造成通貨緊縮的原因可能是多方面的。

(四) 按通貨緊縮的成因來劃分

按通貨緊縮的成因來劃分，通貨緊縮可以分為政策緊縮型、經濟週期型、成本壓低型、需求拉下型、外部衝擊型、體質轉軌型和結構型的通貨緊縮。

三、通貨緊縮的度量

通貨緊縮是通貨膨脹的對立面，測量通貨膨脹所採用的指標也可用於測量通貨緊縮，即消費價格指數、批發物價指數和國民生產總值平均指數。由於消費價格指數具有資料容易收集、對於一般物價水平反應敏感等優點，因此在測量通貨緊縮時被廣泛使用，一般是將基期的消費指數定為 100，在此基礎上計算報告期的消費價格指數。如報告期的消費價格指數持續（至少 6 個月）低於 100 時，即為通貨緊縮。通貨緊縮測量的指標除了各種物價指標外，還可以同時使用貨幣供應量持續下降、經濟增長持續下降兩項輔助指標來測量。

（一）貨幣供應量持續下降

在一定時期內，物價總水平的持續下跌可能與貨幣供應量（M2）適度增長並存，這就需要進一步深入分析。首先，要把貨幣供應量的增長率與經濟增長率對比，看兩者的增長幅度是否相適應。如果貨幣供應量增長長期滯后於經濟增長率，也是通貨緊縮的標誌。其次，要觀察貨幣供應量層次結構，分析貨幣的流動性是否下降。如果貨幣的流動性持續下降，這屬於一種結構性的通貨緊縮。最后，要研究貨幣流通速度的變化，分析貨幣流量的變化情況。如果現金和存款貨幣的流通速度持續下降，進而引起貨幣流量逐年萎縮，同樣也是一種通貨緊縮的表現形式。

（二）經濟增長率持續下降

通貨緊縮使商品和勞務價格變得越來越便宜，但是這種價格下降並非源於生產效率的提高和生產成本的降低，因此勢必減少企業和經營單位的收入，企業和經營單位就被迫壓縮生產規模，又會導致職工下崗失業。而社會成員的收入下降必然影響社會消費，消費減少又將加劇通貨緊縮。而且通貨緊縮使人們對經濟前景看跌，這反過來又影響投資，投資消費縮減終將使社會經濟陷入困境。

第五節　通貨緊縮的成因及其對經濟的影響

一、通貨緊縮的成因

與通貨膨脹類似，通貨緊縮的形成原因比較複雜，往往是多方面因素綜合的結果，導致通貨緊縮發生的原因一般有如下幾個方面：

（一）費雪的債務擠壓蕭條理論

美國經濟學家歐文·費雪在 1933 年資本主義世界經濟大蕭條時期提出了「債務擠壓蕭條理論」。費雪認為，美國 20 世紀 30 年代的經濟大蕭條也就是通貨緊縮現象，是由於過多的債務負擔造成的。一方面，由於過度負債，大量資金被用於支付利息，企業面對清算債務壓力增大的情況，被迫銷售，以獲取償債資金，這樣就導致了物價水平的下降，而物價下降又導致實際利率的上升，由於償債速度趕不上物價下降的速度，

負債者的償債能力越來越差；另一方面，由於要償付銀行貸款，所以存款貨幣會緊縮，導致貨幣流通速度下降，這又會使物價進一步下跌。在此情況下，如果不採取相應措施，企業的淨值會伴隨物價的下跌而下降，破產的可能性相應增加。以上這一切會導致產出、貿易量和就業水平的下降。這樣一來，會加劇人們對未來經濟的悲觀預期，從而影響當期的消費水平，增加儲藏貨幣的行為，這又會使貨幣流通速度進一步下降，加劇通貨緊縮。如此作用機制一旦形成惡性循環，就會出現經濟的普遍衰退。費雪還認為，問題之所以可怕，是由於債務人爭先恐後償還債務的結果使每個人的負債都會增加。也就是說，大蕭條的秘密就在於債務人越是還債，他們欠的債務就越多。費雪認為，如果他的這一理論是正確的，那麼控製價格水平就顯得格外重要。至於過度負債的原因，費雪認為是由於新發明、新產品的出現或新資源的開發等所導致的利潤前景看好，從而導致過度投資。

(二) 凱恩斯的資本邊際效率理論

針對20世紀30年代的經濟危機，凱恩斯從投資的角度闡述了通貨緊縮的原因。凱恩斯認為，投資不僅依賴於現有資本品的多少及其生產成本的大小，而且依賴於人們對資本品未來收益率的預期。在經濟繁榮階段的后期，資本品的數量在迅速增加，同時其成本也在不斷上升，但是由於人們對未來的經濟生活充滿樂觀情緒，也就是資本品的預期收益率相當高，這樣上升的成本並不足以遏制投資需求的膨脹。投資需求的擴張帶來了資本邊際效率的下降，最終會使人們在權衡成本與收益後減少投資量。資本邊際效率的崩潰又常常伴隨著利率水平的上升，使投資量進一步萎縮，加劇了經濟生活中的悲觀情緒，從而進一步推動了通貨緊縮的發展。簡言之，資本邊際效率的崩潰和通貨緊縮的加劇互相影響、互相作用，陷入了惡性循環的困境。

(三) 緊縮性貨幣政策和財政政策的影響

持這種觀點的人是從貨幣供給的角度分析通貨緊縮的成因。他們認為，由於貨幣供給量的增加不能滿足經濟增長的實際需要，影響總需求的擴大，導致有效需求的不足，從而造成了通貨緊縮。一國當局如採取緊縮性的貨幣政策或財政政策，大量減少貨幣發行或削減政府開支以減少赤字，會直接導致貨幣的供應不足，或加劇該國商品和勞務市場的供求失衡，使「太多的商品追逐太少的貨幣」，從而引起物價下跌，出現政策緊縮型的通貨緊縮。例如，20世紀30年代經濟大危機時期，美國聯邦儲備委員會在應該採取擴張性貨幣政策的時候採用了緊縮性的貨幣政策，結果造成貨幣供應量的大幅度下降，信貸總量急遽萎縮，使美國的經濟危機大大加劇，1929—1933年美國的一般物價水平竟下降了22.58%。

(四) 心理因素的影響

持這種觀點的人是從公眾的心理角度來進行分析的。他們認為，由於經濟週期的變化，人們會由此產生一些心理因素。例如，在日本，金融體系的效率很低，銀行業存在嚴重的不良貸款問題，有人曾估計日本商業銀行在20世紀90年代末的不良貸款高達800億美元，這種情況有可能加劇人們的悲觀預期，導致銀行系統崩潰，致使出現

了通貨緊縮和經濟蕭條。

此外，心理因素還表現為消費的預期下降。如果由於宏觀經濟影響和收入預期發生變化，消費需求預期出現下降時，社會需求也會出現劇烈下降。消費者一般都具有「買漲不買跌」的心態，當物價進一步下降時，由於實際利率趨於提高，即期消費比遠期消費更加昂貴，消費者會推遲即期消費，這樣會促使消費品價格大幅下降，從而導致一般價格水平下降。理論上而言，心理預期因素對通貨緊縮的影響更多地表現在動態效應上，如果價格下降的心理預期被證實，未來價格下降的預期會進一步放大，導致物價進一步下跌。可以說預期的作用傾向於加大通貨緊縮的程度，延長通貨緊縮的期限。

(五) 政府削減公共支出的影響

經歷了經濟危機的衝擊后，西方國家已經越來越認識到政府干預經濟的重要性。政府部門參與經濟活動一方面可以保證國家安全，另一方面還可帶動私人部門的經濟活動。當政府增加公共支出時，可直接增加社會需求，帶動相關市場的發展，刺激物價上升。反之，政府為了降低財政赤字的水平，會大規模削減公共開支、減少轉移支付、增加稅收，這樣會使社會總需求減少，造成有效需求不足，從而導致通貨緊縮。

(六) 經濟週期變化的影響

當經濟週期達到繁榮的高峰階段時，生產力大量過剩，無論是絕對過剩還是相對過剩，其必然結果都是產品面臨市場需求不足。只要這個市場是競爭性的市場，產品的價格就會下降，有些企業就會被迫減產或裁減職工，這必然導致企業投資和居民消費減少，反過來又加劇了市場需求不足，加大了物價下跌的壓力。當一個經濟體中的大多數產業部門都出現了生產能力過剩時，在競爭條件下，一般物價水平的下降是不可避免的，最終就會導致出現經濟週期型通貨緊縮。

(七) 本幣匯率高估和其他外部因素的衝擊

一國實行盯住強幣的匯率制度時，本幣匯率出現高估現象，從而會減少出口，擴大進口，加劇國內企業經營困難，促使消費需求趨減，導致物價持續下跌，出現外部衝擊型通貨緊縮。國際市場的動盪也會引起國際收支逆差或資本外流，形成外部衝擊型的通貨緊縮壓力。一個國家如果採用相對固定的匯率制度，往往出現本幣高估，從而導致出口減少，出口企業經營困難和國內消費需求的減少，使物價水平下跌。如果一個國家採取盯住匯率制度，一旦盯住國貨幣升值，那麼該國貨幣也就會被動升值，貨幣升值將導致出口商品價格上升，貨幣購買力增強，國內物價水平相對下降。1997年，東南亞國家出現通貨緊縮就與這些國家採取盯住美元的匯率制度有直接的關係。此外，通貨緊縮具有向外輸出的特性，1997年，東南亞金融危機使得東南亞國家貨幣貶值30%以上，其出口商品價格的大幅下降加大了國際市場價格進一步下降的壓力，也使通貨緊縮的壓力向其他國家和地區蔓延。這樣，新加坡等受其影響，也出現了不同程度的通貨緊縮。

(八) 體制和制度因素的影響

體制和制度方面的因素也會引發通貨緊縮，如企業制度由計劃機制向市場機制轉軌時，精簡下來的大量工人預期收入減少，導致社會有效需求下降。住房、養老、醫療、保險、教育等方面的制度變遷和轉型，也有可能會影響到個人和家庭的消費行為，引起有效需求不足，導致物價下降，形成體制轉軌型的通貨緊縮。

(九) 其他因素

生產力水平的提高與生產成本的降低會導致產品價格下降，出現成本壓低型通貨緊縮。投資和消費的有效需求不足，導致物價下跌，形成需求拉下型通貨緊縮。商品供給結構不合理，其結果一方面是許多商品無法實現其價值，迫使價格下跌；另一方面是大量貨幣收入不能轉變為消費和投資，減少了有效需求，最終將會導致結構型通貨緊縮。

二、通貨緊縮對經濟運行的影響

通貨緊縮這種貨幣現象大致可分為兩類。第一類可以認為是良性通貨緊縮，即價格水平的下降是由技術進步和勞動生產率提高而引起的。與此同時，消費需求仍然非常旺盛，不會阻礙經濟發展的進程。第二類可以認為是惡性通貨緊縮，即通貨緊縮是與投資需求和消費需求不足相伴隨的。具體而言，惡性通貨緊縮帶來的後果如下：一是實際利率的上升抑制了消費和投資需求，反過來，總需求的不足進一步加劇了通貨緊縮，兩者交互影響，形成了惡性循環；二是通貨緊縮造成了企業利潤下降，失業人數上升，階級和社會矛盾加劇；三是通貨緊縮使企業和個人債務負擔加劇，銀行壞帳增多，從而危及整個社會信用，加劇了金融動盪；四是世界性通貨緊縮會導致國際市場的需求不足，各國為促進本國經濟發展必然加劇出口競爭，這樣會導致貿易保護主義抬頭，使各國的貿易關係日趨緊張。

總體而言，通貨緊縮與通貨膨脹一樣會對經濟造成不利影響，導致實體經濟衰退。這主要體現在以下幾個方面：

(一) 通貨緊縮導致經濟衰退、失業增加

在經濟正常發展過程中，輕微的通貨緊縮一般不會對經濟造成什麼危害，但是若經濟處於衰退期間，通貨緊縮就可能成為經濟衰退的助推器。對消費來說，通貨緊縮意味著以同樣數量的貨幣可以購買到更多數量的商品，即貨幣的購買力增強，這將促使人們更多的增加儲蓄、削減消費。同時，消費者常常「買漲不買跌」，在預期價格水平會進一步下跌、失業率可能上升、收入水平可能下降的情況下，消費者會因此縮減支出，增強儲蓄。這樣通貨緊縮就會抑制個人消費支出，使消費總量趨於下降。

對企業來說，伴隨著通貨緊縮的發展，物價水平進一步降低，企業收入和利潤水平下降甚至出現了虧損，在這種情況下，整個經濟體中企業破產率就會上升。對投資來說，通貨緊縮期間，通貨膨脹率的下降帶來了實際利率水平的提高，由此導致資金成本較高，利潤率下降，投資減少。對就業來說，物價下跌或是使企業破產，或是使

企業開工率不足，這些都會使整個社會的失業人口增加，而失業率的上升又會使消費者進一步萎縮，物價繼續下跌，企業破產率上升，失業率上升，形成惡性循環，使整個宏觀經濟陷入衰退中。

(二) 通貨緊縮會破壞正常的信用關係

在通貨緊縮的情況下，名義利率水平不下降或下降速度趕不上物價下跌的速度，這都會使債務人負債的實際利率較高，加重債務人的負擔。同時，企業生產成本下降往往低於價格下降，使企業擴大生產的積極性下降。生產停滯以及實際利率水平的上升會進一步削弱企業歸還銀行貸款的能力，使銀行體系經營風險增大。

(三) 通貨緊縮會加重銀行業的不良資產

企業債務負擔加重會使銀行貸款難以收回的可能性增大，使銀行業陷入困境。同時，由於資產價格的下降會降低資產的抵押或擔保價值，銀行被迫要求客戶盡快償還貸款或餘額。這最終導致資產價格進一步下跌，使貸款者的淨資產進一步減少，從而加速破產過程。企業在走投無路的情況下，便將債務負擔轉嫁銀行，導致銀行不良資產升高，在此種情況下，又可能引發儲戶的「擠兌」行為，一些經營狀況不佳、流動性較差甚至資不抵債的銀行有可能被迫破產。

(四) 通貨緊縮對國際經濟的影響

通貨緊縮具有一定的傳導性，一些國家或地區發生通貨緊縮和經濟衰退，從而導致了該國或地區的貨幣貶值，進而又會引發另一些國家貨幣貶值，又將通貨緊縮擴展到世界範圍，導致世界性經濟衰退。

總之，通貨緊縮有其內在規律，具有自強化的特性，即物價下跌、消費支出和投資支出的減少會相互作用，使經濟衰退和通貨緊縮加劇。

第六節　通貨緊縮的治理

對於治理通貨緊縮，各國經濟學家和政府都提出了一些設想並付諸實施，有些也已取得了較好的效果。一般來說，治理通貨緊縮通常是調整宏觀經濟政策，採取積極的財政政策和貨幣政策，並針對通貨緊縮形成的不同原因採取具體對策。但是無論通貨緊縮形成的具體原因如何，它的基本特徵就是有效需求不足。因此，治理通貨緊縮，關鍵是如何擴大需求，包括消費需求和投資需求，同時又要調整和改善供給結構。

一、調整宏觀經濟政策

調整宏觀經濟政策主要是採取積極的財政政策和貨幣政策。財政政策通常被視為擴張支出的法寶，實行積極的財政政策不僅意味著要在數量上擴大財政支出，更重要的是要優化財政支出結構，也就是要既彌補因個人消費需求不足造成的需求減緩，又拉動民間投資，增加社會總需求。貨幣政策能對總支出的水平施加重要影響，積極的

貨幣政策需要適度增加貨幣供給量，降低利率水平，擴大貸款規模，在增加貨幣供給量和促進經濟復甦方面發揮重要作用。此外，收入政策也可在治理通貨緊縮時發揮一定作用，但是需要掌握好政策實施的力度。

(一) 實施積極的貨幣政策

中央銀行採取有效措施擴大商業銀行和非銀行金融機構的信貸規模，增加貨幣供應量，以刺激經濟發展。中央銀行在實施擴張型貨幣政策時主要採用的政策工具包括：在金融市場上購進政府債券、降低再貼現率和再貸款率、降低法定存款準備金率。

1. 採取制度的膨脹政策

造成通貨緊縮的直接原因就是宏觀經濟中的供求關係不平衡，這種不平衡最直接地就體現在物價的持續下跌上。在治理通貨緊縮時，要想使一般物價恢復到一個相對合理的水平、減輕債務人的負擔、促進消費支出的增加，就可以採取適度的膨脹政策，增加貨幣供應量，提高貨幣流通速度。尤其是當通貨緊縮威脅到經濟的持續發展時，就可以適當採取這種制度。這裡需要注意的一點是，膨脹政策並不是通貨膨脹政策，而是要使物價回升到一個合理的水平而採取的政策。如何促使銀行努力擴大貸款，增加對企業的貸款支持也可以採取增加貨幣供應量的措施，以提高一般等價物水平。但是必須注意在進行信貸擴張的同時，要防止不良貸款的惡化。例如，1998年下半年，針對美國經濟面臨的潛在困難，美聯儲就採取了膨脹政策，連續三次下調利率。這種政策使其債券市場脫銷，股市上升很快。

2. 進行匯率制度的改革

僵硬的匯率制度可能使本幣高估，產生輸入型通貨緊縮。針對此類通貨緊縮就需要對匯率制度進行改革，廢除僵硬的匯率制度，採取較為靈活的匯率制度。這樣經濟政策可以變得相對主動，政策決策部門可以根據經濟發展和國際形勢的變化及時調整匯率水平，提高國內企業對外競爭力。同時，貨幣對外貶值，可以改變人們對通貨緊縮的預期，從而調整消費和投資行為，提高就業率，帶動國民經濟的增長。例如，20世紀80年代到90年代的美國、瑞典都曾利用貨幣的貶值來促進經濟的恢復和增長。

(二) 實施積極的財政政策

1. 擴大政府支出

擴大政府支出可以增加政府需求。在財政收入既定或減少的條件下，擴大政府支出的資金主要來源於發行國債和財政赤字。通貨緊縮時期，有可能伴隨著信貸的緊縮，為了配合貨幣政策的實施，可採取增加財政公共支出的政策，以帶動居民支出，激活經濟。

2. 消減稅率

如果政府在增加財政支出的同時，相應增加稅收，那麼增加公共支出的政策效應便很可能被抵消。因此，在擴張財政支出的同時，應考慮減少公司稅和增值稅，以減少財政政策的「擠出效應」。事實上，消減稅率未必造成稅收收入的下降，理論上講，消減稅率可以使財政支出產生乘數效應，促進經濟增長。而經濟活動的恢復有利於擴大稅基，從而增加稅收。也就是說，消減稅收無非是將徵稅的時期進行了轉換，用長

期稅收的增加來彌補即期稅收的減少。調整稅收除了針對公司稅和增值稅以外，還可以針對其他稅種，如利息稅等。

二、擴大有效需求

有效需求不足是通貨緊縮的主要原因，因此擴大有效需求是治理通貨緊縮的有效措施。總需求包括投資需求、消費需求和出口需求。但是影響一國的主要因素是投資需求和消費需求，因此必須採取措施，努力擴大投資需求和消費需求。

投資需求的增加有兩條主要途徑：一是增加政府投資需求。主要手段是通過發行國債、增加政府直接投資和公共支出。在市場供大於求的情況下，政府支出多投向基礎設施建設和科技成果轉化等方面，目的是在政府擴大投資的同時，帶動民間投資的增加。二是啟動民間投資需求。主要是通過採用改變民間資本的利潤預期、改善投資和金融環境、價格低利率等措施。

居民消費支出更多地取決於對未來的預期而非貨幣政策的鬆緊程度。因此，解決問題的辦法應集中於刺激居民對未來收入的預期，具體措施可以因國、因地、因時而異。例如，通過加強稅收徵管來縮小居民收入差距；通過提高就業水平增加失業補助標準刺激低收入階層的消費需求；通過調整政府投資結構和支出方向改善需求結構；通過加快社會福利保障制度改革解除居民在增加消費時的后顧之憂；利用股市的財富效應刺激居民消費；等等。

三、調整和改善供給結構

調整和改善供給結構的目的是同擴大有效需求雙管齊下，形成有效供給擴張和有效需求增大相互促進的良性循環。一般情況下，多採取提高企業技術創新能力、推動產業結構的升級、培養新的經濟增長點、形成新的消費熱點，同時又要反對壟斷、鼓勵並放開競爭、扶持小企業或民營企業發展、降低稅負等措施。因為在生產能力過剩時，很多行業會出現惡性市場競爭，為了爭奪市場，價格戰會不斷出現，行業利潤率不斷下降。如果價格戰能夠在較短的時間裡使一些企業退出市場，或者在行業內部出現較大範圍的兼併與重組，即產業組織結構調整，則在調整后的產業組織結構中，惡性市場競爭會被有效制止，因惡性競爭帶來的物價水平大幅度下降的情況可能避免。

總之，通貨緊縮會提高貨幣的購買力和實際利率水平，抑制消費和投資，導致商業萎縮和失業率上升，最終造成經濟衰退。因此，要保障經濟的健康運行，不僅要抑制通貨膨脹，也要治理通貨緊縮。

本章小結

1. 通貨膨脹是在紙幣流通條件下的一種經濟病態，表現為因流通中注入貨幣過多而造成貨幣貶值以及總的物價水平採取不同形式（公開的或隱蔽的）持續上升的過程。

2. 通貨膨脹按不同標準，可分為多種類型，也有多種度量的方法。

3. 通貨膨脹是個理論問題，更重要的是個實踐問題。通過對資本主義國家經濟發展史的實證研究得知，從經濟發展的一個過程分析，通貨膨脹對經濟發展至少是弊多利少的。當然，究竟是有益、有害還是中性，也只有在實踐中進一步加以證明。

4. 通貨膨脹對經濟的影響主要表現在經濟增長效應、強制儲蓄效應、收入和社會財富的再分配效應、資源配置扭曲效應、經濟秩序和社會秩序紊亂效應。

5. 依據不同類型的通貨膨脹，其成因有不同的解釋，西方理論主要有需求拉上說、成本推進說、供求混合推進說、部門結構說、預期說等。中國理論界對通貨膨脹成因的解釋主要有財政赤字說、信用擴張說、國際收支順差說、體制說、摩擦說、混合說等。

6. 治理通貨膨脹的主要方法是宏觀緊縮政策。此外，收入緊縮政策、收入指數化政策也是不少國家採用過的辦法。貨幣主義學派的主張是「單一規則」政策，凱恩斯學派和供應學派則主張從增加供應著手進行治理。

7. 通貨緊縮是與通貨膨脹相對立的一個概念，儘管在定義上有爭議，但是通常是指一般物價水平的持續下跌這一點已形成共識。與通貨膨脹一樣，對通貨緊縮，通常按其持續時間、嚴重程度和形成原因等也有各自不同的分類。

8. 通貨緊縮與通貨膨脹都是社會總供給與總需求嚴重不平衡的結果，其發生的一般性原因主要是緊縮的財政政策、生產能力大量過剩、投資和消費的有效需求不足、供給結構不合理等。

復習思考題

1. 比較衡量通貨膨脹的消費物價指數、批發物價指數、國民生產總值平減指數的優缺點。
2. 需求拉上型通貨膨脹理論有哪兩種形態？
3. 治理通貨膨脹的需求政策、收入政策、供給政策以及結構調整政策分別針對什麼類型的通貨膨脹？各有什麼優缺點？
4. 簡述通貨膨脹概念、類型和測量指標。
5. 論述通貨膨脹的成因、通貨膨脹對經濟運行的影響和治理措施。
6. 試述西方的通貨緊縮理論。
7. 論述理解通貨緊縮形成原因、對經濟運行的影響和治理措施。

附錄：如何同時降低通貨膨脹率與失業率的相關政策

通過對菲利普斯關係微觀經濟基礎的分析可以發現，工資報價、最低工資預期水平、搜尋工作的效率、工會勢力和公司勢力、辭職率與臨時解雇率、生產技術效率、勞動週轉率、勞動市場分割及其不平衡等因素對通貨膨脹率和失業率都有重要的影響。要想達到同時降低通貨膨脹率與失業率的目標，可以通過相關政策來進行調整。

（一）降低工資報價、接受水平（最低工資預期水平）和通貨膨脹預期

辭職的工人可能有相對較高的工資預期，因為他們的搜尋從沒有被迫失業的經驗

開始，然后慢慢地降低工資預期。相反，臨時解雇的工人可能有同他們過去的工作相比相對較低的工資預期。降低失業工人初始的工資接受水平和公司報價水平，減少進入勞動市場的空位，會降低通貨膨脹率。工人和雇主一般有誇大純粹的通貨膨脹導致過去和未來的工資變化程度的傾向，更好的信息和查詢手段可以糾正這些不合理的預期。降低工人和雇主持有的通貨膨脹預期，可以降低通貨膨脹率。

（二）提高搜尋效率，應用計算機輔助查詢與安置

通過工人和雇主之間更好地聯繫與溝通，通過工人或雇主特殊需要的更多信息的傳遞，會縮短工人和空位匹配的時間。信息需要分類、篩選和有選擇性的傳播。應用計算機輔助查詢，能夠減少平均搜尋時間，減少失業和空位持續時間，提高主動接受概率，並且通過更高質量的安置可以降低辭職和臨時解雇率。但是失業和空位持續時間的減少會傾向於降低主動接受概率，部分地抵消原來的變化。需要注意的是，如果計算機系統沒有很好地在滿意度和生產率方面改善工作與工人的匹配的質量，那麼計算機輔助查詢會提高勞動週轉，可能會加速通貨膨脹。

（三）集體討價還價指導方針和控制壟斷勢力

勞動市場有這樣一個趨勢，即為了回應隨著工資提高的大量的辭職，公司之間會競爭性地出高價。公司使用相對工資的變化保持他們的工作力量會失敗，結果是貨幣工資水平的提高。禁止所有雇主增加工資的價格指導政策在延緩出高價過程方面是有用的，但是那些相對高辭職率的情形必須除外。對於工會勢力在反對解雇工人和支持提高工人工資上的作用，政府必須給予一定的限制。在控製產業或公司的壟斷勢力上，可以採取以下政策：一是通過完全就業總收入政策，減少失業，增加工會和非工會工人的就業安全；二是基於產業工會，加強行業分割，降低產品市場壟斷勢力，從而降低討價還價能力；三是實行反托拉斯政策，降低產業集中度和壟斷勢力；四是降低高利潤行業的關稅保護。

（四）降低辭職率、臨時解雇率以及辭職與臨時解雇率的比例

在不干預失業的情況下，經濟循環中辭職量的變化可以形成重要的通貨膨脹機制，因為它可以使工資增加，或間接地誘導在職工人減少週轉率而增加所有工人的工資水平。此時，政府可以採取以下政策：

第一，可以通過改善工作條件減少主動辭職。例如，公司內部的某些制度安排可以滿足這一需要，如養老金、老資格優先權等，然而減少辭職會增加勞動調整過程的不合意的摩擦。

第二，可以通過發展合適的職業計劃和健康保障的訓練項目來減少年輕工人的辭職。

第三，盡可能使勞動市場上信息對稱。在勞動市場上，關於安置過程的信息通常是不對稱的。雇主通常擁有大量的信息，他知道他要雇傭的工人具有的基本特徵、基本技能是什麼，卻省略了許多對工人重要的信息。這對於獲得一個雙方滿意的工人與工作匹配是沒有什麼益處的。

第四，在公司內部提高工作與工人匹配率。公司和員工擁有的大量的相互信息，使得在公司內部的勞動市場上能夠有效率地發現好的工作與工人匹配，這可以減少臨

時解雇率和辭職率。但是過度的避免外部市場會導致一些不合意的分割。

第五，政府誘導公司增加培訓投資的公共政策項目，應該給公司培訓低技能工人更強的激勵，從而為保持公司的工作力量而減少臨時解雇率。

(五) 增加生產技術效率、勞動週轉和安置的可能性

提高勞動生產率會減少工作力量，增加失業，降低通貨膨脹率。因為更大的產出將在更低的價格上售出，所以可以降低通貨膨脹率。

全時或在職找工作的時間的縮短，將會導致更短的平均失業時間。這會降低搜尋成本，可以誘導人們更頻繁地搜尋，他們的就業時間也會縮短。找到新工作更容易，會減少空位的持續時間，增加臨時解雇率，縮短就業時間，這樣不僅會增加培訓成本，而且會增加流進勞動市場的空位存量和失業工人的存量，至少部分地抵消了搜尋時間減少的效果。

主動接受概率將依賴工資重疊，即雇主的最大工資超過工人的最小工資的數量。最初缺口的減少或它們的加速下降會有助於減少失業和空位。可以通過以下三種措施減少缺口，導致工資重疊，增加安置的可能性：一是使工人降低他們的工資接受水平和工作滿意度；二是使雇主增加工資，或降低與產出有關的質量預期；三是提供更好的信息和查詢，這樣可以使工人學習得更快，以使他們作出心理調整接受更低的工資預期，也可以幫助雇主學習，使他們根據市場條件調整得更快。

(六) 降低勞動市場的分割程度、減少勞動市場分割之間的不平衡以降低失業率

找工作的人與勞動市場溝通上的時空限制導致的成本、特殊職業培訓的成本、重建工作的成本會不可避免地造成分割。減少勞動市場的分割程度，將增加安置的可能性。換言之，任何與勞動生產率、滿意度、轉移成本相抵觸的分割都應該被清除。

勞動市場有範圍經濟性。即使空位和工人最優地分配到各個不同的勞動子市場以使不平衡對失業沒有影響，不同的勞動子市場具有的吸引力也不相同。勞動子市場相對較大，匹配的可能性也相對較大，空位和失業的持續時間會更短。如果勞動市場的分割是地理性的，那麼由於存在範圍經濟性，勞動者和雇主有轉移到更大的勞動市場的激勵。這樣可以減少勞動市場分割和分割之間的不平衡。

勞動者可以通過工作重建、不同職業間的培訓、地區間勞動和產業的流動來減少地區和行業間的長期不平衡。在一定程度上，政府和私人在地區性和行業性的需求上反對波動的措施將阻止不平衡的發生。

第十一章 貨幣政策調控

　　貨幣政策是貨幣金融理論的核心。各國貨幣當局通過制定和實施貨幣政策，對宏觀經濟進行間接調控，以保持經濟的平穩運行。貨幣政策追求的目標是單一目標還是多重目標，政策工具如何搭配使用，仲介指標使用貨幣供應量還是利率，貨幣政策的傳導機制是通過利率還是貨幣供應量，抑或是信貸、財富或股市，貨幣政策的效應以及如何評價貨幣政策的效應，貨幣政策與財政政策誰更有效等問題，構成了貨幣政策理論的重大課題和爭論焦點。本章主要就貨幣政策的各個構成要素以及中國的貨幣政策實踐進行分析。

第一節　貨幣政策的目標

一、貨幣政策（Monetary Policy）與貨幣政策目標的內涵

　　中央銀行對經濟的調節和對金融的宏觀調控是利用貨幣政策實現的。所謂貨幣政策，是指中央銀行為實現其特定的宏觀經濟目標，所採用的各種控製和調節貨幣供應量的措施的總稱。貨幣政策是包含著政策目標、達到目標的措施、運行機制、效果衡量等一系列內容在內的一個廣泛的概念。貨幣政策的目標是一國貨幣當局採取調節貨幣和信用的措施所要達到的目的。按照中央銀行對貨幣政策的影響力和影響速度，貨幣政策劃分為兩個不同的目標層次，即最終目標和仲介目標，它們共同構成中央銀行貨幣政策的目標體系。

二、貨幣政策的最終目標

（一）貨幣政策最終目標的內容

　　中央銀行貨幣政策的目標要與一國整個經濟長期發展的戰略目標相一致，要成為國家整個經濟政策的重要組成部分，並發生作用。這就是中央銀行貨幣政策的最終目標。一般認為，貨幣政策的最終目標包括物價穩定、充分就業、經濟增長和國際收支平衡。

　　1. 物價穩定（Price Stability）

　　穩定物價就是設法使一般物價水平在短期內不發生顯著的波動，穩定物價的實質就是穩定幣值。在信用經濟時代，物價的變動是紙幣變動的指示器，是衡量貨幣流通正常與否的主要標誌。這裡的物價水平是指一般物價水平，而不是指某種商品的價格。

價格體系作為國民收入再分配的工具，它的變動雖然會影響一部分人的利益，但是對社會並無不利的影響。由於現實生活中各種因素的影響，價格機制的自動調節功能往往會被扭曲，這種相對價格體系的變動在一定時期也會引起一般物價水平的變動。

從各國的情況來看，衡量一般物價水平變動的指標通常有三個：第一，國民生產總值平均指數。它以構成國民生產總值的最終產品和勞務為對象，反應最終產品和勞務的價格變化情況。第二，消費者物價指數。它以消費者的日常生活支出為對象，能較準確地反應消費物價水平的變化情況。第三，批發物價指數。它以批發交易為對象，能較準確地反應大宗批發交易的物價變動情況。當然，三種指標包含的商品範圍不同，反應的物價變化也都有一定的局限性，但是它們在變動趨勢上應該是一致的。

在現代經濟社會中，一般物價水平呈上升的趨勢。因此，中央銀行貨幣政策的主要目標就是穩定物價，將一般物價水平的上漲幅度控製在一定的範圍之內，以防止通貨膨脹。至於把一般物價水平上升的幅度控製在何種範圍之內為最佳，不同的經濟學家有不同的看法，不同的國家也有不同的標準。保守的經濟學家認為物價水平最好不增不減，或者只能允許在1%的幅度內上下波動，有的認為3%是可取的。而較激進的經濟學家因相信輕微的通貨膨脹對經濟的活躍有一定的刺激作用，有利於經濟發展，主張一般物價水平可作較高幅度的增加，如上漲幅度可允許在5%以內。儘管如此，在實踐中，各國中央銀行通常採取折中的辦法，根據各國經濟發展情況和背景的不同，制定不同的標準。從各國實際情況來看，在制定貨幣政策時，中央銀行都顯得十分保守，一般將年物價上漲率控製在2%以內。

2. 充分就業 (Full Employment)

充分就業作為貨幣政策目標提出，最早是在20世紀30年代。在1929—1933年的資本主義世界的經濟大危機中，由於市場不能自發地保證充分就業，為了擺脫危機，西方國家普遍實行了國家干預經濟的政策，並把充分就業擺在貨幣政策目標的首位。因為高就業意味著資源的充分利用，意味著高產出和高投入，也意味著經濟的良性循環和穩定增長。從這一點出發，充分就業目標是經濟政策總目標的一個組成部分，也是現代發達國家貨幣政策的四大目標之一。

充分就業通常是指凡有能力並自願參加工作者，都能在較合理的條件下找到適當的工作。但是充分就業並不等於社會勞動力100%的就業，因為還存在自願性失業（勞動力不願意接受現行的工資水平而造成的失業）。只要消除了非自願性失業（勞動者願意接受現行的工資條件和工作條件卻仍然找不到工作），社會就實現了充分就業。所謂充分就業目標，就是要保持一個較高的、較穩定的社會就業水平。

嚴格意義上的充分就業是針對所有能夠被利用的資源的利用程度而言的，但是要測定各種經濟資源的利用程度是非常困難的，因此一般以勞動力的就業程度為標準，即以失業率指標來衡量勞動力的就業程度。所謂失業率，是指社會的失業人數與願意就業的勞動力之比。失業率的高低與社會就業程度成反比。至於失業率為多少時才可稱之為充分就業，目前尚無統一標準。有經濟學家認為，當失業率控製在3%以內才可被視為充分就業，但是大多數經濟學家認為失業率在5%以內就可以被認為實現了充分就業。在計算失業率指標時，最大的困難就在於如何確定失業人口和社會自願就業人

口這兩個指標的內涵。由於各國的計算方法不同，所以對失業率的評價並不一致。各國應該根據各自不同的經濟條件、發展狀況來確定充分就業目標。

3. 經濟增長（Economic Growth）

所謂經濟增長，是指一國或一個地區內商品和勞務以及生產能力的增長，也就是國民生產總值的增長必須保持合理的、較高的速度。目前，各國衡量經濟增長的指標主要有國民生產總值增長率、國民收入增長率、人均國民生產總值和人均國民收入增長率等。前兩個指標主要反應的是經濟增長的總規模和經濟實力的狀況；后兩個指標反應的則是經濟增長帶給一個國家或地區的富裕程度。

影響經濟增長的直接因素是人力、物力和財力。中央銀行作為經濟運行中的貨幣供給部門，能夠影響到其中的財力部分，就會對資本的供給與配置產生一些效果。中央銀行的貨幣政策以經濟增長為目標，指的是中央銀行在接受既定目標的前提下，通過貨幣政策操作，對這一目標的實現施加影響。將經濟增長作為貨幣政策的目標，當中有兩個問題必須注意：一是要增加國民生產總值必然會增加各種經濟資源，如勞動、土地以及資本等的利用程度。然而貨幣政策在這些資源運用中所能產生的效果非常有限，只能對資源的配置產生一些效果，對勞動以及土地的運用卻缺乏直接影響力。二是以國民生產總值表示的經濟增長僅僅只是一個數量指標，在產值增長的背後，可能隱藏著資源的浪費和環境污染等質量問題，這些都是貨幣政策無力控製的。因此，中央銀行的貨幣政策只能以其所能控製的貨幣政策工具來創造一個適宜於經濟增長的貨幣金融環境，以促進經濟增長。

4. 國際收支平衡（Balance of International Payments）

平衡國際收支政策目標的提出是在20世紀70年代。當時，由於日本、聯邦德國等國的經濟迅速增長，國際競爭力不斷加強，美國的對外貿易不斷出現逆差、國際收支狀況惡化，大量美元外流，從而降低了世界各國對美元的信心。美國為了維護以美元為中心的國際貨幣制度，提出了平衡國際收支的貨幣政策目標。此後，雖然美元與黃金脫鉤，各國相繼由固定匯率改為浮動匯率，但是平衡國際收支仍然是貨幣政策的目標之一。

在一個開放型的社會經濟中，國際收支狀況與國內市場的貨幣供應量有著密切的關係。一般來說，順差意味有該國的外匯收入大於支出，外匯收入增加，而收購這些外匯必然要增加國內市場的貨幣供應量。換言之，順差意味著商品的輸出大於商品的輸入，從而相對減少了國內市場的商品量，增加了國內市場的貨幣供應量。順差帶給國內市場的影響有兩種：一是當國內市場上貨幣偏多、物價不穩、商品供給不足時，順差嚴重時會加劇通貨膨脹，加劇國內市場上商品供求的矛盾；二是當國內市場貨幣供給不足、外資缺乏、失業嚴重、商品供過於求時，順差則有利於實現國內市場的均衡。國際收支逆差的影響則正好相反。

國際收支平衡是指在一定的時期內（通常指一年內），一國對其他國家或地區的全部貨幣收支持平。平衡國際收支，簡單地講，就是採取各種措施，糾正國際收支差額，使之趨於平衡。一國國際收支出現失衡，無論是逆差還是順差，都不利於本國經濟的發展。但是由於逆差的危害性更大一些，各國調節國際收支失衡的主要目標是減少以

至於消除逆差。然而，在現實操作中，平衡國際收支是一個不容易確定的目標。從全世界來看，一些國家的盈餘就意味著另一些國家的赤字，因此每個國家都要在國際收支平衡表上實現盈餘是絕對不可能的。目前，經濟學家普遍認為，國際收支平衡應當是一種動態的平衡，即在若干年的時間內（如在 3~5 年內），如果一個國家的國際收支平衡表中的主要目的變動接近於平衡，便可大致上認為達到了國際收平衡。其中，某一年的不平衡可以由其他的年份加以彌補。

(二) 貨幣政策最終目標間的關係

儘管貨幣政策所追求的目標有四個，但是就任何一個國家的中央銀行而論，對上述各種目標往往不能同時兼顧。在某一時刻，為實現某一貨幣政策目標所採用的貨幣政策措施很可能阻撓另一傾向政策目標的實現。因此，在承認若干目標間互補性的同時（如充分就業與經濟增長之間的相互促進），也不能忽略貨幣政策目標之間的衝突性的存在。這些主要衝突有：穩定物價與充分就業的衝突；穩定物價與國際收支平衡的衝突；經濟增長與國際收支平衡的衝突；穩定物價與經濟增長之間的衝突。

1. 穩定物價與充分就業的衝突

根據著名的菲利普斯曲線（Phillips Curve），失業率與物價上漲率之間存在著此消彼長的關係，實現充分就業就要犧牲若干程度的物價穩定，為維持物價穩定，就必須以提高失業率為代價。菲利普斯（A. W. Phillips）指出，降低失業與穩定物價不能並行，在物價穩定為 3% 且失業率為 5% 的情況下，若要使失業率降至 3%，則可能要使工資上漲由 3% 提高到 5%，因而導致物價上漲 2%。也就是說，一個國家要實現充分就業，就需要增加貨幣供應量、降低稅率、增加政府支出，以刺激社會總需求的增加。而總需求的增加在一定程度上會引起一般物價水平的上漲，如果要穩定物價，就要抑制社會總需求的增加，而社會總需求的減縮則必然導致失業率的提高。這樣貨幣政策在穩定物價與充分就業之間就陷入了兩者不能兼顧的「兩難」境地。作為中央銀行的貨幣政策目標，既不可能選擇失業率較高的物價穩定，也不可能選擇通貨膨脹率較高的充分就業，而只能在物價上漲率與失業率之間相機抉擇，根據具體的社會經濟條件做出正確的組合。

從 20 世紀 70 年代起，很多國家關於物價和失業的統計又顯示出兩者間的互補關係，即物價上漲、失業和經濟停滯同時並存，菲利普斯曲線呈現正的斜率。其主要原因如下：

(1) 制度因素。工會對勞動力市場的壟斷使工資居高不下，而工資成本上升使勞動力需求下降，就業和產量同時下降，結果是工資和物價同步上升。

(2) 外生因素。例如，石油價格大幅度上漲，使石油進口國的物價隨生產成本的上漲而上升，出口不利，導致產量下降。國際貨幣制度的調整使貨幣堅挺的國家為克服國際遊資的衝擊而不得不實行貨幣升值，造成貨幣充斥，物價上漲，出口不利，失業隨投資下降而增加。貨幣疲軟的國家為防止遊資外逃則不得不提高利率，使失業隨投資的減少而增加。

(3) 結構性失業和貨幣政策不當。解決結構性失業的對策應該是改善勞動力市場

的信息傳遞和培訓勞動技能等。運用貨幣政策擴大投資以創造就業機會只能引起工資上漲和效率下降，結果是工資上漲推動物價上漲，效率下降導致經濟停滯。

進入20世紀90年代以來，美國經濟增長率、失業率和通貨膨脹率出現了「一高兩低」的現象，即高增長率、低失業率和低通貨膨脹率並存。美國經濟增長率一直維持在4%以上，失業率降到4%左右，通貨膨脹率也控製在3%以下。對此，不少經濟學家認為美國經濟進入了「新經濟」時代，失業率與通貨膨脹率間的此消波長的關係已不復存在，菲利普斯曲線再次面臨挑戰。然而進入21世紀以來，美國高科技行業增長速度放慢，以信息技術為龍頭的納斯達克股票指數狂跌，美聯儲頻繁降息以求刺激股市和經濟，菲利普斯曲線是否失效還有待歷史檢驗。

2. 穩定物價與國際收支平衡的衝突

在任何一個開放型經濟的國家中，其經濟狀況通常都帶有國際化的特徵。一個國家的中央銀行，若要想同時實現穩定物價和平衡國際收支這兩大目標，會存在矛盾，一般來說，若內物價上漲，會使外國商品的價格相對降低，將導致本國輸出減少，輸入增加，國際收支惡化；若本國維持物價穩定，而外國發生通貨膨脹，則本國輸出增加，輸入減少，結果就會發生貿易順差。因此，只有全球都維持大致相同的物價水平，物價穩定才能與國際收支平衡同時並存。在國際經濟關係日益複雜，世界經濟發展極不平衡的現實經濟社會裡，這兩個條件同時並存是不可能的。穩定物價與國際收支平衡的目標也可能相悖而行。

3. 經濟增長與國際收支平衡的衝突

在正常情況下，隨著國內經濟的增長，國民收入增加以及支付能力增強，通常會增加對進口品的需要。此時，如果出口貿易不能隨進口貿易的增加而增加，就會使貿易收支情況惡化，發生大量的貿易逆差。儘管有時由於經濟繁榮而吸收若干外國資本，這種外資的注入可以在一定程度上彌補貿易逆差造成的國際收支失衡，但是並不一定就能確保經濟增長與國際收支平衡的齊頭並進。尤其是在國際收支出現失衡、國內經濟出現衰退時，貨幣政策很難在兩者之間做出合理的選擇。在國際收支逆差的情況下，通常必須壓抑國內有效需求，其結果可能消除逆差失衡，但是同時也會帶來經濟衰退。而對經濟衰退，通常採取擴張性貨幣政策，其結果可能刺激經濟增長，但是也有可能因輸入增加而導致國際收支逆差。

4. 穩定物價與經濟增長的衝突

如何處理好經濟增長與穩定貨幣之間的關係是另一個核心問題。失業率的高低、外匯收入的多少，決定於經濟增長的狀況。從根本上說，經濟增長同穩定物價是辯證統一的，只有經濟增長了，商品增多了，穩定貨幣才有物質基礎。然而，在信用貨幣條件下，經濟增長往往伴隨著物價的上漲，兩者表現出一定的矛盾性。原因在於：一是貨幣作為經濟增長的先導和第一推動力，在貨幣流通速度基本穩定的情況下，傾向供給量若偏多，勢必刺激物價上漲。因此，有可能出現這樣一種情況，即經濟增長需要有貨幣的超前供給，超前的貨幣供給量可能帶來物價的上漲與幣值的下跌，進而造成經濟增長與穩定幣值兩者的衝突。二是經濟的快速增長通常會帶來投資過旺，特別是在政府刻意追求增長速度，有意無意地以通貨膨脹為手段來促進經濟增長時，擴張

信用的手段在增加投資的同時也必然造成貨幣發行量的增加和物價的上漲，而為抵制通貨膨脹所採取的提高利率等緊縮性貨幣政策又可能因抵制投資而影響經濟的增長。

如何在這些相互衝突的矛盾中做出最適當的抉擇，是當代世界各國金融當局所面對的最大難題。值得注意的是，第二次世界大戰以後，西方各國的中央銀行根據本國的具體情況，在不同的時期對傾向政策四個目標的選擇有著不同的側重點，而進入20世紀90年代以來則發生了很大的變化，主要發達國家均以穩定貨幣、反通貨膨脹為唯一的貨幣政策目標。這說明，在貨幣政策目標體系中，穩定貨幣、穩定物價始終是中央銀行傾向政策目標的基礎。中央銀行的貨幣政策目標與國家的經濟政策目標是有區別的，其更主要的任務是為經濟持續、穩定的增長創造一個良好的金融環境。

三、貨幣政策的仲介目標

「貨幣政策的仲介目標」一詞，最先由美國經濟學家在20世紀60年代提出。直到20世紀70年代中期，貨幣政策仲介目標的思想才得到發展，仲介目標才逐漸成為各國中央銀行的貨幣政策傳導機制的重要內容之一。之所以要在貨幣政策的最終目標與貨幣政策的工具之間設立仲介目標，西方經濟學家認為有三方面的原因：第一，收集與掌握有關貨幣政策最終目標的資料信息需要較長時間，所以難以據此進行相機抉擇，變動與操作貨幣政策工具，實現貨幣政策的最終目標；第二，貨幣政策的最終目標是通過對貨幣政策工具的操作來實現的，為此必須建立相應的貨幣政策工具的效果指標，用於比較各貨幣政策工具對傾向政策的最終目標的影響程度，以利於相機選擇，實現貨幣政策的最終目標；第三，貨幣政策最終目標的實現，除受貨幣政策工具影響之外，還受到其他外部因素的影響，因此必須利用貨幣仲介目標，以顯示貨幣政策工具和貨幣政策工具以外的因素的影響程度，將兩者的影響效果區分開來，以便更好地實現貨幣政策的最終目標。

(一) 貨幣政策的仲介目標的選擇

正確地選擇貨幣政策的仲介目標是實現貨幣政策最終目標的前提條件。這是由於中央銀行並不能直接控製和實現貨幣政策的最終目標，而只能借助於貨幣政策工具，通過對貨幣政策仲介目標的調節與控制來實現貨幣政策的最終目標。因此，貨幣政策仲介目標的選擇就顯得十分重要。一般認為，作為貨幣政策的仲介目標，必須具備三個條件，即符合可測性、可控性、與最終目標的相關性這「三性」原則。

1. 可測性

可測性是指中央銀行所選擇的金融控製變量必須具有明確而合理的內涵和外延。具體地說，第一，中央銀行能夠迅速獲得仲介目標變量的明確數據資料；第二，中央銀行能夠對這些數據資料進行有效的分析並做出相應的判斷。

2. 可控性

可控性是指中央銀行通過對各種貨幣政策工具的運用，能對貨幣仲介目標變量進行有效的控制與調節，並能準確地控制仲介目標變量的變動狀況及其變動趨勢。

3. 與最終目標的相關性

相關性是指中央銀行所選擇的仲介目標變量必須與貨幣政策最終目標的實現緊密關聯，當中央銀行通過對仲介目標的控製與調節使之達到預期水平時，也能使貨幣政策的最終目標達到接近預期水平。

(二) 常見的貨幣政策的仲介目標

由仲介目標的「三性」原則可知，作為貨幣政策仲介目標的金融變量，應具備以下特徵：第一，仲介目標變量應為中央銀行貨幣政策運用和影響的對象，即各種貨幣政策的實施，必然會引起仲介目標變量的變動，並通過其變動反應出貨幣政策實施的效果；第二，仲介目標變量應為全社會以及金融體系瞭解中央銀行貨幣政策方向與強度的指示器；第三，仲介目標變量應為中央銀行進行觀測和檢驗貨幣政策實施效果的顯示器。至於哪些金融變量同時具備上述三個條件和特徵，迄今仍無公認的答案，但是多數西方經濟學家認為，可以作為貨幣政策仲介目標的金融變量主要有三種，即利率、貨幣供給量和存款準備金。

1. 利率

以凱恩斯學派為主的經濟學家主張以利率作為貨幣政策的仲介目標。因為利率不僅能夠反應貨幣與信用的供給狀況，同時也可以反應供給與需求的相對數量，即可貸資金的稀缺程度，並且短期利率（再貼現率和再貸款利率）也是中央銀行可以控製的金融變量。因此，凱恩斯學派極力主張以利率作為仲介目標。

凱恩斯學派認為，中央銀行可以通過對貨幣政策工具的運用，操縱利率水平和利率結構的變動，以影響投資和消費水平，調控社會總需求，影響收入的變動，達到預期的政策目標。利率作為連接商品市場與貨幣市場的紐帶，既與貨幣政策的最終目標有密切關係，又是中央銀行可以控製的金融變量，因此利率是最為適當的貨幣政策的仲介目標。

2. 貨幣供給量

貨幣學派堅決反對以利率作為貨幣政策的仲介目標，而主張應以貨幣供給量作為仲介目標。貨幣學派認為，首先，貨幣供給量變動並不直接影響利率，而是直接影響人們的名義收入和支出水平，進而影響投資、就業、產出以及物價水平。其次，貨幣供給量也能夠正確反應貨幣政策的意向，即貨幣供給增加則表明貨幣政策為擴張；反之，貨幣政策則為緊縮。最后，中央銀行能夠控製貨幣供給量。貨幣學派的實證研究也表明，雖然在短期內貨幣供給量與實際收入物價水平之間的關係並不十分明確，但是在長期中，貨幣供給量的變動總是引起名義收入和物價同方向的變動。因此，貨幣學派主張以貨幣供給量作為貨幣政策的仲介目標。

但是，這種觀點也同樣遭到了人們的批評與反對。首先，貨幣供給量並非外生變量，而是內生變量，貨幣流通速度和貨幣需求函數是不穩定的，並非中央銀行可以控製與預測的，不能作為貨幣政策的仲介目標。托賓認為，在現實經濟社會裡，非銀行金融仲介機構的迅速發展，其資產與負債同商業銀行的資產與負債已經沒有本質區別，兩者之間具有高度的可替代性。在這種情況之下，中央銀行通過對貨幣政策的運用來

調控貨幣供給量的變動率，就有可能因為非銀行金融仲介機構的資產與負債的變動影響，使貨幣速度發生相反方向的變動，從而抵消貨幣供給量的變動所產生的效果。可見，貨幣的流動速度是不穩定的，中央銀行也就不能直接控製貨幣供給量的變動。托賓還進一步分析，那種將銀行信用與存款貨幣供給視為簡單的存款準備金的倍數的觀點是錯誤的。決定銀行存款貨幣供給的因素，並不僅僅限於銀行存款準備金和存款準備金率，還有銀行存款的機會成本和利率等其他經濟變量。可見，貨幣供給量的變動並不是外生的而是內生的，並非中央銀行可以完全直接控製的變量。其次，即使中央銀行能直接控製貨幣供給量的變動，但是由於貨幣乘數的不穩定性、貨幣需求的不穩定性以及貨幣政策以外的外生變量皆會削弱貨幣供給量變動與貨幣政策之間的關係的穩定性。因此，貨幣供給量的變動與貨幣政策之間的關係也不穩定，貨幣供給量的變動率不宜作為貨幣政策的仲介目標。

第二節　貨幣政策工具

貨幣政能工具是中央銀行為實現貨幣政策目標而使用的各種策略手段。貨幣政策工具可分為一般性貨幣政策工具、選擇性貨幣政策工具和其他補充性貨幣政策工具三類。

一、一般性貨幣政策工具

一般性貨幣政策工具亦稱為「三大法寶」，是指對貨幣供給總量或信用總量進行調節，且經常使用，具有傳統性質的貨幣政策工具。一般性貨幣政策工具主要有以下三種：

(一) 法定存款準備金政策 (Policy of Required Reserves)

1. 法定存款準備金政策的含義

存款準備金是銀行以及某些金融機構為應付客戶提取存款和資金清算而準備的貨幣資金，準備金占存款或負債總額的比例就是存款準備金率。存款準備金分為法定存款準備金和超額存款準備金兩部分。法定存款準備金是金融機構按中央銀行規定的比例上交的部分；超額存款準備金系指存款準備金總額減去法定存款準備金的剩余部分。法定存款準備金政策是指由中央銀行強制要求商業銀行等存款貨幣機構規定的比例上交存款準備金，中央銀行通過提高或降低法定存款準備金比率而達到收縮或擴張信用的目標。實行存款準備金制度的本意是銀行所吸收的存款不能都貸放出去，而要留下一部分以應對存款人的隨時支取。在現代銀行，實行法定比率的存款準備金制度，其主要目的已經不是應付支取和防範擠兌，而是作為控製銀行體系總體信用創造能力和調整貨幣供給量的工具。最早實行存款準備金制度的是美國，在 20 世紀初就頒布法律，規定了商業銀行向中央銀行繳納準備金的制度。目前，這一制度被世界各國廣泛推行。中國實施這一制度始於 1984 年。

2. 存款準備金政策的運行

由於中央銀行有權隨時調整存款準備金率，從而使存款準備金政策發展為各國中央銀行調控信用和傾向供應量的重要的、有力的工具，也是三大貨幣政策工具的基礎。在中央銀行的舉措中，通常為適應下面兩種情況的需要而採用此項政策工具：一是當需要實施擴張性貨幣政策或緊縮性貨幣政策時，中央銀行可通過提高或降低法定存款準備金率的辦法達到目的；二是當需要大量吸收或補充銀行體系的超額準備金時。例如，當一國大量累積了黃金、外匯，導致傾向供應量過多時，可以通過提高法定存款準備金率，吸收銀行大量的超額準備金。

貨幣供應量是基礎貨幣與貨幣乘數的乘積。法定存款準備金率政策的運行機制在於從兩個方面同時調節貨幣供應量：一是通過直接影響商業銀行現有超額準備金的數量，從而調節其信用創造能力，間接調控貨幣供應量。法定準備金率對貨幣供應量乃至於社會經濟活動的調節，是依據其自身變動與其他金融變量之間的內在聯繫進行的。法定準備金率的變動同商業銀行現有的超額準備金、市場傾向供應量的變動成反比，同貨幣市場利率、資本市場利率的變動成正比。因此，中央銀行可以根據經濟的繁榮與衰退、銀根鬆緊的情況來調整法定存款準備金率，以達到調節金融、調節經濟的目的。二是通過改變貨幣乘數，使貨幣供應量成倍地收縮或擴張，達到調控目的，這是該政策工具的作用重點。法定準備金率的提高或降低之所以能引起信用總量、貨幣供應量成倍地收縮或擴張，是因為它是影響貨幣乘數的最重要變量。

3. 法定存款準備金政策的作用特點

（1）法定存款準備金比率的調整有較強的告示效應。中央銀行調整準備金比率是公開的、家喻戶曉的行動，並立即影響各商業銀行的準備金頭寸。因此，調整準備金比率實際上是中央銀行的一種有效宣言，即這是我們的政策所採取的方向，我們確實是要這樣做的。

（2）法定存款準備金比率的調整具有強制性的影響。法定存款準備金比率的調整有法律的強制性，一經調整，任何存款性金融機構都必須執行。

（3）法定存款準備金比率的調整對貨幣供應量有顯著的影響效果。由於貨幣乘數的作用，準備金率微小的變動，都會導致貨幣供給量的巨大變化。其政策效果是猛烈的，帶給金融機構乃至於社會經濟的影響是劇烈的。

（4）法定存款準備金比率的調整缺乏應有的靈活性。正因為該政策工具有較強的通知效應和影響效果，所以不能作為一項日常的調節工具供中央銀行頻繁地加以運用。因此，雖然法定存款準備金比率是一種貨幣政策工具，但是中央銀行並不經常運用該工具，只有當中央銀行打算大規模地調整貨幣供給時，對法定存款準備金中的改變才是較為理想的方法。

（二）再貼現機制（Mechanism of Rediscount）

再貼現機制就是中央銀行通過制定和調整再貼現率來干預和影響市場利率及貨幣市場的供給和需求，從而調節市場貨幣供應量的一種金融政策。再貼現政策是中央銀行最早擁有的貨幣政策工具，在整個19世紀和20世紀的前30年，再貼現被認為是中

央銀行的主要工具，其聲望在 1937 年達到了頂峰。在這期間，英國麥克米倫委員會完全陶醉於貼現的作用，並報告說，貼現率「是有效管理貨幣體系所絕對必要的，是實現這個目標的精妙絕倫的工具」。

1. 再貼現機制的主要內容

再貼現機制是以再貼現業務為基礎的。所謂再貼現，是指商業銀行或其他金融機構將貼現所得的未到期票據向中央銀行轉讓。對中央銀行來說，再貼現是買進商業銀行持有的票據，流出的是現實貨幣，擴大了貨幣供應量。對商業銀行來說，再貼現是出讓已貼現的票據，解決一時資金週轉的困難。整個再貼現過程，其實質內容是商業銀行和中央銀行之間的票據買賣和資金讓渡。廣義的再貼現包括再抵押貸款，但是這種再抵押不是一種買斷關係，而是質押關係。借款到期後，商業銀行負責向中央銀行還款，中央銀行把抵押品退還給商業銀行。

由於再貼現機制的實施過程就是中央銀行對金融機構辦理信用業務的過程，因此，各國中央銀行對此項政策工具的內容都有具體的規定。其主要內容包括：規定再貼現票據的種類，以影響資金使用的方向；規定再貼現業務的對象，以保證辦理貼現業務的規範性和合法性；確定並調整再貼現率，以保證貨幣政策目標的實現；對再貼現業務的管理的核心是審查商業銀行的再貼現申請，瞭解其再貼現資金的用途和性質，防止商業銀行借貼現之便搞套利行為（比如用貼現而來的資金從事有價證券、房地產或商品的投機和買賣），監督商業銀行如期償還中央銀行的貸款。

2. 再貼現機制的操作

再貼現機制作為中央銀行調節商業銀行信用、調節社會貨幣供應量的工具，其操作規則一般是變動商業銀行向中央銀行融資的成本，以影響其借款意願，達到擴張或緊縮信用的目的。一般而言，當中央銀行實行緊縮性的貨幣政策，提高再貼現率時，商業銀行向中央銀行的融資成本上升，商業銀行必然要相應提高對企業的貸款利率，從而帶動整個市場利率上漲。這樣，借款的人就會減少，從而降低商業銀行向中央銀行借款的積極性，起到緊縮信用、減少貨幣供應量的作用；相反，當中央銀行實行擴張性的貨幣政策時，則降低再貼現率，刺激商業銀行向中央銀行借款的積極性，以達到擴張信用、增加貨幣供應量的目的。

3. 再貼現政策工具的作用與再貼現政策的局限性

（1）再貼現政策工具的作用如下：

①作為調節貨幣供應量的手段，起「變速箱」的作用。再貼現通過影響金融機構的借貸成本和其存款準備金頭寸的增減，間接調節貨幣供應量，其作用過程是漸進的，不像法定存款準備金政策那樣猛烈。

②對市場利率產生「告示效應」。它預示中央銀行貨幣政策的走勢，從而影響金融機構以及社會公眾的預期。

③對資金發生困難的金融機構起到「安全閥」的作用。

④通過審查再貼現申請時的一些限制措施，設定資金流向，扶持或限制一些產業的發展，達到調整國家產業結構的目的。

（2）再貼現政策的局限性如下：

①在實施再貼現政策過程中,中央銀行處於被動等待的地位,商業銀行或其他金融機構是否願意到中央銀行申請再貼現或借款,完全由金融機構自己決定。

②中央銀行調整再貼現率,通常只能影響利率的水平,不能改變利率的結構。

③再貼現工具的彈性較小。再貼現率的頻繁調整會引起市場利率的經常性波動,使大眾和商業銀行無所適從,不利於中央銀行靈活地調了市場貨幣供應量。在西方國家,人們對再貼現政策的作用有不同的估計和看法。有的主張應強化再貼現政策,有的主張根本放棄再貼現政策,由公開市場政策代替。儘管如此,再貼現率的調整對貨幣市場仍有較廣泛的作用。

(三) 公開市場業務 (Open Market Operation)

1. 公開市場業務的內涵

公開市場業務是指中央銀行在金融市場(債券市場)上公開買賣有價證券(主要是買賣政府債券),用以調節基礎貨幣和貨幣供應量的一種政策手段。所謂公開市場,是指各類有價證券自由議價、公開交易的市場。當金融市場上資金短缺時,中央銀行通過公開市場業務買進有價證券,這實際上相當於中央銀行向社會投入一筆基礎貨幣,以實現信用的擴張和貨幣供應量的成倍增加。相反,當金融市場上貨幣過多時,中央銀行就通過公開市場業務賣出有價證券,以達到回籠基礎貨幣、收縮信貸規模、減少貨幣供應量的目的。中央銀行運用公開市場業務來實施具體貨幣的依據是銀行系統存在一定量的準備金,而準備金的數量和價格決定著銀行吸收存款和放貸的能力,因此公開市場業務就可以通過銀行系統準備金的增減變化而作用。

2. 公開市場業務的分類

公開市場業務分為防禦性公開市場業務(Defensive Operation)和主動性公開市場業務(Dynamic Operation)兩種。

防禦性公開市場業務是指中央銀行買賣證券,只是用於抵消那些非中央銀行所能控制的因素對銀行準備金水平的影響,使貨幣保持在預定的目標水平上。影響銀行準備金的因素較多,有一些如公眾持有的通貨量、財政部存款、中央銀行應收應付款等,均是中央銀行無法加以控制的,而它們的變動會對銀行的準備金和基礎貨幣產生較大的影響,甚至會抵消中央銀行貨幣政策的作用。防禦性公開市場業務就是要消除這些外來影響。

主動性公開市場業務是指中央銀行為改變銀行準備金原目標水平而積極主動進行的買賣證券的行為。在進行主動性的公開市場業務時,購買或出售證券的數量也必須根據影響銀行準備金的所有其他因素的變動情況而定。例如,如果增加儲備金是必要的,而此時中央銀行預測表明所有其他準備金的來源將大增,那麼在公開市場上購買證券就是不必要的。

由於這些原因,一個局外人要分清主動性的公開市場業務和防禦性的公開市場業務是很難的,因為中央銀行通常是在一個連續基礎上買進或賣出,有時抵消準備金的外來影響,有時改變準備金的總水平。就美國聯邦儲備銀行而言,其公開市場業務的大部分(占其總買賣的80%或90%)是屬於防禦性的範圍。

3. 公開市場業務的政策效應及其優點
（1）中央銀行公開市場業務活動的政策效應主要如下：
①調節銀行準備金從而影響銀行提供信貸的規模。
②對直接買賣的那種證券的價格和收益產生影響，進而影響金融市場上其他證券的價格與收益。
③對政府財政收支的影響。中央銀行購買政府債券，就是向政府提供資金融通的方便。當政府發行新債券時，中央銀行大量購入，有利於降低公債的收益率，減少政府的利息支出。中央銀行還可以通過「換券活動」推遲政府在公債方面的財政支出。
（2）公開市場業務的優點主要如下：
①中央銀行運用這一工具是對金融市場進行「主動出擊」而不是「被動等待」，這一點明顯優於再貼現政策。
②中央銀行可以根據每日對金融市場的信息的分析，隨時決定買賣證券的種類和規模，不斷調整其業務，便於控製業務效果，減輕貨幣政策實施中給經濟帶來的波動。這比「一刀切」式的法定存款準備金率要優越得多。
③「告示效果」不明顯，具有很高的操作彈性。由於中央銀行在公開市場上的證券買賣每天大量地進行，市場上不可能瞭解中央銀行的操作意圖，這有利於中央銀行進行試探性操作和迅速進行逆向操作。

綜上所述，就三種貨幣政策工具而言，公開市場操作顯然優於再貼現機制和存款準備金比率調整，但是公開市場操作的實施需要具備一定的條件。例如，在流通中必須有足夠數量的有價證券，其期限結構配置合理，以供有選擇地買賣；必須擁有高度發達的證券市場，市場的深度和廣度足以保證對各種金融工具可以順利地進行買賣；信用制度要發達，社會普遍具有使用支票等票據的習慣，使中央銀行的公開市場業務通過銀行信用的方式奏效。

二、選擇性貨幣政策工具

三大貨幣政策主要是對信用總量的調節，以控制全社會的貨幣供應量為目的，屬於一般性的總量調節。選擇性的貨幣政策工具和其他貨幣政策工具是中央銀行針對個別部門、企業、領域或特殊用途的信用而採用的政策工具。選擇性貨幣政策工具主要包括：證券市場信用控製、消費信用控製、不動產信用控製。

（一）證券市場信用控製

證券市場信用控製是指中央銀行對涉及證券交易的信貸活動加以控製，通過規定貸款額所占證券交易額的百分比率來調節或限制證券市場的活躍程度。在操作中，這種控製是對以信用方式**購買股票**和有價證券的貸款比率實施限制，也稱為證券交易的法定保證金比率控製。例如，若中央銀行規定信用交易保證金比率為 30%，則交易額為 20 萬美元的證券購買者必須將至少 6 萬美元現金一次性交付來進行此項交易，其餘資金由金融機構貸款解決。

中央銀行可根據金融市場的狀況，隨時調高或調低法定保證金比率。當證券市

交易過旺，信用膨脹時，中央銀行可提高法定保證金比率，控製貨幣流入資本市場的數量，遏制過分的投機行為。當證券市場交易萎縮，市場低迷時，中央銀行可調低保證金比率，刺激證券市場交易的活躍程度。

證券交易法定保證金比率的制定，控製了證券市場的最高限度放款額，即最高限度放款額＝(1－法定保證金比率)×交易總額。它既能使中央銀行遏制過度的證券投機活動，又不貿然採取緊縮和寬鬆貨幣供應量的政策，有助於避免金融市場的劇烈波動和促進信貸資金的合理運用。

(二) 消費信用控製

消費信用控製是指中央銀行對不動產以外的各種耐用消費品的銷售融資予以控製。這種控製措施的主要內容包括：規定用消費信貸購買各種耐用消費品時首期付款額、分期付款的最長期限以及適合於消費信貸的耐用消費品的種類等。當中央銀行提高首期付款額時，就等於降低了最大限度放款額，勢必減少社會對此種商品的需求。縮短償還期就增大了每期支付額，也會減少對此類商品和貸款的需求。若要刺激消費信用時，則降低首期付款額。

(三) 不動產信用控製

不動產信用控製是指中央銀行對商業銀行或其他金融機構發放不動產貸款的額度和分期付款的期限等規定的各種限制性措施。這種控製措施的主要內容包括：規定商業銀行不動產貸款的最高限額、最長期限、第一次付款的最低金額、逐次分期還款的最低金額等。其目的在於阻止因房地產及其他不動產交易的投機性導致的信用膨脹。

三、其他補充性貨幣政策工具

(一) 直接信用控製

所謂直接信用控製是指中央銀行根據有關法令，對銀行系統創造信用的活動施以各種直接的干預，主要的干預措施有信用分配、利率最高限額、流動性比率等。

1. 信用分配

信用分配是指中央銀行根據金融市場的狀況和客觀經濟形勢，權衡經濟需要的輕重緩急，對銀行業的信用加以分配，限制其最高數量。信用分配一般發生在發展中國家或發達國家的某些特別時期，如戰爭時期。由於這些國家投資需求多，資金來源有限，故不得不對信用採取直接分配的辦法。例如，制定一國的產業政策，規定優先提供資金的順序；或者按資金需求的輕重緩急，將有限的資金分配到最需要的部門；有的國家和地區還採取設立專項信貸基金的辦法，保證某種建設項目的需要。

2. 利率最高限制

中央銀行規定商業銀行和儲蓄機構對定期以及儲蓄存款所能支付的最高利率，目的在於防止銀行用抬高利率的辦法吸收存款。利率最高限制的典型代表是美國中央銀行從1934—1980年實施的Q條例，該條例規定了銀行各類存款的最高利率。利率最高限制的規定有利於防止金融機構之間為爭奪存款而過度競爭，避免造成資金成本過高

而使銀行風險增大。但是利率最高限制本質上屬於價格管制，存在著不利於公平競爭，保護落后的弊端。而且在通貨膨脹的情況下，利率最高限制容易導致存款流出銀行體系。因此，市場經濟成熟的國家已經放棄了利率最高限制的手段。

3. 流動性比率

流動性比率是中央銀行為了保障商業銀行的支付能力，規定的流動資產對存款或總資產的比率。

(二) 間接信用控製

間接信用控製是指中央銀行採用非直接的控制方法，主要有窗口指導、道義勸告、金融檢查等。

1. 窗口指導

窗口指導的主要內容是中央銀行根據市場行情、物價走勢、金融市場的動向、貨幣政策要求以及前一年度同期貸款的情況等，規定商業銀行每季度貸款的增減額，以指導的方式要求其執行。有時窗口指導也指導貸款的使用方向，保證經濟優先發展部門的資金需要。如果商業銀行不按規定的增減對產業部門貸款，中央銀行可削減向該行貸款的額度，甚至採取停止提供信用等制裁措施。窗口指導自身雖然不具有法律約束力，但是由於中央銀行對不接受指導者可以採取相應的制裁措施，因而對於金融機構還是具有較大的約束力。

2. 道義勸告

道義勸告（Moral Suasion）是指中央銀行運用自己在金融體系中的特殊地位和威望，通過對商業銀行及其他金融機構的勸告，以影響其放款的數量和投資的方向，從而達到控製信用的目的。例如，在房地產與證券市場投機盛行時，要求商業銀行減少對這兩個市場的信貸等。道義勸告的政策效果表現在可以避免強制性信用控製所帶來的逆反心理，有利於加強中央銀行與商業銀行及各金融機構間的長期密切合作關係。道義勸告不具有法律效力，因而不是強有力的控製手段

道義勸告和窗口指導的優點是較為靈活。但是要發揮政策工具的作用，中央銀行必須在金融體系中具有較強的地位、較高的威望和擁有最終控製信用的足夠的權力和手段。

3. 金融檢查

金融檢查是指中央銀行利用自己「銀行的銀行」的身分，不定期地對商業銀行和其他金融機構的業務經營情況進行檢查，看其是否符合法律規定，並將檢查結果予以公開，以監督商業銀行的金融活動。

第三節　貨幣政策傳導機制

一、貨幣政策傳導機制的兩種理論

貨幣政策目標確定之后，中央銀行操作適當的政策工具來調控貨幣供給，通過經

濟體制內的各種經濟變量，影響到整個社會的經濟活動，進而實現既定的貨幣政策目標。這個由貨幣政策工具啓動到貨幣政策目標實現的傳導運行過程，就是貨幣政策的傳導機制（Transmitting Mechanism of Monetary Policy）。這一過程並不是簡單的傳導，而是一個複雜的系統工程。關於貨幣政策的傳導機制，西方經濟學界存在著一定的分歧。下面介紹兩種主要的傳導機制理論。

(一) 凱恩斯學派的傳導機制理論

凱恩斯把貨幣政策傳導過程分為兩個領域，即金融（貨幣）領域和實務（商品）領域。在金融領域只有兩種資產，即貨幣和債券。前者有十足的流動性而無收益，後者的流動性不如前者但是有利息收益。在實務領域，社會的總收入與社會的總支出達到均衡。貨幣政策工具的啓動首先打破或重建金融領域的均衡，通過利率的變化進而打破或重建實務領域的均衡，最終達到貨幣政策的最終目標。在凱恩斯看來，中央銀行實施貨幣政策後，首先引起商業銀行的存款準備金數量的變化，繼而導致貨幣供給數量發生變化，貨幣供給量的變化引起市場利率發生變化，利率的變化意味著資本邊際效率的提高或降低，從而導致投資發生增減變動，並通過乘數效應最終影響總支出與總收入，用符號表示為：

$R \to M \to r \to I \to E \to Y$

式中：R 表示存款準備金；M 表示貨幣供給量；r 表示市場利率；I 表示投資；E 表示總支出；Y 表示總收入。

貨幣政策作用的大小主要取決於三個因素：第一，取決於貨幣需求的利率彈性。第二，取決於投資支出的利率彈性，即利率降低一定量時，投資將增加若干量。第三，取決於投資乘數，即投資增加一個特定量時總的有效需求將增加若干量。在傳導機制中，利率是核心，如果貨幣供給量增減後不能對利率產生影響，那麼貨幣政策失效。

總之，凱恩斯否認貨幣供應增加會直接引起總需求增加的觀點，他還認為貨幣數量變動直接影響物價同比例變動只是充分就業後才能產生的一種特別情況。也就是說，如果社會處於非充分就業狀態，那麼貨幣供給量增加所帶來的總需求增加會直接增加社會的產量、就業與收入，而物價上漲幅度較小，當社會已經達到充分就業狀態時，生產資源與勞動力已經趨於飽和，隨著總需求的增加，物價水平隨之同比例上漲。

上述分析只顯示貨幣領域對實務領域的初始作用，而沒有注意到這兩個領域之間循環往復的反饋作用，因此人們稱之為局部均衡分析。凱恩斯以後的凱恩斯主義者對局部均衡理論進行了補充和發展，人們稱之為一般均衡分析。其基本觀點是：當中央銀行採取放鬆的貨幣政策而致使貨幣供給量增加時，在總需求不變的情況下，利率會相應下降，下降的利率會刺激投資，引起總支出與總收入相應增加。但是利率下降後，降低了存款人的存款意願，可借貸資金減少或不變，與此同時，實務領域中由於收入的增加又提出多的貨幣需求，結果使貨幣需求量超過了貨幣供給量，造成下降的利率又重新回升，這是實務領域對金融領域的作用。接著，上升的利率又促使貨幣需求下降，利率再次回落，循環往復，最終達到一個均衡點，這個點同時滿足了金融領域與實務領域兩方面的均衡要求。

(二) 貨幣學派的傳導機制理論

以弗里德曼為首的貨幣學派竭力反對凱恩斯學派的傳導機制理論，強調貨幣供應量的變化並不是通過利率，而是直接影響名義國民收入。其貨幣政策的傳遞模式為：

R→M→B→A→C→I→Y

式中：R 表示存款準備金；M 表示貨幣供應量；B 表示商業銀行的放款或投資；A 表示各種金融資產；C、I 分別表示消費品和投資品；Y 表示名義收入。

對該模式的簡單解釋是：當中央銀行採取放鬆的貨幣政策時，採用一定的政策手段，如在公開市場上購入證券，使得商業銀行的準備金或名義貨幣供應量也隨之增加，一方面，商業銀行會設法降低利率，以增加放款或投資。利率降低使得各種盈利資產的價格上升，從而使得社會公眾放棄各種盈利資產的持有，借款增加，貨幣供應量增加。另一方面，貨幣供應量增加，引起名義收入增加，而貨幣需求是穩定不變的，人們就會調整各自的資產結構，現金餘額相對減少，其他金融資產或實際資產比重增加，這個過程會引起資產價格上漲或利率下降。實際資產需求的增加和價格的上漲必然會使生產者增加生產，進而導致勞動力需求增加和工資上升，最終引起全社會總收入增加。因此，貨幣政策的影響主要不是通過利率間接地影響投資和收入，而是因為貨幣數量超過了人們需要的真實現金餘額，從而直接地影響社會支出和貨幣收入。

貨幣學派在貨幣政策傳導機制的分析中，對名義變量下實際變量加以區分，認為只有實際收入或產量的增長才能真正代表經濟的增長。如果支出增加，名義收入上升，可實際收入和產量不變，那麼充其量也只是物價的上升而已。他們因而提出了貨幣政策可能在短期內影響實際變量（產量和就業），但是在長期內只影響名義變量（物價和名義收入）的觀點，從而把通貨膨脹的原因歸咎於貨幣供應過多。

二、貨幣政策傳導機制的一般運轉過程

(一) 貨幣政策傳導過程的三個階段

貨幣政策的傳導是在兩個領域中進行的，即金融領域和實務領域。其傳導過程共經歷以下三個階段：

第一階段，中央銀行通過政策工具將貨幣政策傳導給金融機構。中央銀行通過調整法定存款儲備金比率或改變再貼現率，或在公開市場上買賣有價證券以調整自己的資產規模總量和結構，從而調節商業銀行所持有的超額準備金和資產運用業務規模。

第二階段，金融機構通過其資產運用將貨幣政策傳導給企業和客戶。中央銀行與商業銀行之間的基礎貨幣供求變動，引起商業銀行的資產占用規模和結構變化。商業銀行通過同業拆入或拆出儲備金、調整貸款利率、嚴格或放鬆貸款條件、增加或減少二級準備等措施來調整資產占用規模，以改變貨幣供給與貨幣需求的對比關係，從而調控企業部門和個人部門的貨幣需求。

第三階段，商業銀行通過調整資產運用規模和結構引起貨幣供給和市場利率的變化，各投資主體會隨之改變自己的投資行為，調整自己的資產組合，從而使社會總供給與總需求的對比關係發生變化，並實現貨幣政策的最終目標。

(二) 貨幣政策傳導機制的三種傳遞效應

1. 利率傳遞效應

利率傳遞效應是指中央銀行操縱貨幣政策工具進行調控時首先發生的效應。當中央銀行要對貨幣供給進行調節時，首先要通過以下兩種形式對利率進行調控：

（1）通過調整再貼現率直接影響市場利率水平。中央銀行調整再貼現率會產生兩方面的傳遞效應：一方面再貼現率的變動會使商業銀行的借款成本發生變化，進而影響市場利率的升降；另一方面再貼現率的變動會直接導致同行業拆借利率的波動，最后造成商業銀行貸款利率和市場利率以及貨幣供給的變化。

（2）通過基礎貨幣變動間接調節市場利率。如果中央銀行調整法定存款準備金比率，引起商業銀行超額準備的變動，進而會使貨幣供求的對比關係發生變化，從而導致市場利率波動。中央銀行運用不同的貨幣政策工具對利率機制進行直接或間接的調節，通過利率機制的作用，中央銀行就能夠調節和約束商業銀行的貨幣經營行為和貨幣供給，最終實現貨幣政策目標。

2. 貨幣乘數效應

中央銀行任何貨幣政策措施的實施，都會導致基礎貨幣的變化，而由基礎貨幣到貨幣供給的變動主要受貨幣乘數的擴張能力的制約。

在現代銀行信用制度中，作為貨幣供給之源的基礎貨幣，可以引出數倍於自身的貨幣供給量，即 $M_s = M \times B$，M_s 代表貨幣供給；B 代表基礎貨幣；M 為乘數。這就是貨幣乘數效應。在一般的經濟社會中，貨幣的擴張過程都存在著四個方面的「漏出」，即法定存款準備金率、現金漏損、定期存款比率、超額儲備率。這四個「漏出」的比率越高，貨幣乘數就越小；反之，貨幣乘數就越大。中央銀行通過直接和間接的手段調控這四個「漏出」因素，使貨幣乘數的大小和變動符合中央銀行的貨幣政策意圖。

3. 資產結構調整效應

中央銀行操作貨幣政策工具變量，對利率機制和貨幣乘數機制進行調控，以間接調控貨幣供給，從而使貨幣政策傳導機制完成了在金融領域的傳遞過程。但是貨幣政策的傳導並沒有結束，貨幣供給的變動最終會影響到幣值穩定、經濟發展、就業狀況以及國際收支平衡。這就是貨幣政策信號在實務領域中傳導的基本內容。在這過程中，我們以名義收入水平代表貨幣政策最終目標變量，以最終支出代表各經濟主體（企業部門和個人部門）的購買和需求。這樣，貨幣政策在實務領域的傳導就可表示為：

貨幣供給→最終支出→名義收入→最終目標

任何貨幣政策的運用都必然反應在貨幣供給量的變動上，而貨幣供給變動首先會影響各經濟主體的投資行為和消費行為，表現在各經濟主體對自己的資產進行調整和重新組合上。各經濟主體持有的資產形式一般包括貨幣資產、實物資產和金融資產（債券、股票等有價證券），每一種資產都有其收益率，經濟主體隨著貨幣供應量的變化而比較收益率並及時調整資產的結構。根據經濟學原理，當調整到各種資產的邊際收益率相等時，經濟單位的總收益最大，這時即達到一種均衡狀態。資產組合的調整過程將影響經濟總量目標。

假設最初各種資產組合處於均衡狀態，即各種資產給持有者帶來相等的邊際效用，若中央銀行調整貨幣政策增加貨幣供應量，從而導致貨幣供應大於貨幣需求，貨幣的邊際收益率下降，資產結構的均衡便遭到破壞。為恢復等量的邊際收益率，各經濟主體就會重新調整其資產結構。人們首先會將多余的貨幣用於購買價格尚未上漲、收益率尚未下降的債券資產，結果使債券的價格提高、收益率下降。這時人們又轉向購買收益率相對較高的股票所有權資產，於是股票需求將增加、股票價格上漲、收益水平會降低。最后人們逐漸轉向廠房、設備、消費品等實物資產，並促使實物資產的價格普遍上漲，這時進行實際投資，擴大生產則有利可圖。投資增加，使就業量也增加，經由乘數作用使總收入增加，而總收入增加，又使貨幣需求增加，結果就會消除貨幣的超額供給，並使整個社會的資產結構逐步趨向新的平衡。

可見，貨幣供給通過促使資產結構失衡和不斷調整、選擇機制實現了社會總支出的擴張。這種由於貨幣供應量的變化使社會公眾對資產的組合進行調整，以收益高的資產代替收益低的資產而引起的收入變化的過程，就是資產結構調整效應，有時又叫做資產替代效應。

第四節　貨幣政策效應

貨幣政策效應（Efficiency of Monetary Policy）是指貨幣政策操作通過貨幣政策的傳導機制作用於總支出，最後實現最終目標所取得的效果。西方對貨幣政策效應的理論探討主要是看貨幣政策能否影響產出，也就是貨幣是否中性的問題。衡量貨幣政策效應，一是看效應發揮的快慢；二是看發揮效力的大小。由於影響貨幣政策效應的因素很多，所以孤立地判斷某一貨幣政策的效應幾乎不可能，而必須通過分析較長時期的時間序列數據，才能得出貨幣政策是否有效的總體判斷。

一、西方對貨幣政策總體效應理論評價的演變

西方古典經濟學通過價格、工資及利率具有完全的伸縮性等一系列理想化假設，推導出完全競爭的市場經濟能通過經濟當事人的最優選擇行為迅速地自行調整到充分就業均衡狀態的結論。貨幣被認為只是一層面紗，在經濟中僅僅發揮交易媒介的功能，在宏觀上只是起著決定價格水平的作用。貨幣供應量的增加對實際產出等實際經濟變量沒有影響，其唯一的結果是導致價格上漲。這種貨幣中性論意味著貨幣政策完全無效。

20世紀30年代的美國大蕭條從實踐上否定了古典經濟學的理論假說以後，凱恩斯根據邊際消費傾向遞減、投資內涵收益率的不確定性和流動性偏好三大假說提出有效需求不足理論。凱恩斯認為，有效需求不足必須由國家干預經濟生活予以補足。理論上而言，國家干預可以採用財政政策，也可以採用貨幣政策。就貨幣政策而言，增加貨幣供應量在一定條件下能降低利率，從而擴大投資，進一步通過乘數作用提高總支出水平。但是貨幣政策可能受到流動性陷阱的制約，當經濟極度蕭條時，利率已經降

到極限，增加貨幣供給並不能繼續降低利率，也就不能擴大投資和總支出。據此，凱恩斯為貨幣政策的有效性做出了理論說明。

　　凱恩斯主義在第二次世界大戰後有了進一步的發展。新古典綜合派將產出與通貨膨脹具有替代關係的菲利普斯曲線吸收進來，豐富了凱恩斯主義的總供給理論，說明貨幣政策能通過工資——價格機制作用於總支出，通貨膨脹率降低必然導致產出下降，增加產出必然以通貨膨脹率上升為代價。

　　到了20世紀70年代，新古典綜合派因為無法解釋「滯脹」局面，即通貨膨脹與經濟停滯和失業問題並存，而受到貨幣學派的強烈攻擊。以弗里德曼為代表的貨幣學派根據對歷史數據的分析，說明貨幣供應量的變化對產出有顯著的影響，貨幣供應量的變化是經濟波動的根源，得出「貨幣最重要」的結論。該學派又依據自然失業率假說提出附加預期的菲利普斯曲線，並根據穩定的貨幣需求函數和廣泛的貨幣政策傳導機制，從理論上說明貨幣政策長期無效，從而得出貨幣短期非中性和貨幣長期中性的結論。貨幣學派認為，凱恩斯學派推崇的國家干預阻礙了市場自我調節機制作用的發揮，從而造成經濟紊亂。就貨幣政策來說，凱恩斯學派主張實施「逆風向」調節的相機抉擇的方針，經濟過熱，相機採取緊縮措施；反之，則採取擴張措施。貨幣學派認為，相機調節貨幣供給的金融政策，由於要在長期時滯之後才能生效，而在這段時滯當中，各種影響經濟波動的因素都可能發生變化，這就要求貨幣當局密切監視各種可能導致經濟波動的因素，並及時做出準確的政策反應，而這種要求是貨幣當局無法達到的，因為只要貨幣當局的預測不夠精確，政策操作不夠及時、不夠靈活、不夠準確，多變的貨幣政策就只會加劇經濟的波動。他們論證，貨幣需求函數的變動從長期看是相當穩定的，因而他們的貨幣政策主張保持貨幣供給按照「單一規則」增長。

　　隨後，理性預期學派完善了貨幣政策無效說的理論基礎。以盧卡斯等人為代表的理性預期學派號召「建立宏觀經濟模型的微觀基礎」，重新確認西方古典經濟學關於經濟生活中的主體是「理性人」的假設。所謂理性人，是指經濟主體都會盡力收集有關信息，進行合理的預測，並按效用最大化和利潤最大化的原則做出決策。模型依據不完全信息假設，建立了完全競爭市場經濟的盧卡斯供給曲線，以不完全信息為基礎調和了貨幣短期非中性和貨幣長期中性的難題。具體而言，在短期內，廠商的價格信息和貨幣供應量信息不充分，當貨幣當局增加貨幣供應量時，廠商可能把總體價格上漲帶動的自身產品價格上漲誤認為市場對自身產品需求的增加，從而增加產出；但是廠商是理性的，不可能總是犯錯誤，理性的廠商在學習過程中會不斷修正對貨幣供應和相對價格的錯誤預期，不斷調整產出，長期來看實際產出將位於潛在產出的均衡水平。理性預期模型的政策含義是，被預期到的貨幣政策無效，只有超出微觀主體預料之外的貨幣政策才會影響實際產出。雖然當貨幣當局的實際操作結果大於微觀主體的預期時，產出的反應與貨幣當局的意圖是一致的，但是如果貨幣當局的操作結果小於微觀主體的預期，即「預期過度」，則將產生與政策意圖相反的結果。因此，如果貨幣當局企圖依據這種操作思路實施貨幣政策，就必須能準確地把握公眾的預期程度，不斷地製造超過微觀主體預期程度的意外，才能保證貨幣政策產生合意的結果。事實上，貨幣當局可能難以把握公眾的預期，在這種情況下，相機抉擇的貨幣政策只會增加宏觀

經濟運行的「噪聲」，給微觀主體帶來更多的不穩定性，從而加劇經濟波動。要消除這種經濟波動的根源，貨幣當局必須不折不扣地依規則行使貨幣政策，建立貨幣當局的威信，提高公眾對其的信任程度，以穩定公眾的預期。理性預期理論的深刻含義將貨幣學派「按單一規則行事」的政策主張推進了一大步。

20 世紀 80 年代初產生的實際經濟週期模型（Real Business Cycle Models）更是把貨幣政策無效說推到極致。一般的實際經濟週期模型，除了採用所有市場都是出清的、價格靈活變動、信息完全充分、理性經濟人（家庭或廠商）、根據效用最大化原則進行決策等古典假設以外，還假設生產函數受到隨機的技術衝擊，強調供給衝擊對經濟增長和波動的影響，將經濟增長和經濟短期波動理論結合起來，把產出波動完全歸之於技術衝擊等實際供給因素，經濟週期的調節則通過勞動者提供勞動的高度跨期替代彈性自行調整，貨幣不影響產出或其他真實經濟變量。根據實際經濟週期模型，貨幣政策不僅無效，而且根本就是可有可無，因為產出波動被認為是實際經濟週期波動的結果，純粹與貨幣無關。

貨幣政策無效說指出了政策操作的難點，但是實際經濟生活中無論如何也不能沒有政府宏觀經濟政策的適時和適度調控。為了向宏觀政策的適度干預提供理論基礎，20 世紀 70 年代末 80 年代初逐步發展起來的新凱恩斯主義者採取了較為折中的立場，他們同意貨幣政策有時滯，也同意公眾的預期對宏觀政策有重要影響，但是他們不同意價格變量是完全彈性的。他們認為市場是不完全的，這種不完全性可以表現在許多方面，除了盧卡斯提出的宏觀信息不完全之外，商品市場、勞動市場和信貸市場都可能存在信息不對稱，而且各種市場可能都存在不同程度的不完全競爭或者壟斷等。商品市場、勞動市場和信貸市場的各種不完全性可能導致工資、價格和利率等變量在短期內具有一定的剛性，貨幣擾動借助這些微弱的剛性，通過特殊的傳導機制被放大，就能影響實際經濟變量的變化，從而得出貨幣政策有效的命題（比如在貨幣政策傳導機制一節中介紹的信用傳導就是一例）。新凱恩斯主義者認為，因為市場的不完全性在長期內可以得到修補，所以所有的價格變量在長期中都具有伸縮性，因而也同意貨幣長期中性的觀點，即貨幣政策長期無效。據此，新凱恩斯主義者的政策含義是，預料之中的貨幣政策也有效，但是其效果比預料之外的貨幣政策小。雖然新凱恩斯模型否定了被預期到的貨幣政策無效的觀點，不排除相機抉擇貨幣政策可能產生有益的穩定作用，但是這種政策同樣受到預期因素的影響，如果貨幣當局不能準確地把握公眾的預期，貨幣政策仍然可能產生負面影響，增加經濟的不穩定性。

自由資本主義時期的貨幣政策要求創造穩定的金融環境，以保證市場機制發揮作用。凱恩斯主義的貨幣政策要求主動通過金融工具逆風向地調節有效需求，認為在其他政策配合下可以克服經濟波動。現代批判凱恩斯主義的各流派則是在凱恩斯主義政策雖然曾一度取得某種成功但是也同樣陷入困境的背景下，反對相機抉擇的政策，主張貨幣政策按「單一規則」行事，並相信只有依靠市場機制才能走出困境。新凱恩斯主義者從一定程度上挽救了政府適度干預的論點，但是貨幣政策操作可能產生的反作用一直是關注的焦點。這個反覆可以提醒我們正確地估量貨幣政策總體效應的複雜性。

二、影響貨幣政策效應的主要因素

(一) 貨幣政策時滯 (Time Lag of Monetary Policy)

貨幣政策時滯是指貨幣政策工具操作經由操作目標和遠期仲介目標的傳導，作用於總支出，達成最終目標的這段時間。時滯分為內部時滯和外部時滯。

1. 內部時滯

內部時滯是指從政策制定到貨幣當局採取行動這段期間，包括認識時滯和行動時滯兩個階段。認識時滯，即從經濟形勢發生變化需要貨幣當局採取行動到貨幣當局認識到這種需要的時間距離；行動時滯，即從貨幣當局認識到需要採取行動到實際採取行動這段時間。顯然，內部時滯的長短取決於貨幣當局對經濟形勢發展的預見能力、制定對策的效率和行動的決心等方面。

2. 外部時滯

外部時滯是指從貨幣當局採取行動開始直到對政策目標產生影響為止的這段時間，又稱為影響時滯。不論是貨幣供應量還是利率，它們的變動都不會立即影響到政策目標。比如企業是擴大還是縮減投資，要做出決策，要制訂計劃，然后付諸實施。因此，外部時滯主要由客觀的經濟和金融條件決定。

時滯是影響貨幣政策效應的重要因素。時滯越長，貨幣政策的效果越難預料。假定政策的大部分效應需要較長的時間，在這段時間內，經濟形勢可能已經發生了很多變化，此時很難證明貨幣政策的預期效應是否已經實現。

(二) 貨幣流通速度的影響

貨幣政策有效性的另一個主要限制因素是貨幣流通速度。假設按照貨幣當局的預期，國民生產總值將增長15%，根據以前年份有關數據的實證分析，只要包括貨幣流通速度在內的其他條件不變，貨幣供給的等比增加即可滿足國民生產總值增長對貨幣的追加需求。但是如果貨幣流通速度在預測的期間加快了10%，不考慮其他條件的變化，貨幣供給則只需增加較少的比例就足夠了，如果貨幣當局沒能預見到貨幣流通速度的這種變化，而是按原來的流通速度進行決策，增加貨幣供給15%，那麼新增的貨幣供給量則必將成為助長經濟過熱的因素。因此，對於貨幣流通速度一個相當小的變動，如果政策制定者未能預料到或預計出現了小的偏差，都可能使貨幣政策效果受到嚴重影響，甚至有可能使本來正確的政策走向反面。

然而，在實踐中，對貨幣流通速度變動的估算很難做到不發生誤差，因為影響它發生變動的因素太多了，這當然也就限制了貨幣政策的有效性。

(三) 微觀主體預期的抵消作用

對貨幣政策有效性產生影響的另一個重要因素是微觀主體的預期。一項貨幣政策的提出，往往會使各種微觀經濟主體根據預測貨幣政策的后果從而很快地找出對策，這其中極少有時滯。盧卡斯提出的理性預期理論說明，如果貨幣當局的政策被微觀經濟主體完全預期到，貨幣政策可能歸於無效。例如，政府擬採取長期的擴張政策，人

們通過各種信息預期到社會總需求會增加，物價會上漲，在這種情況下，工人會通過工會與雇主談判，要求提高工資；企業預期工資成本增大而不願擴展經營，最后的結果是只有物價的上漲而沒有產出的增長。根據理性預期理論，只有在貨幣政策的取向和力度沒有或沒有完全為公眾知道的情況下，才能生效或達到預期效果。但是這種可能性不大，貨幣當局不可能長期不讓社會知道它將要採取的政策。即使採取非常規的貨幣政策，不久之後也會暴露在人們的預期之內。假如貨幣當局長期採取非常規的貨幣政策，就將導致微觀經濟主體做出錯誤判斷，並會使經濟陷入混亂之中。但是實際的情況是，公眾的預測即使是非常準確的，實施對策即使很快，其效應的發揮也要有個過程。這就是說，貨幣政策仍可奏效，但是公眾的預期行為會使其效應大打折扣。

(四) 其他經濟、政治因素的影響

貨幣政策的效果也會受到其他外來的或體制的因素所影響。由於客觀經濟條件的變化，一項既定的貨幣政策出抬后總要持續一段時間，在這段時間內，如果生產和流通領域出現始料不及的情況，而貨幣政策又難以做出相應的調整時，就可能出現貨幣政策效果下降甚至失效的情況。例如，在實施擴張性貨幣政策中，生產領域出現了生產要素的結構性短缺。這時縱然貨幣、資金的供給量充裕，由於瓶頸部門的制約，實際的生產也難以增長，擴張的目標即無從實現。又如，中央銀行實施緊縮性貨幣政策以期改善市場供求對比狀況，但是在過程中出現了開工率過低、經濟效益指標下滑過快等情況。這就是說，緊縮需求的同時，供給也減少了，改善供求對比的目標也就不能實現。

政治因素對貨幣政策效果的影響也是巨大的，由於任何一項貨幣政策方案的貫徹都可能給不同階層、集團、部門或地方的利益帶來一定的影響，這些主體如果在自己利益受損時做出較強烈的反應，就會形成一定的政治壓力。當這些壓力足夠有力時，就會迫使貨幣政策進行調整。在西方國家，突出的表現是「政治性經濟週期」對貨幣政策的影響。為了獲得選票，執政黨在大選之前力圖刺激經濟，以促進經濟高增長和低失業，而新政府則一般在大選后採取收縮政策，使國民經濟平穩下來，由於政府與中央銀行的目標存在矛盾，所以貨幣政策的效果必然受政治性經濟週期的影響。在發展中國家，突出地表現為政府所定高增長目標對貨幣政策的影響。發展中國家財政收入狀況不好，資金短缺，在高增長目標的推動下，政府往往通過各種方式，公開或隱蔽地從中央銀行融資，給中央銀行控製通貨膨脹帶來極大的壓力，有時候還可能導致通貨膨脹失去控製。

三、貨幣政策效應的衡量

衡量貨幣政策效應，一是看效應發揮的快慢，前面關於時滯的分析已經涉及；二是看效力發揮的大小，這或許是更主要的方面。

對貨幣政策效應大小的判斷，一般著眼於實施的貨幣政策所取得的效果與預期所要達到的目標之間的差距。以評估緊縮政策為例，如果通貨膨脹是由社會總需求大於社會總供給造成的，而貨幣政策是以糾正供求失衡為目標，那麼這項緊縮性貨幣政策

效應的大小或是否有效，就可以從以下幾個方面來考察：

第一，如果通過貨幣政策的實施，緊縮了貨幣供給，從而平抑了價格水平的上漲，或者促使價格水平回落，同時又不影響產出或供給的增長率，那麼可以說這項緊縮性貨幣政策的有效性最大。

第二，如果通過貨幣供應量的緊縮，在平抑價格上漲或促使價格水平回落的同時，也抑制了產出數量的增長，那麼貨幣緊縮政策有效性的大小則要視價格水平變動率與產出變動率的對比而定。若產出數量雖有減少，但減少規模還不算大，而抑制價格水平的目標接近實現，可視為貨幣緊縮政策的有效性較大；若產出量的減少非常明顯，而抑制價格水平目標的實現並不理想，貨幣緊縮的有效性就較小。

第三，如果貨幣緊縮政策無力平抑價格上漲或促使價格回落，卻抑制了產出的增長甚至使產出的增長為負，則可以說貨幣緊縮政策是無效的。

當然，衡量其他類型的貨幣政策效應，也可採用類似的思路。由於貨幣政策存在時滯，而且在現實生活中，宏觀經濟目標的實現往往有賴於多種政策如收入政策、價格政策等的配套進行，因此要準確地評估某一項貨幣政策操作的效應極其困難。

第五節　貨幣政策與財政政策的配合

貨幣政策與財政政策的配合歷來是宏觀經濟政策中最為核心的內容，這是因為貨幣政策和財政政策都是直接作用於經濟運行的。所有的宏觀經濟學家和經濟學流派可能不一定研究和說明貨幣政策與其他經濟政策的配合，但是一般會對貨幣政策與財政政策的配合問題做出說明和交代。

一、貨幣政策與財政政策的關係

研究貨幣政策與財政政策的最佳配合問題，首先要理清這兩大政策的關係。

(一) 兩者的共性

第一，貨幣政策與財政政策作用於同一個經濟範圍，即本國的宏觀經濟方面。

第二，貨幣政策與財政政策均由國家制定，即出自同一個決策者。

第三，貨幣政策與財政政策的最終目標是一致的，都是通過自己的政策工具和傳導機制影響社會總需求，從而影響整個社會的產出水平。

第四，貨幣政策與財政政策都是國家重要的宏觀調控經濟的工具。可以說，無論在計劃經濟體制下還是在市場經濟體制下，貨幣政策與財政政策都應是國家宏觀調控經濟的重要工具。只不過在計劃經濟體制下，國家更重視計劃和財政作用，更願使用行政手段來調控經濟，而忽視貨幣政策以及通過經濟手段調控經濟的重要作用。

(二) 兩者的區別

1. 政策的實施者不同

財政政策由政府財政部門具體實施，而貨幣政策則由中央銀行具體實施。儘管某

些西方國家的中央銀行在名義歸屬於財政部領導，但是其中絕大多數在實施貨幣政策方面由中央銀行獨立操作。

2. 作用過程不同

財政政策的直接對象是國民收入再分配過程，以改變國民收入再分配的數量和結構為初步目標，進而影響整個社會經濟生活；貨幣政策的直接對象是貨幣運動過程，以調控貨幣供給的結構和數量為初步目標，進而影響整個社會經濟生活。

3. 政策工具不同

財政政策所使用的工具一般與政府的收支活動相關，主要是稅收和政府支出以及轉移性支付等；貨幣政策使用的工具通常與中央銀行的貨幣管理業務活動相關，主要是存款準備金率、再貼現率或中央銀行貸款利率、公開市場業務等。

二、貨幣政策與財政政策配合的必要性

從上面的分析可知，貨幣政策與財政政策出自於同一決策者卻由不同機構具體實施；要達到同一目標卻又經過不同的作用過程；作用於同一個經濟範圍卻又使用不同的政策工具。貨幣政策與財政政策的共性決定了它們之間必須密切配合的客觀要求。但是貨幣政策與財政政策又是獨立而有區別的，所產生的效應是相互交叉的且存在著作用機制複合的可能性。貨幣政策與財政政策的協調與配合，就寓於兩者政策的複合效應之中。

一般來說，財政政策的直接對象是國民收入再分配過程，以改變國民收入再分配的數量和結構為初步目標，進而影響整個社會經濟生活，適用於公共性和難以取得直接回報的項目。貨幣政策的直接對象是貨幣運動過程，以調控貨幣供給的結構和數量為初步目標，進而影響整個社會經濟生活。貨幣政策需要通過商業銀行以及整個金融體系作用於社會，適用於那些在比較短時間內能夠得到直接回報的項目。因此，貨幣政策與財政政策只有緊密配合，才能揚長避短，共同促進經濟全面、協調、穩定發展。

三、貨幣政策與財政政策的配合

(一) 兩者主輔關係的確立

研究貨幣政策與財政政策的配合問題，首先要解決的是兩種政策之間主輔關係如何確立的問題。眾所周知，在經濟學流派中，在相當長的一個時期裡，凱恩斯學派一直強調財政政策重要而貨幣政策不重要；貨幣學派則相反，認為貨幣政策重要而財政政策並不重要。隨著各自理論的發展，兩大學派在這個問題上彼此針鋒相對的爭論逐步減弱，但是理論本身對於兩者地位輕重的基本判斷還是沒有改變。從政府的角度來說，不同的政府在偏重貨幣政策與偏重財政政策上有很大的差別。不過作為政府，也不再完全依靠單一的貨幣政策或財政政策，而是在強調某一方面政策的同時，充分考慮另一方面政策的配合。

(二) 特定經濟運行狀況的要求

貨幣政策和財政政策兩者在一定時期如何配合還取決於一定時期的經濟形勢，而

經濟形勢不外乎社會總供給與總需求的關係狀況和產業、產品結構的平衡情況。對於這兩種關係狀況以及總量和結構關係狀況，一般情況下並不特殊地要求一定以哪項政策為主來對其失衡進行調節和矯正。這裡問題的關鍵是這種失衡產生的具體原因以及貨幣政策和財政政策可能被運用的程度，這是決定兩種政策之間主輔調節關係的一個基本因素。在總量失衡的條件下，如果是總需求過度膨脹，那麼首先要瞭解的問題是這種膨脹是怎麼造成的、誰在總需求膨脹中扮演主要角色，對這種原因以及推動因素的分析正確了，問題的癥結就找到了。下一個問題就是以哪一項政策為主來矯正失衡，抑制總需求過度膨脹。例如，中國1984年第四季度銀行信貸的失控，立即導致了社會總需求的過度擴張。既然銀行信貸是總量失衡的根源，那麼只要收緊銀根就可以使這種總需求膨脹導致總量失衡的狀況得到解決。但是假如情況不是這樣，而是總量失衡並不明顯，產業產品結構上卻存在著嚴重的不平衡狀況。具體舉例來說，假定一個時期內的基本建設投資增長過快，而這種投資又主要是由預算內投資構成的，那麼顯然如果依靠貨幣政策來控制這種局勢的發展就有些力不從心，只有用削減預算中的基本投資支出和調節預算支出結構的辦法才能有效地解決這種投資結構失衡的問題。也就是說，應以財政政策作為主要的調節手段。

(三) 兩者的配合模式

貨幣政策和財政政策的配合還有一個需要考察的問題就是兩種政策的配合模式問題。從邏輯上看，財政政策與貨幣政策有四種配合模式：緊縮的財政政策與緊縮的貨幣政策的配合，即通常所說的「雙緊」政策；寬鬆的財政政策與寬鬆的貨幣政策的配合，即通常所說的「雙鬆」政策；緊縮的財政政策與寬鬆的貨幣政策的配合，即通常所說的「緊財政、鬆貨幣」政策；寬鬆的財政政策與緊縮的貨幣政策的配合，即通常所說的「鬆財政、緊貨幣」政策。

兩種政策間的「雙緊」或「雙鬆」的配合形式，一般來說，只有在社會總需求過度膨脹或極度疲軟的情況下才採用。在並未出現社會總需求過度膨脹或極度疲軟時，「雙鬆」的政策搭配雖然能夠起到迅速提高總支出水平、擴張生產規模的作用，但是往往要引發通貨膨脹。採取「雙緊」政策搭配，雖然可以有效地抑制通貨膨脹，但是很容易引起生產停滯或經濟衰退。這種「雙緊」或「雙鬆」的政策搭配對經濟產生副作用的經驗與教訓，無論在西方國家還是在中國，都是出現過的。國內外的實例都說明「雙緊」或「雙鬆」的政策搭配一般情況下應避免採用，如果採用了也應注意這種政策搭配實施的時間不能太長。在貨幣政策和財政政策間，採取「一鬆一緊」的搭配形式，是當一定時期內的社會總需求水平偏高，就可根據貨幣政策或財政政策工具變量與調節目標的密切聯繫程度選擇政策手段，以這一手段為主，採取緊縮的調節措施，而另一輔助政策手段採取適度放鬆的調節方法，以使主要政策措施「軟著陸」，避免造成較大的經濟震盪。

(四) 兩者的配合手段

貨幣政策和財政政策之間配合應解決的另一個問題是配合手段問題。從財政政策來說，其發揮作用的形式主要是稅率變動和支出的擴張或削減，這兩種方法實際上都

是以強制為基礎的。但是稅率的升降或稅種的增減手段對經濟的影響又比財政支出結構或總量的變動手段對經濟的影響要間接一些。而貨幣政策發揮作用的形式則比較多，既可以通過行政的、計劃的直接強制手段來發揮作用，也可以通過經濟的、間接的利益調節手段發揮作用。比如說，信貸規模管理及存款準備金中的變動等手段就是較為直接的、強制性的控制手段，而再貼現貸款利率和買賣政府債券的辦法就是一種間接的控制手段。

一般情況下，採用直接的、強制的、行政的手段對經濟控制容易收到立竿見影的效果，在較為緊急和嚴重的經濟形勢下，採取這類措施是十分必要的。只是用過於強烈的行政和強制辦法搞「緊急煞車」或急遽擴張容易產生一些副作用，即由經濟運行的慣性效應決定，在「緊急煞車」時容易在總需求增長受到控制的同時引起再生產的萎縮。而經濟的、間接的，即通過對微觀經濟主體的經濟利益進行宏觀經濟調節的辦法，其對最終目標變量的影響時滯固然比直接的、行政的手段要長，但是其負效應也較小。因此，採取間接的、經濟的辦法對經濟總量和結構的失衡進行調節，可以避免直接的、行政的手段可能給經濟運行帶來的震盪性影響，達到所謂「軟著陸」的目的。

從這些手段發揮作用的特性來說，在貨幣政策和財政政策配合時，似乎應該盡量做到一方直接的、行政的手段與另一方間接的、經濟的手段交錯運用，這樣才能收到既縮短單一政策時滯，又能減少同向同性手段調節可能對經濟造成的震盪性影響。

無論是貨幣政策措施還是財政政策措施，它們對於總支出、產量和物價發揮影響總要有一定的傳導時滯。在相同的經濟條件下，兩種政策工具變量的時滯長短如果有區別，時滯較短的就可以稱為快變量，時滯較長的則稱為慢變量，快慢變量之間只有恰當地進行配合，才能收到理想的經濟調節效果，如果快慢變量之間配合不當，就可能影響貨幣政策和財政政策的配合效果，有時還可能帶來相反的經濟調節作用。

本章小結

1. 貨幣政策是指中央銀行為實現其特定的經濟目標，所採用的各種控制和調節貨幣供應量或信用量的方針和措施的總稱。貨幣政策是包含著政策目標、達到目標的措施、運行機制、效果衡量等一系列內容在內的一個廣泛的概念。

2. 貨幣政策劃分為兩個不同的目標層次，即最終目標和仲介目標。一般認為，貨幣政策的最終目標包括物價穩定、充分就業、經濟增長和國際收支平衡。作為貨幣政策的仲介目標必須具備三個條件，即符合可測性、可控性以及與最終目標的相關性這「三性」原則。可以作為貨幣政策仲介目標的金融變量主要有三種，即利率、貨幣供給量和存款準備金。

3. 貨幣政策工具可分為一般性政策工具、選擇性政策工具和其他補充性政策工具三類。一般性貨幣政策工具主要包括：法定存款準備金政策、再貼現機制和公開市場業務。選擇性貨幣政策工具和其他貨幣政策工具是中央銀行針對個別部門、企業、領域或特殊用途的信用而採用的政策工具。選擇性貨幣政策工具主要包括證券市場信用

控制、消費信貸控制、不動產信用控制等。

4. 關於貨幣政策的傳導機制，西方經濟學界存在凱恩斯學派和貨幣學派兩種主要理論。凱恩斯學派認為，貨幣政策的傳導是在兩個領域中進行的，即金融領域和實務領域，其傳導過程共經歷三個階段。貨幣政策傳導機制有利率、貨幣乘數和資產結構三種傳遞效應。

5. 西方對貨幣政策效應的理論探討主要是看貨幣政策能否影響產出，也就是貨幣是否中性的問題。衡量貨幣政策效應，一是看效應發揮的快慢；二是看效力發揮的大小。由於影響貨幣政策效應的因素很多，所以孤立地判斷某一貨幣政策的效應幾乎不可能，而必須通過分析較長時期的時間序列數據，才能得出貨幣政策是否有效的總體判斷。

6. 財政政策與貨幣政策既有共性，又有區別。貨幣政策與財政政策出自於同一決策者卻由不同機構具體實施；要達到同一目標卻又經過不同的作用過程；作用於同一個經濟範圍卻又使用不同的政策工具。兩者的共性決定了它們之間必須密切配合的客觀要求。財政政策與貨幣政策的配合主要包括主輔關係確立、配合模式與配合手段等內容。

復習思考題

1. 簡述凱恩斯學派與貨幣學派在貨幣政策傳導機制理論上的分歧。
2. 什麼是貨幣政策仲介指標？主要包括哪幾項？
3. 簡述存款準備金政策的優缺點。
4. 簡述再貼現政策及傳導機制。
5. 簡述公開市場業務的含義、作用、特點。
6. 選擇性政策工具主要包括哪些內容？
7. 中央銀行的一般性貨幣政策工具有哪幾種？它們分別是如何發揮作用的？各自的優缺點分別是什麼？
8. 試述貨幣政策和財政政策配合的必要性，並聯繫實際分析如何才能實現更有效的配合。
9. 試述貨幣政策目標的內容，並談談如何協調貨幣政策目標之間的相互關係。
10. 試述影響中央銀行貨幣政策效果的主要因素。

附錄一：中國貨幣政策目標的選擇

從中華人民共和國成立到20世紀80年代初期，在高度集中統一的計劃經濟模式下，貨幣和銀行的作用被削弱了，它們只不過是計劃經濟的附屬物，中國沒有名副其實的中央銀行，也就沒有現代意義上的貨幣政策。當時的貨幣（或信貸）政策附屬於國家計劃，其根本目的是發展經濟。1984年中央銀行體制確立後，中國才有了運用政策工具調控貨幣供應量和利率進而影響社會總需求的貨幣政策。但是在1993年以前，中央銀行很少公開、明確地宣布各個階段貨幣政策的最終目標。從實際的政策措施看，

在相當長的時期內，中國貨幣政策追求的是經濟增長和穩定物價的雙重目標，兩者孰重孰輕，在不同的經濟形勢下有所側重，但是經濟增長往往占據主導地位。也正是由於這種雙重目標，中國中央銀行的貨幣政策操作一直在平衡與妥協之中艱難地運作。對於中國這樣一個資金短缺、投資需求旺盛、企業和政府相互嚴重依賴的發展中國家，在貨幣政策上實行雙重目標，幾乎總會犧牲貨幣的穩定，以過度的貨幣發行來支撐經濟的暫時增長。其結果往往會誘發較高的通貨膨脹，到了一定階段就不得不停下來進行調整，這時治理通貨膨脹、平抑物價又成了中央銀行的主要政策目標。由此必然導致國民經濟週期性的振蕩和強制性調整。這一教訓促使理論界和貨幣當局重新審視中國的貨幣政策目標。

1993年之后，中國中央銀行的貨幣政策目標終於發生了變化。1993年12月25日，國務院在《關於金融體制改革的決定》中首次明確地將宏觀調控的目標定為「保持貨幣穩定，並以此促進經濟發展」。1995年3月，全國人大八屆三次會議通過了《中華人民共和國中國人民銀行法》，正式以法律的形式重申了這一提法。在某種意義上可以說，中國中央銀行的貨幣政策目標已經實現了由雙重目標向單一目標的轉變。

資料來源：李瓊. 中國貨幣政策目標的選擇 [M]. 北京：社會科學文獻出版社，2009.

附錄二：公開市場操作：美聯儲是如何執行的？

一位重要的紐約聯邦儲備銀行官員對一個假設的聯邦儲備公開市場交易進行了如下的描述：

現在的時間恰好是感恩節前的星期二中午之前。地點是紐約聯邦儲備銀行8樓的交易大廳。美聯儲公開市場帳戶經理已經做出決策，他指示他的副手買進5億美元的即期交割的美國國庫券。

決策制定后，主辦職員即在電話交換臺前通知與30來位美國政府債券交易商要保持聯繫的10位職員和債券代理商。他說：「我們需要所有國庫券的現售報價。」之後，每一位職員或代理商都迅速地與2~4位證券交易商進行電話聯繫。

瓊是紐約聯邦儲備銀行的一位代理商，她按下自己面前的電話交換臺按鈕，與一位政府債券交易商進行了小聲地通話。

「杰克」瓊說，「我們正在尋求以現金交割方式購進全部的國庫券。」

杰克說：「我馬上答復你。」杰克是某代售公司的代表，他立即跟客戶們聯繫，詢問他們是否願意出售國庫券。同時，杰克和自己公司的負責人商定了他應如何使本公司擁有的政府債券處於最有利報價的策略。

10分鐘后，杰克回電話：「瓊，我可以向你出售500萬美元收益率為5.85%的1月5日到期的國庫券，1000萬美元收益率為5.90%的1月26日到期的國庫券，2000萬美元收益率為6.05%的3月23日到期的國庫券和3000萬美元收益率為6.14%的5月30日到期的國庫券。」

瓊回答：「這些報價可否讓我在幾分鐘后確定？」

杰克：「當然可以。」

幾分鐘后，這一往返磋商完成了。代理商們把同各個債券交易商聯繫后得的報價都填入事先印製好的專門表格上。主辦職員就把每一個債券交易商的報價，按順序標在櫃臺上方的斜板上。最后，記錄牌上顯示出，債券交易商已經提供了總量為18億美元的國庫券的報價，而且要求成交日即以現金交割。

然后，主辦職員開始用紅筆圈出每一筆擬出售國庫券中的最佳的，即收益率最高的報價。他從U型櫃臺后面的大幅行市牌上可以查出這些國庫券在這一電話交易之前的市場收益率，一個助手不斷地記下將買進的國庫券的累計數額。在他已選足預定的數額時，就把這些報價單退給代理商，再由各個代理商立即打電話通知有關交易商。

瓊說：「杰克，我們將以現金構進500萬美元收益率為5.85%的1月5日到期的國庫券和3000萬美元收益率為6.14%的5月30日到期的國庫券，其他的不要。」

做出最初決定的45分鐘后，所有的電話交易都結束了。聯邦儲備銀行購進了5.23億美元的國庫券，剩下的僅僅是劃帳工作。代理商簽發單據，以便給聯邦儲備銀行的政府債券部門作為對購進的特定國庫券進行劃帳的主要證明。辦理債券交易商交割的銀行即清算銀行，有權把這些國庫券從它們在聯邦儲備銀行的帳戶上扣除，與此同時它們在紐約聯邦儲備銀行的準備金帳戶就被貸記相同的金額。

聯邦儲備銀行立即貸記債券交易商往來銀行的帳戶，從而為美國的銀行體系增加了5億多美元的準備金。

資料來源：蔣遠勝. 金融學 [M]. 成都：西南財經大學出版社，2009.

第十二章　金融發展與金融改革

第一節　金融發展理論

一、金融發展與經濟發展

嚴格來說，金融發展理論所要研究的應是一切有關金融發展與經濟發展關係的理論。所謂金融發展（Financial Development），主要包括金融資產的發展、金融機構的發展以及金融市場的發展。所謂經濟發展，則是指各種實際經濟因素的發展，如物質財富的增加、生產技術的進步以及經濟制度的健全等。在金融發展與經濟發展的關係分析上，以美國的約翰·G. 格利和愛德華·S. 肖以及戈德史密斯的理論最為著名。

格利和肖認為，金融的發展與經濟的發展之間有著非常密切的關係，經濟發展是金融發展的前提和基礎，而金融發展是推動經濟發展的動力和手段。

在格利和肖看來，所謂金融的發展，主要是各類金融資產的增多以及各類金融機構的設立。在各類金融資產中，貨幣只是其中的一種；而在各類金融機構中，銀行也只是其中的一種。隨著經濟的發展，金融也隨之發展，這種發展不僅表現在各種非貨幣金融資產的湧現及其數量的增多，也表現在各種非銀行金融仲介機構的建立和發展。具體作用表現在以下方面：

（一）初始經濟與金融限制

為了說明金融發展對經濟發展的影響，格利和肖對初始經濟進行了分析。他們指出，初始經濟的增長能力受其金融制度的限制。在只有貨幣沒有其他金融資產的情況下，儲蓄、資本累積和從儲蓄到投資的有效配置都受到抑制，這種抑制又滯緩了產出與收入的增長速度。也就是說，初始經濟對實際產出增長設置了嚴重的金融限制。不成熟的金融制度本身就是經濟進步的羈絆。

按照格利和肖的分析，實際產出的增長能力來源於兩個方面：一是資本存量的規模；二是資本存量的分配。

資本存量的規模取決於儲蓄的規模。然而初始經濟的金融制度向私人支出單位只提供一種金融資產即貨幣來引致儲蓄。它不允許企業發行自己的金融工具來引致消費者儲蓄，也不允許政府發行非貨幣債務。金融制度也不試圖通過提供不同種類的金融資產或者允許金融資產用各種利率來刺激私人儲蓄。結果可以想像，在消費者和企業之間收入分配既定的條件下，儲蓄傾向和資本增長率都是比較低的。可見金融資產的單一化還限制了儲蓄的規模，從而也限制了投資的水平。不僅如此，金融資產的單一

化還限制了儲蓄的投向，從而使既定的儲蓄不能根據投資效益的高低實行最有效、最合理的配置。

總之，初始經濟的金融制度是缺乏效率的，因為既沒有任何會刺激儲蓄的金融資產，也沒有提供任何競爭性地把儲蓄分配向投資的金融市場。初始經濟的困難在於，它提供了一種金融資產，並且沒有充分地利用金融對儲蓄的推動力，也沒有充分利用在各個投資機會之間使儲蓄有效地分散出去的金融媒介作用。

(二) 金融創新與金融技術

格利和肖認為，在任何經濟社會，要克服由金融制度的缺陷造成的困難，支出單位就必須有能力衝破現存金融格局的限制與束縛。他們指出，在金融發展的初期，一些不發達國家曾採用過各種不同的金融辦法來彌補現存金融制度的缺陷，這些辦法包括組成合夥企業和互助社團、發行彩票、政府向私人部門提供轉移性支付、提高貨幣需求以及土地和其他現存實物資產的轉移等。這些辦法的應用，既緩解了金融限制、促進了經濟增長，又為金融制度的創新和發展奠定了基礎。

在格利和肖看來，由初始的金融制度向成熟的金融制度的發展，首先表現為金融資產的增多。這種增多既包括金融資產種類的增多，又包括金融資產數量的增多。就金融資產的種類而言，首先出現的是由私人投資者為籌措資金而發行的初級證券。初級證券的發行，使私人投資者的投資超過其自身的儲蓄，同時也使消費者獲得新的、有利息收入的金融資產。隨著初級證券數量的增多，初級證券的交易市場應運而生。同時，作為金融仲介機構的銀行也參與初級證券的買賣。這樣私人投資者既可以直接向消費者出售初級證券，也可以向銀行出售初級證券，而銀行則通過發行間接證券即貨幣，來籌措購買初級證券的資金。在這兩種形式中，前一種是直接融資，後一種是間接融資。直接金融把初級證券倒入消費者的資產籃子，而間接金融則用貨幣代替消費者資產籃子中的初級證券。間接金融的出現，使消費者既可以用初級證券儲蓄，又可以用貨幣餘額儲蓄。因此，金融機構的介入是金融資產多樣化的必要條件。同時，由金融仲介機構介入的間接金融也比直接金融更為有效。

格利和肖指出，在不發達社會，可貸資金的交易是在極不完善的市場裡由最終貸款人與最終借款人面對面地磋商完成的。在比較成熟的社會裡，這種分割成細小部分的市場上的個人貸款只是全部發行量的較少部分。金融技術的發展創造了代替面對面貸款的方法，從而使借款人和貸款人或者雙方都能從可貸資金的交換中獲得利益。

根據格利和肖的分析，金融技術主要有兩種：一種是分配技術；另一種是仲介技術。所謂分配技術，是指便於初級證券的發行和交易的技術。它包括證券市場的發達與完善、多種交易形式的採用以及各種便利措施的提供等。所謂仲介技術，是指由金融仲介機構介於最終借款人和最終貸款人之間，以間接金融資產代替初級證券，從而使儲蓄的轉移更為順暢，是金融資產更為多樣化的技術。分配技術和仲介技術都能擴大可貸資金的市場廣度，提高資金分配效率，從而提高儲蓄和投資的水平，最終使經濟增長率也得以提高。隨著資金分配技術的發展，尤其是仲介技術的發展，不僅銀行得到進一步的發展，各種非銀行金融仲介機構也得到發展。這些非銀行金融機構通過

發行非貨幣的間接金融資產而發揮仲介融資的職能。於是金融資產的種類進一步增多，金融資產的總量進一步上升。

(三) 經濟增長與金融累積

格利和肖認為，在經濟增長過程中，隨著人均收入的提高，金融資產的增長率將超出產出或實際收入的增長率。在任一時間的兩個國家之間，以及在一個國家的兩個發展階段之間，金融累積不僅對產出的水平敏感，而且對產出的增長率敏感。因此，金融資產對國民生產總值的比例，可以在相當程度上反應一個國家的經濟發展程度。

二、金融結構與經濟發展

雷蒙德·戈德史密斯是美籍比利時經濟學家、現代比較金融學的奠基者。在1969年出版的著作《金融結構與金融發展》中，戈德史密斯運用統計資料，對金融結構和金融發展進行了橫向的國際比較和縱向的歷史比較，從而揭示了金融發展過程中帶有規律性的東西。

戈德史密斯的金融發展理論提出了一個重要的量化指標，即金融相關比率（FIR），該指標從數量上論證了金融發展與經濟增長之間的關係。所謂金融相關比率，是指金融資產價值與全部實物資產（即國民財富）價值之比。全部實物資產大致可以用當期國民生產總值表示，而金融資產主要包括金融部門、非金融部門和國外部門發行的金融工具。在一國經濟發展過程中，金融相關比率變動的基本趨勢是上升的，有時甚至會發生迅速上升的「爆發運動」，但是達到一定程度時，這一比例會逐步穩定。金融相關比率的變動反應了金融上層結構與經濟基礎結構之間的規模上的變化關係。隨著經濟和金融的發展，金融結構也會發生相應的變化，金融機構發行的間接金融工具比重會逐漸下降，而非金融機構發行的直接金融工具的比重會逐步上升，它大致反應了金融發展的一個基本特點。

通過大量的比較分析和統計驗證，戈德史密斯總結出了以12個金融發展的要點：

第一，在一國的經濟發展進程中，金融上層結構的增長比國民財富所表示經濟基礎結構的增長更為迅速。因而，金融相關比率有提高的趨勢，期間還會發展迅速提高的「爆發運動」。

第二，一國金融相關比率的提高並不是無止境的，一旦達到一定的發展階段，特別是當金融相關比率達到 1~1.5 時，該比率就將趨於穩定。

第三，經濟欠發達國家的金融相關比率比發達國家要低得多。根據戈德史密斯的考證，經濟欠發達國家目前的金融相關比率多在 0.66~1，相當於美國和西歐在 19 世紀後半期就已達到並超過了的水平。

第四，決定一國金融上層結構相對規模的主要因素是不同經濟單位和不同經濟集團之間儲蓄與投資功能的分離程度。歸根究柢，金融相關比率是由一國經濟結構的基本特徵決定的，如生產的集中程度、財富的分配狀況、投資刺激、儲蓄傾向以及產業活動與家庭經營活動的分離等。不瞭解這些基本特徵，就無法研究儲蓄和投資的性質。

第五，隨著經濟發展水平的提高，大多數國家金融機構發行和擁有的金融資產的

比重在不斷加大，即使金融相關比率的變動已趨於平衡，這種比重變化的現象仍然會持續存在。

第六，儲蓄與金融資產所有權的機構化（Institutionalization）傾向，必然使金融機構和金融工具向多樣化發展。一般來說，債權的機構化比股權的機構化取得了更長足的進展，長期債權的機構化要高於短期債權的機構化水平。許多國家的政府債券、公司債券以及抵押票據的50%以上由金融機構持有，甚至有些國家的這一比重已接近100%。發達國家中金融機構持有公司股票的比重高於發展中國家，並出現比重上升的趨勢。不過總的來說股票由私人購買仍占主要部分。

第七，現代意義上的金融發展都是始於銀行體系的建立以及法定貨幣的發行。鑄幣和銀行券占國民財富的比重開始是呈上升趨勢，但是之后會出現持平或下降的傾向。隱含貨幣（支票存款）也將經歷相同的變化過程，但是時間相對會晚些。

第八，隨著經濟的發展，銀行體系在金融機構資產總額中的比例會趨於下降。而其他各種新型的金融結構的這一比例卻相應上升。在有些發達國家，其他金融機構的金融資產總額已超過銀行資產總額。

第九，對大多數國家而言，估計金融活動在經濟發展的某些時候起著關鍵點的作用，如國外融資作為國內不足資金的補充或作為國內剩余資金的出路，這取決於一國的對外開放程度。

第十，國際資金轉移的重要形式是資金從發達國家向發展中國家的流動，金融機構和金融工具的國際化會便利資本與技術的轉移。對發展中國家來說，引進國際化的金融機構甚至比引進一些資金更為重要。

第十一，金融發展水平越高，融資成本（包括利息與各種費用）越低。在金融發達國家，包括利率和其他費用在內的融資成本要明顯低於經濟欠發達國家。偶然出現的例外是由於通貨膨脹的影響，在這種情況下，金融體系的作用會向相反方向變化。

第十二，從長期看，各國金融發展與經濟發展大多存在著平行關係。經濟發展與金融發展之間的因果關係，即到底是金融因素加速了經濟增長，還是金融因素僅僅反應了由於其他因素推動的經濟增長，現在還無法證明。

戈德史密斯的基本結論表明，金融發展與經濟發展有著密切的聯繫，並且發達國家與發展中國家在金融發展中存在著明顯的區別。關於這兩個問題，戈德史密斯從理論和歷史兩個方面進行了分析。

從理論上看，金融機構對經濟增長的效用必須從總體以及儲蓄與投資的分配這兩個方面進行探討。戈德史密斯認為，金融機構的存在與發展可能有效地增加儲蓄與投資的總量。因為一方面，在許多情形下，通過金融機構的間接融資比通過發行初級證券的直接融資要更有效些。例如，在沒有金融機構的條件下，那些小額貸款者將因沒有適當的金融工具可選擇而只得進行較少儲蓄。而從另一方面看，金融機構的介入還能有效地將既定的資金分配給收益率較高的投資項目，從而使平均投資效率得以提高。顯然，金融機構這兩方面的作用都能有效地促進經濟的增長和發展。同時，戈德史密斯指出，在某些情況下，金融機構的存在和發展也許會給經濟增長帶來消極的影響。例如，金融機構的存在與發展將大大便利政府的借款，從而使金融工具成為政府彌補

財政赤字、籌措經費的重要工具。這樣，政府在儲蓄總量中所占的比重將增加。當政府將這一增加的份額用於各種非生產性的支出時，經濟增長必然受到不利的影響。因此，從理論上看，金融發展對經濟增長的影響是難以確定的。

從歷史經驗來看，戈德史密斯發現，在不同國家之間或在同一國家的不同時期之間，金融發展對經濟增長的影響也極不相同。

總之，戈德史密斯認為，在金融理論尚未沿著分析金融發展過程及其與經濟增長的關係這一方向深入發展之前，在尚未使用這樣的理論框架對不同代表性的國家和時期的情形進行大量精確細緻的實例研究之前，對於金融發展與經濟增長的因果關係是無法得出明確的結論的。

三、金融發展理論

鑒於麥金農和肖的金融深化理論所引發的巨大反響，金融發展理論研究掀起了新的高潮，許多經濟學家紛紛提出對金融發展問題的新見解。

總結20世紀70年代以來的金融發展理論，大致可分為兩個階段。

第一階段為20世紀70年代中期到80年代末期，主要研究內容是金融深化理論的實證和擴充，主要代表人物有加爾比斯（Vicente Galbis）、卡普（Basant K. Kapur）、馬西森（D. J. Mathieson）和弗萊（M. J. Fry）等。他們擴大了金融深化理論的研究框架，在吸收當代經濟學最新研究成果的基礎上，建立了宏觀經濟模型，擴大了金融發展理論模型的分析視野和政策適用範圍，使之能不斷適應經濟增長、金融體制日益完善的發展中國家的實際情況。例如，卡普摒棄了麥金農關於實際貨幣與實物資本的互補性假說，通過論證銀行向生產企業供應流動資本的過程來說明金融對實際經濟增長的影響。這種分析更強調發展中國家在通過金融改革促進經濟發展的過程中保持經濟穩定的重要性，因而對確立貨幣政策目標以及治理通貨膨脹政策具有很強的指導作用。加爾比斯用兩部門模型修正和補充了麥金農的一部門模型，認為只有技術落后的部門才存在自我融資現象，而技術比較先進的部門則可以獲得銀行貸款支持，並且兩部門的資源轉移可推動金融仲介的作用，用兩部門的投資效率差異來說明資源轉移對經濟增長的作用，這樣的分析比麥金農的分析更深入且結論更令人信服。弗萊在金融發展模型中加入了動態調整參數，建立了動態金融發展模型，用於分析通貨膨脹與經濟增長的關係。

除擴展理論模型外，第一階段的研究成果還包括大量的實證研究。這些實證研究肯定了金融深化理論的結論從而說明該理論可用於指導發展中國家的經濟實踐。不少學者實證考察了發展中國家推行金融自由化成功的經驗和失敗的教訓，對金融發展政策進行了補充和擴展。他們認為金融改革應具備五個前提條件：建立完善的金融監管制度；有穩定的價格水平；強化財政紀律；建立競爭性的金融體制；有運轉良好的稅收體系。

第二階段從20世紀90年代開始到現在，主要代表人物有艾倫（F. Allen）、摩洛、萊溫納（R. Levine）、辛格（Ajit Svingh）、戴蒙特德斯（Panicos O. Demetuiades）、金（R. G. King）、福知高雄等。針對20世紀80年代以后發展中國家金融深化改革暴露出

的一些問題，金融發展理論在繼承已有金融發展思想的基礎上，不斷拓展研究領域，將金融穩定與金融危機理論、國際金融政策、證券市場發展等納入金融發展研究框架。尤其是針對發展中國家金融自由化失敗的教訓，強調了對金融發展政策的實證研究，著重於金融發展的外部環境與發展順序等有關金融發展成敗的政策組合研究。

這一階段的研究成果重視金融仲介的作用，通過建立在內部增長模型基礎上的金融發展理論，對家庭資產組合行為進行了詳盡的分析，闡明金融體系可以使個人增加其持有的非生產性實物資本，將儲蓄改為生產性投資；改善投資資金的分配，提高資本的平均報酬率；可以進行長期投資，減少風險項目投資，鼓勵人們只擁有資本的所有權；對某些創新活動可通過評估投資項目和預期利潤來擴大投資。這種金融體系可以引導資產組合傾向於生產性投資，從而提高生產性投資的質量。

這一階段的金融發展理論在政策上強調金融體制改革的全面性與漸進性。他們援引臺灣地區和韓國的例證，說明金融自由化不僅是將實際利率提高到接近市場均衡利率水平，而且需要推行全面的金融體系改革，如改善銀行管理、穩定物價、改革匯率等。在利率改革上也應採取漸進政策，雖然利率太低會抑制儲蓄，減少生產性投資的資金來源，但是如阿根廷、智利等國的完全自由化導致的實際利率急遽上升的「繁榮昌盛」也會帶來災難。政府可以採取先提高利率進行干預，等到物價穩定、銀行監督完善後再進一步改革的方式。他們也指出，完全充分的金融自由化不一定是經濟快速增長的先決條件（拉丁美洲經濟可以證明），關鍵是實際利率應接近市場均衡利率。至於市場均衡利率的確定，由於發展中國家缺乏完善的金融市場，因此建議採用公開拍賣國庫券的形式來確定市場利率。建立貨幣市場，以銀行拆借、回購協議、商業票據作為貨幣市場工具，也是確定市場利率的好辦法。發展中國家的貨幣政策可以採用再貼現率、公開市場政策和法定準備金率三大工具，並加以靈活政策，在建立貨幣市場的基礎上制定公開市場政策，然後逐步完善資本市場。在開放經濟條件下，利率與匯率政策應協調一致。對開放資本帳戶應持謹慎態度，除非金融市場穩定和國內利率市場已經形成，否則不宜開放資本帳戶，可實行貨幣自由兌換。過早開放資本帳戶會助長資金流動，擾亂經濟和金融秩序。

第二節　中國的金融改革

中國金融體制改革始於黨的十一屆三中全會以後。30多年來中國的金融改革遵循了一個以市場為取向的、漸進化的改革邏輯，改革的巨大成就體現在從整體上突破了傳統的計劃金融體制模式，基本建立起了一個符合現代市場經濟要求的市場金融體制。回顧中國金融體制改革的歷史進程，從總體上可以分為四個階段。

一、金融初始化改革（1979—1984年）

1979—1984年既是中國金融業的全面恢復時期，也是金融業開始突破傳統的計劃經濟體制模式的時期。

(一) 重構金融組織改革，初建中央銀行體制

1978 年 10 月，鄧小平同志提出「要把銀行作為發展經濟、革新技術的槓桿，要把銀行辦成真正的銀行」后，中國正式開始了恢復金融、重構金融組織體系的工作。1979 年，中國相繼恢復了中國農業銀行和中國人民建設銀行，並分別作為主要辦理農村金融業務和從事中長期信貸業務的專業銀行；改革了中國銀行經營體制，使其作為主要經營外匯、辦理外匯信貸業務的專業銀行；成立了主管從國外籌資用於國內投資信貸的中國投資銀行；1984 年 1 月，成立了中國工商銀行，成為辦理原由中國人民銀行承擔的城鎮工商企業存貸款及城鎮居民儲蓄業務的專業銀行，從而在中國建立起了一個完整的專業銀行體系。同時，非銀行金融機構也得到了初步發展。中國成立了中國國際信託投資公司等一批信託投資公司；恢復了中國人民保險公司國內保險業務；成立了城市信用合作社，並在全國普遍發展了農村信用合作社。金融對外開放邁出了新的步伐。從 1979 年外資銀行在中國設立代表處開始至 1982 年，在中國的外資金融機構發展到 31 家。1983 年 9 月，國務院發布《關於中國人民銀行專門行使中央銀行職能的決定》，確立了中國人民銀行作為中央銀行領導和管理全國金融事業的國家機關的性質與地位，從而標誌著中國中央銀行體制的初步建立。

(二) 初步改革信貸資金管理體制，開始探索運用間接金融宏觀調控

1979 年，中國在部分地區試行「統一計劃，分級管理，存貸掛勾，差額包干」(簡稱「差額包干」) 的信貸資金管理辦法，並於 1981 年在全國正式實行。這一方法擴大了各級銀行相對獨立經營的自主權，有利於促進信貸資金管理水平的提高。隨著中央銀行的建立，1984 年，中國人民銀行首次在金融機構中推行了存款準備金制度，增強了中央銀行宏觀調控能力。

(三) 金融市場初步形成

在「大一統」的銀行體制下，中國是沒有金融市場的。1979 年以後，隨著金融組織體系的構建，以銀行為仲介的間接融資市場首先發展起來。同時，以貨幣市場和資本市場為基本結構的直接融資市場也悄然出現了。

1. 貨幣市場

20 世紀 80 年代初，隨著中國商業信用範圍的不斷擴大，出現了商業信用的票據化，以此為基礎，一些城市開始探索商業票據承兌貼現業務。1981 年，上海市首先試辦了同城商業承兌匯票以及異地（跨省市）銀行承兌匯票貼現業務，並於 1982 年在全國開始普遍試辦這一業務。

2. 資本市場

1981 年，中國恢復了自 1958 年以來停止了長達 23 年的國債發行，並形成了國庫券每年發行的制度。1982 年，中國國際信託投資公司在日本發行了 100 億日元的金融債券，拉開了中國金融機構在國外發行金融債券的序幕。1984 年，一些地區還發行了企業債券。1984 年，北京天橋百貨股份公司以及上海飛樂股份有限公司在國內率先發行股票，同時其他一些省市也開始了股份制和發行股票的試點工作，為中國證券市場

的發展開創了一個良好的開端。

（四）初步改革了外匯管理體制

1979年，國家開始實行外匯留成制度，從1980年起，還開始了外匯調劑業務，一改過去「大一統"的外匯指令性計劃管理與分配制度。

二、發展金融和整體推進金融改革（1985—1993年）

1985—1993年是中國金融業全面繁榮時期，也是計劃金融體制向市場金融體制過渡的重要時期。

（一）金融組織體系按市場取向原則蓬勃發展

1985年以後，國家按照市場化運作原則，組建了一批商業銀行和非銀行金融機構。1986年，國務院重新組建了交通銀行，使其成為中國第一家全國性股份制商業銀行。之後，又相繼成立了中信實業銀行、中國光大銀行、華夏銀行三家全國性商業銀行和一批區域性商業銀行。同時，開始探索專業銀行向商業銀行轉軌，專業銀行開始向綜合化方向發展的道路。同期的非銀行金融機構得到了全面發展，金融對外開放步伐加大。

（二）進一步改革信貸資金管理體制，金融宏觀調控機制進一步向間接調控過渡

1985年，中國開始實行「統一計劃，劃分資金，實貸實存，相互融通」（簡稱「實貸實存」）的信貸資金管理體制，將各銀行與中央銀行的關係變為借貸關係，改變了各家銀行在信貸資金使用上「吃大鍋飯」的狀況。中央銀行加強宏觀調控能力的進程被大力推進，中央銀行通過調整存款準備金率以及再貼現率間接調控金融走勢從而調節經濟運作。

（三）金融市場特別是證券市場迅速成長，初步建立起金融市場的基本框架

1. 貨幣市場進一步發展

1984年，中國人民銀行頒布了《商業匯票承兌貼現暫行辦法》，並從1985年4月開始在全國範圍內全面推行商業票據承兌貼現業務。1986年，中國人民銀行對專業銀行正式開辦了商業票據再貼現業務，標誌著票據承兌貼現市場的初步形成。另外，1985年「實貸實存」的信貸資金管理體制的實行，允許並提倡金融機構之間以有償方式相互融通資金。1993年7月，中國人民銀行著手建立全國統一的、公開的、高效的同業拆借市場。

2. 證券市場快速發展，並從一級市場發展到二級市場

1985年，中國工商銀行率先在國內發行金融債券，企業債券也開始納入規範化發行軌道。1991年，國債在全國400個地市級以上的城市開始流通轉讓，國債櫃臺交易基本在全國展開。1993年開始引進國債一級自營商制度，從而在一定範圍內改革了過去通過行政分配認購國債的方法。

股票市場初具規模。除人民幣普通A股外，1991年之後還相繼發行了人民幣特種股票B股、H股和N股，此外還發行了70余家投資基金。1990年年底和1991年，上

海證券交易所和深圳證券交易所分別成立，標誌著股票集中交易市場的形成。

1992年10月成立了國務院證券委員會和中國證券監督管理委員會，國務院同時還頒布了《股票發行與交易管理暫行條例》等一系列證券管理法規，為證券市場的規範運作奠定了初步基礎。

(四) 外匯管理體制有了新的進展

1987年下半年和1988年上半年，深圳和上海建立了外匯調劑中心，實行競價買賣，允許價格自由浮動，產生了外匯調劑市場匯率。1993年年底，全國80%的外匯資源實現了由外匯市場配置。

三、完善金融和全面深化金融改革（1994—1998年）

1994年以來，中國金融業在完善的基礎上繼續發展，金融體制進入全面深入改革的關鍵時期，並初步建立起社會主義市場金融體制的基本框架。

(一) 一個相對完善、規範的金融組織體系基本形成

1. 中國人民銀行的中央銀行地位確立

1995年3月，《中華人民共和國中國人民銀行法》正式頒布實施，中央銀行的職能轉換取得了實質性進展，中國人民銀行不再對非金融部門發放貸款，不再對財政融資；在國務院的領導下，獨立制定和實施貨幣政策，保持幣值穩定；金融機構實行嚴格的監管，保證金融體系安全運行。中國人民銀行作為國家中央銀行的性質、地位和職能第一次有了堅實可靠的法律依據。

2. 商業性金融與政策性金融相分離，專業銀行商業化邁出實質性步伐

1994年，中國成立了三家政策性銀行，即國家開發銀行、中國進出口銀行和中國農業發展銀行，承擔原來由國家專業銀行辦理的政策性信貸業務，實現了政策性金融與商業性金融的分離。1995年，隨著《中華人民共和國商業銀行法》的正式實施，四大國有專業銀行改組為國有獨資商業銀行，專業銀行商業化也進入了實質性實施階段。

3. 非銀行金融機構進一步發展和規範化

1994年以來，保險業的改革步伐加快。中國人民保險公司完成了財產險、人壽險和再保險業務的分離工作，改組設立中國人民保險（集團）公司；太平洋保險公司改制為獨立的股份制商業保險公司；平安保險公司將6家子公司改組為直屬分公司；中國人民銀行還批准設立了大眾、天安、華泰、永安、華安、泰康、新華等一批新的保險公司。1995年，《中華人民共和國保險法》實施，為保險機構合法、規範經營提供了法律保障。1995年，加強金融治理取得了進展。中國人民銀行對非銀行金融機構進行了重新登記，按照「分業經營、分業管理」的原則進行了國有獨資商業銀行與所屬信託投資公司的脫鉤工作，並關閉了一批信託投資公司，規範了市場。

4. 金融對外開放步伐明顯加快

1994年，經國務院批准，允許北京、瀋陽等11個內陸中心城市設立營業性外資金融機構。1997年，國務院還批准了9家外資銀行在浦東新區試辦人民幣業務。1998年8月，國務院又決定增加部分外資銀行在上海經營人民幣業務，並批准深圳作為第二個

允許外資銀行試點經營人民幣業務的地區。

(二) 信貸資金管理體制取得突破性進展，中央銀行間接金融宏觀調控體系基本建立

1994 年，中國人民銀行縮小了信貸規模的控製範圍，對商業銀行實行貸款限額控製下的資產負債比例管理，並從第三季度開始，按季公布貨幣供應量分層次監控目標。1997 年年底，中國人民銀行頒布了《關於改進國有商業銀行貸款規模管理的通知》，決定從 1998 年 1 月 1 日起，取消對國有商業銀行貸款限額的控製，在推進資產負債比例管理和風險管理的基礎上，實行「計劃指導，自求平衡，比例管理，間接調控」的新的管理體制。

(三) 金融市場在發展中不斷完善

1. 貨幣市場進入發展新階段

首先，全國統一的同業拆借市場開始形成。1996 年 4 月，商業銀行同業拆借仲介機構全部撤銷，全國統一的銀行同業拆借市場交易網絡系統正式投入運行，標誌著中國同業拆借市場進入了一個發展新時期。

其次，商業票據貼現和再貼現市場得到了較快的發展。1994 年以后，商業匯票在全國大部分地區特別是一些沿海經濟發達省市被廣泛使用。1996 年，《中華人民共和國票據法》的正式實施對有效規範票據行為，促進票據的正常使用和流通提供了可靠的法律保證。此外，1996 年 4 月，中國人民銀行正式開辦了公開市場業務。1997 年 6 月，銀行間債券回購業務在中國外匯交易市場網絡上正式展開。

2. 證券市場在發展中日趨完整化、成熟化

首先，債券市場全面發展。1994 年財政金融體制改革的一項重大措施是財政停止向銀行透支，而通過向社會公開發行國債來解決預算赤字問題。同時，國債市場推行了一系列改革措施，包括國債無紙化發行，招標拍賣發行，新增貼息、零息、附息國債，提高短期國債比重，以及擴大可上市國債數量和品種等。一個品種豐富、完整，期限結構合理的國債市場基本形成。1997 年，《可轉換公司債券管理暫行辦法》頒布，首批發行規模 40 億元，選擇了 500 家重點國有企業中的未上市公司進行試點。此外，政策性銀行成立后，還發行了政策性金融債券，從而也豐富了金融債券的品種。

其次，股票、基金市場取得了長足的發展。1998 年，中國上市公司已經達到 800 余家，並有 30 余家公司股票在中國香港和美國紐約上市。1997 年，國家對新股上市實行了「總量控製，限報家數」政策，重點支持了基礎產業和高新技術產業。自 1993 年淄博基金上市以來，先後有 20 多只基金直接或通過互聯網在滬深證券交易所上市。

(四) 外匯管理體制進入深化改革的新階段

1994 年，中國對外匯管理體制進行了重大改革。一是對官方匯率和外匯調劑市場匯率並存的「雙重匯率」實行並軌，建立以市場供求為基礎的、單一的、有管理的浮動匯率制度；二是對境內機構外匯買賣實行銀行結售匯制度，並建立全國統一的銀行間外匯市場。1996 年 7 月，外商投資企業買賣外匯也納入了銀行結售匯管理，實現了外匯資源的市場配置，也使外匯調劑市場退出了歷史舞臺。1990 年 12 月，中國正式接

受《國際貨幣基金組織協定》第八條款，實現了人民幣經常項目下的可兌換。至此，新外匯體制的基本框架得以建立。

(五) 金融業和金融市場發展納入法制化、規範化管理軌道

1. 加強金融立法，強化金融機構的監管

1995 年以來，中國先後頒布了《中華人民共和國中國人民銀行法》《中華人民共和國商業銀行法》《中華人民共和國票據法》《中華人民共和國擔保法》《中華人民共和國保險法》五部法律以及《全國人民代表大會常務委員會關於懲治破壞金融秩序犯罪的決定》，建立了一套相對完整的規範金融企業發展的法律體系。同時，加強了對金融機構設置和經營活動的監督。

2. 加強證券市場的監管

1994 年以來，國家頒布實施了《中華人民共和國公司法》《禁止證券詐欺行為暫行辦法》《證券市場禁入暫行規定》等一系列規範證券市場的法律法規。同時，提出了規範證券市場的「法制、監管、自律、規範」八字方針。1996 年，為了遏制市場過度投機，清理了證券市場違規資金，實行了股價漲跌停板制度，落實了證券行業禁入制度。1997 年，中國證券監督管理委員會接收並直接管理滬深證券交易所，初步形成了一個全國統一的證券監管體系。1999 年，《中華人民共和國證券法》開始實施。

四、現代金融制度建設時期（1999 年至今）

(一) 金融機構改革取得階段性成果

2003 年，中國人民銀行最大的變化集中表現為「一個強化、一個轉換、兩個增加」，即強化與制定和執行貨幣政策有關的職能；轉換實施對金融業宏觀調控和防範與化解系統性金融風險的方式；增加反洗錢和信貸徵信業務職能。

國有獨資商業銀行股份制改革試點展開。2003 年 12 月 30 日，國家決定動用外匯儲備分別向中國銀行和中國建設銀行註資 225 億美元，正式啟動了兩行股份制改革的試點工作。在財務重組的基礎上，中國銀行、中國建設銀行分別於 2004 年 8 月 26 日、9 月 21 日由國有獨資改組為股份有限公司，建立了現代公司治理結構的基本框架，公司治理機制開始發揮作用。2006 年 6 月 1 日、7 月 5 日，中國銀行先後在中國香港聯合證券交易所和上海證券交易所成功掛牌上市，成為首家 A+H 發行上市的國有商業銀行。2007 年 9 月 25 日，中國建設銀行迴歸 A 股市場。2007 年 12 月 9 日，中國工商銀行在 A 股及港股市場同時上市。在 2009 年國際金融危機的大背景下，中國工商銀行、中國建設銀行、中國銀行在全球銀行市值排行榜上居前三位。

2003 年下半年，農村信用社改革試點在山東、吉林、浙江、貴州、江西、陝西、江蘇、重慶 8 個省市全面展開。2004 年 8 月，國務院同意北京、天津、河北、山西、內蒙古、遼寧、黑龍江、上海、安徽、福建、河南、湖北、湖南、廣東、廣西、四川、雲南、甘肅、寧夏、青海、新疆 21 個省（區、市）作為進一步深化農村信用社改革試點地區。截至 2004 年年底，參加擴大試點工作的 21 個省（區、市）農村信用社管理體制改革基本到位，產權制度改革、內部經營機制轉換等工作穩步推進。

保險公司改革取得重大突破，中國人民保險公司、中國人壽保險公司和中國再保險公司三家國有保險公司改制工作基本完成。2003年7月，中國人民保險公司正式更名為「中國人保控股公司」，並發起設立了中國人民財產保險股份有限公司和中國人保資產管理有限公司。同年8月，中國人壽保險公司正式重組為中國人壽保險（集團）公司和中國人壽保險股份有限公司。同年11月，中國人民財產保險股份有限公司在中國香港聯合證券交易所以H股掛牌上市，成為中國第一家在境外上市的國有重點金融企業，隨後在12月17日、18日，中國人壽保險股份有限公司在美國紐約和中國香港兩地同步成功上市，創造了2005年全球資本市場首次公開發行融資額的最高紀錄。中國人壽、中國平安、太平洋保險三大中資保險巨頭在2007年先後以A股上市。

中國金融業對外開放步伐加快。2002年，中國人民銀行受理了8家外資銀行設立分支行的申請，批准其籌建；批准5家外資銀行開辦網上銀行業務。批准19家外資銀行在華設立代表處；批准23家外資銀行機構經營人民幣業務。2006年12月11日，中國金融業正式對外資全面開放。開放後，中國金融機構改革得到進一步深化，截至2014年年末，涉農貸款（本外幣）餘額23.6萬億元，占各項貸款比重28.1%，同比增長13%。

(二) 利率市場化改革基本實現既定目標

2003年，黨的十六大報告提出穩步推進利率市場化改革，優化金融資源配置。1996年6月1日，中國人民銀行放開了銀行間同業拆借利率；1997年6月，放開了銀行間債券回購利率。1998年8月，國家開發銀行在銀行間債券市場首次進行了市場化發債。1999年10月，國債發行也開始採用市場招標形式，從而實現了銀行間市場利率、國債和政策性金融債券發行利率的市場化。1998年，中國人民銀行改革了貼現利率生成機制，貼現利率和轉貼現利率在再貼現利率的基礎上加點生成，在不超過同期貸款利率（含浮動）的前提下由商業銀行自定。再貼現利率成為中央銀行一項獨立的貨幣政策工具，服務於貨幣政策需要。1998—1999年，中國人民銀行連續三次擴大金融機構貸款利率浮動幅度。

2004年1月1日，中國人民銀行再次擴大金融機構貸款利率浮動區間。2004年3月25日，中國人民銀行實行再貸款浮息制度。實行再貸款浮息制度是穩步推進利率市場化的重要步驟，有利於完善中央銀行利率形成機制。2004年10月29日，中國人民銀行決定不再設定金融機構（不含城鄉信用社）人民幣貸款利率上限。同時，中國人民銀行決定允許金融機構人民幣存款利率下浮。至此，基本實現了對金融機構人民幣貸款實行下限管理、存款實行上限管理的利率市場既定目標。

2005年3月，中國人民銀行放開金融機構同業存款利率，修改和完善人民幣存、貸款計息和結息規則，允許金融機構自行確定除活期和定期整存整取存款外的其他存款種類的計息和結息規則。2006年9月，國家開發銀行與中國光大銀行完成首筆人民幣利率互換交易，標誌著人民幣利率衍生工具在中國金融市場正式登場。2007年1月，中國貨幣市場基準利率（Shibor）開始正式投入運行，中國利率市場化進程又前進了一大步。

2014年，中國金融體制改革進入攻堅階段，利率市場化是其中的重要一環。11月21日，央行宣布自11月22日起下調金融機構人民幣存貸款基準利率，同時將存款利率上浮區間擴大到1.2倍。公開數據顯示，2014年1月至10月，同業存單發行總規模超過了5,800億元。

(三) 加強制度建設，積極推動金融市場發展

發行制度日趨市場化。2003年年底，中國證券監督委員會發布了《證券發行上市保薦制度暫行辦法》《股票發行審核委員會暫行辦法》和《中國證監會股票發行審核委員會工作細則》，這為保薦制度的正式啟動做好了法規準備。2004年1月1日，保薦制度正式啟動。為使中國證券發行制度最終向註冊制轉變，2008年證監會修訂了《證券發行上市保薦制度暫行辦法》，並將修訂后的辦法定名為《證券發行上市保薦業務管理辦法》，該管理辦法主要針對保薦機構的內部控製、保薦代表人責任意識以及監管措施三方面進行了強化和完善。

資本市場開放加快。2003年1月12日，國內首家中外合資基金管理公司——招商基金管理有限公司在深圳正式開業；2月18日，湘財荷銀基金公司三只行業類別基金獲準一次性同時發行，傘形基金開始登陸中國；4月25日，首家中外合資證券公司——華歐國際在北京宣布成立；5月27日，瑞士銀行、野村證券成為首批QFII（合格境外機構投資者）；7月9日，瑞士銀行率先下單，標誌著QFII正式入市。截至2009年5月，中國共有82家QFII，批准的投資額度達到126億美元。在資本市場沒有完全放開的情況下，為積極參與國外市場，2007年9月中國設立首只QDII（合格境內機構投資者）產品——南方全球精選。到2009年年初，中國已發行44款QDII產品，截至2014年年末，2014年基金公司QDII額度使用率已達40%。

2004年，為促進貨幣市場發展，保證貨幣市場基金的順利推出和規範運行，中國證券監督管理委員會和中國人民銀行制定和發布了《貨幣市場基金管理暫行規定》，支持基金管理公司開辦貨幣市場基金業務，截至2009年，已經設立56只貨幣市場基金。

銀行間債券市場繼續快速發展。2002年，在完善債券市場制度框架方面，中國人民銀行主要做了三件事：一是2002年年初調整了銀行間債券市場的准入制度，將銀行間債券市場的准入由審批制改為備案制；二是頒布了《商業銀行櫃臺記帳式國債交易管理辦法》，組織實施記帳式國債櫃臺交易試點，將銀行間債券市場交易主體擴大到居民個人；三是頒布了《中國人民銀行關於中國工商銀行等39家商業銀行開辦債券結算代理業務有關問題的通知》，將商業銀行債券結算代理業務的服務對象由金融機構擴展到非金融機構，即將銀行間債券市場交易主體擴大到企業法人。2003年，簡化銀行間債券市場債券上市審批程序，對於在全國銀行間債券市場發行的國債、政策性銀行債券，中國人民銀行授權中央國債登記公司和全國銀行間同業拆借中心公布每期債券的上市日期。2005年，中國人民銀行發布了《全國銀行間債券市場金融債券發行管理辦法》，自6月1日起施行。該管理辦法就政策性銀行、商業銀行、企業集團財務公司及其他金融機構等金融機構法人在全國銀行間債券市場發行金融債券的申請與核准、發行、登記、託管與兌付、信息披露、法律責任等方面做出了明確規定，規範了金融債

券發行行為，有利於促進中國債券市場發展，拓寬金融機構直接融資渠道，優化金融資產結構。2009年3月，中國人民銀行頒布《全國銀行間債券市場債券交易管理辦法》，明確銀行間債券市場向基金公司專戶理財業務開放，豐富了市場投資品種。

2014年4月，中國人民銀行發布了《中國金融報告（2014）》，對2013年中國金融體系的穩定狀況進行了全面評估。報告指出，2014年是深入貫徹黨的十八屆三中全會精神、全面深化改革的第一年，也是完成「十二五」規劃目標任務的關鍵一年，需增加宏觀調控的前瞻性、針對性和協同性，把改革創新貫穿於經濟社會發展各個領域各個環節，著力激發市場活力。

（四）外匯管理改革迅速發展，完善人民幣利率形成機制

2003年，中國人民銀行採取了一系列深化外匯管理體制改革、保持人民幣匯率穩定、促進國際收支平衡的措施。一是完善經常項目管理，便利企業和個人外匯收支，切實滿足企業、個人合理的經常項目用匯需求；二是穩步推進資本項目對外開放，放寬企業購匯限制，實施境外投資外匯管理改革試點，逐步拓展資本流出渠道，支持「走出去」戰略的實施；三是擴大遠期結售匯業務試點，允許開辦外債項下的遠期業務，加快外匯市場建設，逐漸完善人民幣匯率形成機制。

改革完善人民幣匯率形成機制。自2005年7月21日起，中國開始實行以市場供求為基礎、參考一籃子貨幣進行調節、有管理的浮動匯率制度。人民幣匯率不再盯住單一美元，形成了更富彈性的人民幣匯率機制。

本章小結

1. 金融發展理論實際研究的是一切有關金融發展與經濟發展關係的理論。對於發展中國家而言，由於其貨幣化程度低，金融與經濟的關係與發達國家的情況存在很大的差異。這種差異不僅表現在經濟環境、經濟結構和經濟發展水平方面，而且在貨幣金融領域也存在著大不相同的特徵。因此，有關金融發展的理論即使完全適用於發達國家，也未必適用於發展中國家。金融壓抑論和金融深化論對此進行了詳盡的分析，並對發展中國家的政策選擇提出了建議。

2. 以發展中國家體制為分析背景的金融抑制論和金融深化論對中國金融改革和發展有重要作用。中國長期以來存在著嚴重的金融抑制現象，金融改革的過程也就是金融深化的過程。雖然中國的金融改革已取得明顯成效，但是面臨的問題和困難也不少，解決問題的根本出路仍然是按市場規律的要求不斷深化改革。

復習思考題

1. 導致發展中國家出現金融抑制的主要原因是什麼？
2. 金融深化是如何量化的？

3. 金融深化是否對經濟的影響都是積極的？如果不是，請綜合分析金融深化對經濟的影響。

4. 如何觀察和度量金融發展的水平？請查閱有關中國金融發展水平的數據，並試對中國的金融發展水進行總體評估。

5. 在計劃經濟體制下有金融抑制，在市場經濟體制下也有不少國家存在金融抑制；在發展中國家，金融抑制問題較為普遍，但是在發達國家，也並非完全不存在金融抑制問題。這些無不涉及國家對金融事業的干預，對於這樣的問題，你認為如何認識才較為全面？

6. 應如何領會發展中國家在金融自由化改革中的經驗和教訓？聯繫20世紀末亞洲金融危機對我們的啟示，在中國今后的金融改革中應如何處理好利率改革、匯率改革、資本市場開放及對外資金融機構的准入和監管？

附錄：2015年中國金融行業發展展望

中國金融業經過多年漸進式改革取得了諸多成績，但是累積的短板也逐步暴露。一些金融現象在2013年體現得更加顯著，比如影子銀行泛濫、互聯網金融崛起，相比之下資本市場卻融資功能低迷。2014年中國宏觀經濟運行總體基本平穩，經濟增長保持在合理區間運行中出現一些積極的變化與亮點。但是投資增長后勁不足、融資瓶頸約束明顯、企業經營困難等問題突出，經濟下行壓力和風險依然較大。受中國經濟結構調整陣痛期、發展轉型減速期、大規模刺激消化期的疊加影響，國內商業銀行在經濟高速擴張階段掩蓋的資產質量、管理等問題逐步顯露，少數銀行資產質量明顯惡化。

2014年12月2日，中國銀行在北京發布《2015年經濟金融展望報告》（以下簡稱《報告》）。《報告》在回顧2014年經濟金融運行情況的基礎上，展望了2015年全球經濟金融形勢、中國經濟金融形勢與政策取向以及全球銀行業的發展趨勢，並對相關熱點問題做了專題分析。

關於中國金融形勢，《報告》展望，2015年外部環境穩中趨好、改革紅利進一步釋放、新的增長點蓄勢待發，中國經濟仍將平穩增長。但是增長動力切換、「去產能」壓力較大、房地產市場調整和債務率高等因素也在制約增長。預計2015年國內生產總值增長7.2%左右，居民消費價格指數增長2.4%左右，全年經濟運行依然呈現「低增長+低通脹」格局。

此外，互聯網金融、支付數字化和人口老齡化是當下中國金融行業最值得關注的三大趨勢。

第十三章　金融創新與金融監管

第一節　金融創新

中國自加入世界貿易組織以來，為了應對國際挑戰，在激烈的市場競爭中生存與發展，各市場主體只有繼續深入進行經濟體制改革，不斷創新，提高自身競爭力，才可能在競爭中立於不敗之地。金融是經濟的核心。金融業的存在和發展對經濟的影響是深遠的，而金融業的競爭又是異常殘酷的，因此各市場主體通過不斷地金融創新來維持競爭力。頻繁的創新對金融監管提出了新的要求，金融監管為了適應這一變化也在不斷調整。

一、金融創新的概念

金融創新這一概念是20世紀初美籍奧地利經濟家約瑟夫·熊彼特（Joseph Schumpeter）首次提出的。熊彼特使用「創新」一詞是用來定義將新產品、工藝、方法或制度引用到經濟中去的第一次嘗試。20世紀70年代以來，金融領域發生了革命性的變化，人們將金融領域的這些變化稱之為金融創新。但是金融創新真正成為金融領域一種引人注目的現象並成為研究的對象，則是20世紀80年代的事。雖然金融創新是一個普遍接受並廣泛使用的概念，但是直到目前為止，金融創新一詞在學術界依然沒有形成統一的認識。

阿諾德·希爾金（Arnold Heertje）認為，創新總的來說指所有種類的新的發展，金融創新則指改變了金融結構的金融工具的引入和運用。顯然，這個定義主要論及金融工具創新。大衛·里維林（David Lliewellyn）對金融創新做了如下定義，即金融創新是指各種金融工具的運用、新的金融市場以及提供金融服務方式的發展。這個定義包括了金融創新的幾個方面的內容，即工具的創新、市場的創新以及服務的創新。中國著名經濟學家厲以寧教授從目前中國的情況來談金融創新。他指出，金融領域存在許多潛在的利潤，但是在現行體制下和運用現行手段無法得到這個潛在利潤，因此在金融領域必須進行改革，包括金融體制和金融手段方面的改革，這就叫金融創新。

從以上論述中我們可以看到，隨著人們對金融創新認識的深入，金融創新的定義也在發生變化，這種變化主要體現在金融創新的外延，即金融創新的分類上。綜上所述，金融創新是指會引起金融領域結構性變化的新工具、新服務方式、新市場以及新體制。

二、金融創新的分類

金融創新這一概念從不同的角度可以進行不同的類型劃分。從金融創新產生動因的角度來劃分，可以將金融劃分為兩類：一類是為規避監管而進行的創新，我們可以把它稱為消極金融創新；另一類是因金融機構為提高自身競爭力而進行的創新，我們可以把它稱為積極金融創新。從金融創新的歷史看，金融創新是「放鬆管制」要求的產物，因此絕大多數金融創新都可歸納為消極金融創新，但是也不應忽略了積極金融創新，由於新技術的發展和應用以及競爭的壓力，積極金融創新已越來越多的產生出來，區分積極金融創新與消極金融創新也有利於我們採取不同的監管制度，以充分利用金融創新的益處而盡量減少其弊端。

第二節　金融創新與金融監管的關係

一、金融監管的概念

金融監管是指政府通過特定的機構（如中央銀行）對金融交易行為主體進行的某種限制或規定。金融監管本質上是一種具有特定內涵和特徵的政府規制行為。綜觀世界各國，凡是實行市場經濟體制的國家，無不客觀存在著政府對金融體系的管制。

二、金融創新與金融監管的關係

金融創新是金融自由化的必然產物，而金融監管則是國家干預主義在金融業的邏輯延伸。經濟發展史表明，絕對的自由化和絕對的政府干預的作用都是有限的。因此，當代大多數國家都採取「自由」與「干預」相結合的經濟體制。至於是「自由」多一點還是「干預」多一點，則取決於各國的歷史、文化背景和現實經濟發展水平等綜合因素。從理論根源上講，金融創新與金融監管的關係就如同「自由」與「干預」一樣，是動態的博弈過程。金融發展一方面需要金融創新作為動力，另一方面又需要加強金融監管以維護金融安全，以利於金融業持續、健康、穩定的發展。金融創新與金融監管就這樣相互作用，作為一對矛盾統一體，在自身發展的同時，共同促進金融改革的深化。

（一）金融創新對金融監管的影響

1. 金融創新改變了金融監管運作的基礎條件，客觀上需要金融監管機構進行適當調整

金融創新不斷湧現使銀行業與非銀行金融業、金融業與非金融業、貨幣資產與金融資產的界限正在變得越來越模糊。這必然使得金融監管機構的原有調範圍、方式和工具產生許多不適性和疏漏，需要進行重新調整。與金融創新的發展保持同步，已成為監管機構的一個主要挑戰。

2. 金融創新在推動金融業和金融市場發展的同時，也在總體上增大了金融體系的

風險，從而極大增加了監管的難度

金融創新是將諸多風險以不同的組合方式再包裝，這種組合後的風險相對於傳統金融業務顯得更加複雜，使金融監管機構難以控製貨幣及信貸量，從而使貨幣政策的執行複雜化，一旦風險觸發，可能會導致金融體系的危機。20世紀90年代的墨西哥金融危機和東亞金融危機就是最好的例證。金融創新工具的大量繁衍使得金融市場更加捉摸不定，一些金融創新工具最初的目的是為了防範和化解匯率、利率波動的風險，但是在實際運用中投機性越來越強。英國巴林銀行倒閉和日本大和銀行紐約分行的破產都是因為交易員從事金融期貨炒作導致巨額虧損引發的。金融創新的高速發展給市場主體提供了巨額利潤來源，因此常被一些冒進的金融機構濫用，也常被不法分子利用，給金融業帶來混亂。但是我們不能因噎廢食而禁止金融創新，只能相應地調整我們的監管手段，加強防範和化解系統性金融風險的能力。

3. 金融創新導致金融監管主體的重疊與缺位並存

現行分業監管過程中，大都採取機構性監管，實行業務審批制。這樣當不同金融機構業務日益交叉時，一項新業務的推出通常需要經過多個部門長時間的協調才能完成。此外，有的新金融業務處於不同金融機構業務邊緣，成為交叉性業務，如儲蓄保險是一種既包括儲蓄功能又包括保險功能的業務品種，對於這些金融創新，既可能導致監管重複，又可能出現監管缺位。

4. 金融創新導致金融監管制度出現重大創新

金融創新使傳統監管制度失去了賴以存在的基礎。各國監管制度出現重大創新。這種創新主要體現如下：

第一，監管方式上，從機構監管過渡到功能監管。由於金融機構的全能化發展，傳統的以機構為監管對象的方式便不再適應，而應以功能為基礎進行監管。

第二，監管標準上，從資本監管到全面性的風險監管。傳統監管以資本充足率為標準，這種監管主要是針對信貸風險的，但是金融創新使金融機構面臨著其他各種風險，僅僅對信貸風險進行監管難以實現有效監管的目的。對信用風險、市場風險、利率風險、流動性風險等各種風險實現全面風險管理，已經成為各國及國際監管制度發展的一個重要趨勢。

第三，內部控製制度的加強。傳統監管制度注重外部控製制度，隨著金融創新的發展，各國及國際監管機構對金融內部控製制度的健全性、有效性越來越給予高度重視。

(二) 金融監管對金融創新的一般影響

1. 積極方面

許多學者尤其是經濟學家側重於指出金融監管的消極影響，實際上，金融監管對金融創新亦有十分重要的促進作用。有學者指出，金融監管對金融創新的產生和發展有保護作用，這一方面的監管可稱之為保護性監管。這種保護性監管主要體現在以下幾個方面：

(1) 可以減少交易的風險。在金融市場，交易商品的質量不能經常為所有交易當

事人立即瞭解，確立監管框架，規定共同標準，保持最低可信度，可能會減少交易的風險。可以想像，如果沒有必要的監管制度，金融創新工具的發展就會受到很大阻礙。

（2）某種金融資產的市場組織本身就是公共機構，這樣可以更好地、公平地執行其職能。現在大多數證券及期貨交易場所採用會員制形式，它們不再作為一家私人公司來擔負其市場職責。作為公共機構的市場組織不僅是監管制度的設計的組成部分，同時亦承擔著重要的監管職責。

（3）監管可以減少損害新市場發展的過度競爭。這種聯繫是顯而易見的，比如美國早期對證券發行與交易不加管制，結果出現了出售「藍天」的投機現象，而對上市公司的不加管制更是導致了整個股票市場的崩潰，因而很多創新往往要求同時引入一個監管框架。

（4）監管本身對金融創新有刺激作用。例如，在美國，有許多對銀行的特定管制，但是卻缺乏一個全面集中的公共機構，這種特殊結構構成了美國銀行特殊的創新環境。

（5）監管的變化甚至可以導致創新的產生。外匯和資本管制的廢除是導致銀行選擇海外發展和拓展國際業務的一個明顯例證。由於利率上限對銀行存款的限制，在美國還創立了貨幣市場互助基金。

2. 消極方面

事實上，金融監管經常被用來解釋金融創新的原因，甚至是主要的原因。哈林頓在談到美國的金融創新時認為，美國的銀行傳統上受到很多限制，許多限制在其他地方並不存在，而現代技術使金融在形式上和地理上更容易變化，因此在美國，新技術便難以避免地用於市場設計規避有關條例和限制跨州銀行的管制的方式。事實上，國際市場的許多早期發展可以用美國銀行想在國外從事在國內受到限制的業務來解釋。金融監管對金融創新的消極影響是多方面的，幾乎所有的金融監管都曾被解釋為某種金融創新的理由，歐洲債券市場的發展以及美國早期的金融創新工具——存款憑證都是很好的例子。

（三）金融監管對積極金融創新的影響

積極金融創新是金融機構為提高自身競爭力和獲利能力，而在現有的法律框架範圍內，針對金融市場需求，主動進行的創新行為。電子計算機等技術的廣泛應用和激烈競爭的壓力迫使金融機構積極進行金融創新。通過金融創新，發展多種金融機構，形成大批互相競爭的市場主體；推出新的具有吸引力的金融資產，使市場工具多樣化。只有市場主體和交易工具的發育成熟，才能有助於建立一個發達的金融市場。對於積極金融創新，作為國家干預的金融監管應「消極」應對，盡可能地給金融機構創造更多「自由」空間，採取各種激勵措施，鼓勵積極金融創新。但是應當注意，積極金融創新也存在產生風險的可能性。因此，金融監管機構不能完全放棄監管，任其為所欲為，無約束的「自由」是產生金融風險以至爆發金融危機的根本原因。對於中國這樣一個正在進行市場經濟構建的國家來說，金融創新還停留在初級階段，發展潛力巨大，在金融深化過程中，必須處理好風險防範與金融創新的關係，既不能以風險為由抑制金融創新，也不能為創新而忽視風險防範，同時還要有效利用金融創新的風險防範

功能。

(四) 金融監管對消極金融創新的影響

金融監管是一個公益性的管制問題，既有利於受監管的產業（金融業），又有利於不受監管的產業（非金融業），但是這種公益性是就整體和宏觀意義而言的，從單個或微觀金融機構看，金融監管總是通過限制性的方式出現的，在特定條件下，金融制度和體系中的微觀金融機構作為一個特殊的企業和市場主體總是傾向於生產更多的「金融產品」，以求得更多的利潤。受獲利衝動的驅使，金融機構會通過創新的金融工具或經營方式以逃避監管，尋求新的盈利機會，擴大生存空間。這種「個人理性」行為規則在無約束的條件下就可能導致單純市場調節的失敗和金融體系的災難性危機，即引起整體的「非理性」。其結果必然是：消極金融創新部分抵消了某些金融監管的預期效果，但是隨之而來的是另一種內容和結構的金融監管政策。金融監管的公益性決定了金融監管對消極金融創新必須採取積極抑制或規範的對策。否則，金融監管也就失去了存在的必要和理由。

簡言之，對消極金融創新應採取「積極」的監管措施，而對積極金融創新則應「消極」監管。

(五) 中國金融監管對金融創新的應對

第一，金融監管制度的制定要有前瞻性。金融監管政策措施要適應金融業未來發展和變化趨勢。為了防止金融風險和金融危機，金融監管當局在制定金融機構穩定性指標和有關措施時，要考慮未來金融市場創新和金融機構資產的可能變化等。此外，要建立金融監管的預警系統，加強對金融體系安全性的監測，保證金融體系的穩健運行。

第二，以鼓勵積極金融創新，抑制消極金融創新為原則。

第三，模式的選擇上，應由側重於外部監管模式向既重視內部監管，又重視外部監管模式轉變。從世界範圍來看，金融監管無外乎三種類型：一是側重於外部監管的美國模式，其特點是金融監管主體可以站在超然的地位監管金融活動，避免部門本位主義，協調部門的立場和目標；二是側重於內部監管的英國模式，其特點是政府除按必要的國家立法行事以外，較少干預金融活動，對金融業的日常監管主要由金融行業協會等組織來進行；三是側重於內部監管與外部監管相結合的德國模式。金融創新具有複雜性以及危機隱蔽性強的特點。金融監管機構對金融創新的弊端的反應往往較遲鈍，而金融行業協會則反應靈敏，因此對金融創新的有效監管需要更多地依賴於內部監管。內部監管是第一道「防火牆」，外部監管是第二道「安全網」。

總之，隨著金融的日益深化，特別是金融創新和開放程度的加深，金融系統風險和個別風險的概率也會相應提高，因此適時調整金融監管以適應金融創新的不斷發展成為金融監管的迫切任務。金融監管機構應時時掌握創新動態，促進金融業的發展。

本章小結

1. 創新是金融業發展的動力與源泉，金融業的發展就是一部金融創新的史書。對中國金融業而言，創新是實現快速發展的動力，是保持市場活力的源泉。近年來，國際金融業創新步伐不斷加快，市場體系、基礎制度、產品設計等的創新日新月異，在創新中快速發展已經成為國際金融業成功的必由之路。中國金融業改革發展的實踐經驗同樣表明，創新在發展中扮演了重要角色，為中國金融業快速發展提供了強大的動力。從金融業自身持續發展的角度來看，積極穩妥的創新也是深入推進金融業改革發展、化解金融業發展中的難題、不斷提升金融業發展水平的內在要求。

2. 金融創新和金融監管具有辯證統一的關係，既有矛盾的一面，也有統一的一面。監管在保證創新朝著正確的軌道發展時往往又會因監管過嚴而壓制創新，創新在推動金融業持續發展的同時又會因鑽監管的漏洞或是監管不力而給金融體系帶來巨大風險。因此，積極推進中國金融業創新，應進一步加強監管，在兼顧創新效率和金融安全的同時，完善並創新金融監管機制。

復習思考題

1. 請闡述金融創新的分類。
2. 請闡述金融創新對金融監管的影響是什麼？
3. 金融監管對積極金融創新的影響是什麼？
4. 金融監管對消極金融創新的影響是什麼？
5. 請你談談中國金融監管對金融創新的應對措施的認識？

附錄一：東南亞金融危機

東南亞金融危機始於泰國貨幣危機，而泰國貨幣危機早在1996年已經開始醞釀。當年，泰國經常貿易項目赤字高達國內生產總值的8.2%，為了彌補大量的經常項目赤字和滿足國內過度投資的需要，外國短期資本大量流入房地產、股票市場，泡沫經濟膨脹，銀行呆帳增加，泰國經濟已顯示出危機的徵兆。1997年以來，由於房地產市場不景氣和未償還債務急遽上升，泰國金融機構出現資金週轉困難，並且發生了銀行擠兌的事件。5月中旬，以美國大投機家喬治·索羅斯的量子基金為首的國際投資者對泰銖發動猛烈衝擊，更加劇了泰國金融市場的不穩定性。7月2日，泰國貨幣危機終於全面爆發，並由此揭開了時至今日尚未平息的亞洲金融危機的序幕。危機導致東南亞國家和地區的外匯市場和股票市場劇烈動盪，大批企業、金融機構破產和倒閉。例如，泰國和印度尼西亞分別關閉了56家和17家金融機構，韓國排名居前的20家企業集團中已有4家破產，日本則有包括山一證券在內的多家全國性金融機構出現大量虧損和破產倒閉，信用等級普遍下降。泰國發生危機一年后，破產停業公司、企業超過萬家，

失業人數達 270 萬，印度尼西亞失業人數達 2000 萬。同時，導致本國大量資本外逃等一系列嚴重的后果。

對於此次危機，眾多媒體將責任歸結到以索羅斯等國際投機者身上，但是究其根本原因，也是金融自由化、國際化改革過快的結果。

附錄二：2014 年中國十大金融創新案例名單

1. 錢方 QPOS（來自：北京錢方銀通科技有限公司）

錢方 QPOS 服務的主要服務對象是中國沒有安裝 POS 機的小微商戶。商戶只需將智能手機或平板電腦與他們提供的刷卡器相連，就能將其變成一臺移動 POS 機，隨時隨地提供刷卡服務。錢方為小商戶提供企業級的經營管理工具，解決了商戶收款效率的問題。

2. 微信支付（來自：深圳市騰訊計算機系統有限公司）

微信支付是一款在微信平臺上的移動支付方式。2014 年，以微信公眾號+微信支付為基礎，「微信智慧生活全行業」解決方案致力於幫助傳統行業將原有商業模式「移植」到微信平臺，並為億萬網友帶來「水和電」一樣的智慧生活方式。

3. 眾籌網（來自：網信金融集團）

互聯網金融的核心是風險控製。眾籌網平臺上的項目發起人會在項目初期得到一部分預付資金，完成貨物的交付、等用戶確認后才能收到其他的款項。這對消費者或者投資人都是很好的保護。如今，風險控製也成了互聯網產品體驗中的重要一環。

4. 廣發銀行「24 小時智能銀行」（來自：廣發銀行）

作為廣發銀行自主研發並獲得國家設計專利的產品，廣發「24 小時智能銀行」通過應用先進的自助金融服務機具，有效整合遠程視頻、身分識別、傳統自助機具等元素，創造出一種嶄新的金融服務模式。實現了從「服務為王」向「體驗為王」的升級。

5. 南方創投網（來自：深圳互聯網投融資服務平臺）

作為中國首家政府主導的非營利性高科技領域 O2O 股權債權眾籌平臺，南方創投網憑藉深圳高科技創新中心定位與寬鬆活躍的創投氛圍環境，開創了國內政府互聯網服務 O2O 的先河。

6. 安心牛（來自：深圳市小牛電子商務有限公司）

在優質的 P2P 平臺上，項目風險可控、收益高，經常一發布即被搶購一空。小牛在線為幫助對流動性有不同需求的理財人獲取較高的投資收益，推出了安心牛理財計劃。只需操作一次，投資資金便會自動投向平臺項目，最大限度地提高用戶的資金利用率。安心牛理財計劃幫助理財人擺脫「僧多粥少」的困局，將項目和理財人進行了科學的對接和分配。

7. 招商銀行咖啡陪你（來自：招商銀行）

招商銀行聯合韓國咖啡連鎖品牌——咖啡陪你（Caffebene）啓動創新合作，在國內推出咖啡銀行。該案例再次探索了銀行業零售化經營的可能性，並成為股份制銀行另一種形式上的網點擴張。從銀行業發展的趨勢來看，未來銀行的「零售化經營」將成為一種全新的嘗試。

8. 阿里小額貸款（來自：浙江阿里巴巴小額貸款股份有限公司）

浙江阿里巴巴小額貸款股份有限公司首創了從風險審核到放貸的全程線上模式，向通常無法在傳統金融渠道獲得貸款的弱勢群體批量發放小額貸款。通過阿里巴巴、淘寶等電子商務平臺，收集客戶累積的信用數據，並進行量化處理。「阿里小貸」因其獨特的平臺優勢在同類服務中具有不可複製性。

9. 88 財富（來自：中科創金融控股集團）

作為引領互聯網金融 2.0 時代的全球資產配置門戶網站，88 財富網首創「B2C+O2O」的互聯網金融模式，以「固定+浮動」+「純浮動」收益類產品方式進入資本投資領域，為客戶提供全球資產配置的定制理財服務。

10. 橙 e 網（來自：平安銀行股份有限公司）

橙 e 網搭建了一個電商雲服務平臺，讓中小企業的訂單、運單、收單、融資、倉儲等經營性行為都在上面跑，同時引入物流、第三方信息等企業，為企業提供配套服務。縱觀銀行與互聯網金融的融合創新，該平臺是銀行首次在模式上不再跟隨互聯網金融，是「不一樣」的創新。

資料來源：2014 中國十大金融創新案例[J/OL].http://china.huisou.com/news/2014_11_10/253936_0/.

國家圖書館出版品預行編目(CIP)資料

金融學 / 王恒、鄭曉燕、曾凡銓 主編.-- 第一版.
-- 臺北市：崧博出版：財經錢線文化發行，2018.10
　面；　公分
ISBN 978-957-735-566-9(平裝)
1.金融學
561.7　　　　107017079

書　名：金融學
作　者：王恒、鄭曉燕、曾凡銓 主編
發行人：黃振庭
出版者：崧博出版事業有限公司
發行者：財經錢線文化事業有限公司
E-mail：sonbookservice@gmail.com
粉絲頁　　　　　網　址：
地　址：台北市中正區延平南路六十一號五樓一室
8F.-815, No.61, Sec. 1, Chongqing S. Rd., Zhongzheng Dist., Taipei City 100, Taiwan (R.O.C.)
電　話：(02)2370-3310　傳　真：(02) 2370-3210
總經銷：紅螞蟻圖書有限公司
地　址：台北市內湖區舊宗路二段 121 巷 19 號
電　話：02-2795-3656　傳真：02-2795-4100　網址：
印　刷：京峯彩色印刷有限公司（京峰數位）

　　本書版權為西南財經大學出版社所有授權崧博出版事業有限公司獨家發行電子書及繁體書繁體版。若有其他相關權利及授權需求請與本公司聯繫。
定價：500元
發行日期：2018 年 10 月第一版
◎ 本書以POD印製發行